EDITED BY *Zygmunt G. Barański and Patrick Boyde*

The *Fiore* in Context

DANTE, FRANCE, TUSCANY

University of Notre Dame Press
Notre Dame and London

Manufactured in the United States of America

Library of Congress Cataloging-in Publication Data

The Fiore in context : Dante, France, Tuscany / edited by Zygmunt G.
Barański and Patrick Boyde.
    p. cm. — (The William and Katherine Devers series in Dante
studies ; v. 2)
   English and Italian.
   Proceedings of a conference held at St. John's College, Cambridge,
England, Sept. 1994.
   Includes bibliographical references and index.
   ISBN 0-268-00993-7 (alk. paper). — ISBN 0-268-00995-3 (alk.
paper)
   1. Fiore—Congresses. I. Barański, Zygmunt G. II. Boyde,
Patrick. III. Series.
PQ4471.F398F56 1996
851'.1—dc20   95-50449
                                                CIP

Contents

Preface

The William and Katerine Devers Program in Dante Studies at the University of Notre Dame supports rare book acquisitions in the university's John A. Zahm Dante collection, funds an annual visiting professorship in Dante studies, and supports electronic and print publication of scholarly research in the field. In collaboration with the Medieval Institute at the university, the Devers program has initiated a series dedicated to the publication of the most significant current scholarship in the field of Dante studies.

In keeping with the spirit that inspired the creation of the Devers program, the series takes Dante as a focal point that draws together the many disciplines and forms of inquiry that constitute a cultural tradition without fixed boundaries. Accordingly, the series hopes to illuminate Dante's position at the center of contemporary critical debates in the humanities by reflecting both the highest quality of scholarly achievement and the greatest diversity of critical perspectives.

The series publishes works on Dante from a wide variety of disciplinary viewpoints and in diverse scholarly genres, including critical studies, commentaries, editions, translations, and conference proceedings of exceptional importance. The series is supervised by an international advisory board composed of distinguished Dante scholars and is published regularly by the University of Notre Dame Press.

The Dolphin and Anchor device that appears on publications of the Devers series was used by the great humanist, grammarian, editor, and typographer, Aldus Manutius (1449–1515), in whose 1502 edition of Dante (second issue) and all subsequent editions it appeared. The device illustrates the ancient proverb *Festina lente*, "Hurry up slowly."

Theodore J. Cachey, Jr., and
Christian Moevs
Editors

ADVISORY BOARD

Acknowledgments

As the organizers of the conference on the *Fiore*, we would like to express our warmest gratitude to the master and fellows of St. John's College, Cambridge, for their excellent facilities and for the indispensable underpinning of the finances. The conference would also not have been possible without the unstinting financial support provided by the Istituto Italiano di Cultura in London through its director, Francesco Villari, for which we are deeply grateful. Generous contributions toward the costs of the conference were also made by the following institutions: the British Academy, the Society for Italian Studies, and the Italian departments of the University of Cambridge, the University of Kent, the University of Reading, the University of Sussex, Trinity College Dublin, University College Dublin, University College Galway, University College London, and the Cardiff College of the University of Wales. Our heartfelt thanks go to them all.

We owe a debt of a different kind to Ted Cachey and Christian Moevs of the University of Notre Dame. As editors, they have been kind enough to accept the conference proceedings in their new series, which promises to be a major landmark and a point of reference for all students of Dante.

Patrick Boyde

Introduction

The published proceedings of a conference might be described as either "fish" or "flesh." In part—in small part—they are the record of what was actually said and done during the formal sessions of the conference itself. In part they are a collection of articles with a common theme that happen to owe their existence to the original meeting of minds. This volume in general conforms to expectation. The discussions after each paper and the final debate were tape-recorded, and the transcriptions have been edited only very lightly to preserve the sense of occasion and the freshness of extemporized speech. The articles, by contrast, offer the carefully considered final thoughts of their authors, backed by the kind of notes, references, and bibliographies one would expect from any contribution to a scholarly journal. There is, however, one exception—something that is *né pesce né carne*—for which a little explanation is required.

The conference was conceived in 1991 as the second part of an ambitious reexamination of the *Fiore*. The first part was to take the form of a close reading of the whole poem on its own terms. It was entrusted to a team of eight Dantists, active in the United Kingdom and Ireland, who duly appeared in Ravenna at weekly intervals in the spring of 1992 to give *letture* of the *Fiore* in blocks of thirty sonnets. (These readings were published as volume 22 of the *Letture Classensi: Lettura del "Fiore,"* edited by Z. G. Barański, P. Boyde, and L. Pertile [Ravenna: Longo, 1993]). The second part of the reexamination was to proceed aspect by aspect, and explicitly to consider the proposed attribution of the work to Dante Alighieri. It was to involve an international group of scholars who met at St. John's College, Cambridge, for three days in September 1994 and whose labors are presented in definitive form in this book.

The question of the authorship of the poem, then, was on the agenda from the first discussion of the two-part project between myself and Zygmunt Barański. Since I was the one who felt very strongly that we had to reopen that particular debate, it fell to me to take prime responsibility for that part of our activities. My first idea was to reserve the final session of the conference for a free expression of views by all those who had been invited. Then it seemed desirable to commission a brief survey of the whole question both before and after the decisive intervention by Gianfranco Contini (this task was eventually taken on by John Barnes, whose overview, elsewhere in this volume, now also incorporates an assessment of the contribution made by the Cambridge conference). At a later stage I conceived the idea of conducting some kind of opinion poll among those present. As I thought about the nature and form of such a poll, it became evident that it would not be very important to know how many of the participants had made up their minds about the authorship in one way or the other, while it might be helpful to discover in detail just how a distinguished group of specialists rated each of the individual arguments that had been adduced in favor of the attribution to Dante. If it turned out that some of the arguments were generally considered to be either very strong or very weak, we would be able to set them on one side and focus our discussion on the issues for which the evidence had proved to be more controversial and which could not be resolved without further analysis and research.

As the program of the conference evolved, it became obvious that the poll ought to take place *before* the final discussion so that we would be able to know the results, and that it would therefore be necessary to distribute and explain the questionnaire during the first session. This was how matters stood in May 1994 when the definitive program was drawn up.[1] But as I worked on the problem during the summer I realized that it would never be possible to present all the complex issues and explain how the "voting" was to be conducted in the space of half an hour. Conference members would have to be given the chance to study the questions, review the evidence, and consider the matter before they arrived. I therefore rounded off my preliminary work at the beginning of September; by the middle of the month every participant had received a bulky package that came to be known as *il malloppo floreale*, or "the Flower Bundle." The conference opened on 23 September 1995; the *malloppo* was discussed at the end of my opening address (the text of which is given elsewhere in this volume); the completed voting papers were handed in by the afternoon of the 24th; and the results were declared at the beginning of the final session on the morning of the 25th.[2]

It was, however, only when I began to edit the contributions to this volume at the beginning of 1995 that I became fully aware of the "hybrid" nature of the elements for which I was directly responsible. I could not simply replicate the "Flower Bundle" because of the different format and conventions of a printed book and the different needs of its readers. But neither could I undertake a free and unconstrained revision. The final discussion, reproduced elsewhere in this volume, was affected by the polling, and allusions were made to the results. These results, which are given in full in this volume, can be understood only by people who have studied the questionnaire and its supporting documents. With the advantage of hindsight, I would like to have modified the questionnaire by judicious rewording or rearranging and also by omitting some questions and adding others. Similarly, I would like to have extended my survey of the critical debate by including works I had not had time to read during the summer. But to tamper with the questionnaire or to expand the survey would have been tantamount to falsifying the evidence on which members of the conference had made up their minds when completing their "ballot papers."

In the event, therefore, Zygmunt Barański and I have agreed to treat the materials that were circulated before the conference on more or less the same terms as the words that were uttered extempore during the formal sessions of the conference itself. Everything possible has been done to make them accessible and intelligible to the readers of this book, but the editing has been as conservative as is consistent with that primary aim. In essence these materials have remained in the form they had in the autumn of 1994.[3]

NOTES

1. We would like to place on record that the following scholars expressed interest in contributing a paper to the conference but had to withdraw because of other commitments: Claudio Ciociola, Roberto Crespo, Lino Pertile, Michelangelo Picone, and Francesco Mazzoni.

2. We take this opportunity to thank the three research students from St. John's—Catherine Keen, David Gibbons, and Paolo Zanna—for their assistance in the *scrutinio* and for all the practical help they gave during the conference.

3. It may seem presumptious to treat the admittedly provisional and extemporized contributions with the same reverence as the revised papers, but it is likely that many years will elapse before a similar number of qualified readers of the *Fiore* come together in conditions so ideally suited to the civilized exchange of knowledge and insight as those enjoyed at the International *Fiore* Conference at St. John's College, Cambridge, 23–25 September 1994.

The following scholars attended the conference: Peter Armour (Royal Holloway), Zygmunt G. Barański (Reading), John C. Barnes (University College Dublin), Stephen J. Bemrose (Exeter), Margaret Bent (Oxford), Patrick Boyde (Cambridge), Kevin Brownlee (Pennsylvania), Robert Carroll (Cambridge, research student), Mark Davie (Exeter), Teresa De Robertis Boniforti (Florence), Domenico De Robertis (Florence), Peter Dronke (Cambridge), Doris Fletcher (London), Simon Gaunt (Cambridge), David Gibbons (Cambridge, research student), Guglielmo Gorni (Geneva), Peter Hainsworth (Oxford), Claire Honess (Royal Holloway), Sylvia Huot (Northern Illinois), Prudence A. James (University College London), Sarah Kay (Cambridge), Catherine Keen (Cambridge, research student), Robin Kirkpatrick (Cambridge), Lucia Lazzerini (Florence), Anna Chiavacci Leonardi (Siena-Arezzo), Lino Leonardi (Florence), Anna Laura Lepschy (University College London), Giulio Lepschy (Reading), Elizabeth Mozzillo (Cambridge, research student), Cormac Ó Cuilleanáin (Trinity College Dublin), Lino Pertile (Harvard), Matthew Reynolds (Cambridge, research student), David Robey (Manchester), Irene Scariati Maffia (Geneva), John Took (University College London), Paolo Zanna (Cambridge, research student).

Discorso di apertura (23 settembre 1994)

Welcome to our Conference on the *Fiore*. My first point is simply that there are conferences and conferences: ci sono convegni e convegni.

Il mio primo convegno fu quasi trent'anni fa, in occasione del centenario della nascita di Dante—un congresso internazionale su vasta scala a Firenze, con almeno 500 congressisti, in cui ho avuto modo di vedere in carne e ossa studiosi leggendari come Bruno Nardi e Etienne Gilson, e d'incontrare per la prima volta Domenico De Robertis, relativamente giovane all'epoca, ma già autore di un libro fondamentale per i miei studi sulle *Rime* di Dante, *Il libro della "Vita Nuova"*. L'ultimo in ordine di tempo fu il convegno annuale della Modern Language Association a New York, simile a quello satireggiato dal romanziere David Lodge nel suo *Small World,* i cui participanti erano circa 12.000 distribuiti in quattro alberghi enormi e modernissimi a Manhattan, e i cui lavori si svolgevano in oltre 700 sessioni parallele.

Questa volta invece siamo ospiti del mio college; l'edificio, la "Scuola di Pitagora", risale all'inizio del Duecento; siamo solo trenta, e ci occuperemo di un solo testo. Sarà un convegno intimo, senza il sindaco, senza un *keynote speech* o un vero e proprio discorso di apertura. Più che un "convegno", sarà un *convivium*, o meglio ancora un *considium*, nel senso attribuito a questa parola da San Tommaso d'Aquino: "dicitur enim 'consilium' quasi 'considium', eo quod multi consident ad simul conferendum". E da questo *considium* uscirà un volume consistente che mi auguro verrà considerato una pietra miliare negli studi sul *Fiore*—e forse anche negli studi danteschi.

Affronteremo molti aspetti del poemetto, spaziando dal manoscritto al contesto letterario, dai rapporti col *Roman de la Rose* a quelli con la *Commedia*. Ma ci soffermeremo in modo particolare, sia all'inizio che alla fine, sul problema dell'attribuzione, perché è stato detto che "qualunque discorso sul *Fiore* si converte inevitabilmente in un discorso attributivo" (CM, lxxi). La frase è di Gianfranco Contini, le cui due edizioni, *maior et minor,* del 1984 sono i *sine quibus non* dei nostri lavori e rappresentano una delle vette insuperabili della grande tradizione della filologia romanza in Italia. (Anche Contini, tra l'altro, nel corso della sua lunga *quête,* è stato ospite per due giorni qui a St. John's; e mi ha scritto un biglietto, che non potrebbe essere che suo, in cui si scusa di aver dimenticato una camicia cui era molto affezionato: nella lettera St. John's diventa un "luogo di dotto beghinaggio" e l'autore si accusa di una "distrazione indumentaria"!)

Ora, se Contini ha dedicato vent'anni della sua vita all'edizione del *Fiore* è stato perché era convinto della paternità dantesca, e non mi sfugge certo che il fatto stesso di riproporre la questione dell'attribuzione può sembrare un atto di ingratitudine o di ribellione: ma, per carità, non si tratta qui "d'eretica nequizia", e tanto meno di "malizia". Contini è uno dei miei cinque maestri o guru (insieme a Curtius, Gilson, Auerbach e Kenelm Foster): riconosco la forza dei suoi argomenti e mi sento molto meno competente di lui da ogni punto di vista—un nano al cospetto di un gigante. Ma c'è una vocina dentro di me che continua a sussurrare insistentemente: "eppure *non* si muove"—o meglio, "è difficile che si muova". "Je ne sais quoi pourtant dans mon coeur en murmure", come diceva Pierre Corneille. Non un rifiuto netto della tesi continiana, quindi, ma una punta di agnostico scetticismo da parte di un ammiratore che, tuttavia, per temperamento è "della razza di chi rimane a terra".

"Sospinto" da questi "miei dubbi" (la citazione è dal quarto canto del *Paradiso*), ho riesumato un modello squisitamente medievale per dare corpo alle mie perplessità. Come il "baccialier" dantesco mi sono "armato" "d'ogne ragione" e ho presentato gli argomenti, *the evidence,* in una serie di *Videtur quod* e *Sed contra.* Ma non troverete nessun *Respondeo:* mi sono limitato a mettere a fuoco argomenti già teorizzati da altri studiosi per accendere un dibattito, nella speranza che ciascuno di voi abbia portato qualche valido contributo per "terminare" la "questione propo*sta*". (Dell'uso della terminologia scolastica—cito sempre dal *Paradiso*—*non mi commendo, [...] né mi riprendo*. Mi sembra non solo opportuno, ma inevitabile.)

A questo punto mi piacerebbe rammentare una scena bellissima a cui ho assistito all'Istituto di Cultura a Londra circa quindici anni fa. Si trattava della "presentazione" di un libro, nella fattispecie *La Divina Commedia* a cura di Umberto Bosco e Giovanni Reggio. Sono intervenuti Vittore Branca e Kenelm Foster. Ha parlato per primo Branca e per una mezz'oretta ha elogiato il nuovo commento con grande stile e con grande affetto. Poi è toccato al Padre Foster, che si è scusato di parlare in inglese e ha detto: "We are all grown-ups here and we can surely agree to disagree"; dopo di che ha parlato solo delle linee esegetiche che lo trovavano in *dis*accordo, esponendo le sue riserve proprio con quella "infiammata cortesia" con cui il San Tommaso dantesco allude nel Cielo del Sole all'ex-avversario che "sillogizzò invidïosi veri", ossia Sigieri di Brabante. Ve lo propongo, questo aneddoto, perché sia per voi come la strada maestra da seguire.

Avete tutti ricevuto almeno dieci giorni fa il mio "malloppo floreale", e non credo sia necessario ripercorrere oggi passo per passo quel che avete già letto. Tuttavia mi piacerebbe richiamare l'attenzione su due delle epigrafi, cominciando con le parole di San Tommaso già menzionate. Siamo venuti per "consigliare" nel senso di "chiedere chiarimenti, consultarsi". Si tratta di una *collationem inter plures habitam*.

> Quod et ipsum nomen designat; dicitur enim "consilium" quasi "considium", eo quod multi consident ad simul conferendum. Est autem considerandum quod in particularibus contingentibus, ad hoc quod aliquid certum cognoscatur, plures conditiones seu circumstantias considerare oportet, quas ab uno non facile est considerari, sed a pluribus certius percipiuntur, dum quod unus considerat, alii non occurrit.

Savie parole. Inoltre, come motto o impresa del nostro *considium*, ricordo il testo di Aristotele, già ricordato da Dante nel *Convivio* e da me aggiornato: *Amici quidem Barbi et Contini, sed magis amica veritas.*

La grande novità della mia catena di *quaestiones* (novità rispetto alla Scolastica) sta nel fatto che il materiale è presentato sotto forma di un questionario. Come avrete notato, consiste di 33 quesiti divisi in due gruppi principali, "a favore di" e "contro" l'attribuzione a Dante. Questi gruppi sono ulteriormente divisi per categorie: "Attributions or possible attributions to Dante made before 1550" (1–4); "Personal and political sympathies shared by Dante and Durante" (5–6); "Arguments for a date (1285–90) compatible with Dante's authorship" (7–11); "Various relationships, including 'recantation', between the *Roman*, the *Fiore*, and the *Commedia*" (12–16); "Arguments based on the originality and literary quality of the *Fiore*" (17–20); "Crucial resemblances in wording and phrasing between the *Fiore* and Dante's writings in vernacular verse" (21–24); "The 'moral stance' " (25). Poi, in ordine inverso rispetto al primo gruppo principale: "Crucial dissimilarities in wording and phrasing between the *Fiore* and Dante's writings in vernacular verse" (26–30); "Differences in content and attitude to *cortesia* and *filosofia*" (31); "Silence by the alleged author and his immediate contemporaries" (32–33).

Passiamo ora alle modalità—a come esprimere il vostro giudizio, come votare, come riempire il modulo. Alle domande dovete rispondere non con un semplice *Sic aut Non*, ma mettendo una croce in uno dei quattro quadratini A, B, C o D, per indicare su questa scala rudimentale il vostro giudizio riguardo al relativo peso o alla relativa forza di persuasione dei singoli argomenti.[1] È impossibile essere più precisi, e la nostra scelta verrà complicata dal fatto che si rivelerà necessario giudicare contemporaneamente sia l'importanza intrinseca di ciascun argomento, sia la qualità delle prove portate a sostegno di tale argomento.

Tanto per fare un semplice esempio. Al numero 5 si legge che "The *Fiore* and the *Commedia* share an unusual interest in and sympathy for Siger of Brabant: A   B   C   D". Si potrebbe pensare (ed è questa la mia personale convinzione) che la menzione della figura di Sigieri nel *Fiore* e nel *Paradiso* costituisca di per se stessa un fatto importante ai fini dell'attribuzione e costituisca inoltre un dato di fatto incontrovertibile: si tratta in effetti di una grande sorpresa trovare Sigieri nel Cielo del Sole; e l'autore del *Fiore* ha aggiunto di sua iniziativa il nome di "Mastro Sighier" laddove Jean de Meun nomina solo Guillaume de Saint Amour. A mio avviso siamo di fronte a un argomento A o B. Al numero 6, invece, dove si tratta di un presunto atteggiamento politico nei confronti della classe nobile nel *Fiore* e nella *Commedia*, ci troviamo di fronte ad un caso più complesso ("The political attitudes of the author of the *Fiore* seem consistent with those of Dante before his exile: A B C D"). È significativo che ser Durante abbia capovolto la posizione di Jean, le cui simpatie andavano più alla classe borghese; ma non è per niente sicuro che il Dante degli anni '80, il giovane che stava per iscriversi all'Arte dei Medici e degli Speziali per poter partecipare alla vita politica del comune negli anni successivi agli Ordinamenti di Giustizia, avesse già cominciato a prendere posizione a favore dei nobili o *magnates*. Io personalmente sarei incline a mettere la croce nel quadratino C o D.

Non possiamo andare troppo per il sottile. Il mio questionario costituisce un'impalcatura provvisoria che sarà servita a qualcosa se riuscirà ad indirizzare la nostra attenzione su ogni singolo argomento e ad eliminare dalla discussione quelli su cui c'è un'unanimità di consenso o dissenso. Spero di poter presentare i risultati del sondaggio all'inizio del dibattito finale e cercherò di dirigere la discussione in modo tale da non permettere che si sfondino porte aperte. In altre parole, se siamo tutti dell'opinione che la "firma interna" (numero 1) sia di grande importanza, mentre le singole parole rare elencate da Contini (numero 21 e Appendice I) non siano importanti, io da moderatore cercherò di fare in modo che non si sprechi tempo a parlarne ancora.

Alcune precisazioni e una domanda. Come ho già avuto modo di dire, non intendo contare i voti e arrivare così a un verdetto maggioritario. E la votazione resterà segreta per garantire la massima obiettività e sincerità. (Può sembrare assurdo, ma alcuni dei qui presenti si sono già espressi pubblicamente a favore di o contro la paternità dantesca; e, nonostante la loro ferma e costante volontà di aderire alla verità come "maggiormente amica", può darsi che non siano ancora pronti a sottoscrivere una *retractatio*.)

La mia domanda, invece, riguarda l'opportunità o meno di aggiungere una quinta possibile risposta. Nel primo abbozzo del questionario avevo messo a disposizione cinque quadratini, da A a E, e avevo addirittura ingrandito quello centrale per indicare che era più che naturale che a molte delle domande si sarebbe risposto con un semplice "Don't know" o "Questo non c'entra". In altre parole, molti degli argomenti presentati possono essere giudicati assolutamente neutri o non pertinenti all'attribuzione a Dante. Per esempio, si potrebbe pensare che la data del manoscritto (di cui al numero 7) non abbia niente a che vedere con la paternità dantesca, "it has got nothing to do with the case", *nil est ad rem*. Poi ha prevalso l'opinione degli esperti secondo cui in questi casi è meglio incoraggiare prese di posizione nette, e ho finito col togliere il quadratino centrale.

After a brief debate, it was agreed to admit a fifth option. Details are given in the chapter "Results of the Poll", elsewhere in this volume.

NOTE

1. The original ballot paper explained that there was a four-point scale, A–D, in which A = strong or very persuasive; B = attractive or not unpersuasive; C = not persuasive; D = weak or pointing to the opposite conclusion. Participants were instructed to "evaluate each argument *per se* and *secundum quid*, i.e., combine your judgment about the weight of the argument as such and your assessment of the quality of the evidence".

PART I

The Question of Attribution I

The Questionnaire and Related Materials

The following is a version of the introduction to the questionnaire, the questionnaire itself, and the ballot paper, circulated before the conference began. As explained in the introduction, it has been slightly pruned but remains in all essentials what was distributed in advance to participants in the *Fiore* conference. The document "*Summus minimusve poeta?*" referred to below appears as the following chapter in this volume; appendices 1–4 appear at the end of that chapter.

Ideally, readers of this volume should work their way through all the documents reproduced below (including those in the following chapter) and commit themselves to a response of A, B, C, or D to all thirty-three questions *before* they read the rest of the book and especially before they read the results of the questionnaire and the final debate (elsewhere in this volume). It is also to be hoped that they will study and be influenced by the epigraphs, which were circulated before the conference and frequently referred to during the proceedings. The epigraphs were prefaced with these words: "Aquinas has pride of place to remind us that we shall have 'sat down together' *(consilium quasi considium)* to pool our knowledge and experience in order to achieve a better understanding of a matter that must remain in the field of the contingent and merely probable. Sterne and Dante are there to point out that even the most powerful mind will be governed by an initial hypothesis in the gathering and sifting of evidence and that 'affection' for a governing hypothesis may 'bind the intellect.' The participants in the debate are quoted to show that great scholars have come to different conclusions. And in the final item Aristotle and Dante are updated to call upon us to do our duty as scholars and to set a higher value on truth than on friendship or personal esteem."

Dicendum quod consilium proprie importat collationem inter plures habitam. Quod et ipsum nomen designat; dicitur enim consilium quasi considium, eo quod multi consident ad simul conferendum.

Est autem considerandum quod in particularibus contingentibus, ad hoc quod aliquid certum cognoscatur, plures conditiones seu circumstantias considerare oportet, quas ab uno non facile est considerari, sed a pluribus certius percipiuntur, dum quod unus considerat, alii non occurrit; in necessariis autem et universalibus est absolutior et simplicior consideratio, ita quod magis ad huiusmodi considerationem unus per se sufficere potest.

Aquinas, Summa Theologiae, 1a–2ae.14.3 resp.

It is the nature of an hypothesis, when once a man has conceived it, that it assimilates every thing to itself, as proper nourishment; and, from the first moment of your begetting it, it generally grows the stronger by every thing you see, hear, read, or understand.

Sterne, Tristam Shandy, 2.19

> E questo ti sia sempre piombo a' piedi,
> per farti mover lento com' uom lasso
> e al sì e al no che tu non vedi:
>   ché quelli è tra li stolti bene a basso,
> che sanza distinzione afferma e nega
> ne l'un così come ne l'altro passo;
>   perch' elli 'ncontra che più volte piega
> l'oppinïon corrente in falsa parte,
> e poi l'affetto l'intelletto lega.

Dante, Par., 13.112–20

Non è dunque da meravigliarsi se accanto a dotti e letterati di prim'ordine, che l'asseriscono con tranquilla risolutezza . . . altri, con altrettanta sicurezza, si rifiutano di credervi. . . . Fu detto, ed è giusto ripetere, che, se non si trattasse di Dante, queste prove avrebbero persuaso anche molti de' più diffidenti.

Parodi, Prefazione, viii

E s'io esamino il testo in sé, più cerco il fare di Dante, e meno ve lo trovo.

Barbi, quoted by Contini, CR 560

Amici quidem Barbi et Contini, sed magis amica veritas.

Aristotle, Boyde, Dante

As you read this, please bear in mind that what we are trying to establish is not whether you have made up your mind about the attribution to Dante, one way or the other, or whether you are still sitting on the fence, but how you personally rate the probative or persuasive power of each of the single planks that make up the platform, which remains essentially the one adopted and presented by Contini.

You are asked to assess each of the arguments in isolation, setting aside as far as humanly possible your present beliefs about the authorship, and to place each argument in turn on a four-point scale, such that: A = strong or very persuasive; B = attractive or not unpersuasive; C = not persuasive; D = weak or pointing, if anything, to the opposite conclusion. Your answer will in effect be a fusion of how you evaluate each argument *per se* and how you evaluate it *secundum quid* (that is, you will have to combine your judgment about the weight of the argument as such and your assessment of the quality of the evidence that has been adduced in its support).

You will find three documents in all. The first is the questionnaire itself, which sets out very concisely the thirty-three arguments you are being asked to assess. They have been grouped in a rough and ready way, and you will notice, in particular, that the first twenty-five are cast in *positive* form—that is, they state a reason for attributing the *Fiore* to Dante—while the last eight are cast in *negative* form. To the best of my belief, all the arguments presented by Contini are included. The second document is the ballot paper on which you will record your assessments. The third and most important document is entitled "*Summus minimusve poeta?*" It is meant to be like a judge's summing-up of the evidence and of the arguments presented by the advocates for the prosecution and the defense during a long and complex trial. It is actually laid out in a form inspired by the scholastic *quaestio*. The numbers and headings correspond to those on the questionnaire and the ballot paper. Under each heading, there is a slightly fuller summary of the nature of the particular argument (the *videtur quod*), followed by a brief statement of the principal objections to that argument (the *sed contra*). I have tried to identify the central issue in each case, but please bear in mind that I am not presenting my own views or trying to persuade you. You are the jury; you are already familiar with the evidence; it is for you to make up your mind. My role is simply to prompt your memory and to give an impartial summary of the arguments for and against.

The summaries are followed by a brief survey of some of the main contributions to the critical debate about each point in turn, this survey being printed in a smaller typeface to enable you to find your way more easily.[1] It is nothing like as comprehensive as I intended it to be, but it could have been made a great deal longer without affecting how you will vote. Pride of place is given to Contini's main contributions, and particular attention is also called to points made in the eight *letture* in the recent volume *Lettura del "Fiore"* (it should be remembered that the contributors to that volume were asked not to deal directly with the authorship; their feelings, however, emerge between the lines).[2] Perhaps the most useful feature of the survey is the generous quotation of key phrases from the sources. It is, of course, assumed that you are familiar with the problems, and the style is correspondingly telegraphic.

You will remember that Contini regarded what he called the *argomenti interni* as the most important (he was personally responsible for first proposing 95 percent of these lexical and stylistic parallels). You are asked to assess this evidence as constituting four separate arguments (listed separately as questions 21–24, under headings inspired by Contini). For your convenience, I have copied out virtually all the suggested parallels in four appendices to the main supporting document. The passages are printed together, without commentary, apart from the use of italics to highlight the common words and constructions. (For my part, only when I could actually see the quotations set out in this way was I able to concentrate my whole attention on the texts; I hope these appendices will be found equally useful by all future students of the problem.)

The Questionnaire

A. Arguments in the Form: The Fiore *Is by Dante because . . .*

Attributions or Possible Attributions to Dante Made before 1550

1. Internal signature: the poem is "signed" by its author as Durante, the full form of the name Dante. There are no other serious candidates of this name in the relevant period.

2. Sonnet 97 of the *Fiore* was attributed to Dante in the fourteenth century.

3. Dante's sonnet "Messer Brunetto" (XCIX), sent to accompany the gift of a poem, seems to be alluding to the *Detto* and/or the *Fiore*.

4. An unknown book of erotic poetry, seen in Venice in about 1530 and ascribed by the witness to Dante, may have been the *Fiore*.

Personal and Political Sympathies Shared by Dante and Durante

5. The *Fiore* and the *Commedia* share an unusual interest in and sympathy for Siger of Brabant.

6. The political attitudes of the author of the *Fiore* seem consistent with those of Dante before his exile.

Arguments for a Date (1285–90) Compatible with Dante's Authorship

7. The MS, which seems to be close to the autograph, is by a Tuscan hand and can be dated to the early fourteenth century; it is therefore consistent with authorship by Dante.

8. The references to historical events and to the political context are consistent with a dating in the period 1285–90, and thus to authorship by Dante when he was in his early twenties.

9. The evidence of language, style, and meter is consistent with a dating in the period 1285–90, and thus to authorship by Dante when he was in his early twenties.

10. The author's handling of the "comic" register is consistent with a dating in the period 1285–90.

11. The author of the *Fiore* seems to be the same person as the author of the *Detto d'Amore*, which belongs to the period when Brunetto wrote his *Tesoretto* and *Favolello* (also in *settenari baciati*) and when Guittone d'Arezzo was still the acknowledged arbiter of taste. This too points to a dating in the period 1285–90.

Various Relationships (including "Recantation") between the Roman, *the* Fiore, *and the* Commedia

12. There are several features deriving from the *Roman* in the *Fiore*, *Detto*, and *Commedia*, but none of them is common to all three works. This seems to point to the fact that Dante wrote all three works, since two or three different people would probably have borrowed at least one common feature.

13. Analysis of a number of verbal debts to the *Roman* that are common to the *Fiore* and the *Commedia* seem to show that they are mediated through the *Fiore* to the *Commedia*. Their presence in the *Fiore* cannot be explained as borrowings from the *Commedia*; hence, either Dante had read and remembered the *Fiore*, or he is the author.

14. The "candida rosa" or "gran fiore" of the blessed, a symbol of man's supernatural goal in the finale of the *Commedia*, may be a way of "making amends" ("per ammenda") for the "fiore" (or the rose of the *Roman*), the symbol of a purely sexual goal in the finale of the *Fiore*.

15. *Cristo* is rhymed, irreverently, with other words three times in the *Fiore* and once in Dante's tenzone with Forese, and four times, reverently, with itself

in *Paradiso*. This too may be a way of Dante's "making amends" for his youthful *traviamento*.

16. There are significant debts to the first, *courtly* part of the *Roman* in the *Commedia* that are not to be found in the *Fiore*. This apparent redressal of the balance may also be a way of "making amends" for their omission in Dante's earlier work.

Arguments Based on the Originality and Literary Quality of the Fiore

17. The author of the *Fiore* used his command of French to create a parodistic "creole" of such richness and daring as to make one think of a major writer like Dante.

18. The adaptation of the *Roman* is so skillful and coherent, and, specifically, the cutting, reshaping, and "freedom of movement" with respect to the source are such as to make one think of Dante.

19. The author of the *Fiore* is much more concrete and has a greater gift for dramatic representation than the two authors of the *Roman*; these qualities are such as to make one think of Dante.

20. The rhyme scheme of the tercets of the sonnets in the *Fiore* anticipates the meter of the *Commedia*, and the *Fiore* may be the crucial, missing link between Dante's lyric poetry and the *Commedia*.

Crucial Resemblances in Wording and Phrasing between the Fiore and Dante's Writings in Vernacular Verse

(There are many verbal parallels between the *Fiore* and Dante's works in vernacular verse, and the most economical hypothesis to explain them all is that Dante is the author of the *Fiore*. They may be arranged under the following heads—explained in the supporting document—and you are invited to vote on each one separately. The examples are listed in appendices 1–4.)

21. Handmaids.
22. Chambermaids.
23. Ladies-in-waiting.
24. Queens.

The "Moral Stance"

(This argument in favor of the attribution to Dante is placed at this point because it did not find favor with Contini.)

25. The moral stance of the author of the *Fiore* is in fact remarkably similar to that of Dante in the *Commedia*. It is quite distinct from the self-centered hedonism of the protagonist and, above all, from the cynicism of the three characters with the longest speaking parts (Amico, Falsembiante, la Vecchia), who are allowed to condemn themselves out of their own mouths, just like the sinners in the *Inferno*.

B. Arguments in form: The Fiore *Is Not by Dante because* . . .

Crucial Dissimilarities in Wording and Phrasing between the Fiore *and Dante's Writings in Vernacular Verse*

26. The "orgy" of Gallicisms in the *Fiore* is without parallel among Dante's preferences in his canonical works in vernacular verse.

27. There are a significant number of other linguistic preferences in the *Fiore* that are at odds with Dante's preferences in his canonical works in vernacular verse.

28. There are four metrical preferences in the *Fiore* that are at odds with Dante's preferences in his canonical works in vernacular verse.

29. Analysis of rhythm reveals a pattern of preferences and, specifically, a fondness for certain "irregular" accentual patterns in the hendecasyllable, which are at odds with Dante's preferences in his canonical works in vernacular verse.

30. Statistical analyses of various parameters of the *Fiore* consistently reveal patterns of distribution that are difficult to reconcile with those found in Dante's canonical works in vernacular verse.

Differences in Content and Attitude to Cortesia *and* Filosofia

31. It is implausible that Dante should have shunned the courtly idealism of Guillaume at the time when he was writing the poems and/or the prose of the *Vita nuova* and that he should have turned his back on all the themes in Jean that were to absorb him from c. 1292 onward, finding expression in his philosophical poems, the *Convivio,* and the *Commedia.*

Silence by the Alleged Author and His Immediate Contemporaries

32. There is no mention at all among Dante's contemporaries of this vigorous Tuscan version of the most influential French work of its time, and there is no indisputable proof of its having been read and imitated. It seems inconceivable that a work by an author of Dante's fame could have been ignored in this way.

33. Dante himself never mentions the *Fiore,* whereas he consistently refers to and quotes his canonical works in later canonical works. The most economical working hypothesis to explain this silence is that Dante was not the author.

The Ballot Paper

Arguments in Favor of Dante as Author of the Fiore

1. Internal signature

| A | B | C | D |

2. F 97 (the only fourteenth-century reference)

   A   B   C   D

3. Dante, *Rime*, XCIX

   A   B   C   D

4. "Claro nomine carus"

   A   B   C   D

5. Siger of Brabant

   A   B   C   D

6. Political sympathies

   A   B   C   D

7. The manuscript

   A   B   C   D

8. Dating: Political or historical pointers to 1285–90

   A   B   C   D

9. Dating: Linguistic and literary pointers to 1285–90

   A   B   C   D

10. Command of "comic" register

   A   B   C   D

11. The *Detto d'Amore*

   A   B   C   D

12. Borrowings from the *Roman* are different in *Detto*, *Fiore*,
and the *Commedia*

   A   B   C   D

13. *Fiore* was composed before the *Commedia*

   A   B   C   D

14. "Making amends": Roses in the two finales

   A   B   C   D

15. "Making amends": *Cristo* as rhyme-word

   A   B   C   D

16. Significant debts to *Roman* in the *Commedia*, absent from *Fiore*

    A   B   C   D

17. Skill in creating a "creole"

    A   B   C   D

18. Cutting and shaping point to Dante

    A   B   C   D

19. Concreteness and dramatic quality of *Fiore* point to Dante

    A   B   C   D

20. Rhyme scheme of tercets

    A   B   C   D

    (Items 21–24 are the arguments based on similarities of words and wording)

21. Handmaids

    A   B   C   D

22. Chambermaids

    A   B   C   D

23. Ladies-in-waiting

    A   B   C   D

24. Queens

    A   B   C   D

25. Moral stance of *Fiore* like that of *Commedia*

    A   B   C   D

Arguments against Dante as Author of the Fiore

26. The "orgy" of Gallicisms in *Fiore*

    A   B   C   D

27. Incompatible linguistic preferences

    A   B   C   D

28. Incompatible metrical preferences

    A   B   C   D

29. Incompatibilities in accentual schemes of the hendecasyllable

    A   B   C   D

30. Statistical fingerprints that do not match

    A   B   C   D

31. *Fiore* shuns all Dantean themes in *Roman*

    A   B   C   D

32. Negative proof: Silence by Dante's contemporaries

    A   B   C   D

33. Negative proof: Silence by Dante himself

    A   B   C   D

NOTES

1. For the record, the document was originally set out in two columns, with the summaries on the left and the survey on the right. In this book we have followed the example of the *Enciclopedia Dantesca,* and the decision not to place the survey in the notes is a conscious one: we believe that readers should be encouraged to look at the *auctoritates* and attend to their *ipsissima verba*.

2. Z. G. Barański, P. Boyde, and L. Pertile, eds., *Lettura del "Fiore,"* Letture Classensi 22 (Ravenna: Longo, 1993).

Patrick Boyde

Summmus Minimusve Poeta? Arguments for and against Attributing the *Fiore* to Dante

expectes eadem a summo minimoque poeta . . .
Juvenal, I.14

In what follows, the evidence for and against the attribution of the *Fiore* to Dante is set out in the form of a judicial summary of the arguments and the objections to them, together with a survey of the main contributions to the critical debate. The thirty-three sections correspond to the thirty-three questions on the questionnaire and ballot paper, preceding this chapter. The format consists of a summary of each argument and the objections to it (the *sed contra* for the positive arguments, the *sed pro* for the negative), followed by a brief survey (printed in smaller type) of some of the main contributions to the critical debate. Citations are heavily abbreviated; a list of abbreviations can be found at the end of this chapter, preceding the appendices.

1. Internal Signature

Durante is the author's real name, because it would be "irrational and insipid" for the author to use a *senhal* at a point (F 82.9; cf. 202.14) where R has the names Guillaume and Jean (incidentally, a translator would typically insert his own, real name). This does not preclude an "etymological interpretation" of the name as "one who endures," "constant in love"; indeed, the interpretation would be the reason for preferring this form.

It is the fuller form of Dante, and the poet is so named in a document
of 1343 ("Durante, ol. vocatus Dante, cd. Alagherii"); the relationship
beween the two forms of the name is explicitly asserted by Filippo Villani.

Apart from Alighieri, there are no other plausible candidates for the
authorship in the period 1280–1340 with this name. It may be relevant
that Dante "signs" himself relatively late in DC (Pg 30.55) and that
the first occurrence of the name Durante in F is delayed to a position
one-third of the way into the poem).

Sed Contra

D called himself Dante and was invariably so named in his lifetime;
the name was normally "interpreted etymologically" as *dans/dantis*.
Pertile suggests an "interpretatio nominis *comica*" of Durante as the
man "who can keep it up" or the sturdily erect phallus.

Although C rules out Dante da Maiano, some of his sonnets are as
close to F in style and stance as any by D.

CR 559; CM xxvii, xxxv–xxxvii, lxxi, lxxii–lxxiii, "insipido e irrazionale sarebbe che
al nome vero venisse surrogato 'un pseudonimo'. . . . Dunque *Durante*, il cui ipocorismo
è *Dante*, cosa sempre presente alle menti; l'Alighieri, che si trova costantemente chiamato Dante, è a ventidue anni dalla morte, nel 1343, in un atto rogato in favore del
figlio Jacopo, denominato 'Durante, ol. vocatus Dante, cd. Alagherii'; e che Dante sia
ipocorismo di Durante, ripeteranno esplicitamente per l'Alighieri Filippo Villani e Bandino D'Arezzo. . . . Ma giova non lasciar perdere del tutto e reinterpretare l'idea della
pseudonimia in quanto legata alla lettura di *durante* come 'sopportatore con pazienza' ";
ED 897, "Nessun dubbio, dunque, che Durante sia anche qui il vero nome del personaggio che dice 'io'. . . . Ciò basta, si dica subito, a escludere le identificazioni tentate con
vari praticanti della rimeria fiorentina o toscana detta 'burlesco-realistica' o 'giocosa' ";
Parodi vi–vii, "tutte le coincidenze indicate non servirebbero a nulla senza il nome Durante, ma la loro unione fa la loro forza"; Wunderli 39–41, ending with methodological
objection to C; Armour, JIRS 75; Armour, Lettura 67–68; Pertile, Lettura 149–53 (cur-
rently the best introduction to the debate).

2. F 97 (The Only Fourteenth-century Reference)

The opening lines of the only sonnet from F (97) to be attested outside
the unique MS are attributed (by the year 1375) to Dante.

Sed contra

The attribution is made in a novella and goes back to a commentator (passing off his work as by Boccaccio) whose account of the circumstances in which D pronounced these lines is clearly "legendary."

ED 897; CM lxxiv–lxxvii, "una parte della tradizione, quella che lo fa precedere da una *razo* prosastica . . . attribuisce il frammento a Dante, ciò fino da circa il 1375 . . . Che tutto esca dal Falso Boccaccio, sarebbe conclusione precipitosa nello stato attuale della ricerca. . . . Certo la proverbializzazione ha ormai toccato il suo vertice. . . . Non si può escludere che responsabile sia in definitiva l'autore stesso, ma il problema rimane aperto"; C 1973, 524; Parodi vii.

3. Dante, *Rime* XCIX

One of Dante's sonnets (Ri XCIX), beginning with the vocative "Messer Brunetto" (Latini?), accompanies the gift of a "pulzelletta" (clearly, a poem) and mentions "Messer Giano" (Jean de Meun?) and "Frati Alberti" (St. Albert is mentioned in F 88.13 and F 130.4); the "pulzelletta" might be the *Detto* or, by humorous antiphrasis, F itself.

Sed Contra

The MSS specify B(run)etto *Brunelleschi*, not Latini; in the context Giano could be any Florentine well known for his intelligence (or, by antiphrasis, foolishness), while "brother Alberts" are people of great learning, not hypocrites, as in F.

ED 897; CM lxxviii–lxxix; CR 559; Parodi vii–ix (gives full statement of the arguments against); Wunderli 42; Armour, JIRS 80.

4. "Claro Nomine Carus"

Federigo da Porto (c. 1530) describes a book, seen in the house of Marin Sanudo, containing a book by Dante on erotic themes. What else could it be?

CM cix, note. The elegiac couplets run: "Ostendis scriptum longo iam tempore librum / . . . / Et licet insanos Veneris tractaret amores, / Dantis erat: claro nomine carus erat. / Hic liber impressus Musis, vix cognitus ulli . . . "

5. Siger of Brabant

F (92.9–11) and DC (Pd 10.133–38), but not R, share an unusual interest in the ideas and fate of Siger of Brabant (theses condemned in
1270 and again in 1277), who died, allegedly murdered, in Italy between 1281 (probably 1283) and (the first half of) 1284.

The syntax of the tercet in F is not dissimilar to Pg 24.28–33.

Sed Contra

This allusion would be a relatively facile "updating" and "Italianization"
of the case of Guillaume de Saint Amour (deposed in 1256, died in
1277), whose hostility to the mendicants and undeserved dismissal
from office are recalled in R and twice in F (92 and 99).

ED 896; CM lxiii–lxiv, fuller evidence; CR 559; C 1973, 524; Wunderli 42; Hainsworth, Lettura 87.

6. Political Sympathies

When the author of F (e.g., sonnets 124, 126) adapts R to the context
of Italy or Florence (*ex hypothesi*, in the later 1280s), his sympathies
are consistent with those of D as we know them; for example, with regard to religion, he dislikes the persecution of Siger for his "invidiosi
veri" (see number 5) or the persecution of the "paterini" (this is compatible with the presentation of the "consolato" Farinata in DC). He
attacks "baratteria" (using the word frequently) as D does, and he re-
verses R's emphasis in his presentation of the struggle for power in the
cities, sympathizing with the "nobles" or "magnates" against the "borghesi," thus taking a line inimical to the regime of the priors and the
measures that culminated in the Ordinamenti di Giustizia. This too is
consistent with some aspects of D's attitude in Con. and DC.

Sed Contra

The adaptations are remarkably limited for the future author of DC,
and they are fairly generic. Is it self-evident that D would have held such
"Ghibelline" views as early as c. 1287?

ED 896, "nell'insieme sembra trattarsi di episodi, presentati in luce nettamente antiborghese, della politica antimagnatizia che connota il regime del priorato (dal 1282) e culmina negli Ordinamenti di Giustizia (principio del 1293) più o meno esattamente connessi al nome di Giano della Bella"; Armour, JIRS 71–72, asks why the author of F omits R's account of the Guelph victories in the 1260s; ibid. 74–75, the socioeconomic perceptions of the author; Armour, Lettura 71, "baratteria"; Barnes, Lettura 96–98; Cabaillot 35–39.

C himself is quite cool about this line of argument, e.g., in CM cxii: "il parafraste inserisce di suo l'esatta ma banale distinzione gerarchica di *credente* e *consolato* . . . e fa color locale precisando le città (toscane) dove il frate esercitò le sue persecuzioni."

7. The Manuscript

Casamassima said that the MS was written by a Tuscan scribe and dates from the early fourteenth century, possibly (C infers) in Dante's lifetime.

Sed Contra

The layout of the sonnets is unusual for an Italian MS (it follows the MSS of R in having the sonnets in two columns), and the earliest editors thought it was from the later fourteenth century. We do not have more than a reported *ipse dixit* as to the date and origin of the MS. Against C's speculation that the MS could date from before 1321 and hence have special authority, Armour finds it implausible that the mature D would have been instrumental in having his autograph recopied at the time when he was composing the DC.

CM liii–liv; CR 563; C 1973, 533–37 (C asks himself whether both R and DC were intended as books to be illustrated); Armour, JIRS 71.

8 and 9. Dating: Political and Literary Pointers to 1285–90

The references to specific events or to a particular political context are consistent with the evidence of the language and style, which together point to a period between 1285 and 1290. This would mean that Dante was between twenty and twenty-five at the time and still able to experiment within, rather than in reaction against, the Siculo-Tuscan literary tradition.

F would have been written in the phase described in VN 5–10, in which the author paid court to the "donne-schermo" and (possibly) wrote the poems for the significantly named Violetta and Fioretta (Vanossi).

Sed Contra

One of the reasons that led Parodi to change his mind and deny D's authorship was his sense of the chronology, which, "costringendoci a rinunciare agli anni più giovanili di Dante, ci consente soltanto la scelta fra il periodo dell'amore per Beatrice, della *Vita Nuova*, della prima canzone allegorica, e quello altrettanto poco opportuno, della sua vita politica." To others the voice of Durante ("il personaggio che dice 'io' ") seems significantly older than the twenty-year-old Guillaume or the twenty- to twenty-five-year-old Dante (Armour, Lettura 68–69; Pertile; Boyde). Barański (in correspondence) notes that some of F's solutions go beyond the Siculo-Tuscan poets and even Guittone; they are characteristic of an author trying to find a new direction (in a new decade?). Fratta 50, apropos of F 111.5, finds "una sensibilità giuridica di tipo quasi professionale," which might imply that the "Ser" of F 202.14 is not entirely humorous.

CM xci–xcii, "l'abbondanza di riscontri sembra alludere a una contemporaneità col componimento [Ri LXXII] 'del tempo della VN'. Per la giovinezza di Dante sembrano parlare anche . . . i riscontri con versi di contemporanei"; ibid. cix–cxiii, "i massicci raffronti che s'impongono fra più sonetti del F ed alcuni attualmente inclusi nella VN . . . o . . . 'del tempo della VN' . . . parlano per una contemporaneità che significherebbe press'a poco il terzultimo lustro del Duecento"; ED 896, "tecnica postguittoniana sistematicamente svolta da un abile artefice"; Parodi xi; Vanossi, 1979, 68–69, 289 (quoted by Armour, JIRS 77); Caballlot 28–30, pointing out that F relocates some references to France in Italy, and some references to Italy in France; Armour, JIRS 71–72, reviews the "termini" supplied by references to historical events, and (77) concedes that F "seems to belong to this transitional period [late Duecento]"; Armour, Lettura 69; Boyde, Lettura 178 (implicit).

10. Command of "Comic" Register

Many features of the "comic" register are common to F and DC; those in F are consistent with other practitioners (Rustico, Cecco) active in the period 1285–90. F is probably D's first extended exercise in this register and, as such, a necessary preliminary to the mastery he shows in the tenzone with Forese and in If (cf. number 20).

Sed Contra

For most opponents the manifest, acknowledged similarities between F and other late thirteenth-century works weakens the force of this and of C's other "argomenti interni" set out below (numbers 21–24 and appendices).

CM lxxxvii; CR 562, "la danteità del F, una volta affermata, obbliga a chiedersi quale ne sia il significato entro la carriera di D . . . Riteniamo . . . che il più importante significato del F in quanto dantesco consista nel suo essere la prima prova di ragguardevole estensione nell'àmbito 'comico', tenuta linguisticamente in chiave di oltranza parodica"; C 1973, 533, "prima prova del comico . . . integrale . . . allo stato puro. Iperbole della caricatura linguistica . . . iperfrancesismi"; Wunderli 43, with critique of method and allusion to other writers; Armour, Lettura 72–74; Barański, Lettura 33–34.

11. The *Detto d'Amore*

The *Detto* (originally part of the same MS) seems to have been written by the author of F. It does not provide any evidence of a "referential or circumstantial" kind, but its form ("settenari" in couplets, with equivocal rhymes), its language (more archaic), and its style (more *difficilis*) do point unequivocally to the circle of Guittone or Brunetto and thus affect the dating (1285–90) and our general model of D's early development.

Specifically, D's authorship of the *Detto* would confirm that he had a longer apprenticeship in the earlier styles than is often allowed, and it would reinforce the idea of a "contraddittoria sperimentalità" (CM xxi). In short, Dante's poems in the Cavalcantian style, those in the "stilo de la loda," the tenzone with Forese, and these two experiments in the "difficult" and the "comic" styles might all be roughly contemporaneous.

Sed Contra

Not everyone accepts the evidence of common authorship, and the content, language, stance, and indebtedness to R of the *Detto* point to a phase and a context significantly earlier than F. "If the flowerless *Detto* represents the first link between R and Tuscany, F must have come later when R and its conclusion were known in greater detail, with a manuscript, or at least large parts of it, available to the paraphraser" (Armour, JIRS 80).

CM lix–lxx, xciii, "è stata provata in modo certo la paternità identica del *Detto d'Amore* e del *Fiore*, e perciò la cultura siciliana e 'siculo-toscana' attestata dal *Detto* è cultura dantesca. A posteriori però, non a priori"; CM cxi, "dal rispetto formale i due poemetti sono essenzialmente due esercizî di stile, ciascuno iperbolico al suo modo: per sé la loro arcaicità, anche grammaticale, potrebbe non essere antichità, ma pertinenza al genere; diverse serie di istituzioni linguistiche potrebbero in astratto essere contemporanee"; Parodi xiii–xix; Wunderli 39–40, 49, is inclined to accept the earlier (1285–90) dating; Armour, Lettura 58; Armour, JIRS 77–80.

12. Borrowings from R Are Different in *Detto*, F, and DC

The alleged debts to R in F, *Detto*, and DC do not coincide but complement each other, especially in the material deriving from Guillaume. If two or three authors had been involved, they would probably have imitated (some of) the same prominent feature(s). If the three works are by the same person, that person is D.

Sed Contra

See number 11.

CM lxi, xciii, "si è visto . . . ed è un supplemento di prova superfluo ma non sgradito circa la loro comune paternità, che nei riguardi della materia derivata dalla *Rose* i due poemetti non coincidono di massima, ma si integrano. Lo stesso deve dirsi per i ricordi del *Roman* nella *Commedia* rispetto al *Fiore* e al *Detto*; ed è un nuovo indizio circa l'identità di mano"; C 1973, 530–32.

13. F Was Composed before DC

The features in DC that have a possible common source in R and F seem to be interpretable only on the assumption that the sequence of composition is R-F-DC; there can be no question of the author of F taking them from the DC.

Sed Contra

C's demonstration is far from compelling, and Fratta provides evidence compatible with a date after 1300 for F.

CM xc–xci, "si può dare per dimostrato almeno l'ordine *Roman-Fiore-Commedia*, re-stando implicito che il tutto sia svolto nello stesso luogo memoriale e che i due ultimi termini siano gestiti dallo stesso operatore"; C 1973, 527–30.

Fratta 46–47, 61–62, clearly feels unable to rule out the possibility that F is by Francesco da Barberino whose *Documenti* seems to have been completed in 1310, and whose *Reggimento*, "quasi compiuto nel 1309 (prima del viaggio del Barberino in Francia), sarebbe stato terminato fra il 1310 e il 1320."

14. "Making Amends": Roses in the Two Finales

D's presentation, at the end of the DC, of the blessed as forming a perpetual "candida rosa" (Pd 31.1; cf. 30.103, 30.111–17, and 30.124–26) might refer antithetically to the end of R, where the seizing, penetration, and insemination of the rose is short-lived and explicitly "earthly." Such an antithesis would become a significant "recantation" if D were the author of F.

Sed Contra

F never uses the word *rosa* (however, D subsequently uses "fiore" of the "candida rosa," Pd 31.10, 31.16, 31.19); in any case, the gap between the two situations is too great for the presumed "palinodia" to be persuasive.

C 1973, 515, 521, "la non duratività della conclusione fisiologica della *Rose* . . . e l'istantaneità della visione beatifica"; C 1973, 525; Armour, JIRS 76, is dismissive.

15. "Making Amends": *Cristo* as Rhyme-word

(*Geso*)*Cristo* appears lightheartedly or disrespectfully in rhyme three times in F (104.9, 117.2, 123.8) and once in D's tenzone with Forese. It would seem that D wanted to "make amends" by using the sacred name four times in rhyme position in Pd, each time "rhyming" it only with itself.

CM lxxx; CR 559; Wunderli 42; Armour, JIRS 76, is dismissive.

16. Significant Debts to R in DC Absent from F

The DC imitates several features of the plot or setting of R that are absent from F (or the *Detto*). Like R, the DC might be described as an "allegorical romance in the vernacular recounting a visionary dream"; both works take place in the season of spring; important scenes in both

are set in a garden that shares many common details; the poet/protago-
nist is at a significant age in his life (respectively, twenty and thirty-five,
"half-way").

Apart from showing that the mature D was indeed familiar with R,
most of these features derive from the first, more courtly, part of R—
that is, the part that F, which is anticourtly and unallegorical, very
largely ignores in favor of the continuation written by Jean. The debts
would thus also imply a kind of "recantation" (cf. numbers 14–15).

Sed Contra

The features listed are no more than generic, and they are used or applied in very different ways (again, see numbers 14–15) Some of them
have parallels in the works of Brunetto (Armour, JIRS 78–80). Above
all, it is a travesty to suggest that the DC resembles a typical medieval
"dream poem": from If 1.11 to Pd 32.140 (neither of which references
to "sonno" and "assonnare" compels the suggested interpretation) the
poem proceeds as though it were the record of a real journey, during
which the protagonist fell asleep several times and had dreams and vi-
sions that are described in a quite distinctive way (with virtually every
verb subordinated in some way to *parere*).

CM xciv, "in qualche modo è come se il cantore della rosa mistica, 'antiparodia' della
rosa carnale del *Roman* . . . avesse riparato alcune omissioni proprio dal settore più
cortese del testo francese"; C 1973, 531–32, 536 (where C also notes an interesting
iconographic parallel, in that illuminations of the opening of R show the hero as both
horizontal and vertical, dreamer and agent); Armour, JIRS 76; Cabaillot 24–25, on the
choice of January instead of spring in F.

17. Skill in Creating a "Creole"

The creation of a unique "creole" with elements drawn from Florentine
Tuscan and French and with a "manifesta intenzione caricaturale" is
a very remarkable achievement and thus points to a considerable master—such as Dante.

Sed Contra

Armour notes that Vanossi records no fewer than 350 transalpine words
of which about 50 are hapaxes, and he concludes that "the barbarisms
of F would have been something D would have been ashamed of very

early in his anti-Guittonian poetic life." Pertile (in conversation) has inclined to the view first expressed by Parodi, and supported by the examples of Peirone (Armour, JIRS 73, note 17), that F shows the kind of involuntary contamination characteristic of someone who has lived abroad for a long time, and/or at an impressionable age, and who is no longer really sure which words or idioms belong to which language. Hainsworth observes that the gallicisms occur most densely where the version is closest to R, and hence cannot be construed as evidence of a conscious desire to caricature or to create a "creole." Davie in part confirms Hainsworth, but goes on to note that the mature D saw France as a cause of moral corruption and may thus have come to regard his authorship of F as a part of what he wanted to "recant" and therefore to suppress.

CR 557–58, "l'abbondanza, a tratti turbinosa, dei francesismi, in nulla comparabile alla loro presenza in testi volgarizzati . . . non tanto dal punto di vista quantitativo quanto per la manifesta intenzione caricaturale palesata"; CM xcviii–ciii, concluding that "la fenomenologia descritta non può pertenere che a un traduttore di alto bordo, talché, se di per sé non indica Dante, prova però l'inanità dell'antiquato argomento linguistico antidantesco"; ED 896, "una caratteristica vistosa del F [che] va certo interpretata secondo parametri di accusata, caricaturale espressività, ma difficilmente, anche al lume dei grandi moderni di questa famiglia (Joyce, Gadda), un simile meticciato linguistico sembra poter essere stato meramente libresco"; Parodi xi; Vanossi, 1979, 237–40; Wunderli 45–48, with critique, including parallels, in the "opposite direction," which are characteristic of the language of Franco-Venetian texts in the *chanson de geste* genre; Perrus 11, asserting that this creole "n'a rien de commun . . . avec l'hybridisme spontané de l'épopée en franco-vénitien"; Armour, JIRS 73 ; Barański, Lettura 28–29, follows C; Hainsworth, Lettura 85–87, is critical; Davie, Lettura 116, 118, confirms Hainsworth but (123–24) adds a new line of thought in favor of D's authorship; Cabaillot 27, "une volonté de conserver au texte italien la saveur originale de son modèle."

18. Cutting and Shaping Point to D

The author of F shows a rigor and sense of purpose in deciding what to omit from R that are worthy of D. He sacrifices everything that is not compatible with his singleminded concentration on "la tematica amorosa."

Sed Contra

It is *prima facie* difficult to accept that the friend of Cavalcanti and the future author of Con. should show no interest at all in Jean's philosophical ideas, or—granted that he wanted to bring out the story line—that a good half of F should be taken up with the repetitious speeches of Amico, Falsembiante, and la Vecchia, or again, that the author of the DC should have followed another poet's plot (for want of a better word) so passively, with very few deviations other than cuts.

ED 896, "il suo autore si applica infatti, con signorile libertà di movimenti, unicamente alla porzione narrativo-allegorica del *Roman* francese, omettendo gli abbondantissimi excursus dottrinari di Jean, in particolare le sue estese derivazioni da Alano da Lilla; . . . senza che essa [deflorazione] venga inserita, come nell'originale, in una metafisica e una morale naturalistiche. Ciò che invece viene mantenuto, anzi per un verso sviluppato, è la polemica politica"; Barnes, Lettura 97–98; Pertile, Lettura 133–39 (the author of F omits virtually all myths and authorities, and all philosophical and ethical discussion); Armour, JIRS 69; Armour, Lettura 57; Cabaillot 17, distinguishing the various types of relationship; Cabaillot 18, "la volonté de constituer un tout fonctionnel est certaine."

19. Concreteness and Dramatic Quality of F Point to D

The quality of F is so remarkable that not only is it "worthy" of D, but it is difficult to imagine that anyone else alive at the time could have written it.

C described its relationship to R variously as "parafrasi fortemente riduttiva," "parafrasi stringata della parte narrativa," and "riduzione abbastanza energica," while others have spoken fairly neutrally of an "epitome" (it is one-seventh of the length of R), "versione toscana," "adattamento," "rifacimento," "à mi-chemin entre le pastiche et la traduction." But other critics have gone so far as to speak of a "trasposizione," "riscrittura," "dialogo con un modello" or a "fase redazionale successiva."

Some of the author's qualities are now generally agreed: he achieves a consistent stance and voice, quite distinct from the courtly Guillaume, similar to the satirical, anticourtly passages in Jean; he is successful in bringing out the story line by suppressing the allegorical elements and all the doctrinal disquisitions in Jean. In the first third, he ranges freely over the whole R to find materials to help him rebuild and tighten up the plot; he shows considerable skill in using the sonnet as a stanza or narrative paragraph and in linking each sonnet to its predecessor and successor.

More specifically, it has been argued that F shows a greater concreteness or corporeity with respect to R in the treatment of allegorical characters and their attributes, that the author has a strong sense of drama—an instinctive "theatricality" of the kind found in the no-vella—and that these tendencies are consistent with D's art in the DC.

Although F is only one-seventh the length of R, the author does often add material of his own. These additions have also been greatly admired.

Sed Contra

Parodi (vi), while conceding that "l'opera è pur riuscita notevolmente poetica," calls attention to "bizarre imperfections" and an impression of "haste" and "laziness." Fasani makes a similar initial concession but insists that the author never attains the kind of results that we find even in D's earliest works. Pertile, while generous to the author's gifts as a dramatizer, notes his total dependence on R for the sequence of narrative events, calling due attention to the "mancanza di un meditato programma di ricostruzione radicale delle strutture narrative, strariipanti e sconnesse, del suo modello" (136). Later, in his quest for the "etimo spirituale" (148), Pertile cuts the author down to size (see quotation under number 25).

ED 896, "parafrasi stringata della parte narrativa del R, riduzione . . . abbastanza energica"; CR, "parafrasi fortemente riduttiva . . . l'ossatura è portata alla mera affabulazione, mantenendo le parti mal riducibili di quattro personaggi"; CM cv–cvii, "l'accusata considerazione del modello francese come di un tutto i cui pezzi siano liberamente trasferibili anche a grande distanza"; Parodi vi, xvii, "non offrendo chiari esempii di quella singolare contaminazione se non a un dipresso nel primo terzo dell'opera"; Wunderli 48; Barański, Lettura 33; Armour, Lettura 54–56, 68; Hainsworth, Lettura 83–88; Davie, Lettura 110–20, who remarks that close translations from R are most likely to occur in the first line of a sonnet; Pertile, Lettura 131–33, 136–38, a new "impostazione" of the problem; Boyde, Lettura 155–78, especially 159; Cabaillot 25–26, "Durant paraît accentuer la trajectoire de l'oeuvre en dégageant plus clairement les deux pôles . . . ni roman courtois ni somme encyclopédique, le *Fiore* a toutes les caractéristiques . . . de la *comoedia* telles qu'elles nous sont connues, du moins, par *l'Epître* à Cangrande. . . . On notera . . . la présence de deux registres complémentaires, un registre courtois . . . et un registre comique"; Abramé-Battesti 61–65, points to repetitions of the same idea at both levels of style in F, sonnets 15–20.

Barański, in correspondence, remarks that "there is no other work quite like F in point of originality, experimentation, and hence literary sophistication, not just in Italy but in the whole of the Romance area."

Vanossi, 1979, 110, 111–13, 124, 140, 149, speaks of "theatricality"; Barnes, Lettura 93, 101; Pertile, Lettura 137–43, is very generous to the author; Boyde, Lettura, passim; Abramé-Battesti 60; Barnes, Lettura 95–96, 103, 105–7; Pertile, Lettura 140–45, dwelling on the "eroicomico" and a "componente ludica."

For a less starry-eyed assessment: Parodi vi, "benché di nuovo quasi a dispetto dell'autore, . . . tirato via in gran fretta . . . uno dei più solenni scansafatiche che si conoscano tra i poeti"; Parodi viii, "bizzarre imperfezioni"; Parodi xii, "benché il poeta vi apparisca spesso soffocato e vinto dalla pigrizia e dalla fretta dell'artista"; Fasani, 1989, 33, "ciò non significa, però, che il poeta del F sia alle sue prime armi. Al contrario, si dimostra un artista consumato. Tutto quel che deve dire, egli è capace di dirlo perfettamente, ma sempre tenendosi entro una data cerchia e non uscendo mai allo scoperto. Possiede un'arte stupefacente del sonetto, per cui i suoi componimenti . . . si esalano come in un fiato; possiede un'arte sbalorditiva del vocabolario, . . . e possiede un'arte prestigiosa dei rimandi, così che la sua opera sembra un gioco di specchi. Ma, proprio per tutto questo, nel F ci si muove come nel vuoto. Mancando ogni resistenza, manca pure l'invenzione nel vero senso della parola. Mai che questo poeta assurga a certi risultati che si trovano già nel primissimo Dante."

20. Rhyme Scheme of Tercets

The rhyme scheme of the tercets is constant, with only two rhymes, arranged CDC, DCD. This is unusual in the early history of the sonnet and represents a conscious decision by the author. Its concatenation of hendecasyllables in blocks of three seems to anticipate the narrative meter of the DC.

Sed Contra

The pattern had already been used systematically and intentionally by Guittone in sonnet sequences (i.e., his *ars* and his *corona*), which are close in spirit to F. Guittone too had been very concerned with *incatenatura*, taking rhymes from one sonnet to the next, and from quatrains to tercets.

More important is the observation that the author of F must have intended the contrast he achieved between the three *rime baciate* in the quatrains (A, BB, A A, BB, A: a "forward looking" pattern, if we are in the 1280s, which Guittone does not use) and the *rima alternata* in the tercets (which can of course be represented as CD, CD, CD, which looks less like *terza rima*).

ED 896, 898; CM lxxx–lxxxi; CR 556; C 1973, 525; Wunderli 42; Fasani, 1989, 28, notes that these preferences could point simply to a later date, when they became the norm; Armour, JIRS 76, dismisses this as one of the arguments that "blatantly beg the question"; Perrus 13, approvingly; Leonardi, "i primi esempi di corone di sonetti risalgono a quel buco nero nella costellazione poetica predantesca che rimane Guittone d'Arezzo . . . L'ipotesi della consistenza in Guittone di una grande costruzione narrativa di 86 sonetti rende ancor più pesante il debito, investendo poi anche il piano dei contenuti, se è vero che nella corona guittoniana si può leggere la medesima ironizzazione del codice cortese, dietro la cui forma si celano senza successo appetiti più quotidiani."

21–24. Arguments Based on Similarities of Words and Wording in F and in D's Firmly Attributed Works

Despite the extreme differences in language and style (which have aroused such skepticism among the nonbelievers, and which are to be accounted for by the experimental, even parodistic nature of F), there are many points of detailed verbal resemblance between the language and style of the 3,248 hendecasyllables in F and the heterogeneous corpus of D's acknowledged works in vernacular verse (c. 17,000 lines).

These likenesses may be arranged under four heads (see below) in an ascending hierarchy, ranging from lowly "handmaids" through "ladies-in-waiting" to what C has consistently called the "queen of proofs" —that is, ranging from rare individual words or individual words used in rare senses, to increasingly complex phrases that are prominent and similar by position or by metaphorical usage, to passages where the phonetic, rhythmical, lexical, and stylistical resemblances are so intertwined that they can be explained only on the assumption that they proceed from the same mind or from an author's memory of his own work.

CM lxxxi, "in linea teorica bisognerebbe, prima di passare agli argomenti interni, refutare le obiezioni presentate. Sennonché esse o sono umorali e reverenziali (indegnità dell'attribuzione di un testo osceno, gallicizzante ecc.) o consistono nell'opporre statisticamente (Langheinrich, Ramacciotti) la lingua dei due poemetti a quella delle opere sicure. Sono stati tentativi rispettabili, ma la fragilità del loro assunto consiste nel misconoscere la violenta differenzialità di tali testi, pur impastata fittamente con elementi dell'idioletto dantesco. Premessa a un'obbiettivo avvicinamento ai due poemetti è la constatazione, ormai maturata da tempo, della sperimentalità dantesca."

21. Handmaids

Cf. "Ecce ancilla domini": rare words, or rare meanings of common words, found in both F and DC. See appendix 1 at the end of this chapter.

CM lxxxv–lxxxvi; Wunderli 43.

22. Chambermaids

Cf. "cameriera," F 175.9: "sintagmi caratteristici" in F and DC. See appendix 2 at the end of this chapter.

CM lxxxviii; C 1973, 525; Wunderli 44–45, with critique.

23. Ladies-in-waiting

Cf. "damigella," F 65.12: "riscontri lessicali in rima" in F and DC. See appendix 3 at the end of this chapter.

CM lxxxvi; C 1973, 525–26.

24. Queens

"La regina delle prove," C: "riscontri lessicali associativi" in F and DC. See appendix 4 at the end of this chapter.

CM lxxxviii–xci; C&S 772; C 1973, 526–28.

25. Moral Stance of F Like That of DC

Although the cynical content and the coarse expression of the long speeches by Amico and la Vecchia, together with the explicit male chauvinism of the final "plucking" of the "flower," have seemed incompatible with the author of VN or the "poet of Beatrice," the author of F clearly identifies with Ragione, and is self-evidently detached and ironical in his representation of Amico, Falsembiante, or la Vecchia. He allows these characters to condemn themselves out of their own mouths exactly as D does in If; parallels can be found in D's treatment of Francesca and the "ruffiani" (Davie).

Took argues even more forcefully that Durante has understood the true significance of R and produced his own parallel reading in which he replaces the "cosmic" dimension of Jean with a personal dimension, the voice of conscience.

Sed Contra

Although it is a cardinal principle that one does not identify the author with his characters (not even with the one "who says I"), one must not assume too readily that everything that is said by an admired author must be "ironical" if it seems incompatible with our own "more enlightened" views. If one takes into account the author's omissions and additions with respect to R, and examines closely his stylistic preferences and so forth, the findings do point to a "system" and show us a "spiritual etymon" (Pertile, using a term that C himself had borrowed from Spitzer), which is nothing like so high-minded as critics such as Took would have us believe.

Took, 1979, 500–527; Took, Lettura 37–52, especially 41–42; Barnes, Lettura 91–92, 94–95, 108; Armour, Lettura 62–64, sets out clearly thirteenth-century ideals of *amicizia* and *conforto*, which prove that if the author of F is D, he did not share the ideas he put into the mouth of Amico and la Vecchia; Davie, Lettura 125–30, his conclusion; Hainsworth, Lettura 89, his conclusion.

    C (CR 560) clearly became worried by allies of this kind, whom he identifies as "Robertsonian," and he speaks coolly of "attenuazioni interpretative [che] vanno prese con ogni beneficio d'inventario"; Pertile 131–49, concluding (148) that "possiamo ora tirare le somme dei nostri reperti: è evidente che essi fanno sistema e che perciò sono interpretabili come pertinenti allo spirito che motiva il rifacimento; . . . [ci sono] effetti positivi . . . eppure, accanto al prepotente istinto mimetico, agisce . . . come elemento motivante della scelta lessicale e della disposizione strutturale, un interesse profondo e spesso patentemente malsano, o cinico e peggiorativo, per il fatto sessuale; . . . certe aggiunte . . . sortiscono l'effetto di riportare insistentemente in primo piano, ma svilendolo e degradandolo, l'oggetto della *quête* di Amant . . . È in sintesi la filosofia spicciola e dicotomizzata del goliardo"; Caballot 34, "toute moralisation semble en revanche exclue du *Fiore* . . . les préceptes chevaleresques . . . brillent par leur absence . . . des thèmes tel que l'avarice . . . ne sont même pas abordés."

ARGUMENTS AGAINST D AS AUTHOR

26. The "Orgy" of Gallicisms in F

The innumerable gallicisms in syntax and above all in vocabulary are the single greatest stumbling-block for those who seek to base their judgment on obvious similarities with D's established oeuvre. One cannot improve on the much quoted sentence by Parodi: "quell'orgia di sfacciati francesismi, . . . vocaboli, . . . il genitivo senza segnacaso, . . . e tutti quei bruttissimi imperfetti congiuntivi che stanno in luogo del condizionale, o talvolta il contrario, certo non hanno nulla di dantesco." None of D's other stylistic experiments is even remotely comparable in kind or scale (although Barański, in correspondence, recalls D's use of Latinisms in his translations from Latin).

C has stressed the author's exceptional knowledge of spoken and written French, which seems to argue in favor of his having lived for a long time in France, where the complete R was a *vient de paraître*. He even conjectures that F was actually written there. But the DC does not reveal a deep knowledge of French or a profound interest in French affairs. For D, France was not, as for many Florentines, "quasi una seconda patria, e il francese, quindi, una seconda lingua" (Parodi). And "there is no evidence that D ever left Italy, nor of any motive or mission or funds for such a journey at any time in his life, least of all so long before his exile" (Armour).

Sed Pro

F is the work of a young man, working in the humbler, "comic" register and carrying out a very bold experiment, in which he tries to preserve the linguistic flavor of the French original while radically adapting the scope and form of the work to make it stand up as a totally independent work in the new Italian context, even to the extent of substituting his own name for those of Guillaume and Jean. Or, on a different tack, the differences between F and the canonical works are no greater in principle than those between various groups in D's vernacular poems or between different cantos or "cantiche" in the DC.

CR 557, "una conoscenza del francese quale non sembra possibile acquistare fuori di Francia"; CM cix, "la congettura d'un viaggio oltralpe che a qualcuno sembra la sola atta a render ragione d'una conoscenza così sicura del francese"; ED 896, "multipli indizi parlano dunque per l'originale, intelligente, aggiornata divulgazione di un importante *vient de paraître* operata nel terzultimo o al massimo penultimo lustro del Duecento. Se il ms ha forti probabilità di essere stato vergato in Francia . . . può perfino soccorrere la congettura, a mero titolo d'ipotesi di lavoro, che in Francia sia stato addirittura composto il testo. Un segno potrebb'esser fornito dall''orgia di sfacciati francesismi' "; C 1973, 518–20, 533–34; Parodi xii; Armour, JIRS 77, note 30, quoting Peirone; Fratta 58–59.

27. Incompatible Linguistic Preferences

These include some examples of syntactic gallicisms, alluded to in number 26.

There are some well-defined linguistic usages that are normal in F but rarely or never found in D. Fratta 54 picks out "alcuni fatti morfologico-sintattici senz'altro definibili tratti o fattori strutturali di di-

scrimine . . . Il criterio selezionatore dei tratti discriminanti qui di seguito rubricati è dato, come già per il paradigma lessicale, dal loro essere
quasi del tutto assenti nella lingua del Dante canonico."

a. Use of imperfect subjunctive instead of conditional is widespread in F, never found in D.

> Fratta 54, "un primo fattore di discrimine è dato dall'uso del congiuntivo
> imperfetto in luogo del condizionale, che in F è classificabile come strutturale
> . . . il fenomeno è particolarmente rilevante nel periodo ipotetico perché in
> questa veste è molto raro in Toscana."

b. Use of *tutto* (and more rarely, *con tutto, ben*) as a concessive
conjunction instead of *tutto che* is common in F, never found
in D.

> Fratta 55, "l'uso in F delle congiunzioni concessive *tutto, con tutto, ben* invece
> delle corrispettive toscane *tutto che,* ecc., è da considerarsi strutturale."

c. Systematic use of *sì* after a conditional clause is widespread in
F, never found in D.

> Fratta 55, "la ripresa del *sì* intensivo dopo proposizione condizionale è il terzo
> fattore di discrimine presente nella lingua di F; il suo uso nel poemetto è così
> diffuso da apparire a ragione ancor più sistematico che in R."

d. Widespread use of verbal periphrases involving *andare* or *venire*
plus a gerund or, particularly significant, *essere* plus present participle is common in F, virtually absent in D and in other authors of his time, but common in Francesco da Barberino.

> Fratta 55, "[i] due perifrasi ('andare/venire' + gerundio, 'essere' + participio
> presente) di eccezionale frequenza in F . . . scadimento a sintagma fisso, quasi
> a formula metrico-ritmica"; Fratta 56, "l'ampio impiego in F dell'altra peri-
> frasi 'essere' + participio presente con valore verbale risulta totalmente in-
> dipendente da R; considerando, inoltre, il quasi totale eclissamento dello sti-
> lema tra gli stilnovisti, tra i comico-realisti, nell'area della poesia religiosa
> e addirittura nell'*Intelligenza,* si potrà avere un'idea adeguata del grado di ec-
> cezionalità del suo uso in F."

e. The battle scenes (207–25, but also other sonnets) show many
features of the vocabulary and syntax of the *cantastorie* who
retold the French *chansons de geste* in Tuscany, especially with
respect to the indiscriminate use of the tenses; D never used
this kind of genre language.

> Fasani, 1975, 83; Fratta 57, "l'indubbia patina canterina della lingua di F"
> (e.g., 207–25, passim, and earlier in 49, 1–5, or 200, 1–8); Fratta 58, "questa
> paratassi inconfondibile ma specialmente quest'uso indiscriminato e indif-

ferenziato dei tempi verbali si ritrovano anche nelle [novelle] del Barberino";
"l'accertata presenza canterina nella lingua di F"; " 'simpatie' dell'autore di
F per le *chansons de geste* e le sue rifrazioni canterine in Toscana."

f. F shows four morphological forms that are either archaic Flor-
    entine, or southern Tuscan, specifically Sienese, and which are
    never found in D.

    Peirone, quoted in Armour, JIRS 72, note 16.

g. F frequently abuses *buono* as an inert adjective; D never does.

    Fasani, 1989, 12, the inert use occurs seven times in the first twenty sonnets
    of *Corona*, six in first twenty of F, zero in all VN poems.

h. *Né non* is the habitual form of the negative in F and *Corona*,
    but not in D.

    Fasani, 1989, 11.

i. The forms of the masculine definite articles at the beginning
    of a line are quite distinct. D uses *lo* and *li*; F uses *il* and *i*.

    Fasani, 1989, 29, remarks that in the thirteenth century the forms were re-
    spectively *lo* and *li*; in fourteenth century, *il* and *i*. "Ora nettissima è qui la
    differenza tra le opere di D da una parte e il F e il *Detto* dall'altra. Nella VN,
    l'articolo è sempre 'lo'. Nel F, al contrario, l'articolo è sempre 'il', salvo un
    caso ('lo quale') e gli otto casi di 'lo Dio d'Amor'."

Sed Pro

See number 26.

28. Incompatible Metrical Preferences

Apart from the accentual patterns in the hendecasyllable, considered
in number 29, there are several features in the handling of overruns,
pauses, and stopgaps that are markedly different in F and D.

a. F frequently uses enjambement with a pause after the accented
    second syllable of the second line (e.g. " . . . lo colore / Di voi,
    cui . . . "); D does so very rarely.

    Fasani, 1989, 13, says that the type is to be found 14 times in *Corona* (61
    sonnets), 16 times in first 61 sonnets of F, in VN poems 5 times, in first 854
    verses of Ri 8 times, in first 854 lines of DC 5 times, "il che dà le seguenti
    proporzioni: *Corona* 1:61, F 1:53, VN 1:136, Ri 1:107, DC 1:171."

b. F often repeats certain half-lines, or certain syntagms in the same position, in a way that D never does.

> Fasani, 1989, 30–31, specifies "la ripetizione di certi emistichi . . . o interi sintagmi . . . 'molto, tanto, troppo, tutto, nulla, . . . ma, . . . insin che, . . . per che', sempre nella stessa posizione, o ancora del gerundio in rima dopo una voce dei verbi 'andare e venire'."

c. F has many "tags" that help to complete the hendecasyllable and/or make the rhyme, which are virtually absent in D.

> Fratta 60, "il sovrabbondante impiego di formule in F, il più delle volte sicuramente valutabili come vere e proprie zeppe metriche, parrebbero rivelare nell'autore di F una scarsa lena alle serie lunghe di endecasillabi, e comunque una presumibile attitudine alla 'mescidanza' dei metri."

d. There are many "identical rhymes" in F, while they are very rare in D.

> Fratta 60, "le rime identiche di F, restate in numero considerevole nonostante il lodevole e magnanimo sforzo del Contini di sfrondarle con risoluta vigoria."

29. Incompatibilities in Accentual Schemes of the Hendecasyllable

Certain patterns of distribution of the accented syllables in the hendecasyllable found in F are virtually never found in D, and there are important differences between F and D in the relative frequency of the accentual schemes they share.

a. In the word that precedes the caesura of an *a minore* hendecasyllable D never allows a "parola sdrucciola" without a following *dialefe*; F does.

b. There are four accentual patterns (with no stresses in either the fourth or the sixth positions) that are found commonly in F but only once in D.

c. Most important, there is a big difference in the distribution of two of the three fundamental species of the hendecasyllable. While both poets have around 16 percent of the *a minore* species with accent in the *eighth* position, D uses 12 percent more (25 percent against 13 percent) of the other *a minore* species with an accent in the *seventh* position, and 11 percent fewer of the *a maiore* species (58 percent against 69 percent).

Sed Pro

See number 26.

Fasani, 1989, 24–28, "i tipi di endecasillabo . . . che non si ritrovano nelle opere di Dante"; "il più indicativo è il tipo con lo sdrucciolo dopo l'accento di 4a e non assorbito da una vocale seguente, nel F abbastanza numeroso, ma rintracciabile anche in autori del Duecento, . . . così che l'assenza in Dante si fa ancora più significativa"; cf. Fratta 59, "Poi si danno gli endecasillabi la cui 'posizione degli accenti . . . esorbiti dall'orizzonte stilnovistico o coevo: a) di 2a e 5a; b) di 2a e 7a; c) di 3a e 5a; d) di 3a e 7a che in Dante trovano un solo riscontro" (Fratta finds the "endecasillabo di 2a e 5a, . . . di 3a e 5a" in Francesco da Barberino).

Fasani, 1989, 26, "La prova principale . . . sta nella proporzione tra i vari tipi dell'endecasillabo, e specialmente tra i tipi fondamentali." In a large sample, Fasani, 1989, 26–27, finds:

a.	6^a	F 69.32%	Dante 58.26%
b.	4^a, 8^a	F 12.75%	Dante 24.79%
c.	4^a, 7^a	F 16.25%	Dante 16.81%

30. Statistical Fingerprints That Do Not Match

Barber shows, in a sample of 1,000 lines of F, compared with three control samples of 1,000 lines (each "randomly" chosen as representative of the DC and of late Duecento and early Trecento usage in a range of lyric poets), that the author of F differs consistently from D and from his presumed contemporaries in six tests of a kind that measures unconscious habits rather than conscious decisions or responses dictated by a specific genre or stylistic intention. Two of the tests are generic measures of the distribution of certain classes of words (length, and the frequency of prepositions), three relate to the relative frequency of certain specific words, and one to the relationship between syntax and meter in the sonnet.

Sed Pro

Although Barber's description of his aims and methodology seems unexceptionable, his choice of parameters and his patchy knowledge of medieval Italian and the literary context do not inspire complete confidence.

Barber 120, his own summary, "the poet of the *Fiore* stands out as exceptional in his use of a number of the most fundamental characteristics of poetic language in Italian:

1. his abundance of longer words (four and five syllables);
2. his infrequent use of prepositions, especially pronounced with the preposition, *da*;
3. his extravagant use of the verbs *fare* and *avere*;
4. the absence of *poi* and consequent abundance of *allora* in his language;
5. an exceptionally limited use of the common word, *sempre*;
6. his unique conception of the basic syntactic structure of the sonnet.

These characteristics are the salient features of the fingerprints of the *Fiore* poet, and they are features that we do not encounter on the hands of the candidates proposed for authorship."

31. F Shuns All Dantean Themes in R

F omits all aspects of R that one would have expected to attract the author of VN or the future author of Con. and DC. As Armour puts it, "the writer of F is apparently anti-rational and anti-intellectual, sceptical in religious and moral matters, uninterested in erudition, almost single-mindedly preoccupied with the quest for the pleasure of the flower, with what the translator of R calls the *con*-game."

Sed Pro

This was the work of a young man, sowing his wild oats, which the author never officially recognized once he had a reputation to protect (cf. Con. I.ii.13–16). Picone would argue that VN and F together systematically cover the whole erotic matter of R.

Armour, JIRS 68–70, "F is not presented as a dream; it virtually entirely ignores Guillaume's idealizing context of . . . a courtly realm of delight and love; and it misses out all Jean's doctrinal and didactic disquisitions, including its 'ideological fulcrum', . . . the doctrine of natural, progenitive love. . . . 119 sonnets, marginally more than half of the entire work, are taken up by three cynical discourses on seduction, hypocrisy, and deceit; [it] focuses entirely on the erotic theme [and is] much more of a guide to the *ars amatoria* . . . than R. [F] avoids any engagement with contemporary intellectual debate, . . . eschews religious principles, . . . [and does not] show any interest to speak of in classical or any other learning as such"; "the writer of F seems to have had a literally comic, parodic, even burlesque intention in relation to his frequently serious source. . . . In F the joke is too good to be delayed, and it all ends very rapidly in sex with a compliant woman"; Caballot 19–22, 32–33, nobility; Abramé-Battesti 43, "la distorsion idéologique du F par rapport au R"; Abramé-Battesti 46–49, on differences between F and R in erotic language.

32. Negative Proof: Silence by D's Contemporaries

There is no mention at all among Dante's immediate contemporaries of this highly interesting and indisputably competent Tuscan version of the most influential French work of its time. With all due respect to C, there is no indisputable proof of its having been read and imitated, voluntarily or involuntarily. One may readily understand why D would have wanted to suppress F after his exile (cf. number 31, *sed pro*), but it seems inconceivable that a long work by an author as well known as Dante was in the 1290s could have remained unknown to his friends and admirers in Florence and have left no trace in their writings.

Barber 103, "another of Fasani's more convincing arguments is what he calls the 'prova negativa', the fact that in the Duecento and Trecento almost no one refers to the *Fiore* in writing. . . . This is not an argument to be dismissed casually."

33. Negative Proof: Silence by D Himself

Dante himself never mentions the *Fiore*, while he consistently refers to and quotes his canonical works in later canonical works. To borrow a phrase from C, the most "economical working hypothesis" to explain this silence is that he was not the author.

Sed Pro

The "most economical hypothesis" to account for all the arguments listed above in numbers 1–24 is that D was the author of F.

ABBREVIATIONS

Key Names and Works

C   Contini
C&S   G. Contini. "La questione del *Fiore*." *Cultura e scuola* 4 (1965): 768–73.
CM   "*Il Fiore*" e "*Il Detto d'Amore*." Edited by G. Contini. Milano: Mondadori, 1984.

Con.	*Convivio*
CR	*"Il Fiore" e "Il Detto d'Amore."* Edited by G. Contini. In Dante, *Opere minori*, vol. 1, part 1. Milano: Ricciardi, 1985.
D	Dante
DC	*Divina Commedia*
Detto	*Il Detto d'Amore*
ED	*Enciclopedia dantesca*
F	*Fiore*
If	*Inferno*
Pd	*Paradiso*
Pg	*Purgatorio*
R	*Roman de la Rose*
Ri	*Rime*
VN	*Vita nuova*

Secondary Sources

Abramé-Battesti	I. Abramé-Battesti. "La trivialisation du *Roman de la Rose* dans le *Fiore*." *Arzanà: Cahiers de littérature médiévale italienne* 1 (1992): 43–69.
Armour	P. Armour. "Lettura dei sonetti lxi–xc." In *Lettura del "Fiore."* Letture Classensi 22. Ravenna: Longo, 1993. Pp. 53–74.
Armour, JIRS	P. Armour. "The *Roman de la Rose* and the *Fiore*: Aspects of a Literary Transplantation." *Journal of the Institute of Romance Studies* 2 (1993): 63–81.
Barański	Z. G. Barański. "Lettura dei sonetti i–xxx." In *Lettura del "Fiore."* Letture Classensi 22. Ravenna: Longo, 1993. Pp. 13–35.
Barber	J. Barber. "A Statistical Analysis of the *Fiore*." *Lectura Dantis* 6 (1990): 100–122.
Barnes	J. C. Barnes. "Lettura dei sonetti cxxi–cl." In *Lettura del "Fiore."* Letture Classensi 22. Ravenna: Longo, 1993. Pp. 91–108.
Boyde	P. Boyde. "Lettura dei sonetti ccxi–ccxxxii." In *Lettura del "Fiore."* Letture Classensi 22. Ravenna: Longo, 1993. Pp. 155–78.
Branca	V. Branca. "Dante, non Dante, sfogliando il *Fiore*." *Il sole 24 ore*, 16 January 1994.
Cabaillot	C. Cabaillot. "Un exemple de 'naturalisation': Le *Fiore*." *Arzanà: Cahiers de littérature médiévale italienne* 1 (1992): 15–39.
C 1973	G. Contini. "Un nodo della cultura medioevale: La serie *Roman de la Rose-Fiore-Divina Commedia*." *Lettere italiane* 25

(1973): 162–89. Cited with page numbers from *Concetto, storia, miti e immagini del Medio Evo.* Edited by V. Branca. Firenze: Olschki, 1973.

Davie   M. Davie. "Lettura dei sonetti cli–clxxx." In *Lettura del "Fiore."* Letture Classensi 22. Ravenna: Longo, 1993. Pp. 109–30.

Fasani, 1975   R. Fasani. "Il *Fiore* e la poesia del Pucci." *Deutsches Dante Jahrbuch* 49–50 (1974–75): 82–141.

Fasani, 1989   R. Fasani. "L'attribuzione del Fiore." *Studi e problemi di critica testuale* 39 (1989): 5–40.

Fratta   A. Fratta. "La lingua del *Fiore.*" *Misure critiche* 14 (1984): 45–62.

Hainsworth   P. Hainsworth. "Lettura dei sonetti xci–cxx." In *Lettura del "Fiore."* Letture Classensi 22. Ravenna: Longo, 1993. Pp. 75–89.

Leonardi   L. Leonardi. "Sonetti e terza rima (da Guittone a Dante)." In *Omaggio a Gianfranco Folena.* Padova: Editoriale Programma, 1994. Pp. 337–51.

Parodi   E. G. Parodi. Preface to *Il Fiore e il Detto d'Amore.* Appendix to *Le opere di Dante.* Firenze: Bemporad, 1921. Pp. v–xx.

Peirone   L. Peirone. *Tra Dante e "Il Fiore."* Genova: Tilgher, 1982.

Perrus   C. Perrus. "Du *Roman de la Rose* au *Fiore* attribué à Dante." *Arzanà: Cahiers de littérature médiévale italienne* 1 (1992): 7–14.

Pertile   L. Pertile. "Lettura dei sonetti clxxxi–ccx." In *Lettura del "Fiore."* Letture Classensi 22. Ravenna: Longo, 1993. Pp. 131–53.

Took, 1979   J. Took. "Towards an Interpretation of the *Fiore.*" *Speculum* 54 (1979): 500–527.

Took, 1990   J. Took. *Dante: Lyric Poet and Philosopher.* Oxford: Clarendon Press, 1990.

Took, 1993   J. Took. "Lettura dei sonetti xxxi–lx." In *Lettura del "Fiore."* Letture Classensi 22. Ravenna: Longo, 1993. Pp. 37–51.

Vanossi, 1974   L. Vanossi. *La teologia poetica del "Detto d'Amore" dantesco.* Firenze: Olschki, 1974.

Vanossi, 1979   L. Vanossi. *Dante e il "Roman de la Rose": Saggio sul "Fiore."* Firenze: Olschki, 1979.

Wunderli   P. Wunderli. " 'Mortuus redivivus': Die Fiore-Frage." *Deutsches Dante Jahrbuch* 61 (1986): 35–50.

RARE WORDS OR WORDS IN RARE SENSES, NOT IN PROMINENT POSITIONS

Fiore		Dante (Canonical Works)
33.12, 34.2	vernare (= "soggiornare disagiatamente")	Ri 73.3; If 33.135
142.11	sfidare (= "scoraggiare")	Ri 103.40
200.2	passeggiare (transitive)	If 17.6
205.14	per niente (Gallicism)	Ri 59.13
50.10	giubetto (Gallicism)	If 13.151
99.10	giuggiare (Gallicism)	Pg 20.48
4.1; cf. 8.8–9	chiave (metaphor)	Ri 104.87: If 13.58
4.4	pingere fore (metaphor)	If 9.1; Pg 31.14
163.5	ficcare (metaphor, used of heart) ficcare (metaphor, used of mind)	Pd 21.16
3.13	E di buona speranza il mi notrico conforta e ciba di speranza buona	If 8.107
152.6	da sera e da mattina (= "di continuo") da sera e da mane	Ri 106.82
194.12	di die né da sera (= "di continuo") e mane e sera	Pd 23.89
49.3	Al buono Amico, che non fu di Puglia a Ceperan, là dove fu bugiardo / ciascun Pugliese	If 28.16–17

APPENDIX 2: CHAMBERMAIDS

SINGLE WORDS IN RARE SENSES, IN RHYME POSITION, OR FREQUENT, OR REINFORCED BY METAPHOR

	Fiore	Dante (Canonical Works)	
78.10	Presto di far il su' comandamento	tanto m'aggrada il tuo comandamento	If 2.79
51.5	ti conviene aver gran provedenza	mi fece del venir più presto	If 2.117
9.12	dà di piglio	di provedenza è buon ch'io m'armi	Pd 17.109
87.5	buon cominciamento	volte dar di piglio	If 22.73
146.12	non posso atarmi	buon cominciamento	Pd 22.86
151.2	dolor ch'i' sento	né posso atarme	Ri 103.13
185.10	E tragga l'altro fuor della burella	dolor ch'i' sento	Ri 25.51 [VN]
192.14	dolcemente mi scuffiava (= "coiva")	ma natural burella	If 34.98
45.4	miglior' salmi	col muso scuffa (= "ansima")	If 18.104
51.12	incontanente scocca	più dolci salmi	If 31.69
92.5	ciaschedun afondo	tardi scocca	Pg 6.130
94.8	più . . . fruttava	i mortali affonde	Pd 27.121
48.8	casso (= "rovinato")	meglio e peggio frutta	Pd 13.71
58.14	corta veduta	Ogne primaio aspetto ivi era casso	If 25.76; cf. 26.130, etc.
147.11	non facea lor motto	veduta corta; corta vista	If 19.81; 20.140
194.5	leggier (= "facile")	e non fa motto	If 34.66; cf. Pg 2.25, etc.
209.4	Sì s'aparecchia a mostrar	leggiero (= "facile")	Pg 4.92; cf. 8.21
13.13; cf.93.11	metter in caccia	m'apparecchiava a sostener	If 2.4; cf. 22.93, etc.
17.9; cf. 145.7–8	sentí 'l caldo	a la caccia / di me fu messo	Pg. 3.124–25
108.14	E dato à me, che'n paradiso il pingo	anzi che Carentana il caldo senta	If 15.9; cf. Pd 6.66, etc.
	malinconia	ripinse al ciel Tommaso . . .	Pg 20.69
149.5	centomilia	Un dì si venne a me Malinconia	If 72.1
48.1	Non ti maravigliar s(e)	centomilia / perigli	If 26.112–13
86.14	Da po' che vo' volete, e così sia	Non ti maravigliar più che d'i cieli	Pd 3.29; 9.72, etc.
151.9	Or puo' veder	Così foss'ei, da che pur esser dee!	If 26.11
211.10–13	Cugina. . . . or vegghi'i' ben	Ben puoi veder	Pg 16.103; cf. 19.138
216.7	Ancor si par	O frat·issa vegg' io	Pg 24.55
103.11	ma molt' è il fatto mio a·dir diverso	ch'ancor si pare intorno	If 23.108
32.10	A suon di corno gridar: «Guarda, guarda!»	sì che dal fatto il dir non sia diverso	If 32.12
		lo duca mio, dicendo "Guarda, guarda!"	If 21, 23
		le pietre par che gridin: «Moia, moia»	Ri 12, 8 [VN]

APPENDIX 3: LADIES-IN-WAITING

"STILEMI ASSOCIATIVI, ... COAGULI CONTESTUALI" (CM xxxvii; C&S 771; ED 899)

	Fiore	Dante (Canonical Works)	
7.4	se Pietate e Franchezza no·ll'accora	ch'i' non potrei, tanta pietà m'accora	If 13.84
28.5	un casser fort' e bello	bello e forte arnese	If 20.70; cf. Pg 29.52
33.2-3	... lo vento ... che ventava, / Ch' alberi e vele e ancole fiaccava	Quali dal vento le gonfiate vele / caggiono avvolte, poi che l'alber fiacca	If 7.13-14
104.11, 104.13	... i' sono ipocristo / ... per ch'i' faccia il viso tristo	... al collegio / de l'ipocriti tristi ...	If 23.91-92
92.6-7	Che sed e' vien alcun gra-litterato / Che voglia discovrir il mi' peccato	... fur cherci / e litterati grandi e di gran fama, / d'un peccato medesmo al mondo lerci	If 15.106-8
103.12	Ché tutti que' ch'oggi manúcar pane	e come 'l pan per fame si manduca	If 32.127
189.10	E mena teco buona compagnia	e parve a me ch'ella menasse seco / Dolore e Ira per sua compagnia	Ri 72.3-4
193.7	Ch' a ben far non fu anche intendente	e li altri ch'a ben far puoser li'ngegni, / dimmi ove sono e fa ch'io li conosca	If 6.81-82
180.5; (cf. 215.4)	E che si mette a rischio de la vita	ne sono a rischio di perder la vita	Ri 87.21
76.13	Per altra via andrai, ché sarà' lasso	disse: «Per altra via, per altri porti / verrai a piaggia», ...	If 3.91-92
50.14	Insin ch'e' sia condotto al passo stretto	menó costoro al doloroso passo	If 5.114
159.6	Sì par ch'a Dio e al mondo dispiaccia	a Dio spiacenti ed a' nemici sui	If 3.63
26.13	in poca d'or sì 'l fatto mi bistorna	veggendo 'l mondo aver cangiata faccia / in poco [variant: poca] d'ora ...	If 24.13-14

	Fiore	Dante (Canonical Works)	
87.6	Che 're de' barattier' tu sì sarai	barattier fu non picciol, ma sovrano	If 22.87
112.4	se-llo Scritto non erra	di parecchi anni mi mentì lo scritto	If 19.54
154.4	Ched i' avrei spesso fredo e caldo	onde Perugia sente freddo e caldo / da Porta Sole	Pd 11.46
22.11	Gran luogo avete in Lombardia e 'n Toscana	Se voi volete vedere o udire / . . . / Toschi o Lombardi, . . .	If 22.97–99
182.12–14	Que' che-lla vuol, la cheggia 'nn-Atiópia, / Ché qua no-lla potr' io ancor vedere, / E s'ella ci è, sì porta l'aritropia	né tante pestilenzie né sì ree / mostrò già mai con tutta l'Etiopia / . . . / corrëan genti nude e spaventate, / sanza sperar pertugio o eltropia	If 24.88–89, 24.92–93
23.11	Certa son ch' e' non à lett' a Bologna	E 'l frate: «Io udi' già dire a Bologna . . .»	If 23.142
56.12	Allor sì-lla vedrà palida e persa	L'acqua era buia assai piú che persa [palido e umile; palido e anelo]	If 7.103 / [Pg 8.24; Pd 22.5]
77.4	Sì la trovai ver' me crudel e fera	Cerbero, fiera crudele e diversa / tal cadde a terra la fiera crudele	If 6.13 / If 7.15
103.10	E dicendo parole umíli e píane;	e cominciommi a dir soave e piana;	If 2.56
129.6	Anz'era umile e piana divenuta;		
144.3	Sì vide il viso suo umile e piano	per ch'io, che la ragione aperta e piana	Pg 18.85

APPENDIX 4: QUEENS

LA REGINA DELLE PROVE

Ma la regina delle prove si tocca quando alla ripetizione di elementi semantici si accompagna quella di dati fonici in analoghe congiunture ritmiche o sintattiche. Non può essere considerata accidentale la coincidenza delle clausole . . . Non si tratta più di una semplice somma d'indizi, ma di un organismo mnemonico che è insieme verbale, concettuale (o sinonimico), fonico e ritmico, del tutto assimilabile alla memoria che il D. della *Commedia* ha di se stesso . . . una memoria non centonaria e grezzamente imitativa, ma profonda sotto la stessa soglia della coscienza. Nessun'altra soluzione appare allo scrivente possibile se non quella già congetturata per molteplici indizi esterni, che il maestro del *Fiore* sia D. Alighieri (ED 899–900)

Non si tratta d'una somma d'indizi, come quella pure assai importante d'ordine esterno, ma di cosa ben più decisiva: l'incontro d'una memoria strettamente verbale, d'una memoria sinonimica, d'una memoria ritmica e d'una memoria fonica in cui viene decrescendo l'eventuale coscienza riflessa e crescendo una ripresa istintiva e immediata. Tale morfologia non può riflettere che il rapporto d'una personalità con se stessa, non già con una "fonte", fosse pure profondamente penetrata nell'inconscio. (C&S 772)

	Fiore	*Dante (Canonical Works)*	
26.9	Allor ricigna il viso e gli occhi torna, E troppo contra me tornò diverso	Quand'ebbe detto ciò, con li occhi torti riprese 'l teschio misero co' denti per veder di cui fosser, li occhi torsi	If 33.76
			Pd 3.21
1.1–2	Lo Dio d'Amor con su' arco mi trasse [Perch'i' guardava un fior che m'abellìa]	[sì m'ha in tutto Amor da sé scacciato,] ch'ogni suo atto mi trae a ferire	Ri 70.10–11
183.9	Vedi l'uccel del bosco [quand' è 'n gabbia]	Guarda il calor del sol [che si fa vino]	Pg 25.77
24.5–7	[Paura, no' siàn messe nell'àima di Gelosia,] e ciò ci à procacciato Lo Schifò . . .	[Quattro figlie ebbe, e ciascuna reina,] Ramondo Beringhiere] e ciò li fece Romeo	Pd 6.133–5

Appendix 4 (*continued*)

	Fiore	Dante (*Canonical Works*)	
118.14	E 'nganno ingannatori e ingannati	Ivi con segni e con parole ornate Isifile ingannò, la giovinetta che prima avea tutte l'altre ingannate.	If 18.92–95
179.7–9; cf. 149.1	. . . la giomenta Che·tru ti sai, mi credette ingannare; Ingannar mi credette, i' l'ò 'ngannata	infiammò contra me li animi tutti; e li 'nfiammati infiammar sì Augusto	If 13.67–68
10.9	Chéd i' son fermo pur di far su' grado	per ch'io son fermo di portarla sempre	Ri 100.51
74.9–11	E sì avea in sè tanta bellezza che tutto intorno lei aluminava Col su' visaggio, tanto avea chiarezza	questa mi porse tanto di gravezza con la paura ch'uscia di sua vista	If 1.52–53
208.9–10	e con uno spunton lo gì pungendo, E di lagrime tuttora il bagnava	appresso gir lo ne vedea piangendo	Ri 1.14 [VN]
14.1–4	[Pietà cominciò su' parlamento, Con lagrime bagnando il su' visaggio, Dicendo: «Schifo, tu faresti oltraggio] Di non far grazia al meo domandamento.	["O donna di virtù sola per cui l'umana spezie eccede ogne contento di quel ciel c'ha minor li cerchi sui,] tanto m'aggrada il tuo comandamento, dirotti perch' io venni e quel ch'io 'ntesi	If 2.76–79
14.9–14	Or avén detto tutto nostr' affare	Ma dimmi la cagion che non ti guardi	If 2.50
	E la cagion per che no' siàn venute:	de lo scender qua giuso in questo centro	If 2.82–83
	Molt' è crudel chi per noi non vuol fare! Ancor ti manda molte di salute Il lasso cu' ti piacque abandonare: Fa che nostre preghiere i sian valute!»	Ben se' crudel, se tu già non ti duoli	If 33.40
213.9–14	Ispada e scudo gittò tosto in terra, E·mantenente con ambo le mani A le tempie a Paura sì s'aferra.	Allor distese al legno ambo le mani	If 8.40
	E gli altri, ch'eran tutti lassi e vani,	Ma quell' anime, ch'eran lasse e nude	If 3.100

Appendix 4 (continued)

	Fiore	Dante (Canonical Works)	
	Ciascun si levò suso, e sì s'aterra A quella zuffa, com' e' fosser cani.	ha tolto loro, e posti a questa zuffa Urlar li fa la pioggia come cani	If 7.59 If 6.19
2.12–13	E quelli allor mi puose, in veritate, La sua bocca a la mia . . .	E poi che la sua mano a la mia puose	If 3.19
2.4–5	Lo Dio d'Amor sì venne a me presente, E dissemi	Un dì sì venne a me Malinconia e disse	Ri 72.1–2
2.14	E disse: «Pensa di farmi lealtate».	dicendo: «Or pensa pur di farmi onore»	Ri 21.5 [VN]
9.3–6	Ed i' mi riguardai dal dritto lato, E sì vidi Ragion col viso piano Venir verso di me, e per la mano Mi prese e disse:	veggendosi l'Amor dal destro lato	Ri 69.4
		E poco stando meco il mio segnore, guardando in quella parte onde venia, io vidi monna Vanna e monna Bice venire inver lo loco là 'v'io era	Ri 21.7–10

PART II

The Manuscript and the Text

Teresa De Robertis Boniforti

Nota sul codice e la sua scrittura

Tutto, come è noto, si fonda su di un unico codice che al primo incontro colpisce per la singolarità del suo aspetto. Singolarità certo non clamorosa, ma che combinata con la questione della paternità dei due poemetti si è forse caricata di significati impropri od eccessivi. Così, seguendo l'andamento delle quotazioni dantesche, l'eccentricità reale o presunta del testimone è all'origine di giudizi tanto discordi e radicali quanto poco o male argomentati. Quasi tutto è stato detto di quello che era possibile dire sul manoscritto e la sua scrittura, costretti (o favoriti) dall'assenza di dati di una certa oggettività o consistenza collegabili al momento della costruzione del libro. Meglio note, invece, a partire dalla metà del secolo XV, le vicende esterne che hanno segnato e radicalmente trasformato la struttura del codice. Di queste vicende si può intanto segnalare l'ultima, del marzo del 1986, quando il frammento del *Detto d'amore* conservato nella Biblioteca Laurenziana di Firenze è stato separato dalla miscellanea costruita da Guglielmo Libri e ricomposto nel laboratorio di restauro della biblioteca in una unità codicologica autonoma che porta ora la segnatura Ashburnham 1234 *bis*. La nuova struttura del *Detto* è solo una delle conseguenze dell'"ispezione" operata da Contini con l'ausilio di Emanuele Casamassima su *Fiore* e *Detto* eccezionalmente riuniti in Laurenziana, nel febbraio dell'83, coi buoni uffici della Società Dantesca Italiana e del suo presidente. La cronaca dell'"ispezione", che servì a mettere ordine nel manoscritto e negli indizi codicologici sedimentati negli anni, è contenuta nel capitolo iniziale dell'edizione nazionale del *Fiore* e del *Detto,* dove si trovano, in modo più dettagliato, tutte le notizie.[1] Qualcosa tuttavia è necessario ripetere per evocare nei tratti fondamentali l'oggetto di cui si discute.[2]

Ho parlato di un unico manoscritto e poi di parti eccezionalmente riunite. Fino a poco prima del 1849, cioè fino a quando "il matematico, bibliofilo e cleptomane conte Guglielmo Libri" non capitò a Montpellier, *Fiore* e *Detto* erano parti di uno stesso organismo. Oggi, a Montpellier, nella Biblioteca universitaria, nel fondo che fu della facoltà di Medicina, con la segnatura H 438 (Montpellier, Bibliothèque Interuniversitaire, Section Médecine) rimane il *Fiore,* integro sul piano testuale, mutilato però nel fisico. Dei quattro quaderni di cui è composto, l'ultimo è privo delle due carte finali: dunque trenta carte in tutto. Il *Fiore* termina a c. 29v ed è seguito da una carta bianca sia sul *recto* che sul *verso,* ma preparata per la scrittura. Le due carte che mancano a questo quarto fascicolo, insieme alla prima carta del seguente quinto fascicolo e ad una quarta carta di posizione solo parzialmente determinabile, contengono il testo frammentario, mutilo in fine del *Detto d'amore,* e sono patrimonio, come si è già detto, della Biblioteca Laurenziana di Firenze.[3]

Non c'è dubbio né che *Fiore* e *Detto* stessero insieme né che la successione nel dissolto codice primigenio prevedesse prima il *Fiore* e poi il *Detto.* Questo per la flagrante identità di mano e di impaginazione (nonostante la diversa struttura metrica), e perché è presente una dichiarazione di mano del copista che incatena, e in quell'ordine, il *Fiore* e il *Detto.* Questa dichiarazione è rappresentata dalla segnatura alfabetica dei fascicoli, visibile sul profilo inferiore della prima carta del quarto fascicolo (cioè c. 25r del *Fiore,* dove si legge *d*), della prima carta del quinto fascicolo (c. 3r del *Detto,* dove si legge *e*); segnatura visibile, anche se in modo parziale, sulla prima carta del secondo fascicolo (c. 9r del *Fiore*) dove rimane solo la parte superiore dell'asta di *b*. Nel primo e terzo fascicolo le segnature (ovviamente *a* e *c*) sono scomparse a causa della rifilatura.

Il *Fiore* a Montpellier è legato con una copia del *Roman de la Rose* di mano diversa, del primo quarto del Trecento, francese, che un esame linguistico pone in area nordorientale.[4] Nel manoscritto di Montpellier, le due unità *Rose* e *Fiore* sono distinte non solo sul piano codicologico, ma anche su quello testuale, visto che è stato dimostrato che la *Rose* di Montepellier non appartiene all'ascendenza del *Fiore*.[5] Perciò nessuna caratteristica della mano di questa *Rose* (né la sua collocazione geografica, né quella cronologica) deve costituire limite o vincolo nella valutazione del *Fiore*. L'assemblaggio delle due unità codicologiche, suggerito dalla vicinanza del contenuto e favorito da un'analogia nel formato, è comunque molto antico. La convivenza *Rose-Fiore* data almeno dalla metà del Quattrocento, epoca in cui sulle carte bianche finali di *Rose* e *Fiore*, rispettivamente 110r e 30Fv (140v se si considera la numerazione che tiene conto anche del corpo della *Rose*), una mano francese ha posto la propria firma ("Femton" secondo la lettura di Casamassima) accompagnandola, come era l'uso in quel tempo e in quell'area, con un complicato svolazzo che vale come autentica. Stessa firma e stesso *signum* sono anche sul verso dell'ultima carta del *Detto* (c. 4Dv), che è una carta scritta. In tutti i casi, nella *Rose*, nel *Fiore* e nel *Detto*, questa nota fu poi erasa per cura di un successivo proprietario che si sottoscrive alla fine della *Rose*, a c. 110r ("Lequel est a Jehan Courtoys") e alla fine del *Detto*, a c. 4Dv ("Cest livre est [ ] Courtois"), nello spazio prima occupato dalla firma "Femton" + *signum*. Anche la nota di possesso di "Jehan Courtoys", scritta in *lettre bâtarde* forse ancora alla fine del secolo XV, fu poi cancellata.[6]

Tutto questo oltre a ribadire la solidarietà *Fiore-Detto*, comunque certificata dalla segnatura dei fascicoli, ci dice che già nella seconda metà del Quattrocento il *Fiore*, con il *Detto*, era in mani francesi e associato alla *Rose*; ci dice poi che, già allora, l'attuale quarta carta del *Detto* era l'ultima disponibile per le note di "Femton" e "Courtoys". E cioè il quinto fascicolo del ms. *Fiore-Detto* (il fascicolo che porta la segnatura *e*) aveva già subìto, in quanto probabilmente ultimo, almeno una delle decurtazioni tipiche della posizione, cioè la perdita della carta finale o delle carte finali. Un'altra frattura nel testo tra 3v e 4r consente di escludere la contiguità di queste due carte. Questo significa che, come ipotesi minima, si deve prevedere un originario fascicolo *e* che sia stato almeno un duerno (quattro carte in tutto), al quale siano cadute la seconda e la quarta carta. Si possono fare poi ipotesi di fascicoli maggiori[7] e da ciascuna di esse, naturalmente, discende un diverso calcolo della consistenza delle lacune.

Alla metà del secolo XVII (ma forse anche agli inizi del precedente) il codice *Rose-Fiore-Detto* passò alla biblioteca Bouhier di Digione per finire, con la dissoluzione di questa, a Montpellier, nel 1804. Qui Guglielmo Libri, prima del 1849, "operò il suo scempio" asportando il *Detto* che trasferì e nascose entro una miscellanea costruita, non senza ingegno, con spezzoni di altri tre codicetti.[8] Il danno arrecato dal Libri all'unità di *Fiore* e *Detto* è risarcito, almeno in parte, dallo splendido facsimile curato nel 1923 da Guido Mazzoni.[9]

Venendo al lavoro del copista è bene chiedersi cosa avesse in mente o davanti agli occhi nel cominciare a costruire il suo libro. È qui, sul limitare del lavoro, fra gli atti preliminari della copia, che si delinea quella singolarità di cui si diceva all'inizio, quella fisionomia che non sembra apparentare il codice del *Fiore* e del *Detto* con altro oggetto della nostra tradizione manoscritta. Due sono gli aspetti sostanziali di questa, vedremo quanto reale, anomalia: l'impaginazione del *Fiore* (a due colonne con due sonetti per colonna e i versi in consecuzione verticale) e la scrittura. Fra i dati di un certo peso (nessuno in sé particolarmente eccentrico, ma significativo nella combinazione) si potrà forse aggiungere anche il formato che è molto piccolo (quasi insufficiente per il *Fiore*), di cm 20 × 14, in origine qualcosa di più se si tiene conto della rifilatura che, comunque, deve essere stata assai moderata. Formato piccolo anche in rapporto alla diffusa, consolidata modestia del libro di poesia. Qualche sondaggio, compiuto in modo forse un po' casuale, rivela significative consonanze con alcuni dei più antichi canzonieri: col ms. Firenze, Biblioteca Medicea Laurenziana, Rediano 9,[10] copiato al limite del Duecento, di cm 24 × 17; col ms. Firenze, Biblioteca Nazionale Centrale, Banco rari 217 (già Pal. 418)[11] del sec. XIII *exeunte* piuttosto che XIV *ineunte*, di cm 23 × 16; col Nazionale II. III. 492,[12] nel frammento contenente le rime di Guittone, Monte ed altri, dato generalmente agli inizi del secolo XIV, e che misura cm 22 × 18. Impressionante la perfetta identità con il testimone eccellente del *Tesoretto* e del *Favolello*, il ms. 2908 della Biblioteca Riccardiana di Firenze[13] (dove sono anche il *Mare amoroso* e il sonetto di Cecco Angiolieri "Se non mi vale a chui fortuna inchontra"), databile alla fine del secolo XIII, concordemente stimato "il ms. più antico e più autorevole", che misura cm 21 × 14 (e si potrà aggiungere un altro *Tesoretto* col *Favolello*, ossia il Laurenziano 40.45, degli inizi del Trecento, di cm 23 × 17). Provare a tradurre questo dato in qualcosa di diverso dalla semplice constatazione di una coincidenza può essere rischioso. Tuttavia, per personale e modesta esperienza, questo è un indizio che sommato alla scrittura o alla decorazione indirizza verso una data alta. Altro dato che è difficile valutare in termini di cronologia, ma che scopre le ambizioni del copista, è l'eccezionale qualità della pergamena, di levità e nitore veramente inconsueti in codici volgari, cui si associa un inchiostro molto chiaro.[14] Nella norma, invece, il consueto, sobrio repertorio di maiuscole alternate rosse e blu filigranate a segnare le partizioni del testo, alternate senz'altra regola che quella di una corrispondenza sempre nuova che si produce, a libro aperto, tra *verso* e *recto.* L'iniziale di c. 1r, la prima lettera del primo sonetto, si distingue dalle altre, per il modulo maggiore e per essere di due colori. Tutti i versi, sia nel *Fiore* che nel *Detto,* hanno l'iniziale maiuscola e distanziata dal resto del verso. Nel *Fiore* le iniziali delle terzine e le maiuscole delle didascalie sono toccate leggermente di giallo e modestamente filigranate. Insomma il corredo tipico del codice "gotico", secondo uno schema che si è venuto definendo a partire dai primi del Duecento, che rappresenterà la norma in quello successivo e ancora nel Quattrocento, almeno nei codici non umanistici, trasferendosi addirittura agli incunaboli. Lo schema qui è realizzato da una mano che non c'è ragione di non credere toscana e che, specie nel tracciato piuttosto libero e semplice della filigrana, mostra caratteri di arcaicità. Per intendersi, a partire dal terzo decennio del Trecento, questa filigrana (specie in codici con qualche ambizione calligrafica, come è il caso di questo) si dispone secondo più rigorosa geometria, ingloba motivi non più astrattamente vegetali, si muove nella pagina con un'invadenza maggiore.

Torniamo a quelli che abbiamo detto i tratti singolari del manoscritto, impaginazione e scrittura. Nel *Fiore* il copista dispone quattro sonetti per pagina (con didascalia salvo che nelle ultime tre carte), con i versi in successione verticale, su due colonne affiancate, e per questo ha bisogno di uno schema di trentuno righe (1 per la didascalia + 14 per il primo sonetto + 1 di stacco, da lasciare in bianco e che a volte non è tracciata[15] + 1 per la nuova didascalia + 14 per il secondo sonetto).[16] Questa scelta, come tutte le altre che il copista compie nel suo lavoro, è solo in apparenza individuale. Gli appartiene nei limiti assai stretti imposti dalle convenzioni scrittorie, che sono sorprendentemente rigide, condizionate da fattori di natura tecnica e pratica, e nei limiti imposti dal modello. E convenzione (cioè il modello ideale) e modello contingente possono identificarsi nell'antigrafo. La copia non è meccanica solo per ciò che riguarda il testo, ma anche per la struttura, l'immagine del suo contenitore. Cosa che Contini aveva ben presente e che aveva teorizzato a proposito delle alterazioni prodottesi all'interno del

ciclo illustrativo della *Rose*: "Queste variazioni hanno una portata grandissima dal punto di vista della critica testuale: se finora la genealogia
dei testi è stata basata su ragioni di contenuto, sul fondamento della
lezione, cosa in tutto pacifica, sullo stesso piano degli errori o delle in-
novazioni si trova anche questo dato fisico, la presenza di uno o altro
tipo di miniatura".[17] Certo il dato illustrativo ha un'evidenza che non
è possibile ignorare, che non sembra possibile paragonare a quella dei
dati più crudamente materiali. Eppure, chi abbia percorso la tradizione
manoscritta di un testo, specie quando i testimoni siano numerosi e di-
spersi in un rispettabile arco di tempo, si sarà sorpreso della ripetitività,
della prevedibilità di alcuni modelli, oppure del ripresentarsi, ad abissali
distanze di tempo, di identici caratteri esteriori, magari ingiustificati rispetto ai canoni del momento.

Nel nostro caso, se il modello dello schema *Fiore* è certamente la
Rose—tràdita da una considerevole massa di codici tutti (salvo eccezioni che sono insignificanti solo quanto al numero) a due colonne—tra
la *Rose* e il *Fiore* c'è senza dubbio l'intercapedine formata da un altro
oggetto di cui il nostro codice eredita forse tutte le caratteristiche formali. Secondo Contini questo apografo, nella sua sostanza materiale,
equivale al modello, anzi all'autografo.[18] In particolare la disposizione
a due colonne coi versi in successione verticale sarebbe già nell'antigrafo.[19] Dunque la scelta che si è detto preliminare, e che condiziona
la materia del manoscritto, era già stata compiuta da altri che il nostro
copista. Ma questo spostamento di meriti e responsabilità sull'antigrafo-
autografo è sufficiente a neutralizzare l'eccentricità dell'impaginazione?
Di questa eccentricità, è bene ricordarlo, forse più che della scrittura,
ci si è serviti per abbassare la data del codice: lo schema non si giustificherebbe in età di Dante o in prossimità di questa perché non se
ne trova puntuale rispondenza in analoghi coevi. Senza poi tener conto
che comunque lo schema del *Fiore* rimane isolato anche in età più tarda
di quella che si vuole negare. E converrà intendersi su cosa ci sia di tanto
anomalo in questa pagina da sembrare inadeguato all'età di Dante. Che
i versi siano scritti in colonna non è di per sé motivo di scandalo: questa
è la convenzione che da sempre regola il libro di poesia. Anche lo schema
a due colonne (pur innovativo, proprio della cultura grafica tardo medievale, "gotica") è ormai consolidato per i componimenti non lirici.[20]
Se invece ci si riferisce al fatto che ad essere trascritti in questo modo,
su due colonne andando a capo ad ogni verso, sono i sonetti, cioè componimenti lirici,[21] allora si può ricordare che questa disposizione è at-

testata in due casi del tempo di Dante: nel già citato Laurenziano Rediano 9,[22] nella sezione, di mano toscana e quasi certamente pisana, riservata alle *Lettere* di Guittone, Meo Abbracciavacca e Dotto Reali, con intercalati i relativi sonetti (codice per il quale è ormai concordemente accettata una datazione alla fine del Duecento), e nel manoscritto Laurenziano Martelli 12 della *Vita nuova*,[23] toscano, con coloriture umbro aretine nella lingua, di mano riconosciuta della prima metà del Trecento, con qualche propensione a crederla dell'inizio del secolo. Tuttavia il richiamo al Rediano e al codice Martelli, che serve certamente ad attenuare l'anomalia, può non convincere del tutto quando si consideri che siamo di fronte alla commistione di prosa e poesia: la disposizione in verticale dei versi dei sonetti, nei due casi, potrebbe apparire come obbligata, necessaria all'inscrizione entro uno schema a due colonne predisposto, in tutta normalità, per la prosa. Prova ne sia che nel Rediano, al di fuori della sezione epistolare, i sonetti sono scritti a piena pagina. E ancora, che nel codice Magliabechiano VI 143 della *Vita nuova*[24] i sonetti (ma non le canzoni) hanno i versi in successione verticale solo nelle prime tre carte, dove la prosa si dispone su due colonne; poi, quando da 4r si passa alla trascrizione a piena pagina della prosa, anche i sonetti seguono lo stesso destino.[25] Nei due codici della *Vita nuova* e nel Rediano il sonetto sarebbe trascritto in colonna non "in quanto componimento autonomo e in sé concluso, ma in quanto parte di organismi poematici più vasti e complessi" (come è il caso del *Fiore*).[26] Ma, a parte ogni considerazione circa l'ammissibilità teorica o i precedenti più o meno immediati, è indubbio che la pagina del *Fiore* (che poi sia stata progettata da questo copista o da quello dell'antigrafo è, in fondo, del tutto irrilevante) ha un modello, ben più reale, con il quale fare i conti, e cioè la *Rose*, un modello così concreto e ingombrante che mi chiedo se davvero avrebbe permesso una diversa soluzione. Altre condizioni sono state imposte dal *Detto*, destinato a convivere entro lo stesso edificio in programmatico, sorprendente mimetismo.

Tutto questo si rende concreto in una pagina entro la quale il copista manovra con qualche difficoltà (resta da dimostrare se ciò significhi scarsa consuetudine con lo schema—con soddisfazione di chi ne sostenga l'arcaicità—o semplice inefficienza di una mano che, in altri particolari, si dimostra competente). Per creare continuità tra *Fiore* e *Detto*, si è disegnato ad inchiostro (rinnovandolo perciò su ogni facciata) uno specchio di scrittura che ha, nelle due sezioni, la stessa organizzazione e le stesse dimensioni, nonostante la diversa struttura metrica dei due poemetti. Lo specchio (quello schema fatto di linee orizzontali e verticali che delimita i margini, poi il numero e la distanza delle righe e, nel caso dei codici a due o più colonne, anche la distanza fra esse) misura in altezza mm 162/163, e in larghezza (4 + 2/3) + 45/46 + un intercolumnio di 4 + (4 + 2/3) + 45/46, con le misure fra parentesi che si riferiscono agli spazi, scanditi da tre linee verticali, destinati a contenere le iniziali di verso e a stabilire l'intervallo fra queste e il resto della riga.[27] Il tutto, però, appare più adeguato alle dimensioni del *Detto* che non a quelle del *Fiore*. Ad un confronto anche superficiale è evidente il diverso respiro del *Detto* rispetto al soffocante affollamento del *Fiore*.[28] Dove il copista sorvegli meno la sua mano, cosa che si verifica quasi subito, dopo le prime quattro carte, i versi, specie nella seconda colonna, eccedono con grande frequenza e non di poche lettere la giustificazione di destra; quando sia un verso della prima colonna a sfondare il suo confine, ciò determina la perdita dell'allineamento delle maiuscole iniziali di verso nella colonna B (si vedano, ad esempio, le cc. 21Fv, 23Fv, 26Fr, 28Fv). Siccome alcune proprietà dello specchio di scrittura sono in relazione quasi automatica col formato,[29] viene quasi da pensare che le misure della carta siano state calcolate, pensate sulla base del *Detto*: ne è risultato uno schema in cui il *Detto* si dispone con agio e in cui il *Fiore*, invece, risulta quasi forzato. Un altro piccolo pasticcio (ancora una volta innocuo per il testo) si registra nell'utilizzo delle righe di scrittura che, come si è già visto, sono trentuno in entrambe le sezioni. Nel *Detto* il copista trascrive trenta versi per carta, in modo che la coppia di rima stia nella stessa facciata, cominciando dalla seconda riga (cosa in tutto normale perché la prima, in genere, ha piuttosto una funzione di confine). Nel *Fiore* la prima riga è invece utilizzata per la didascalia (che in genere viene scritta un po' al di sopra, non proprio poggiata sulla riga, in modo da creare un maggior stacco rispetto alla compagine del sonetto). A c. 23Fr, la didascalia del primo sonetto della seconda colonna (il 179) è trascritta sulla seconda riga di modo che l'ultimo verso scivola, annullandolo, nello spazio destinato a precedere la didascalia del secondo sonetto.[30] La cosa si ripete sul *verso* della stessa carta. L'eccezionale trasparenza della pergamena ha geminato l'errore: infatti il primo sonetto della colonna A (il 181) si dispone sull'ombra di ciò che gli corrisponde nel rovescio, senza che l'allarme del pasticcio appena combinato sia servito a impedire al copista di ripetersi. È forse imprudente attribuire a tutto ciò valore diverso che quello di semplice incidente; e tuttavia è difficile liberarsi dalla sensazione che queste *défaillances* dipendano, almeno in parte, da poca confidenza con un sistema di impaginazione non ancora ben sedimentato nella consuetudine.

Il problema della data del codice occupa all'interno della *quaestio* dantesca un posto ovviamente di rilievo, ma forse improprio. Tanto per riassumere, per dare un quadro degli orientamenti generali, si può dire che, posto ad un estremo il limite fatale rappresentato dalla "pubblicazione" della *Rose* (1280–86), ulteriormente precisato dagli argomenti che servono a datare il *Fiore*, e rifiutate valutazioni ardimentose, radicali e improponibili (come quella del Castets e poi del Renier, che danno il codice al secolo XV), la "media degli studiosi" (anche con qualche ripensamento clamoroso) si orienta su un Trecento generico. Cosa che quasi equivale ad una mancata pronuncia, ma che non dipende in tutti i casi dall'imperizia degli studiosi, alcuni dei quali anzi particolarmente avvertiti ed affidabili (Morpurgo, per esempio). Le difficoltà a collocare il codice entro un circoscritto ambito cronologico e geografico sembrano dipendere dal fatto che "l'inconsueto tipo di scrittura non si raggruppa con altri esemplari".[31]

A conclusione del capitolo dedicato al manoscritto, Contini riferisce il parere di Casamassima sulla mano di *Fiore* e *Detto*. Dice Contini (ma il modo di ragionare e le stesse parole si riconoscono come di Casamassima): "Il problema è quello d'una minuscola corsiva cancelleresca, 'bastarda fiorentina' nella definizione di Vincenzio Borghini, adibita a uso librario". E ancora: "Gli esempi più flagranti del corrispettivo raggruppamento portano al secondo decennio del Trecento . . . Ma la forma delle lettere da sola non escluderebbe la fine del Duecento". E la valutazione cronologica risulta così condensata: "Questo apografo tanto prossimo all'originale è stato comunque vergato in vita di Dante". Poi, per le caratteristiche individuali della mano o dello stile (ciò che costituisce libera interpretazione del singolo copista entro i limiti imposti dal genere), Contini ricorda, come appropriata al caso, l'impressione che Leonardo Bruni ebbe della scrittura di Dante, come di una "lettera magra e lunga e molto corretta".[32]

Dunque le questioni da affrontare, secondo il programma Contini-Casamassima, sono due: quella del genere e quella dell'interpretazione individuale. Quanto al genere e rimanendo nell'ambito di quel Trecento generico comunemente accettato, la scelta che si poteva offrire, in via teorica, ad un copista come il nostro, e per un testo come questo, era fra la *littera textualis* nelle sue varie gradazioni e stilizzazioni, e una scrit-

tura, almeno in apparenza, di minor impegno formale, di matrice corsiva. E la scelta è caduta su questa seconda scrittura che, nel corso di
quel secolo, sembra essersi legata in un vincolo assai stretto con il libro
di poesia, in una relazione destinata a consolidarsi nel tempo, anche
in età successiva, anche in ambienti di cultura grafica nuova (anzi
"all'antica") come quelli umanistici, per trovare estrema codificazione
nei caratteri di stampa (il corsivo, da Manuzio, è molto spesso carattere
della poesia). Ma perché Casamassima pone come problema quello
della "bastarda fiorentina" o, più in generale, quello di una scrittura corsiva adibita ad uso librario? Perché, nonostante che questa scrittura rap-
presenti un fenomeno di grandissimo rilievo quanto al numero e alla
tipologia delle testimonianze—basti pensare che la straordinaria maggioranza dei nostri testi di lingua (non solo toscani e non solo italiani)
sono copiati in questo tipo di scrittura—di essa la paleografia ha una
conoscenza approssimativa. Al punto che il nome stesso di questa scrittura, "lettera bastarda", pur attestato in modo non ambiguo in fonti
coeve al fenomeno,[33] è quasi sempre dimenticato o rifiutato. Più che
come analisi dei fatti grafici, del loro svolgimento e funzionamento,
delle tecniche e dello stile, si è preferito porre (e risolvere) il problema
in termini di sociologia dello scrivere, favoriti in questo dal fatto che
mai come in questo caso sembra scoprirsi il legame che la scrittura sempre intrattiene con la realtà in cui è immersa. L'attenzione si rivolge,
insomma, più che al fenomeno stesso, alla scena su cui esso si è svolto,
alla connotazione sociale degli scriventi, alle loro competenze profes-
sionali, ai loro gusti ed interessi culturali. Così, ad esempio, Petrucci,
il più attento a queste cose dei nostri paleografi:

> La minuscola cancelleresca, nella fase della sua massima espansione (che
> corrisponde, cronologicamente, al secolo XIV) fu, oltre che scrittura della
> documentazione privata e pubblica, anche scrittura usuale di notai, giuristi,
> uomini politici, ecclesiastici, letterati e ceto alto borghese in genere (esclusi
> mercanti e artigiani). Divenne perciò anche scrittura libraria ed in parti-
> colare la scrittura per eccellenza di quei testi che non appartenevano né alla
> cultura ecclesiastica, né a quella universitaria (che si servivano della gotica),
> cioè di quei testi in volgare costituiti da volgarizzamenti, operette ascetiche
> e devozionali, raccolte di proverbi e di prediche, ricettari, bestiari, cronache
> cittadine, componimenti poetici.[34]

Se questo è certamente il quadro generale, ora confortato anche da importanti indagini statistiche,[35] i fatti grafici non sono conosciuti con

altrettanta evidenza. Ed è questo che rende così difficile rispondere all'unica domanda che qui interessi, cioè dove e quando siano stati scritti il *Fiore* e il *Detto*. Ci si muove allora lungo quella che pare l'unica strada praticabile, quella un po' empirica del confronto con esempi simili e forniti di un dato esplicito relativo alla loro origine e confezione. Tuttavia anche questa strada della certificazione indiretta ha le sue insidie. Prima fra tutte quella di non trovare materiale per il confronto. Qualcosa del genere è accaduto per il *Fiore* e il *Detto*, per l'obbiettiva singolarità del caso, ma anche perché mancano quasi del tutto gli strumenti di lavoro e verifica.[36]

Questa lettera bastarda, come la chiamarono, non a caso, i contemporanei, si pone nella tradizione grafica del tardo medioevo, come una terza categoria dello scrivere, tra le due che da sempre si oppongono nella struttura, nella funzione e nella coscienza degli scriventi, e cioè la scrittura corsiva (riservata alla documentazione o alle esigenze della vita pratica) e la *littera textualis* riservata ai libri. *Bastarda* quanto all'origine e *bastarda* quanto alla funzione: scrittura che è corsiva nella struttura dei segni che ne sono i "marcatori" e anche nello stile di alcuni di questi, ma eseguita in varie gradazioni e con diversi accorgimenti, come se fosse la *littera textualis*; scrittura impiegata senza sostanziali differenze nei libri e nei documenti.[37] Questa promozione a diversa dignità della scrittura corsiva rompe un equilibrio secolare, sconvolge tradizioni, consuetudini di cui gli scriventi avevano una chiara consapevolezza, fino alla teorizzazione.[38] Nei libri a contenuto documentario (cartulari, *libri iurium*, matricole, statuti) il fenomeno è molto precoce, già chiaramente delineato intorno al sesto decennio del Duecento.[39] Testimonianze queste di grandissimo interesse, perché possono rappresentare il tramite attraverso il quale la *littera minuta cursiva* ha trovato la sua nuova dignità: in questi libri la scrittura cancelleresca—stilizzata e raddrizzata, scritta con la penna grossa, a tocchi, come la *littera textualis*— ha solo cambiato contenitore, non la relazione col contenuto; in questi libri—anche precocemente in volgare (come ad esempio il fiorentino statuto degli Oliandoli del 1318),[40] molto spesso riccamente decorati— si è poi legittimata come scrittura di libri in genere. I più antichi esempi di codici in bastarda risalgono all'ultimo ventennio del Duecento, ma già a partire dal terzo decennio del secolo successivo la scrittura mostra di poter raggiungere un altissimo grado di qualità formale. Anzi—ben presto divenuta strumento di copisti di professione (che forse non sono più obbligatoriamente dei notai)—è già bloccata entro un paio di schemi stilistici che rimarranno inalterati per tutta l'età successiva. Cosa che vale soprattutto per la bastarda elaborata a partire da una base notarile-cancelleresca: diverso il destino delle librarie di matrice mercantesca, fenomeno tipicamente toscano e in specie fiorentino, bastarde molto meno impegnate sul piano dello stile e che rimangono a lungo, quasi per loro natura, frammentate in una straordinaria, indisciplinata, privatissima gamma di realizzazioni.[41]

Dati per conosciuti e verificati (e non lo sono) i tramiti, i modi e i tempi del passaggio della scrittura corsiva all'uso librario, quando si provi a confrontare la scrittura di *Fiore* e *Detto* con quella di codici trecenteschi dello stesso impegno editoriale, ci si accorge subito di una cosa: che la materia per questo confronto, che lo si voglia o no, è quasi tutta dantesca. Quando si è parlato di modelli o analoghi dell'impaginazione del *Fiore*, si è evitato, di proposito, ogni riferimento alla tradizione grafica della *Commedia*. Ma a qualcuno non sarà sfuggito che, al di là delle differenze del metro, il testo poetico che più di frequente viene presentato su due colonne e per di più in questo tipo di scrittura è proprio quello dantesco. Al punto che sembra stabilirsi tra la *Commedia* (nei testimoni trecenteschi) e la lettera bastarda di tipo cancelleresco una relazione privilegiata, un vincolo strettissimo, fin quasi all'identificazione (e la cosa ha un significato per *Fiore* e *Detto*?).[42] Non solo, ma anche le due stilizzazioni cui ho accennato più sopra sono leggibili in codici che, nella stragrande maggioranza, sono della *Commedia*. La prima è quella che si può riconoscere nei tre esemplari (uno dei quali ridotto allo stato di frammento) copiati dal notaio Francesco di ser Nardo da Barberino e nel foltissimo gruppo di codici che coincide, ma non del tutto, con la serie dei Danti del Cento, codici per i quali si è ipotizzata l'attività di un'*équipe* di copisti organizzati in "un'officina scrittoria di ampie proporzioni" diretta dallo stesso Francesco di ser Nardo.[43] Attività ancora tutta da studiare ma che è sembrata spiegazione ragionevole ed economica, oltre che dei legami testuali tra le copie, dello straordinario rilievo numerico e qualitativo degli esemplari, e soprattutto dell'impressionante uniformità dei caratteri esteriori, in primo luogo della scrittura. In totale una cinquantina di manoscritti, databili al quarantennio tra il 1330 e il 1370, tutti membranacei, a due colonne,[44] attrezzati forse già in bottega col corredo standard di lettere filigranate, corredo che poteva poi essere integrato, a gusto e spesa dell'acquirente, in luoghi anche lontani da quello di copia. E proprio i caratteri esteriori permettono di associare a questi esemplari della *Commedia* un piccolo drappello di codici non danteschi (cosa che fornisce ulteriori argomenti alla teoria dell'"officina"). A cominciare dal Ricc. 1523, sontuoso esemplare della *Consolazione* di Boezio nel volgarizzamento di Alberto della Piagentina trascritto da Francesco di ser Nardo, che ha siglato con le sue iniziali (come nel codice Gaddiano 90 sup. 125 della *Commedia*) il *colophon* di c. 42r. E si devono aggiungere due importanti testimoni della *Nuova cronica* di Giovanni Villani, il Ricc. 1533 (il cosiddetto codice R, opera di due copisti e databile fra il 1360 e il 1370)[45] e il Naz. II. I. 289 (codice G, copiato da tre mani nel quinto decennio del Trecento);[46] il Ricc. 1578,[47] che contiene un volgarizzamento delle *Epistole* di Ovidio e del *Libro della pulce* e il Ricc. 1821, con *La storia di Troia* di Guido delle Colonne, entrambi nuovamente della metà del secolo; il Ricc. 2236, che contiene il volgarizzamento, scritto a piena pagina, del *Tractatus algorismi* di Iacopo da Firenze; e infine il canzoniere Chig. L. VIII. 305, che parve al Vandelli opera "dello stesso diligente copista e valente calligrafo" al quale si deve il gruppo Strozziano della *Commedia*.[48]

Questi codici—frutto di una ricerca non sistematica che meriterebbe di essere allestita—sono tutti fiorentini, mentre varia è la provenienza di quelli che possono rientrare nel secondo raggruppamento (cosa che lo fa risultare, nei caratteri dello stile, molto meno omogeneo del primo). Anche in questo caso, comunque, è la *Commedia* a mettere sulla scena gli esemplari più clamorosi, di più alto livello stilistico. A cominciare dal Landiano (Piacenza, Biblioteca Comunale Passerini Landi, 190, datato 1336, scritto probabilmente a Genova da un copista di Fermo). Mi riferisco poi ai codici che si possono attribuire all'officina (ancora una volta di Firenze) che ha allestito il Vaticano lat. 3199 (identificato con l'esemplare che Boccaccio inviò in dono a Petrarca tra il 1351 e il 1353) e un gruppo di altri codici danteschi, di grandi qualità formali, in qualche caso riccamente decorati.[49] Lo stesso grado e tipo di stilizzazione lo ritroviamo in altri codici non danteschi, non solo fiorentini, non solo in volgare: ad esempio nel ms. Londra, British Library, Royal 6 E. IX, che contiene un carme latino indirizzato tra il 1335 e il 1340 a Roberto d'Angiò, re di Napoli, dalla città di Prato che si pone sotto la sua protezione;[50] nel ms. Paris, Bibliothèque Nationale, lat. 5931, che contiene il *De miraculo gloriosae Virginis Mariae* del cardinale Iacopo Stefaneschi, copiato ad Avignone fra il 1336 e il 1343 sotto la supervisione dell'autore e illustrato da Simone Martini;[51] oppure nel ms. Chantilly, Musée Condé, 599, contenente la *Canzone delle virtù e delle scienze* di Bartolomeo Bartoli da Bologna, nella copia autografa allestita per Bruzio Visconti (e perciò databile fra il 1339 e il 1349).[52]

Come si vede, le testimonianze dell'uno e dell'altro gruppo si dispongono in quasi perfetta parità cronologica (a partire dal terzo decennio del Trecento e per gran parte del secolo). Ma l'impressionante fissità, dal 1337 in poi, della scrittura di Francesco di ser Nardo (forse neppure il primo ad impiegarla) e dei suoi collaboratori o colleghi fa pensare che l'elaborazione di questa "bastarda fiorentina" sia da arretrare, e non di poco. Lo stesso può dirsi per l'altra stilizzazione. E infatti, se si prova a leggere nella trama degli elementi che distinguono i due gruppi, a interpretare i modi in cui la scrittura si adatta all'ufficio testuale, si potrà forse riconoscere il risultato di due processi di canonizzazione che sono successivi nel tempo, che si sono innestati su di una base corsiva molto diversa. Più arcaico il primo, perché in esso sembrano essersi immobilizzati, cristallizzati, i tipi della scrittura corsiva della seconda metà del Duecento, le cadenze di un sobrio stile notarile (ma anche cancelleresco) che possiamo vedere usato, in un contenitore-libro, nella redazione del 1295 degli Ordinamenti di giustizia (Firenze, Biblioteca Nazionale Centrale, II. I. 153):[53] le lettere sono piuttosto tondeggianti, le pur rare legature sono attuate in prevalenza dall'alto; scarsa attenzione si riserva all'uso dei nessi di curve; lo strumento scrittorio è sottile, non vuole esaltare la contrapposizione degli spessori dei tratti. Più moderna, degli ultimi anni del Duecento, la base su cui sembra essersi elaborata la seconda stilizzazione: le lettere sono in genere più serrate, compresse lateralmente; il sistema dei trattini sul rigo, che servano o meno per la legatura, è abbastanza accentuato; l'uso dei nessi è coerente; negli esempi più stilizzati è usata una penna a punta larga che crea una contrapposizione tra tratti spessi e sottili.[54]

Naturalmente come ogni tentativo di classificazione anche questo finisce col forzare, e non poco, una realtà che è molto più variegata e sfuggente. Della cosa ci si rende conto non appena si provi a tradurre quanto si è detto finora in una valutazione del manoscritto del *Fiore* e del *Detto,* il quale non aderisce in piena coerenza a nessuno dei due indirizzi stilistici ("l'inconsueto tipo di scrittura non si raggruppa con altri esemplari"), pur stabilendo maggiori punti di contatto col secondo. Rispetto ad esso la bastarda del *Fiore* e del *Detto* si pone in una relazione simile a quella che mi sembra esistere tra la scrittura del celebre canzoniere Vaticano latino 3793 (copiato tra la fine del secolo XIII e gli inizi del XIV)[55] e quella dei Danti del Cento. Come il codice Vaticano (al quale si devono aggiungere l'ancora duecentesco *Tesoretto* Riccardiano 2908[56] e il codice Hamilton 67 + Riccardiano 2418 dei *Fatti dei Romani* copiato nel 1313)[57] può essere considerato un lontano, sobrio progenitore dello stile che sarà poi di Francesco di ser Nardo, così nella scrittura del *Fiore* e del *Detto* si potrebbe riconoscere un precoce esperimento, un prodotto di esordio, ancora non del tutto coerente, dell'altra stilizzazione. Se si prova a trasferire tutto ciò, con le dovute cautele e i debiti correttivi, sul piano temporale, il risultato sarà una datazione entro i primi due decenni del Trecento. Procedendo ad una specie di epurazione degli stilemi corsivi (se cioè eliminiamo *f* ed *s* che scendono sotto il rigo, la singolare *d* con l'occhiello, le varianti in un tempo di *r* e *z*, la più rara *u*; se togliamo alle aste di *b* , *h* ed *l* quel ritocco orizzontale che è la simulazione di ciò che in una normale corsiva è l'occhiello che serve alla legatura), quello che rimane è una scrittura a tutti gli effetti concepita ed eseguita come una *littera textualis* (le uniche lettere ad essere eseguite, qualche volta, in un tempo sono *r* e *u*). Questo residuo non solo è toscano, ma abbastanza arcaico (praticamente mai usati i nessi fra le lettere—salvo quello, più ardimentoso, nella doppia *p*—e neppure *r* tonda dopo *o*; la variante di *g* più posata presenta una coda che, a volte, ha un andamento triangolare, come spesso in documenti del tardo Duecento).[58] Se si riprendono in considerazione gli accessori dello stile cancelleresco-notarile (ripeto: *f* ed *s* che scendono sotto il rigo, in genere inclinate verso destra e molto serrate nei raddoppiamenti; i ritocchi alle aste di *b*, *h* ed *l*; l'abitudine, molto caratteristica—e che ho visto realizzata solo in documenti solenni ducenteschi—di riportare verso sinistra la porzione terminale dell'asta di *q*), anche per questi elementi non si potranno negare né la toscanità né una sostanziale consonanza con quelli che sono gli indirizzi del primo Trecento.[59]

Restano da dire due parole sulle maiuscole scritte ad inizio del verso (pratica in sé per nulla anomala e anzi con buoni precedenti: basti pensare che tutti i poeti latini del canone scolastico, come li vediamo nei codici del XI e XII secolo, passati per generazioni di maestri e scolari, sono trascritti in questo modo). Mi riferisco invece al disegno di queste maiuscole. La prima impressione è di qualcosa di diverso da ciò che normalmente si trova in codici italiani (il riferimento è soprattutto alla particolare fattura di M). Poi a ben guardare, esaminate le lettere una per una, tutte trovano il corrispettivo in Italia, e neppure troppo a settentrione. Insomma un corredo di maiuscole che sono neutre quanto a disegno, a struttura dei singoli segni (neutre al punto che sono attestate in aree anche molto distanti), qui caricate di un effetto particolare (il ritocco, l'ispessimento triangolare del primo tratto discendente) che suona come un gallicismo, forse indotto (come per l'impaginazione) dal più o meno vicino, immediato modello *Rose*.

Per concludere si può dire che, così come la questione della paternità, se non fosse per Dante, sarebbe stata risolta da tempo (le prove accumulate "avrebbero persuaso molti de' più difficili"), allo stesso modo, se non fosse per Dante, anche il problema della data avrebbe indotto minori cautele. Collocare la trascrizione entro i primi vent'anni del Trecento (nell'arco della generazione che precede la grande stagione delle copie della *Commedia*) non avrebbe destato scandalo alcuno. E neppure si sarebbe caricato il codice di una responsabilità di prova che non può avere. In attesa e nella speranza di poter trovare qualcosa della stessa mano, magari datato e sottoscritto, questo è quanto sono in grado di dire.

NOTE

1. CM, xlix–lvii. Dei riferimenti bibliografici offerti da Contini vanno ripetuti almeno quelli essenziali al manoscritto: *Il Fiore, poéme italien du XIIIe siècle, en ccxxxii sonnets imité du Roman de la Rose,* a cura di Ferdinand Castets, Société pour l'Étude des Langues romanes, 9 (Paris: Maisonneuve, 1881); Salomone Morpurgo, "Detto d'amore, antiche rime imitate dal Roman de la Rose", *Il Propugnatore,* n. s. 1 (1888): 16–81; *Il Fiore e il Detto d'amore,* a cura di Ernesto Giacomo Parodi, in appendice a *Le opere di Dante edite dalla Società Dantesca Italiana* (Firenze: Bemporad, 1922), 140. Riproduzione in facsimile a cura di Guido Mazzoni, *Il Fiore e il Detto d'Amore attribuiti a Dante Alighieri. Testo del secolo XIII* (Firenze: Alinari, 1923). Per il solo *Detto* si vedano anche: *Mostra di codici romanzi delle biblioteche fiorentine,* [in occasione del] VIII Congresso internazionale di studi romanzi, 3–8 aprile 1956 (Firenze: Sansoni, 1956), 36–37; Comitato nazionale per le celebrazioni del VII centenario della nascita di Dante, *Mostra di codici ed edizioni dantesche (20 aprile–31 ottobre 1965),* Catalogo I (Firenze: Edizioni Remo Sandron, 1965), 23–24, tav. 1.

2. Se ne dà una rappresentazione schematica alla tavola 3.

3. Le tavole 1 e 2 riproducono, nel formato originale, la c. 23r del *Fiore* e la c. 1r del *Detto.*

4. Ernest Langlois, "Les manuscrits du Roman de la Rose", *Travaux et*

Mémoires de l'Universitè de Lille, nouv. sér., I, 7 (Lille-Paris: Tallandier-H. Champion, 1910), 137–38.

5. CM, xlix–l.

6. La nota "Courtois" posta alla fine del *Detto* è sfuggita all'ispezione di Contini e Casamassima. La cosa merita una segnalazione solo per il fatto che, leggendo il nome di questo proprietario solo sulla *Rose*, Contini è portato a concludere che "poiché essa fu evidentemente inscritta quando il *Roman* era ancora isolato e anteriormente al passaggio Femton, la riunione va datata entro la prima metà del secolo XV" (CM, liv). In realtà non c'è modo di essere precisi circa la data di un assemblaggio che può essere anche più antico.

7. Nell'Ashb. 1234 *bis* il fascicolo *e* è ricostruito come quaderno: c. 3D ovviamente come prima del fascicolo + una carta bianca + c. 4D + cinque carte bianche. Nel ricostruire il fascicolo, il laboratorio di restauro ha seguito le istruzioni di Casamassima che sono riportate in una breve nota posta all'inizio del codice dove, tra l'altro, si dice: "La collocazione della carta [4D] è certa come quaderno . . . non come posizione all'interno di esso, potendo indifferentemente occupare una qualunque fra le cc. 3–7. Neppure è certa la reale consistenza del fascicolo che si è supposto quaderno in armonia col precedente".

8. L'allestimento sembra fatto apposta per suscitare nell'osservatore il senso di una notevole antichità. Precedono il *Detto* tre carte di formato assai minore (cm 17,5 × 13,5), asportate dalla porzione finale di un codice (le cc. 2v–3v sono infatti bianche), di mano duecentesca, che contengono due brevi componimenti latini pubblicati e illustrati da Francesco Novati, "La strage Cornetana del 1245 narrata da un poeta contemporaneo", in *Nozze Cian-Sappa Flandinet, 23 ottobre 1893* (Bergamo: Istituto Italiano di arti grafiche, 1894), 9–28. Segue il *Detto* un quaderno contenente un *Tractatus geometriae*, in *littera textualis* di mano degli inizi del secolo XIII, con una nota di possesso (a 15v) quasi del tutto illeggibile. All'ultimo posto della miscellanea (cc. 16–23) è collocato un altro quaderno che contiene un *Tractatus sperae* corredato (a 23v) della seguente nota di possesso: "Iste liber est fratris Arnaldi Ruffi ordinis fratrum heremitarum sancti Augustini conventus Montis Regali quem emit [ ] tempore quo erat regens in conventu [ ] de Bonis magistri Petrus de Petra bone memorie"; segue la tavola del codice dal quale il quaderno si è distaccato: come ultima voce dell'indice si trova, infatti, nominato il *Tractatus sperae*. Anche quest'ultima sezione è duecentesca, in *littera textualis*, corredata di fitte annotazioni coeve in gran parte eliminate dalla pesante rifilatura cui il quaderno è stato sottoposto per adattarlo alla misura del resto.

9. Cfr. la nota 1.

10. Bruno Panvini, "Studio sui manoscritti dell'antica lirica italiana", *Studi di filologia italiana* 11 (1953): 29–31; *Mostra di codici romanzi*, 5–9.

11. Panvini, "Studio sui manoscritti", 33–40; *Mostra di codici romanzi*, 81–83.

12. Panvini, "Studio sui manoscritti", 26–28; *Mostra di codici romanzi*, 83.

13. Tavola 5; per una sommaria descrizione vedi *Mostra di codici romanzi*, 188–89.

14. A causa della tecnica di riproduzione o, forse, per una migliore leggibilità complessiva, sia il fondo che l'inchiostro risultano, nel facsimile, decisamente scuriti. L'immagine che ci viene restituita è di una pagina severa e di una scrittura legnosa. Ho l'impressione che, come spesso accade quando si abbia la disponibilità di un facsimile (e a maggior ragione nel caso di questo, che ha il pregio di riunificare membra, altrimenti disperse, di uno stesso organismo), all'oggetto reale si sia alla fine sostituita l'immagine riprodotta. Siccome ho personalmente sperimentato lo scarto tra questa immagine e il manoscritto, mi domando quanto abbia pesato, nel giudizio sulla scrittura, una conoscenza di essa mediata dalla riproduzione.

15. Per esempio alle cc. 19Fv, 21Fv–23Fr (cosa che è evidente persino nel facsimile).

16. Tavola 4. Schema che una volta realizzato esclude la possibilità di una *inscriptio* iniziale o finale: una rubrica contenente il nome dell'autore o il titolo dell'opera, se mai esisteva nel modello, non avrebbe potuto trovare posto in una pagina così progettata. Tanto per fare un'ipotesi, e visto che qualche segno o indizio che potrebbe essere di incompiutezza è pur presente (mancano le didascalie degli ultimi ventiquattro sonetti, da 27Fr a 29Fv, e sono rimasti in bianco i versi 121.14, 132.13, 144.18 e parte di 228.2), un simile accessorio non avrebbe potuto che dislocarsi nella c. 30, bianca ma preparata per la scrittura.

17. Gianfranco Contini, "Un nodo della cultura medievale: la serie *Roman de la Rose-Fiore-Divina Commedia*", in *Un'idea di Dante* (Torino: Einaudi, 1976), 274.

18. CM, lv–lvii.

19. Lo dimostrerebbe, secondo Contini, un errore a c. 1r: l'uscita di 1.14 che ha *Buona Speranza* dove andrebbe, "a norma del francese", *Bella sembianza*. La lezione sarebbe scivolata in questa sede dall'inizio di 3.13 dov'è *E di buona speranza*. Errore la cui genesi appare comprensibile qualora esista, davanti agli occhi del copista, un modello che affianchi nella pagina il primo ed il terzo sonetto con i versi in questione quasi alla stessa altezza (CM, lviii).

20. Sul modo di trascrivere la poesia si vedano i contributi di Pascale Bourgain, "La poésie lyrique médiévale" (165–68) e di Geneviève Hasenhor, "Le rythme et la versification", "La chanson de geste" e "Le romans en verse" (235–64), ambedue in *Mise en page et mise en texte du livre manuscrit*, a cura di Henri-Jean Martin e Jean Vezin (Paris: Ed. du Cercle de la Librairie-Promodis, 1990), con numerose utili illustrazioni tratte da codici tutti di area francese.

21. Furio Brugnolo, "Libro d'autore e forma-canzoniere: implicazioni petrarchesche", *Atti e Memorie dell'Accademia Patavina di Scienze, Lettere ed Arti*

103 (1990–91): 272: "Nel Medioevo volgare l'abitudine di presentare in questo modo i componimenti *lirici* (strofici), andando a capo ad ogni verso, è in realtà piuttosto tarda e si afferma veramente solo nel corso del Trecento; laddove l'incolonnamento è normale, e anzi pressoché esclusivo, fin dalle origini, per i componimenti non lirici. (La differenziazione, per singolare che possa apparire, si spiega in prima istanza con ragioni pratiche, di *réglure*, organizzazione e 'giustificazione' della pagina, essendo assai più agevole impaginare e incolonnare testi in versi caratterizzati da una rigida isometria—epica, narrativa, didattica, eccetera—che non testi, come quelli appartenenti alla lirica d'arte, estremamente e imprevedibilmente variabili dal punto di vista delle forme e dei costituenti morfologici)".

22. Sul modo di trascrivere i sonetti il rimando è al volume di Peter Weinmann, *Sonett-Idealität und Sonett-Realität. Neue Aspekte der Gliederung des Sonetts von seinem Anfängen bis Petrarca* (Tübingen: Gunter Narr, 1989), con utili schemi ed un ottimo apparato di illustrazioni. Per il Rediano 9, si vedano la pagina 44 e le tavv. 3a–c.

23. Weinmann, *Sonett-Idealität*, 46 e tav. 6. Un'altra riproduzione in Dante Alighieri, *La Vita Nuova*, a cura di Michele Barbi, Società Dantesca Italiana, *Edizione nazionale delle Opere di Dante*, 1 (Firenze: Bemporad, 1932), tav. f.t. dopo 303. Descritto da Domenico De Robertis, "Censimento dei manoscritti delle rime di Dante", *Studi Danteschi* 39 (1962), no. 243; più in breve in *Mostra di codici ed edizioni dantesche*, 32.

24. Weinmann, *Sonett-Idealität*, 47 e tav. 7a-b; De Robertis, "Censimento", *Studi Danteschi* 37 (1960), no. 38; *Mostra di codici ed edizioni dantesche*, 38–39.

25. A negare l'automatismo pensa il codice Laurenziano Acquisti e doni 224 della *Vita nuova* con i sonetti scritti a due colonne, ma al modo della prosa; cfr. Weinmann, *Sonett-Idealität*, 47 e tav. 8.

26. Brugnolo, "Libro d'autore", 272.

27. Tavola 4.

28. È sufficiente l'esempio delle cc. 23Fr e 1Dr riprodotte alle tavole 1 e 2.

29. Secondo un calcolo approssimativo, ma non privo di fondamenti geometrici, normalmente l'altezza e larghezza dello specchio corrispondono ai 3/4 dell'altezza e della larghezza della carta, mentre i margini opposti risultano nella proporzione di 1 a 2, cioè il margine di testa è la metà di quello di piede, e il margine interno è la metà di quello esterno (in questo il nostro codice non fa eccezione). Ciò si ricava dal modello elaborato *per pratica* da Caterina Tristano ("utilizzando solo riga e squadra", e cioè gli strumenti, con il compasso, a disposizione degli artigiani medievali) come premessa per la ricostruzione della "taglia" originale di mss. molto più antichi, meridionali. Un sondaggio condotto su manoscritti trecenteschi delle biblioteche fiorentine ha confermato l'attendibilità del modello. Si veda (con ampia bibliografia) Caterina Tristano, "Caratteristiche tecnico-formali dei codici dell'Italia meridionale tra IX e X se-

colo", in *Scrittura e produzione documentaria nel Mezzogiorno Longobardo*, Atti del Convegno Internazionale di studio, 3–5 ottobre 1990 (Cava dei Tirreni: Badia di Cava, 1991), 62–76; rist., con titolo diverso, "La forma del codice dell'Italia meridionale tra IX e X secolo", *Grafica* 12 (febbraio 1993): 21–29.

30. Tavola 1.

31. CM, lv.

32. *Vita di Dante*, in Leonardo Bruni, *Humanistisch-Philosophische Schriften mit einer Chronologie seiner Werke und Briefe*, a cura di Hans Baron (Leipzig-Berlin: Teubner, 1928), 53.

33. Nell'inventario del 1453 di S. Giustina di Padova: "littera bastarda" (ni. 16, 96–98, ecc.; 154 "bona", 242 "optima", 293 "minuta", 337 "aliquantulum caduca") oppure "littera bastardina" (ni. 290, 35 "caduca", 250 "pulchra", 295 "optima", 373 "littera legibili ac bastardina"); cfr. Giovanna Cantoni Alzati, "La biblioteca di S. Giustina di Padova. Libri e cultura presso i benedettini di Padova in età umanistica", in *Medioevo e Umanesimo* (Padova: Antenore, 1982), 48; e, sui nomi delle scritture, Stefano Zamponi, "Modelli di catalogazione e lessico paleografico nell'inventario di S. Giustina di Padova", *Italia Medioevale e Umanistica* 27 (1984): 161–74. Nell'*Inventario A* della biblioteca viscontea (la *consignatio* del 1426) curato da Élisabeth Pellegrin, *La Bibliothèque des Visconti et des Sforza ducs de Milan, au XVe siècle* (Paris: CNRS, 1955): "littera bastardina" (A 836, A 837). Nell'inventario-catalogo aragonese del 1527 (quasi certamente copia di uno strumento più antico): "littera bastarda", "littera bastarda cancelleresca", "littera bastarda antica"; cfr. Paolo Cherchi e Teresa De Robertis, "Un inventario della biblioteca aragonese", *Italia Medioevale e Umanistica* 33 (1990), ni. 67, 60, 25, ecc.

34. Armando Petrucci, *Breve storia della scrittura latina* (Roma: Bagatto, 1989), 154. Ma anche Luisa Miglio, "Considerazioni ed ipotesi sul libro 'borghese' italiano del Trecento", *Scrittura e civiltà* 3 (1979): 314: "Mercanti, artigiani, notai che avevano ricevuto la loro iniziazione grafica in minuscola cancelleresca e che sapevano perciò utilizzare solo questo tipo scrittorio, essendosi la loro educazione quasi sempre fermata al gradino più elementare, non provavano verso la corsiva la resistenza sentita da altri, tanto che per loro si può quasi parlare di un ribaltamento della comune gerarchia che poneva la gotica testuale al primo posto nella trascrizione di testi di particolare prestigio". Ma si veda anche Armando Petrucci, "Il libro manoscritto", in *Produzione e consumo, Letteratura Italiana*, a cura di Alberto Asor Rosa, vol. 2 (Torino: Einaudi, 1983), 504–13.

35. Christian Bec, "Lo statuto socio-professionale degli scrittori (Trecento e Cinquecento)" e "I mercanti scrittori", in *Produzione e consumo*, 230–67 e 269–97.

36. Mi riferisco ai cataloghi di codici datati o databili, gli unici che prevedano, per programma, il corredo delle riproduzioni fotografiche. Cataloghi

che sono disponibili per ciò che si conserva nelle biblioteche di Francia, Belgio, Austria, Svizzera e Inghilterra, mentre per l'Italia sono usciti solo tre volumi: *Catalogo dei manoscritti in scrittura latina datati o databili per indicazione di anno, di luogo o di copista*, I: *Biblioteca Nazionale Centrale di Roma*, a cura di Viviana Jemolo; II: *Biblioteca Angelica di Roma*, a cura di Francesca di Cesare (Torino: La bottega d'Erasmo, 1971 e 1982); *Manoscritti in scrittura latina in biblioteche friulane datati o databili*, a cura di Giovanni Maria del Basso (Udine: Deputazione di storia patria per il Friuli, 1986).

37. Su tutto questo (nel quadro dei rapporti tra *littera textualis* e *littera minuta cursiva* nello stato grafico "moderno") si veda Emanuele Casamassima, *Tradizione corsiva e tradizione libraria nella scrittura latina del Medioevo* (Roma: Gela, 1988), 98–99.

38. La formulazione più antica di una distinzione programmatica e funzionale tra scrittura corsiva e *littera textualis* risale ad Alexander Neckam (morto nel 1217), nel *De nominibus utensilium*: "alium etiam modum sortiatur scribendi in signatis, in chirographis chartis, in transactionibus, alium in textu et alium in glossis"; A. Scheler, "Trois traités de lexicographie latine du XIIe et du XIIIe siècle", *Jahrbuch für romanische und englische Literatur* 7 (1866): 169. L'opposizione è riproposta nel 1275 dal maestro zurighese di retorica Corrado von Mure: "Alia enim manus requiritur in quaternis scribendis et alia in epistulis. Plures enim scriptores et scriptrices qui bonam vel competentem formant litteram in quaternis, nullo modo vel vix sciunt habilitare manus ad epistulas scribendas"; *Summa de arte prosandi*, in *Briefsteller und Formelbücher des elften bis vierzehnten Jahrhunderts*, a cura di Ludwig Rockinger (München: Georg Franz, 1863): 439.

39. Basti l'esempio bolognese degli *Statuta et ordinamenta societatis magistrorum lignaminis* nelle due redazioni del 1248 (ma in copia del 1264; Bologna, Archivio di Stato, cod. min. 1) e 1270 (Bologna, Archivio di Stato, cod. min. 2), delle quali si trovano buone riproduzioni rispettivamente in Alessandro Conti, *La miniatura bolognese* (Bologna: Alfa, 1981), tav. 1, e Alessandra Gardin, "Il nucleo duecentesco degli Statuti e delle Matricole conservati nell'Archivio di Stato di Bologna", *Miniatura* 2 (1989), tav. 2.

40. Edito, con riproduzioni, da Arrigo Castellani, "Il più antico statuto dell'arte degli oliandoli di Firenze", *Studi linguistici italiani* 4 (1963–64): 3–106.

41. Che la lettera bastarda potesse avere due matrici, una notarile cancelleresca ed una mercantesca, doveva essere cosa pacifica per i *moderni scriptores*. La distinzione fa parte, infatti, del corredo di nozioni tecniche e terminologiche di origine tardo medievale che si è trasferito, quasi intatto, ai maestri calligrafi del primo Cinquecento italiano. La definizione "la littera bastarda se cava dalla cancellarescha et merchantesca" è di Sigismondo Fanti, *Theorica et pratica . . . de modo scribendi fabricandique omnes litterarum species* (Venezia: Giovanni Rosso da Vercelli, 1514), c. †8v. Stessa distinzione nell'enciclopedia

di Francesco Alunno, *Della fabbrica del mondo . . . libri dieci* (Venezia: G. B. Porta, 1584), 108, alla voce *scrittore:* "Molti altri senza punto affaticarsi in tante, & tali uariationi posero tutta la loro perfettione in scriuere le loro lettere che fussero ben finite, uguali, et con le sue distanze, et con gli suoi corpi all'haste conformi, et solo in tre maniere, nell'una detta Cancellaresca posero ogni loro studio in scriuerla che ella fosse alquanto grande, piena, lunghetta, ben legata, & alquanto pendente da mano sinistra. nell'altra chiamata Marcatantesca tutta in contrario della predetta, cioè piccola, scarna, tonda, & alquanto pendente uerso la destra. nella terza detta Bastarda, ch'ella dell'una, et dell'altra delle due predette tenesse".

42. Profittando dello straordinario patrimonio di microfilms della Società Dantesca Italiana e della disponibilità generosa del suo Presidente, si è provveduto (con l'aiuto degli studenti fiorentini che l'anno scorso hanno frequentato il corso di Paleografia) ad una rapida verifica della veste grafica di un campione di 230 codici trecenteschi della *Commedia* (che non sono tutti i mss. databili al secolo XIV, ma solo quelli per i quali era presente il microfilm, esclusi anche i testimoni che nel catalogo di Marcella Roddewig risultavano collocati a cavallo tra XIV e XV secolo). Di questi 230 codici, 144 sono risultati essere scritti in bastarda, 86 in *littera textualis*. Dei 144 in bastarda, 31 (tutti dell'ultimo quarto del secolo) hanno rivelato una matrice mercantesca, gli altri 113 cancelleresca. Questi ultimi (fatta eccezione per una trentina di pezzi) presentano caratteristiche grafiche e codicologiche che li denunciano come prodotti di bottega: 52 nello stile dei Danti del Cento, 17 nello stile di *Vat* (cioè il Vat. lat. 3199), gli altri non tipizzati (ma su tutto questo si veda più avanti). Se poi si considera che degli 86 codici in *littera textualis* la grande maggioranza si colloca ben dentro la seconda metà del secolo, ispirata al modello di Boccaccio (intendo quanto al disegno della pagina e alla varietà della scrittura), la lettera bastarda appare come forma primaria e prevalente della *Commedia* nella parte alta della sua tradizione. Una prova di questo la si ottiene corredando lo stemma Petrocchi con i dati relativi alla scrittura: dei 27 mss. rappresentati, 11 sono in *littera textualis,* ma di questi i soli *Ash, Ham* e *Rb* appartengono alla fase più antica. Si vedano: Dante Alighieri, *La Commedia secondo l'antica vulgata,* a cura di Giorgio Petrocchi (Milano: Mondadori, 1966–67), *Introduzione,* 57–91 per la descrizione dei mss., tav. f. t. per lo stemma; Marcella Roddewig, *Dante Alighieri. Die göttliche Komödie. Vergleichende Bestandsaufnahme der Commedia-Handschriften* (Stuttgart: Hiersemann, 1984), con utile antologia di facsimili. Al lavoro della Roddewig si rimanda (in forma implicita) per tutti i mss. danteschi citati.

43. Petrocchi, *Introduzione,* 289–317 (ma in particolare 290–91).

44. Con l'eccezione del cosiddetto codice Filippino, cioè Napoli, Biblioteca dei Girolamini 4. 20 e del primo dei tre frammenti conservati nel ms. II. IV. 587 della Nazionale di Firenze.

45. Una riproduzione è fornita da Arrigo Castellani, "Sulla tradizione della

Nuova cronica di Giovanni Villani", *Medioevo e Rinascimento* 2 (1988), tav. [4] f. t. dopo 74.

46. Foto ancora in Castellani, "Sulla tradizione", tav. [3] f.t., dopo 74.

47. Gabriella Pomaro, "Frammenti di un discorso dantesco", *Archivio Storico Nonantolano* 3 (Nonantola: Poligrafico Mucchi, 1994): 57–61, attribuisce il ms. (riprodotto alla fig. 9) allo stesso copista cui si devono due copie della *Commedia*, il codice siglato *Parm* da Petrocchi (Parma, B. Palatina, 3285) e il Ricc. 1025, oltre al ms. Venezia, B. Nazionale Marciana, Lat. Cl. 6. 167 (Ubaldo da Gubbio, *Liber de Theleutologio*).

48. Giuseppe Vandelli, "Il più antico testo critico della Divina Commedia", *Studi Danteschi* 5 (1922): 47.

49. Il ms. di Chantilly, Musée Condé, 597, il Banco rari 330 (= Pal. 313, cioè il codice Poggiali) della Nazionale di Firenze, il Laur. 40. 13, il Ricc. 1012, il Vaticano Barb. lat. 3644 e il codice di Venezia, Biblioteca Nazionale Marciana, Z 55. Codici studiati in comparazione da Gabriella Pomaro, "Codicologia dantesca I. L'officina di Vat", *Studi Danteschi* 58 (1986): 343–74.

50. Andrew G. Watson, *Catalogue of Dated and Datable Manuscripts c. 700–1600 in the Department of Manuscripts, The British Library* (London: The British Library, 1979), tav. 216.

51. *Catalogue des manuscrits en écriture latine portant des indications de date, de lieu ou de copiste*, a cura di Charles Samaran e Robert Marichal (Paris: CNRS, 1959–81), vol. IV, 1 (tav. 45).

52. *Catalogue des manuscrits*, vol. I, 41 (tav. 43). Si veda anche Pellegrin, *La bibliothèque des Visconti et des Sforza*, 358–59 e tav. 90 del *Supplément* (Firenze: Olschki; Paris: F. de Nobele, 1969).

53. Una riproduzione è offerta dalla copertina del volume *Ordinamenti di giustizia, 1293–1993* (Firenze: SP 44, 1993). Un'ottima esemplificazione di mani notarili è quella offerta da Armando Petrucci, *Notarii. Documenti per la storia del notariato italiano* (Milano: Giuffrè, 1958). Un rimando obbligato è alla vecchia raccolta di Vincenzo Federici, *La scrittura delle cancellerie italiane dal secolo XII al XVII* (Roma: Pompeo Sansaini, 1934).

54. Si vedano le tavole 6–9.

55. Panvini, "Studio sui manoscritti", 11–26; De Robertis, "Censimento", *Studi Danteschi* 41 (1964): 103–15. Riprodotto in *Atlante paleografico romanzo*, I: *Documenti volgari italiani*, a cura di Francesco A. Ugolini (Torino: Libreria de "La Stampa", 1942), tavv. 21–24.

56. Tavola 5.

57. Per il quale si veda Gianni A. Papini, "*I fatti dei Romani*. Per la storia della tradizione manoscritta", *Studi di filologia italiana* 31 (1973): 97–155.

58. Si vedano ad esempio i documenti pubblicati con utilissimi facsimili da Arrigo Castellani, *La prosa italiana delle origini*, I: *Testi toscani di carattere pratico* (Bologna: Patron, 1982).

59. Dei tratti personali, che potrebbero essere utili all'identificazione della

mano, segnalo la *d* (anche eseguita in più tempi) con l'occhiello in verticale e con la porzione terminale di esso che rimane sospesa all'interno; *m* ed *n* in fine di parola con l'ultimo tratto molto divaricato; e una curiosa interpretazione della coda di *g* (ma solo nelle prime carte), eseguita come un lungo ricciolo aperto, contro ogni consuetudine, verso destra.

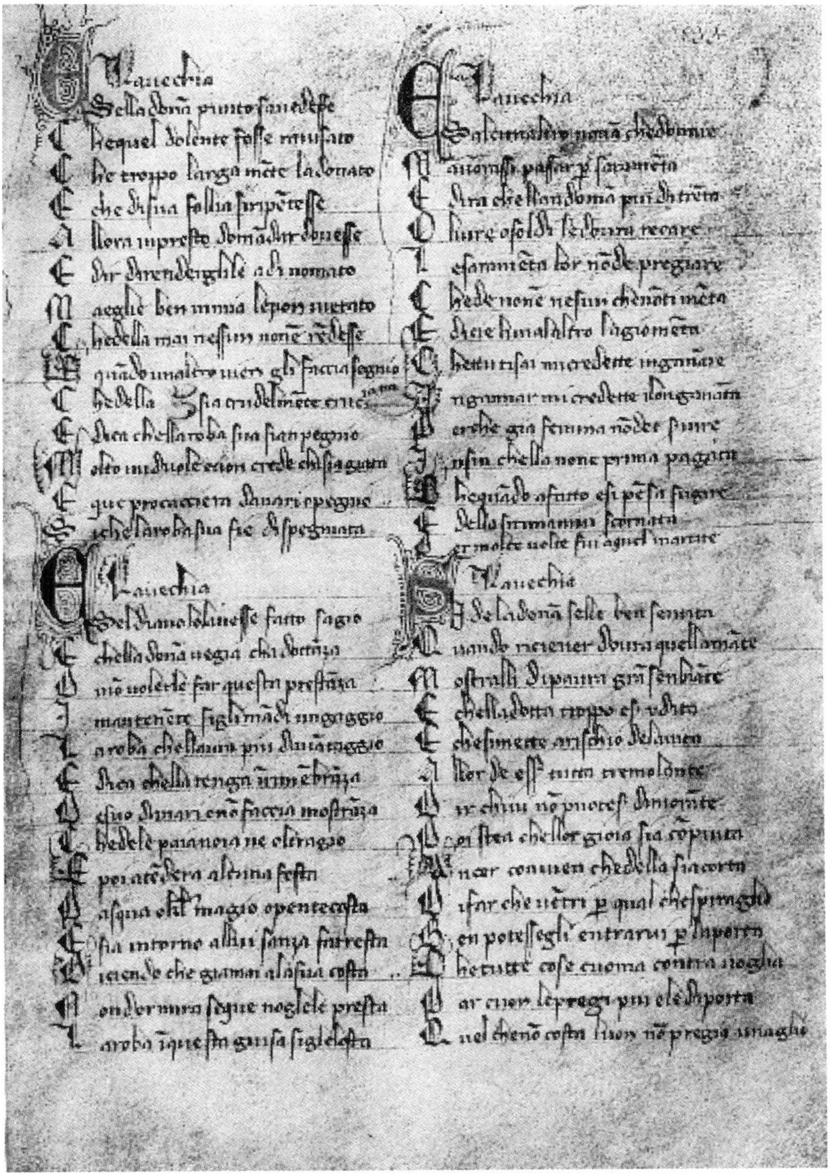

TAVOLA 1. IL *FIORE* (MONTPELLIER, BIBLIOTHÈQUE INTERUNIVERSITAIRE, SECTION MÉDECINE, H 438, c. 23 [133]R).

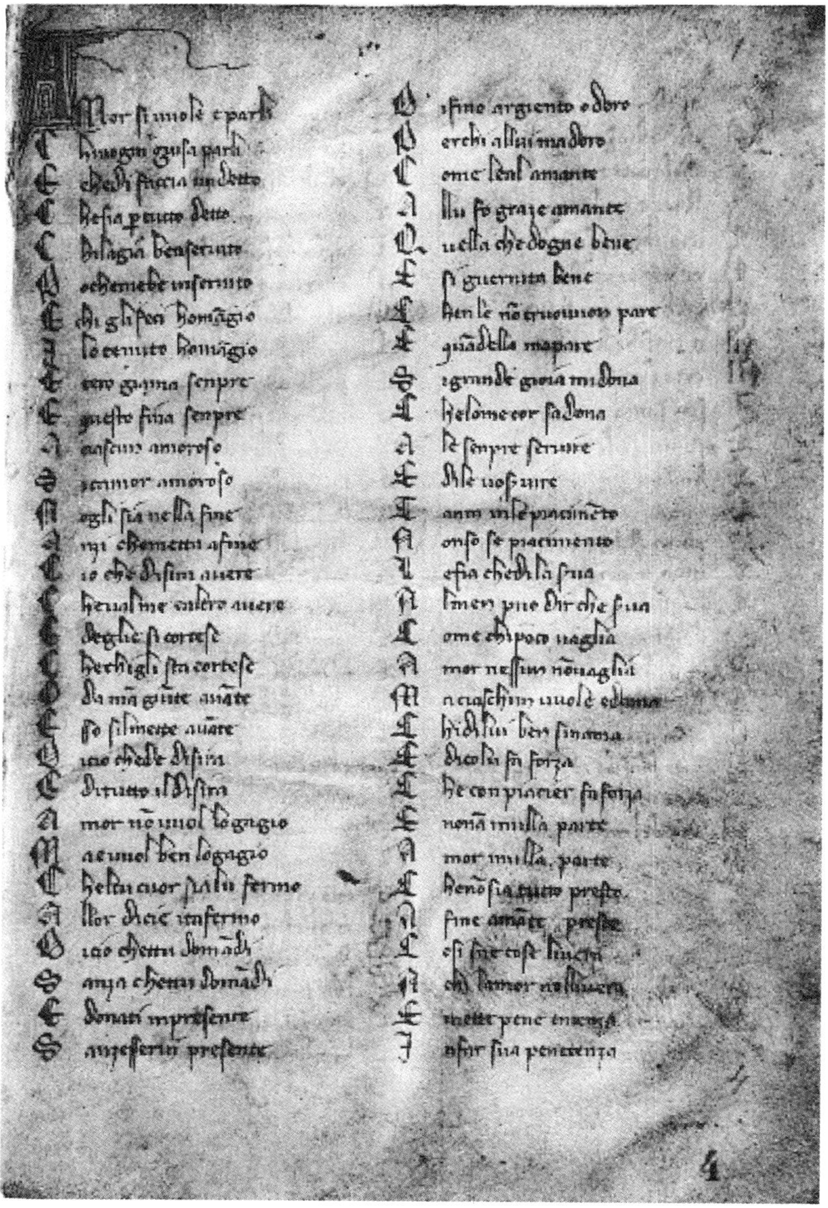

nor si uuole e parti
h uuagni gusa parti
che di succia un dotto
Resia priuto detto
bil agia benseruito
e che mede inseruito
chi gli fea homaggio
lo tenuto homaggio
cero gioina senpre
questo fina senpre
eafcuno amorofo
seinor amorofo
ogli sia uella fine
mi che metti afine
io che difim auere
heual me endro auere
deglie si cortefe
perchigli fta cortefe
da ma giute anate
fo silmente auare
ino chede difim
diruto il difim
mor no uuol legagio
ae uuol ben legagio
helu cuor piulu fermo
llor dicie itafermo
ino chetti domadi
anya chetta domadi
donati inprefente
auyeferin prefente

ifino argiento e dbro
erchi altui madbro
ome fenl amante
llu fo graze amante
uella chedogne bene
si guernita bene
hen le no cruoinon pare
guadella mapare
igrande gioia mi dona
helome cor fadona
le fempre feruire
fife uofs uire
anm infe piacineto
onfo fe piacimento
efia chedrla fua
fmen piue dir che fua
ome chipoco uaglia
mor nessun nouaglia
neiafchun uuole edma
hidilu bien finana
dicolu fia forza
he con piacier fuforza
noua inilla parte
mor milla parte
henofia tuto prefto
fine amage prefto
esi fue tuft lucia
chi lamor nallucra
nelle pene inenza
nfur fua penitenza

4

TAVOLA 2. IL *DETTO* (FIRENZE, BIBLIOTECA MEDICEA LAURENZIANA, ASHBURNHAM 1234 BIS, C. 1[4]R).

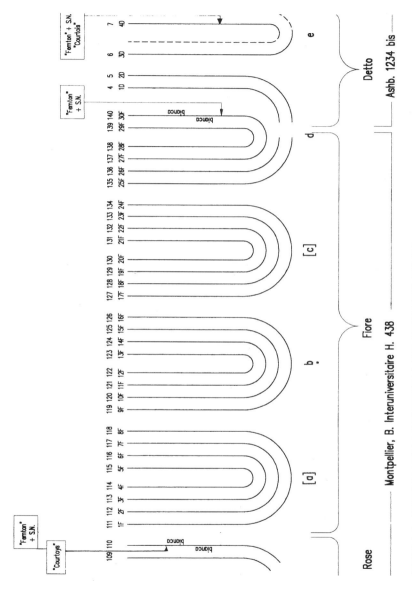

TAVOLA 3.   SCHEMA DELLA STRUTTURA DEL FIORE E DEL DETTO.

Fiore　　　　　　　　　　Detto

			didascalia					
	A		v. 1		A		v. 1	
	B				B			
	C				C			
			v. 14					
			didascalia					
			v. 1					
			v. 14					

TAVOLA 4. LO SPECCHIO DI SCRITTURA DEL FIORE E DEL DETTO
(RIDOTTO DEL 20%).

Nualente sengnore.
Dichui no somigliore.
Sulla terra trouare.
Che nonauete pari.

Ne inpace ne inguerra.
Sichauoi tutta terra.
Chessole gra ilturno.
Elmare batte dintorno.

Ganfaglia sichonuene.
Ponendo mente albene.
Che fate per usagio.
Et alalto lengnagio.

Donde uoi sete nato.
Et poi dalaltro lito.
Potentanto uedere.
In uoi senno et sauere.

Alongne chundinone.
Analtro salamone.

Pare inuoi rauenuto.
Et bene auenueduto.
Induyo chonuenente.
Ouongnaltro semente.

Cheuoi puy miglorate.
Et tuttoua afinate.
Iluostro chuor ualente.
Poggia saltamento.

Inongne bene auanza.
Chetutta lasonbianza.
Dalesandyo tenete.
Che pneente auete.

Teyra oro eayrgento.
Sialto intendimento.
Auete dongne canto.
Cheuoi choy ona emaro.

Poy rate difranchigia.
Et difina prodezza.

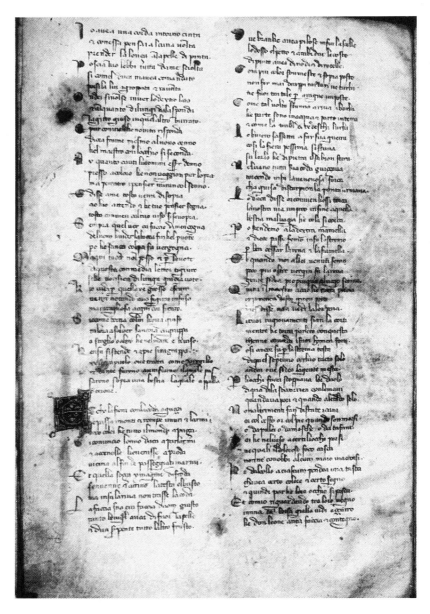

TAVOLA 6. UN ESEMPLARE DELLA *COMMEDIA* DEL TIPO DEI DANTI DEL CENTO (FIRENZE, BIBLIOTECA NAZIONALE CENTRALE, II. I. 30, C. 12V: METÀ DEL TRECENTO).

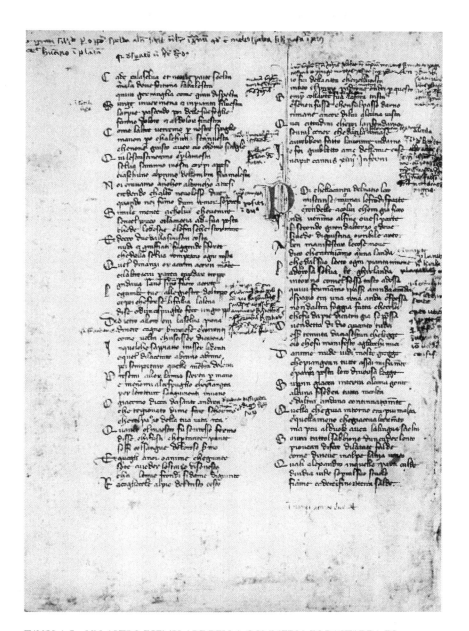

TAVOLA 7. UN ALTRO ESEMPLARE DELLA *COMMEDIA* IN BASTARDA DI
MATRICE CANCELLERESCA (FIRENZE, BIBLIOTECA NAZIONALE CENTRALE,
II. I. 43, C. 68V: SECONDA METÀ DEL TRECENTO).

TAVOLA 8. FIRENZE, ARCHIVIO DI STATO, DIPLOMATICO: OLIVETANI (FIRENZE, 23 LUGLIO 1287: *DONATUS BENCI RICOVERI DE FLORENTIA NOTARIUS*).

TAVOLA 9. FIRENZE, BIBLIOTECA DELLA FACOLTÀ DI LETTERE, COLLEZIONE DELL' EX ISTITUTO DI PALEOGRAFIA (FIRENZE, 23 SETTEMBRE 1318: *IOACCHINUS CONDAM IOHANNIS LAMBERTI DE LUCA NOTARIUS*).

DIBATTITO

Peter Armour: È un discorso molto interessante. Ha detto che la mano è senz'altro toscana?

Teresa De Robertis Boniforti: Toscana? La paleografia si muove su un terreno abbastanza viscido, almeno per questo periodo. In genere quando si dice Toscana in termini paleografici s'intende qualcosa di geograficamente più grande rispetto a quello che è oggi l'area toscana. Diciamo Toscana, ma comprendiamo anche una fascia dell'Umbria. E in certi casi persino a Bologna la scrittura non è poi molto diversa da quella che si può trovare a Firenze. C'è anche una fascia dell'Italia centrale; ma non Roma.

Armour: È possibile stabilire se questo manoscritto sia stato scritto in Francia, forse da un toscano?

Boniforti: No, forse è stato scritto in Francia da un toscano, ma la cosa non è dimostrabile. Si può giudicare la mano, non il luogo in cui il copista ha scritto.

Armour: No, ma per esempio ci potrebbero forse essere indizi derivabili dalla pergamena o dalla produzione: è possibile?

Boniforti: È una domanda giusta. Io non credo che ci siano gli strumenti per valutare questo fatto. La qualità della pergamena fa pensare alla disponibilità di materiale in un luogo dove c'era una notevole produzione di libri. Per questo Firenze può essere indicativa. A Firenze c'era senz'altro un commercio librario fiorente e questo implica una produzione che poteva essere di vario livello, dal livello infimo a quello più raffinato. È probabile che a Firenze si potesse trovare della buona pergamena. Questo non esclude naturalmente che se ne potesse trovare altrove. Semmai mi viene in mente una cosa: che in genere la pergamena molto sottile è riservata ad usi un po' particolari, almeno in quest'epoca. Non tanto a codici di particolare lusso, ma a codici di particolari dimensioni (era usata per codici che dovevano contenere molte pagine, per esempio le edizioni complete della Bibbia, oppure per i Libri d'Ore che erano piccolissimi, per i quali si doveva compensare il formato). Ci sono codici francesi in pergamena molto sottile. È in genere una pergamena molto più chiara di quanto non sia questa. Questa è una pergamena molto sottile, ma già abbastanza giallastra. In Francia ci sono dei bellissimi codici in pergamena molto sottile, ma in genere molto più chiara.

Guglielmo Gorni: Ho un certo numero di domande che vorrei rivolgerti, complimentandomi con te, intanto, per questa esposizione così chiara ed equilibrata e competente. Per cominciare, la rigatura. Tu hai parlato della rigatura del *Detto* e del *Fiore*. La rigatura del *Detto*, ho contato, è di trenta righi. Quella del *Fiore* è di trentuno, tenuto conto della didascalia e del rigo intermedio, anche, tra la didascalia del secondo sonetto e il quattordicesimo verso del primo. Volevo sapere se questa differenza di rigatura, trentuno/trenta, è il frutto della necessità delle cose—il copista si trova a dover copiare così—oppure è già nella rigatura dell'originale.

Boniforti: No, il numero delle righe tracciate, cioè le linee verticali e le linee orizzontali, è identico nel *Fiore* e nel *Detto:* trentuno righe—lo specchio presenta sempre trentuno righe orizzontali. Soltanto che nel *Detto* la prima riga non è utilizzata, cioè si comincia dalla seconda, mentre nel *Fiore* la didascalia si scrive al di sopra della prima riga. Ma lo specchio è assolutamente identico. Salvo che in alcune carte del *Fiore*, ma non in tutte, la riga dello spazio bianco, quella che sarebbe la sedicesima riga, non è tracciata. Quindi il copista rigava pagina per pagina. La rigatura, tra l'altro, è fatta a penna, quindi doveva essere rinnovata pagina per pagina. Alcune di queste carte del *Fiore* hanno uno spazio maggiore in corrispondenza di questa sedicesima riga; però in genere lo schema è lo stesso.

Gorni: Un'altra cosa. Tu parlavi del formato del manoscritto e l'hai avvicinato al Riccardiano 2908. Ho avuto un soprassalto, perché non è un manoscritto qualunque.

Boniforti: È considerato il più autorevole manoscritto del *Tesoretto.*

Gorni: C'è il *Tesoretto*, il *Favolello*, e poi c'è il *Mare amoroso.* La scrittura, anche quella, anonima. Ho vagamente in mente il ricordo di come è la mano del *Mare amoroso.* Non è vicinissima; è una bastarda.

Boniforti: Mi scuso perché avevo ordinato le fotografie del *Tesoretto* e non sono arrivate in tempo. Sono molto interessanti, perché la scrittura del *Tesoretto* nel Riccardiano rappresenta la forma arcaica non tanto della scrittura del *Fiore*, ma della tradizione dei Danti del Cento. È un tipo di scrittura che richiama quella stilizzazione, diciamo il primo abbozzo di uno stile che poi si completerà in quel filone dei Danti del Cento. E sulla data di questo codice nessuno ha mai discusso.

Gorni: È un dato che, mi pare, andrebbe approfondito, perché l'identità quasi di formato, la vicinanza, e poi il nodo fondamentale, Brunetto, la Francia, il *Mare amoroso* . . .

Boniforti: I testimoni fiorentini del *Tesoretto*, peraltro mai riprodotti o raramente riprodotti, li ho guardati tutti. Il formato è più o meno questo in tutti i manoscritti, anche in quelli più tardi. Solo che gli altri non sono scritti in bastarda: sono in *littera textualis.*

Gorni: Un'ultima cosa. Contini si basa su un errore, a suo giudizio, tra il verso quattordici del primo sonetto e il tredici del terzo, che sono affiancati appunto nelle due colonne della pagina che li contiene nel manoscritto di Montpellier, per far risalire all'antigrafo la disposizione su doppia colonna. Ora però Contini, nel momento stesso in cui dice questo, non osa come filologo intervenire su questo verso quattordici: interviene in nota. C'è un'ambiguità nel giudizio di Contini: da un lato insinua in nota "Questo è un elemento che può far pensare a doppia colonna", però il filologo, a giusto titolo, non interviene e lascia "buona speranza" che ricorre nel verso tredici del terzo sonetto. Se la doppia colonna dell'antigrafo fosse basata su questa specie di peccato, rato ma non consumato, l'ipotesi di Contini sarebbe fragile. Naturalmente c'è la

Rose su doppia colonna. Ma volevo chiedere come reagisci di fronte a queste mie inquietudini.

Boniforti: Dato il modello della *Rose*, io credo che non ci potesse essere altra strada per il copista. Quali altre soluzioni aveva per l'impaginazione? Uno può provare a fare un po' di fantascienza, di fantapaleografia, su questo. Ma mi domando quali altre soluzioni potevano esserci. D'altra parte, intendiamoci bene, si dice che il modello del *Fiore* è la *Rose*. Ma anche fra *Rose* e *Detto* c'è assoluta identità di impaginazione. Se *Fiore* e *Detto* sono destinati a stare insieme, la struttura del *Detto,* e insomma della *Rose,* si riverbera su quella del *Fiore.* Non lo vedo, devo dir francamente, questo problema dell'impaginazione. Mi sembra un non-problema, veramente un falso problema. Ripeto, quali sono le alternative? Scrivere i sonetti con i versi affiancati? È possibile, però allora avremmo avuto un *Fiore* scritto in questo modo; e come il *Detto?*

Lucia Lazzerini: Sul problema della vicinanza della copia all'originale penso che il paleografo si astenga. Però tu hai giustamente ricordato qual'era l'opinione di Contini in proposito. E vedo che tu propendi appunto ad assegnare questa copia all'ambiente fiorentino per vari motivi. Anche il fatto della pergamena, il fatto che questo copista potesse avere dietro uno *scriptorium* è di una qualche importanza.

Boniforti: Forse questo non è del tutto vero. Quando dico che aveva delle ambizioni, non dico necessariamente fosse legato ad uno *scriptorium* o, meglio, ad una bottega. Qui appunto mancano gli strumenti per poter decidere. Questa persona sembra muoversi con una certa sicurezza nella copia. Ci sono però vari pasticcetti: a parte gli errori di copia, ci sono pasticci grafici: righe che pencolano un po' da una parte, lettere che non hanno tutte lo stesso formato, sono scritte più alte, più basse; quindi in realtà c'è un'apparenza, un'intenzione di grande rigore formale cui però non soccorre una mano altrettanto capace. Quindi il copista potrebbe anche essere qualcuno che ha queste ambizioni, questo progetto di fare un bel codice, di un certo tipo ecc., poi non lo fa da professionista, non è che si fosse obbligati ad andare da un copista di bottega. Anche perché, chissà come l'avrebbe copiato un copista di bottega. Potrebbe essere il lavoro di un notaio.

Lazzerini: Come ti accennavo mi sembra che si delinei—si tratta di conversazioni personali, e di accenni marginali che forse non tutti hanno captato—però mi pare che si delinei una certa differenza di opinioni tra Contini, poniamo, e Castellani, per quanto riguarda proprio il copista e la distanza dall'originale, perché ci sono indubbiamente, dal punto di vista linguistico, dei tratti che non possono essere in alcun modo riferiti a Firenze. Sono estremamente isolati e rari, però certamente esondano dall'area fiorentina (questo è un problema di cui si deve tener conto) e portano piuttosto verso la Toscana meridionale, anche se ci vorrebbe un dialettologo per determinare meglio la questione. Allora mi sembra che Contini, anche se non ne parla gran che, direi tuttavia che era orientato ad attribuire al copista stesso e non al suo antigrafo questi tratti non fiorentini. Diversa mi sembra invece l'ipotesi di Castellani, il quale propende per un copista fiorentino, che però aveva di fronte un intermediario non fiorentino. Quindi originale sicuramente fiorentino e poi un pianerottolo toscano meridionale copiato a sua volta da un copista fiorentino. E questa forse una domanda che andrebbe girata al linguista che non c'è. Però volevo sapere se il paleografo . . .

Boniforti: M'interessava sapere se Castellani si era mai espresso sulla scrittura.

Lazzerini: Ti posso dire che Castellani ha scritto un articolo su *Studi linguistici italiani* [15 (1989): 100–105], dove propone congetture quasi sempre, a mio avviso, poco convincenti. Nella nota 3 attribuisce i tratti sicuramente non-fiorentini al Valdarno superiore. Quindi Toscana meridionale, e direi non in direzione di Siena, che pure sarebbe anche possibile per quei tratti, ma piuttosto mi pare in direzione di Arezzo. Da colloqui informali mi sembra però che Castellani ipotizzi un copista fiorentino. Questi tratti sarebbero dunque di un pianerottolo intermedio tra l'originale e il copista fiorentino.

Boniforti: È interessante la valutazione di Castellani, perché è un frequentatore di codici, quindi conosce bene . . .

Lazzerini: Però non interviene dal punto di vista paleografico: interviene dal punto di vista meramente linguistico, attribuendo i tratti evidentemente macroscopicamente non-fiorentini al Valdarno superiore.

Boniforti: Dice però che è un copista fiorentino?

Lazzerini: Mi pare che propendesse per la fiorentinità del copista e per la presenza, invece, di un intermediario non-fiorentino.

Cormac Ó Cuilleanáin: Volevo chiedere di un particolare che mi ha colpito un po'. Questo bello specchietto di trentuno righe sembra che lasci poche possibilità a errori tipo omettere un'intera linea, un intero verso di poesia. Invece si trovano alcune volte degli spazi bianchi, dei versi lasciati in bianco, dove il curatore dice specificamente "rigo bianco". Come mai?

Boniforti: Ci sono delle righe bianche, effettivamente. Per esempio mancano le didascalie dei sonetti nelle ultime carte. Contini appunto parla di questa cosa [CM, li], ma non esprime un parere. Però potrebbe essere che il copista abbia lasciato delle linee bianche perché c'era qualcosa che non gli tornava in quello che leggeva, o si può supporre che ci fosse già un rigo bianco nell'antigrafo. Omissioni che non sono dovute a disattenzione, ma sono frutto di una cosciente valutazione da parte del copista. Si può pensare, Contini lo dice anche [CM, lvi], che non riuscisse a leggere quello che aveva davanti. Ma queste sono cose a cui credo poco, che cioè non fosse in grado di leggere quello che aveva davanti.

Ó Cuilleanáin: Suggerisce anzi che ci poteva essere un errore nella copia da cui copiava, il che suggerisce una catena più lunga . . .

Boniforti: Certo, poteva esserci appunto una catena lunga. O magari, anche riuscendo a leggere, ci poteva essere qualcosa che non gli tornava, per esempio, nella quantità del verso. Comunque sono cose che non sono disattenzioni, anzi, sono un segno di attenzione nei confronti del lavoro di copia.

Ó Cuilleanáin: Ma che non ci aiutano . . .

Boniforti: No, io non posso aiutarvi. Non sono in grado. Io giudico la scrittura: quello che non è scritto è difficile giudicare.

Guglielmo Gorni

Sul *Fiore*. Punti critici del testo

Il *Fiore* deve il suo nome a Ferdinand Castets, primo editore del poemetto nel 1881. Denominazione convenzionale giudiziosa e difatti mai revocata in dubbio, considerato il titolo della fonte francese, *Roman de la Rose*, e data l'alta frequenza che il lemma prescelto ha all'interno dell'opera. Già infatti al secondo verso si legge: "Lo Dio d'Amor con su' arco mi trasse / Perch'i' *guardava un fior* che m'abellia" (1.1–2).[1] Non so se altri abbia notato che la corona di sonetti è chiusa simmetricamente, nell'ultimo individuo, da due versi simili, "Ancor di Gelosia, ch'è·ssì spietata / Che dagli amanti vuole *il fior guardare!*" e "Ond'io le tolsi *il fior ch'ella guardava*" (232.5–6 e 9). Ora *guardare* nel primo caso significa "contemplare", mentre negli altri due "proteggere", gallicismo per calco di *garder* che è nel modello. L'*aequivocatio*, che il francese non consentirebbe, ha luogo solo nel *Fiore*, non nella *Rose*: e questa ripresa a distanza può essere assunta come il segno implicito di una costante nella tecnica costruttiva dell'autore. Che è poi lo stesso del *Detto d'Amore*, che in quest'altra scrittura fa dell'equivocazione la norma regina in sede di rima. Un parametro prezioso, come si vedrà: per l'esegesi e per la costituzione stessa del testo.

Prima di affrontare alcuni punti critici del poemetto, sarà bene

richiamare alla mente certe caratteristiche della tradizione da cui il *Fiore*
è stato tramandato. Naturalmente non sto a ricapitolare fatti che tutti
conoscono, e che propriamente riguardano la natura e le condizioni materiali di questa tradizione: manoscritto unico, mutilo nei modi che
sono stati accertati e descritti, cronologia incerta (ma non oltre il terzo
decennio del XIV secolo) del testimone, sue peculiarità, adespotia, presenza o assenza di didascalie, e via discorrendo. Mi limito a quel che
rende singolare, per il filologo, la restituzione di quest'opera così antica.
Primo punto: il *Fiore* è sì un testo a tradizione unica, ma, per così dire,
ad amministrazione controllata. Dietro non c'è il vuoto, come in molti
casi analoghi, bensì la *Rose*, leggibile in controluce. Solo che questa specie d'immanenza alloglotta è, come si ricava soprattutto dall'ottimo re-
gesto sinottico di Contini, intermittente, difficile da localizzare e mai
veramente perentoria, per la grande libertà, o anzi licenza, che il parafraste si è preso nei confronti del modello. Secondo punto: la qualità
della tradizione che, come si è opinato, fisicamente non è troppo lontana dall'autore. Il che, naturalmente, dovrebbe indurre a una prudenza
tutta speciale nel vagliare i dati. Terzo punto: la qualità della lingua,
irriducibile a uno stato storicamente documentato. Fuori del *Fiore*, la
lingua del *Fiore* non esiste: è un *pastiche* tutto di testa, non una lingua
d'uso scritto entro un qualsivoglia genere. E che invita, per sua natura,
alla congettura gallicizzante o ipergallicizzante. Anche quando ha a disposizione più sinonimi fiorentini o pantoscani—perfettamente congrui
per metro, semantica, livello stilistico, tradizione di genere e di linguaggio poetico—non di rado il nostro autore sorprende il lettore con un
crudo, inaudito gallicismo: lieto di ostentare un tratto estremo di lingua, un'espressività violenta e come efferata. Può il filologo, in queste
condizioni, trattare il *Fiore* come se fosse uno dei normali testi coevi?
Come dire, le rime di Chiaro Davanzati o la *Corona di casistica amorosa*
assegnata all'Amico di Dante? O invece, emendando, deve farsi mime-
tico di questo specialissimo manierismo, alla ricerca di congetture *dif-
ficiliores* sempre più difficili? Quarto punto: il più perentorio, secondo
il mio parere, e anche il più oscuro. Sul quale, però, non ho che domande da fare, senza purtroppo avere in pronto proposte più avanzate
di quelle note. Chi è il copista? Voglio dire, quali sono la sua cultura e
la sua personalità, le sue caratteristiche di operatore, e specialmente le
sue tendenze generali nel lavoro di copia? Per essere chiaro: quali sono
i suoi errori caratteristici certi, cioè di sicura consistenza. Poi gli errori

solo probabili e, ancora più scalati in questa gerarchia negativa, quelli che appaiono solo possibili.

E infine un ultimo parametro, che solo in apparenza è esterno e come postumo alla storia documentata del testo. Noi oggi leggiamo il *Fiore* nell'edizione critica fissata da Contini: è, con un tasso di resa altissimo *iuxta propria principia*, il testo più razionale che si possa dare. Voglio dire che le congetture, e anzi le scelte operate da Contini nel caso di congetture praticamente equipollenti che si presentino alla sua discrezione di editore, sono—salvo contraria prova—un capolavoro di probabilità: la più solida che si possa perseguire compatibilmente con i dati superstiti noti. Bisogna studiare a fondo la tradizione e la materia linguistica del *Fiore*; ma bisogna anche, nel contempo, mettere in chiaro il metodo e la pratica di Contini. Di ciò non ho mancato di darmi cura, per certi aspetti almeno e a fini più generali, in altra sede: mi si consenta in proposito un'autocitazione, che di necessità qui si registra.[2] Vorrei dire, in breve, che consultare l'edizione critica magistralmente confezionata da Contini mi dà, sempre e immancabilmente, la curiosità di sapere come legge il manoscritto; e perciò di controllare fino a che punto si è spinto l'intervento ordinatore del filologo moderno. Mi si dirà che è una reazione normale, agevolata dall'uso del carattere corsivo che Contini riserva alle porzioni—parole, sillabe o singole lettere—che siano meramente congetturali nel suo testo, quando esse non figurino, per altro verso, tra parentesi quadre. Ma proprio per il fatto che l'editore è intervenuto molto, il controllo relativo deve risultare più assiduo del consueto. E poi confesso che in generale l'accuratissimo apparato al testo, con la giunta finale di una *Tavola delle forme grafiche del ms. corrette*, non mi toglie però la voglia di consultare il documento così com'è, senza questo aureo tramite o filtro. Contini è un demiurgo sapiente, che delinea un percorso chiaro in un testo impervio, così come si presenta nell'originale; ma che dà insomma la nostalgia di aver sempre sotto gli occhi quanto è tradizione pura e semplice, eliminate dalla vista tutte le opportune e in molti luoghi mirabili restituzioni e restauri. Manca, purtroppo, per il *Fiore* quanto Avalle ha fatto per altri testi del Duecento volgare, nella capitale edizione inclusa nel primo volume della *Concordanza della lingua poetica italiana delle origini* (CLPIO) edita da Ricciardi (Milano-Napoli, 1992). E anzi, mi pare che dalla filologia operosa intorno a quest'opera si debba attendere, in primo luogo, un'edizione che sostituisca il bel "facsimile in fotocollografia" pubblicato da Guido

Mazzoni a Firenze nel 1923, esaurito da tempo e introvabile. La tecnica di riproduzione di antiche carte ha fatto tali progressi, che il risultato sarebbe di gran lunga più soddisfacente. Diffidenza verso le edizioni critiche tradizionali, anche se, come questa, di qualità insuperata? No, ma prudente cautela nell'uso. La firma di Contini, invece di attenuare, deve stimolare la nostra vigilanza. Proprio perché, per la sua eccellenza innovativa, la resa filologica che Contini realizza ci dà il grande vantaggio di guardare il testo da due punti di vista: quello iniziale del documento e quello finale (ma non definitivo) del suo restauro.

Veniamo a qualche punto critico in cui l'osservazione testuale operata da questi due piani consente di avere una migliore prospettiva globale: sia del testo in sé, che della sua immagine virtuale. Alle note ecdotiche, ne alterno altre, prevalentemente esegetiche. E per comodità do a tutte queste constatazioni disparate forma e progressione di elenco. Non è tutto quello che si vorrebbe dire in materia: ma è quanto, almeno, è predicabile in pubblico senza troppe complicazioni argomentative o difficoltà documentarie. Preme inoltre dire che l'edizione continiana è stata oggetto di un certo numero di recensioni, senza parlare di isolate discussioni di questo o quel punto in contributi sparsi. Ai presenti fini, quasi esclusivamente filologici, si segnalano soprattutto l'esteso intervento di Letterio Cassata, "Sul testo del *Fiore*", *Studi danteschi* 58 (1986): 187–237 e la recensione di Lucia Lazzerini in *Medioevo romanzo* 11 (1986): 133–43; presenta qualche punto di utile discussione anche il resoconto di Antonio Lanza in *La rassegna della letteratura italiana* 92 (1988): 408–11, compromesso da certo tono apodittico che certo dispiace. Nonché poi, per qualche luogo discusso, Aniello Fratta, "La lingua del *Fiore* (e del *Detto d'Amore*) e le opere di Francesco da Barberino", *Misure critiche* 14 (1984): 45–62; Arrigo Castellani, "Le cruces del *Fiore*", *Studi linguistici italiani* 15 (1989): 100–105. Di altri contributi recensori, tra cui ad esempio Remo Fasani, "L'attribuzione del *Fiore*", 1989, ora raccolto nel suo volume di saggi *Le parole che si chiamano. I metodi dell'officina dantesca*, con Prefazione di Guglielmo Gorni (Ravenna: Longo, 1994), 245–79, apologetici o di dissenso, variamente pregevoli e soprattutto impegnati sul fronte dell'attribuzione, per lo più negata a Dante (con l'eccezione esplicita specialmente di chi scrive e di Vallone), non è il caso di dar conto qui, come rimasti inerti rispetto ai fini limitati della presente ricognizione. Così anche sta a sé l'importante volume miscellaneo di "Letture Classensi" sul *Fiore* (Ravenna: Longo, 1993), curato da Zygmunt Barański, Patrick Boyde e Lino Pertile, con contributi loro e di John Took, Peter Armour, Peter Hainsworth, John C. Barnes, Mark Davie.

In linea di massima e con qualche eccezione, mi astengo dal vagliare nuovamente scelte che già Contini abbia prospettato in nota o in apparato, e là succintamente discusso: tutto è opinabile, e promuovere a testo lezioni più o meno equipollenti a quelle prescelte, che l'editore abbia tenuto, per così dire, in quarantena, è un esercizio non troppo attraente. Chi ristamperà il testo prenderà le sue responsabilità anche a questo riguardo. Niente di programmatico, ma qualcosa di nuovo per chi si occupi di questo problema, suggerirò riguardo all'eventuale paternità dantesca: in nove casi, ai ni. 1, 4, 16, 21, 31, 32, 39, 48, 49 contrassegnati qui da un asterisco (di questi luoghi, di gran lunga il più rilevante mi pare il primo). Due parametri, oltre a quelli così lucidamente avanzati da Contini e da altri, mi stanno a cuore. L'uno è la costruzione numerica del poemetto: gruppi, numeri e simmetrie che si possano individuare nel corpo dei 232 sonetti. Ne ho trattato altrove[3] e qui niente dirò: avvertendo peraltro, ora come allora, che questa delle cifre è una sfida che non si può evitare, né prendere a cuor leggero. Perché, se di Dante è questione, non è pensabile che nel poemetto non si rifletta in qualche modo la congenita, capitale mania dantesca del numero. L'altro parametro è la riscrittura di brani, frasi e sintagmi scritturali: un ingrediente che, nella poesia duecentesca, non si potrebbe trovare in troppi altri componimenti, fuori dalle rime di Dante e del Cavalcanti, e che, almeno ai miei occhi e nell'àmbito della mia ricerca per una definizione meno corriva del Dolce Stil Novo,[4] è un segno particolarmente rivelatore.

Infine, se si deve dare un senso a questa mezza centuria di annotazioni—alcune, a mio vedere, andrebbero senz'altro a testo, e altre sono almeno da situare in un ideale apparato—e tentare di estrapolarne un'ipotesi di lavoro o una tendenza editoriale più generale, direi che, rispetto al testo critico dato, ho difeso con più convinzione, e forse con maggiore oltranza, la lezione dell'originale. Vicino, in questa prassi, a certe reazioni della Lazzerini nel suo rendiconto che si è citato più sopra: gli altri recensori, in genere, sono alla ricerca di una congettura, come dire?, transcontiniana, più radicale di quanto aveva osato il Maestro. Siccome, però, si è dovuto anche procedere a degli emendamenti, mi piace dire che i ritocchi del testo tràdito sono fatti con la più stretta economia di sillabe o singole lettere. Non è questa una norma che io mi sia imposta a priori; ma, tirate le somme, era doveroso constatarlo.

1.*Cecco Angiolieri mostra di conoscere i sonetti d'esordio del *Fiore*, dato che ne fa chiara menzione (*non sine qua re?*) nel sonetto *Dante Allaghier, Cecco, 'l tu' servo e amico* (*Rime* 38.1–4), che è un'ironica contestazione dell'ultimo componimento della *Vita nuova*, *Oltre la spera che più larga gira*. La quartina:

> Dante Allaghier, Cecco, 'l tu' *servo e amico*,
> si raccomanda a te com'a *segnore:*
> e sì ti prego per *lo Dio d'Amore*,
> lo qual è stato un *tu' signor antico*,

è un calco dall'incipit del poemetto, "*Lo Dio d'Amor con su'* arco mi trasse" (1.1) e da "*Amico, / I' son segnor* assà' forte a *servire*" (3.9–10). Ma quando mai, per Dante, "lo Dio d'Amore"—e non, si badi, semplicemente "Amore", per cui potrebbe valere l'"Ego dominus tuus" di *Vita nuova* 3.3— sarebbe stato "signor antico", se non nel *Fiore?* Nella *Vita nuova* quell'espressione è assente, e sembra che Cecco qui rinfacci a Dante una vecchia militanza eterodossa, e ad ogni buon conto aliena *toto coelo* dalla nuova poetica, pur invisa a Cecco, proclamata da *Oltre la spera*. Se l'allusione di Cecco non fosse precisa, puntuale, il suo argomento non avrebbe alcun valore, la sua polemica perderebbe ogni veleno. *Dio d'Amore*, aggiungo, nella lirica duecentesca è una formula rara, tanto da poter dire che, fuori del *Fiore*, è un sintagma episodico. Cecco, dunque, contesta a Dante la sudditanza di Durante verso il Dio d'Amore?

2. "La quinta apella l'uon Buona Speranza" (1.14).

Contini rispetta, nel sintagma di chiusa, la lezione del manoscritto, ma come a contraggenio. "Sarà da correggere, a norma del francese, in *Bella Sembianza* [*Biaus Semblanz*]: *buona speranza*, rimante, allitterante, quasi tutto assonante e a parità di massa sillabica e suddivisione, anticiperà III.13 ["E di buona speranza il mi notrico"], che nel ms., e certo nell'antigrafo, si trova quasi alla stessa altezza nella colonna di destra. Cfr. anche XIX.1 ["Per Bel-Sembiante e per Dolze-Riguardo"]" (p. 2). Non avrei dubbi nell'accogliere la lezione attestata. Sono convinto che l'autore del *Fiore*, riscrivendo la sua fonte, inventi i due personaggi di 19.1 (questo è anche il parere di Contini *ad locum*): e che *Buona Speranza* sia un'altra innovazione per evitare una ripetizione dal v. 9, "La prima à non' Bieltà", che surroga congiuntamente *Biauté* e *Biaus Semblanz* del modello. Infine, la nota congetturale di Contini, secondo cui anche nell'antigrafo i sonetti, quattro per facciata, sarebbero stati disposti su due colonne, estende al modello (all'autografo?) una disposizione che resta singolarissima.

3. Le forme *vellio* (2.11) e *ballia* (-ìa, in rima, a 3.3), risolte dall'editore in "Veglio" e "baglìa".

Non credo che la forma che tali lezioni hanno nel ms. debba esser modificata. Potrebbe anche trattarsi di un gallicismo esasperato, concorrenziale della forma attestata. Contini annota: "Probabilmente da leggere *baglìa*, cfr. la scrizione *uellio* in II.11, posta la sicura esistenza di *bàglia* (veramente sempre *balglia* nel canzoniere Vaticano 3793 . . . ; nel Vaticano i casi di -ìa hanno di norma la scrizione *ballia*, ess. ibidem, con qualche concorrenza di *balia*, come qui I 6). Un *bàlia* ha il *Fiore*, CXLIX.12" (p. 7).

4.* "E po' mi disse: 'I' sì son tu' signore' " (4.5).

È la stessa situazione che si verifica, alla lettera anche se in altra lingua, in *Vita nuova* 3.3: "e ne le sue parole dicea molte cose . . . , tra le quali intendea queste: '*Ego dominus tuus*' ". Parallelismo tanto più prezioso perché non si dà corrispondenza letterale nella fonte francese. E infine è interessante rilevare come l'archetipo dell'espressione sia scritturale, dall'inizio del Decalogo mosaico.

5. "Perché 'l me' cor [i]stà tanto doglioso" (7.6).

Il supplemento all'ipometria è *cor[e]* presso il Parodi, "mentre duole dover registrare il *doglïoso*" (p. 15) adottato da Mazzatinti. Opterei invece per "Perché 'l me' cor sta [co]tanto doglioso", forma attestata anche in "cotanto t'ama" (18.2) e "cotanto tradimento" (98.13), che restituisce un'allitterazione nella sequela *cor* . . . *[co]tanto*.

6. "Fa che nostre preghiere i sian valute!" (14.14).

Il ms., generando ipermetria, legge "*gli* sian valute". La correzione risale al Castets. Sennonché, nonostante tutto, mi pare meno oneroso il troncamento, non frequente ma neppure eccezionale, *preghier'*, considerata soprattutto l'alta frequenza, nel ms., di scrizioni prosastiche di parole apocopate (se ne desidera la lista completa).

7. "Ma fate che·lla *madre* al Die d'Amore" (15.12).

Ms. *dama*. "La correzione è di P[arodi], sulla base del testo francese, in un cui contesto è peraltro anche *dame*; ma si tratta certo di ripetizione del *dama* di 10 ["Bellacoglienza, ch'è dama del fiore"], essendo a fondamento dello scambio l'identità di numero sillabico e di vocale tonica con *madre* e l'"anagrammatismo" delle consonanti" (p. 31). Tutto ciò è detto con grande eleganza, ma è lecito rifiutare una lezione tràdita sul fondamento, non incontrovertibile, del testo francese? Nel quale pure si legge (citato da Parodi) *Seigneur, ma mere la deesse, / Qui ma dame est et ma maistresse?* E il criterio di "ripetizione" può ingannare. A non volere un *Fiore* ripetitivo—uno dei suoi tratti stilistici più tipici, che parlano d'insistenza, di colloquialità, di simmetria discorsiva tra le parti— si rischia di correggere l'autore (e cfr. la nota al caso 33).

8. "Dentr' al giardin[o] sì com' e' ti piace" (16.10).

"Ms. *giardin* forse su 5 ["Nel giardin me n'andai molto gichito" . . .]. Più elegante ma più oneroso sarebbe [*co*]*sì*" (p. 33). Sennonché il copista del *Fiore* si segnala per le molte scrizioni prosastiche, causa di ipermetria, non già per troncamenti che lascino l'endecasillabo bisognoso di supplementi. E la forma *giardin* del v. 5 corrobora semmai la ripresa identica al v. 10. Dunque leggerei [*co*]*sì com(e)*, in giuntura allitterante.

9. "E come Schifo mi tornò fellone" (21.12).

Ms. *ritorno*. La correzione risale al D'Ancona e si legge presso il Castets. "L'errore sarà per anticipo da 14 ["E come ritornò a me Ragione"]. Mantenere *ritornò* (sopprimendo l'*E*), con sfumatura di equivocità, è recisamente da escludere per la similarità con XXVI 10 (*contra me tornò diverso*), luogo che con questo divide per gemmazione la derivazione da *Rose* [*Car*

Dangiers devient plus divers / E plus fel qu'il ne soloit estre]" (p. 45). Una soluzione potrebbe essere il troncamento di *come* (*com'* davanti a consonante, anche nelle rime e nel poema: *com' più, com' forte*, ecc.): sennonché, davanti a *s-* complicata, pare in effetti oneroso anche per la lingua del *Fiore*, che è però, non si dimentichi, lingua d'eccezione. E dunque, a conti fatti, è imprudente staccarsi dalla lezione vulgata.

10. "Vergogna e Paura m'ànno abandonata" (22.5).

"Poiché il trisillabismo di *Paura* sembra inevitabile, P[arodi] introduce il francesismo *Paor*. O *ànmi* per *m'ànno*?" (p. 47). Contini peraltro non si è risolto a ripudiare la lezione del ms.: e quella del Parodi è un'invenzione intelligente, ma pur sempre un'invenzione. Non potrebbe trattarsi, anche qui, di una scrizione in esteso di un apocopato *Paur'*, che compare proprio nel sonetto successivo, sempre in coppia con Vergogna, "Ed a voi dico, Paur' e Vergogna" (23.9)? Leggerei l'endecasillabo con accenti di 2ª e 6ª, e con tenue battuta di 5ª. È vero che nel secondo caso segue vocale e qui no: ma, a parte la contiguità e l'eventuale francesismo (meno radicale che presso Parodi), si ricordino, ancora nelle *Stanze* del Poliziano, "le dolci acerbe cur' che d'amor nascono" (e cfr. qui il caso no. 6).

11. "Al quarto portal, dietro da le mura" (30.12).

Ms. *di dietro da le m.* Vecchio emendamento del D'Ancona presso Castets. Ma non si vede perché si debba espungere *di* piuttosto che ridurre *da* a *a*: per questo costrutto si veda *Se Lippo amico*, "esta pulcella nuda, / che ven *di dietro a* me sì vergognosa" (*Rime* 48.13–14). Dunque *Al quarto portal, di dietro a le mura*, con accenti di 2ª, 5ª e 7ª.

12. "I' vi vernai co·molto disconforto" (33.12).

Disconforto è anche in "Sì ch'egli ab[b]ia paura e disconforto" (186.6), *sconforto* a 11.4 e 194.13. Mi chiedo se non sia più elegante riconoscere qui un caso di partitivo, e dunque *molto di sconforto*: come, nel poemetto, "Ancor ti manda molte di salute" (14.12), "Molti d'assempri dartene *saprei*" (162.1), "Che molta di buon' erba n'è po' nata" (230.14).

13. Rima identica/equivoca in "Ché 'l tempo fortunal che m'era corso" e "Ragion la bella, e disse: 'Tu·sse' corso' " (35.3 e 6).

Contini conserva, pur con molti dubbi espressi alle pagine 72–73 della sua edizione. Ma le dichiarazioni delle parole rima da lui stesso fornite ("occorso" e "andato troppo oltre") dovrebbero togliere ogni residua perplessità: sono proprio rime equivoche, e dunque compatibili. È il primo di una serie di casi che esamineremo partitamente, e che tendono a far sistema (su questo punto simpatizzo con i quesiti che si pone la Lazzerini, "Recensione", 137–39).

14. "A quel lavor, per ch'io ferm' ò volere" (40.12).

"Divisione di Debenedetti . . . per *ch'i'ò fermo* di tutti" (p. 83), accolta da Contini. Non so che guadagno ci sia in questa divisione ben più artificiosa dell'altra, se non quello di ridurre a un andamento di 4ª/6ª, entro una scansione essenzialmente giambica, un endecasillabo che si presenterebbe sotto accenti di 4ª e 7ª (che non turbano affatto). E pare elegante conservare indiviso il sintagma già danielino *fermo volere*.

15. "Più chiara son che nonn-è sol né luna" (41.14).

La fonte francese legge semplicemente *E te mire en mon cler visage*; l'amplificazione è di gusto scritturale "pulchra ut luna electa, ut sol terribilis" (*Cantico* 6:9) e soprattutto paolino "alia claritas solis, alia claritas lunae" (1 *Cor.* 15:41).

16.* "Ché fermo son, se morir ne dovesse, / D'amar il fior, e 'l me' cor vi s'asente, / O 'n altro danno ch'avenir potesse" (46.12–14).

È la terzina finale; lo stesso movimento, e memoria specialmente del verso di chiusa, è nel finale di *Paradiso* 17.139–42: "*che* l'animo di quel ch'ode non posa / né *ferma* fede per essempro ch'aia / la sua radice incognita e ascosa, / né *per altro argomento che* non paia".

17. "Di trarmi de·laccio in ch'Amor mi prese" (47.4).

Con accenti di 2ª, 5ª e 8ª. Ma "la corrispondenza con la maggioranza dei passi francesi potrebbe incitare a una correzione *de' lacci[u]o*" (p. 97). A mio avviso, la lezione del ms. consente, senza ritocchi, per diversa divisione delle parole, la lettura *lacciòi 'n*. Così anche Cassata, "Recensione", 200.

18. "Be' covric*effi* e reti e 'nt[r]ecciatoi" (52.10).

Ms. *couricieri*, emendato sulla base del francese *cueuvrechief*, che "apre una lista di doni femminili" (p. 107), e soprattutto su "Covricef[f]o o aguglier di bella taglia" (190.13). Ma mi chiedo se questo *hapax* inaudito non vada conservato, come neoformazione gallicizzante sull'antico francese *chiere*, il cui esito "c(i)era" è anche nel *Fiore* e nella lirica di Dante. Non si rischia, così, d'impoverire il lessico duecentesco di un, sia pur isolato, lemma?

19. "Così le' déi del tutto andar lodando" (57.9).

Ma Contini, in nota: "Un plurale [*le*] non è peraltro inammissibile, posto che il passo francese corrispondente è inquadrato fra considerazioni fatte appunto in plurale (*R[ose]* 9929 *toutes les puceles*, 9959 *leur amies*)" (p. 117). Soluzione che era già del Castets, e giudicata poi nel commento ricciardiano "forse preferibile" (è giudizio con cui consento).

20. "Lo Dio d'Amor, che guar' lungi no·mm'era" (77.5).

Si cita solo per dire che questa condizione di Amore più o meno lontano figura anche nella *Vita nuova* 9.11, v. 10, e 24.7, v. 3.

21.*"Madonna Oziosa venne la primiera . . . Diletto e Compagnia seguian la schiera" (79.1 e 5).

Se non è (auto)parodica, è però netta la ripresa che si opera in un sonetto di Dante, "Di donne io vidi una gentile schiera . . . e una ne venia quasi imprimiera" (*Rime* 69.1–3).

22. "A quello Schifo che sta sì 'norsato" (84.8).

"Lettura di P[arodi], fondata sul francese *aoursé; sinor sato* di C[astets] M[azzatinti] non dà senso. Poiché un eventuale '*n orsat[t]o* 'da orsacchiotto' non è soddisfacente, bisognerà rassegnarsi all'assonanza" (p. 171). Ancor meno soddisfacente è però l'assonanza, e per *orsatto* sta anche "cupido sì per avanzar li orsatti" di *Inferno* 19.71, nonché il verso di una "petrosa", "anzi farei com'orso quando scherza" (*Rime* 103.71).

23. "Non poss'io già star un giorno in vita" (85.6).

"Con dialefe dopo *giorno* (cfr. LXXXIV 1), meno facilmente con prostesi a *star*; comunque *poss'io* è bisillabo, se tale è addirittura in 13 *possa io*" (p. 173). Col risultato di avere un endecasillabo di 3ª e 5ª, e pazienza; ma una dialefe poi tra *giorno* e *in* monosillabo, in quello spazio così desolatamente atono, è veramente intollerabile. Per una volta tanto integrerei *i* prostetica al monosillabo *star*, che vige pure in "In casa non istar punto rinch[i]usa" (164.9) e in molti altri casi. Onestà impone di dire che al no. 5 si era rifiutata la prostesi congetturale.

24. "Ma molt' è il fatto mio a·dir diverso" (103.11).

   È l'opposto del dantesco "sì che dal fatto il dir non sia diverso" (*Inf.* 32.12). Censito, con altri due esempi meno stringenti del poema, anche da Contini, *Introduzione*, lxxxvii, ma non ripreso nel commento.

25. "I' son di buon' morsei dentro farsito" (104.14).

   Ms. *morselli* ipermetro. Correzione che Contini accoglie da Castets, Parodi preferendo leggere *morse'*. D'Ancona suggeriva *morselli entro*, "forse per dare a *di buon' morselli* l'identica forma che in CV 1" (p. 210). Se questa è una buona ragione, forse la si può realizzare con un intervento più lieve, considerando *morselli* una scrittura prosastica di un plurale apocopato *morsel'*. Già la Lazzerini aveva attirato l'attenzione (ma per il dimostrativo) su *quel'* ("quei") in 121.4 e 123.2.

26. "E perciò sì 'l conforto e sì 'l consiglio" (108.12).

   Assonanza che a mio avviso non si può tollerare: il sistema di rime in cui il verso si trova incluso è infatti in *-ingo* (*stringo, pingo*). *Consiglio* potrebbe essere trivializzazione del termine giuridico *consigno* ("consegno", "trasferisco ad altri il possesso di un bene", lat. "tradere alicui"): dunque *E perciò sì 'l conforto e sì 'l consigno, / Insin ch'e' d'ogne ben s'è spodestato*. Sennonché neppur così la rima è perfetta: e allora forse *costringo* (in rima derivativa).

27. "E s'alcun n'è [*privilegiato*, parola rima che precede], sì n'è †fatto† ingannato / E 'l papa che li diè il su' col[l]egio, / Ché dar non credo dovria privilegio / C[h]'uon sano e forte gisse mendicato" (111.5–8).

   Testo giudicato variamente corrotto. Contini registra in nota qualche soluzione scartata, che qui peraltro non mi curo di riesaminare. Questo luogo è stato discusso dalla Lazzerini, "Recensione", 135–36, con cui in gran parte concordo.

Anche per me, ad esempio, non c'è ragione di sciogliere *el* in *E 'l*: dunque si legga *El papa*: *el* articolo è sì raro nel *Fiore*, ma è però più frequente di quanto documenta l'editore, perché, oltre ai luoghi citati, anche a 107.5 è meglio intendere *El più ch'i' posso* senza introdurre una paraipotassi. Conserverei poi senza *crux* l'emistichio *sì n'è fatto ingannato* (come fa pure la Lazzerini, che spiega "è stato tratto in errore"): se il costrutto paresse duro o singolare, aggiungo che trova riscontro nella sintassi del latino liturgico, poniamo nel *Libera me, Domine*, "tremens factus sum ego".[5] Quanto al resto, è seducente la proposta della studiosa di leggere *li·diè*, cioè *li 'l*, e *col[l]egio* con la maiuscola, cioè "Sacro Collegio": e a quel punto naturalmente *il* va emendato in *e 'l*. Soluzione che ha oltretutto il vantaggio di operare un intervento solo minimo sul testo. Resta semmai da chiedersi se, a norma del diritto canonico, il Sacro Collegio *in corpore* abbia voce in capitolo in fatto di privilegi. Sarebbe forse da vedere se *collegio* non abbia a che fare con l'istituto della *collatio*, termine che designa la concessione del beneficio papale: per incrocio di *collatio* e *privilegium*. Intendendo: "E se qualcuno di questi religiosi ottiene qualche privilegio, il papa che glielo conferì (diede a lui il conferimento) s'inganna, perché non credo che egli debba concedere a un uomo in buona salute di andarsene in giro a mendicare". Altrimenti non resta che accogliere la proposta della Lazzerini. Conclusioni in parte diverse presso Cassata, "Recensione", 209–12. Fratta, "La lingua", 50, propone: "E s'alcun n'è *sine facto*, ingannato / È 'l papa che li dié il su' col[l]egio".

28. "Condursi nella terra d'oltremare" (114.14).

Ms. *Conduciersi*. La lezione del ms. è conservata da tutti gli editori, tranne Contini: i quali però, per sanare l'ipermetria, correggono *nella* in *in la*. E se fosse *e·lla (en la)*? Audace ipotesi di aretinismo o anche senesismo, ne convengo: singolare ingrediente, non isolato nel poemetto (cfr. Castellani, "Le *cruces*", nota 3).

29. "Megli' amo star davante adorando" (120.7).

"M[azzatinti] tacitamente e P[arodi] probabilmente per inerzia *star[e]*. In effetti la dialefe dopo *davante*, che peraltro ri-

calca un *devant* preposizione (di cui è soppresso il complemento), non è molto persuasiva. Si può congetturare *d.* [*altri*]
a." (p. 243). La dialefe pare infatti improponibile. Credo che
AdORANDO possa risultare dall'agglutinazione di *davante
Altrui ORANDO:* da restituire a testo. A norma del v. 2,
"gisse lavorando", forse parodia scissa della regola monastica
"ora et labora". *Adorando* parola-rima era già in 95.11. Una
soluzione potrebbe anche essere [*in*] *adorando* ([*i*]*n* + gerun-
dio anche in 89.6), ma mi convince meno.

30. "À l'armadure ciaschedun sì prese" (128.1).

Per acquiescenza, l'editore eredita dal Parodi questa lezione,
meno soddisfacente di quella già del Castets, "A l'armadure
ciaschedun si prese", con *prese* perfetto che evita identità di
rima con 8, dove è *prese* participio femminile plurale. Curio-
samente Contini, in nota, ammette che quella della *princeps*
è "lezione alla quale è forse da tornare" (p. 259).

31.*"Riguàrdati se·ttu se' punto bella" (143.14).

La congruenza con "Ponete mente almen com'io son bella"
di *Voi, che 'ntendendo* (*Rime* 79.61) è tanto più forte perché
sia qui, sia nella prima canzone del *Convivio*, si tratta di due
finali.

32.*"Centomilia cotanti barattati" (149.5).

L'indicazione, in questi stessi termini, di un numero enorme
e incommensurabile è anche in "per cento milia / perigli"
(*Inf.* 26.112–13). Censito anche da Contini tra gli "idiotismi
familiari" in comune col poema (*Introduzione*, lxxxvii), è
anche però in Cecco Angiolieri, *Rime* 24.2 "cento mili' al-
legrezze".

33. "Ché, quand' e' sarà ben volonteroso", "Sed e' sarà di quel
*disi*deroso" (159.10 e 14).

Conserverei, in entrambi i casi, *volonteroso* a fine di verso,
come è nel ms., per la presunzione di rima equivoca: la prima
occorrenza si può tradurre, con Contini, "infoiato", e la seconda "essere volonteroso di", perifrasi di "desiderare, aver voglia". Casi analoghi sono ai ni. 34, 35, 36, 38, 40, 41 (sempre
nella porzione della Vecchia, 141–94, dunque con sospetto
che questo sia un tratto caratterizzante, da non annullare).

34. "Ciascuna dé aver fermo intendimento", "Ma io so' fuor di quel *propon*imento" (162.3 e 6).

     Ms. "quello *intendime(n)to*" anche a 6. "La parola-rima identica sembra più adatta nel primo luogo (per ricordo di *ferma intenzione*, CLI 12?), mentre *quel proponimento* nel secondo, pur estraneo al linguaggio del *Fiore*, risponderebbe all'uso della prosa dantesca" (p. 327), nel senso di "proposito". Forse una dose sufficiente di equivocità (nel secondo caso, *fuor di quello intendimento* vale forse "sono ormai aliena da quel modo di pensare") salva la lezione tràdita. Giova precisare che nel ms. *potrei* è parola rima in 1 e 8: la correzione *saprei* in 1 (sulla scorta della reperita fonte francese) parrebbe invece incontestabile (ma si veda il caso curioso dei ni. 41 e 42, con due esempi di rime identiche/equivoche ciascuno).

35. "Si ch'ella fosse sanza *adornamento*", "In ben lisciarsi sia su' 'ntendimento" (165.4 e 5).

     Ms. *inte(n)dime(n)to* anche a 4. "Non potendo stare una rima identica, ingegnoso è il tentativo, eseguito da P[arodi] Glossario, di leggerne una equivoca ("amante"?). In realtà, i luoghi limitrofi in *Rose* a quelli seguiti nei versi vicini, coi loro *atour* (*Rose* 13080) e *bien atiree* (*Rose* 13530), corroborano una soluzione diversa" (p. 333). Ma resta da dimostrare che l'autore voglia essere qui traduttore pedissequo. *Intendimento* in 4 è come una variante assai mondana dell'"intelletto d'amore" dantesco, una *liaison* amorosa. Soluzione condivisa dalla Lazzerini, "Recensione", 139, che adduce autonome ragioni.

36. "Gran festa gli farai e grand' *onore*", "Se non per fino e per leal amore" (173.1 e 4).

     Ms. *amore* anche a 1. La soluzione è ineccepibile: se si deve correggere, va fatto così. Ma mi chiedo se, nell'uso dell'autore, il diverso epiteto congiunto a un sostantivo così diffuso non abbia forza discriminante, veicolando l'intero sintagma dall'inammissibile identità di rima a un'equivocità di modesta fattura, ma compatibile con la norma.

37. "Chi 'l su' amico non *cessa* di pelare" (174.1).

     Ms. *pensa*. Contini congettura "un errore assonante, aiutato dall'allitterazione con *pelare* e *penna* [v. 2]" (p. 351), Parodi eliminava *non* e lasciava *pensa*, con dialefe dopo *su'*. Proporrei una correzione ancor più discreta, e cioè *non pena di pelare*. *Penare* nel senso di "darsi molta cura, affannarsi a" è anche in "Molto penò di tòr[r]elmi Ragione" (82.12) e in "Che molto si penâr di far mi' grado" (231.4): qui però, eventualmente, con il significato diverso di "farsi scrupolo di". La nuova congettura è, mi pare, tanto più apprezzabile perché il gioco di parole tra *pena* (1) e *penna* (2) riproduce la coppia di rime equivoche del francese *Fole est qui son ami ne plume / Jusqu'a la darreniere plume* (*Rose* 13697–98). E l'allitterazione su *pe-* in due casi (*pelare*, *penna*), ai vv. 1 e 2, non sarà un incentivo all'errore in un terzo (per giunta anteriore a quei due), come si presume, ma una finezza retorica dell'autore. Di Dante, mi piace citare versi come "*per pelle talpe*" (*Purg.* 17.3) o "*le mie peccata e 'l petto mi percuoto*" (*Par.* 22.108). Sarà *di pelare*, piuttosto che *dipelare* (forma sicura in *Inf.* 16.35 e 25.120), a norma del costrutto di *penare* negli altri due esempi citati. La Lazzerini, "Recensione", 141, aveva controproposto *posa*.

38. "E dica che·lla roba sua sia 'n pegno", "E que' procaccierà danari o 'ngegno" (177.11 e 13).

Ms. *pegnio* anche al v. 13. "Il rimedio—scrive Contini—è suggerito dal franc. *chevissance*" (p. 356), cioè "mezzo per trarsi d'impaccio". Sennonché così si perde la rima derivativa che lega 13 a 14, *dispegnata*. Credo che questo si possa considerare un caso di rima equivoca: al v. 11, *(essere in) pegno* [la roba è "impegnata", vincolata presso altri], e al v. 13 *pegno* è "gage", l'ammontare del pegno, il prezzo del riscatto della roba stessa. Si può richiamare alla mente, in area semantica affine, un altro tecnicismo che è rima equivoca nel *Detto* 247–48, *cambio* (cfr. Fratta, "La lingua", 48).

39.*"Né non si guarderà de la fallacie / In che la volpe si riposa e giace" (182.6–7).

Senza riscontro nella fonte francese. E dunque è tanto più impressionante il parallelismo con un passo del Dante latino, nell'epistola a Arrigo "ubi vulpecula fetoris istius, venantium secura, recumbat" (*Ep.* 7.23). Per una connessione con "Nonn-à dove le carni sue ripogna" (175.14), e con la fonte evangelica, scissa in due punti, di Matteo 8:20 "Vulpes foveas habent et volucres caeli nidos, Filius autem hominis non habet ubi caput reclinet", si veda già Gorni, *Lettera nome*, 137–38.

40. "Po' i trag[g]a la guarnac[c]a e la gonella" (185.12).

   Ms. *Po si t.* La consecuzione *E poi . . . Po'* (vv. 9 e 12) non si verifica altrove nel *Fiore*. Forse *Po si* staccato va letto *Posi*— "posato il mantello" è anche, ad esempio, in *Decameron* 3.2.15—e *trag[g]a* sarebbe una ripetizione indebita dal v. 10. Di conseguenza si postula [E] *posi la guarnac[c]a e la gonella.*

41. "E se·lla donna non v'à disïanza", "Quando l'uom' avrà süa dilettanza" (187. 9 e 13).

   Ms. *dilettanza* anche al v. 9. La natura equivoca delle due parole rima identiche, e dunque da lasciare intatte, mi pare dimostrata da Lazzerini, "Recensione", 138. Contini aveva già meritoriamente assunto una posizione conservativa analoga a proposito della rima *sia,* ripetuta a 10 e 14.

42. "Ben savia in giovanez[z]a e conos[c]ente", "C[h]'a ben far non fu anche *intend*ente" (193.2 e 7).

   Ms. *conoscie(n)te* anche al v. 7. Nel primo caso è da tradurre "savia" (Contini, per gallicismo), nel secondo "esperto, amico a", con scarto semantico sufficiente a salvare il testo tràdito. Tanto più che la lezione congetturale costringe anche a un'orribile dialefe tra *anche* e *intendente.* Nel sonetto, *mia* è parola rima sia al v. 1 (*per l'anima mia*), sia al v. 5 (*in fede mia*).

43. "Di Mala-Bocca, che già era morto, / Nessun di lor non facea *lada* ciera" (194.9–10).

   Ms. *mala ciera.* In questo caso emendare è imprudente, per non dire arbitrario: dov'è qui l'errore? "Si corregge su *Rose* la ripetizione, assonante, di *mala* [*bocca*] dal verso precedente, tenendo presente il *lado* (:) di *Doglia mi reca* (v. 131), mentre non manca, all'interno di *Inf.* XIX 82, la variante *lad(a)*. S'intende che andrebbe adottata come intenzionale la ripetizione ove fosse accertato che il testo adottato di *Rose* era del tipo rappresentato nell'apparato L[anglois] da Be Ca Ce e dal gruppo L (che hanno *male chiere*)" (p. 391). Ma, si può obiettare, l'autore non è un parafraste fedele (e per giunta la tradizione della *Rose* qui non è concorde!). Si perde anche, in tal modo, un gioco di parole intenzionale nel discorso della Vecchia.

44. "Al[l]or sì fecer fine al parlamento" (198.1).

La restituzione della doppia *l* è superflua, e del resto non effettuata dall'editore a 20.12.

45. "Ma quella venne molto umilemente" (207.4).

Ms. *q. si venne*. "L'espunzione di *sì*, già attuata da C[astets] e M[azzatinti], sembra miglior consiglio che la sincope entro *humile mente* adottata da P[arodi] (che stampa *sì*), poiché per la sua interpolazione è in pronto un'occasione validissima, l'induzione dall'incipit" (p. 417). Sennonché l'attacco *x + sì venne* con accento di 5ᵃ è come un modulo epico, ripetitivo, qui nel capoverso "Franchez[z]a sì venne primieramente", e a 209.1 "Vergogna sì venne contra Pietate". Dunque *Ma quella sì venne molto umilmente*; o senz'altro, qui e negli altri due casi affini, *si venne*, come pure Contini legge a 208.13 (e al v. 11).

46. "E disse: 'Tu non *de*vi aver vergogna / Di me . . . ' " (211.6–7).

Ms. *temi*. "Si postula un errore acustico per cui sussiste solo il vocalismo (cfr. CLXXIV 1 [ma è caso qui contestato: cfr. il no. 37]); qui il consonantismo (rispettivamente dentale e labiale, tuttavia possibile anche *deggi*) resta, nella variazione, affine" (p. 424). La soluzione di Contini è acuta, ma veramente troppo sottile. Credo che *temi avere* possa esser letto come una scrittura falsamente analitica, per proliferazione, di *temere* (caso contrario all'agglutinazione postulata al no. 29 [120.7]), e dunque vada restituita alla forma di imperativo negativo coll'infinito, come è nell'uso anche del poemetto: basti dire "Né·ttu da·llei giamai non ti partire" (67.3). Dunque: *E disse: "Tu non temer[e] vergogna / Di me"*, con accenti di 4ᵃ e 7ᵃ. Una conferma preziosa alla conservazione del verbo "temere" è data da "Chi tal rob' àe, non teme mai vergogna" (88.14). Cassata, "Recensione", 232–33, propone *de'mi*.

47. "Or veg[g]h' i' ben che vita troppo †dura†, / Quando tu ài paura di morire" (211.13–14), in una serie (*nome, come*) che vincola a una rima in -*ome*.

Così il ms., giudicato insanabile dall'editore, che raccoglie in apparato vari emendamenti ingegnosi, suoi e di altri studiosi, giudicati però tutti insoddisfacenti e rimasti allo stadio di semplici proposte. La Lazzerini "Recensione", 136–37, ribadisce l'opportunità di postulare qui una rima franta—del tipo *vita tro' dura*, [*o me*]—sulla scorta anche di un verso del poema, "e quel mirava noi e dicea: 'Oh me!' " (*Inf.* 28.123), con altri esempi di rincalzo presso Cassata, "Recensione", 233–34. Se non altro, per l'esiguo numero di rime della qualità descritta, l'ipotesi di una rima franta è attraente. Proporrei *Or veg[g]h' i' ben che vita troppo no·m'è* ["non mi è"], intendendo: "Vedo bene che io, per parte mia, non faccio gran conto della vita (la vita mi è poco, non vale troppo per me), se tu, che sei la Paura in persona, hai paura di morire", con scoperto paradosso. Un senso affine a quello qui patrocinato si legge in 150.5–6, "Ma, quanto a me, e' no·me ne calea, / Ché troppo più piacea loro quel torno". Quanto alla genesi dell'errore di rima, si ponga mente a *paura* del verso che segue, nonché all'incipit successivo "A la sua spada mise man Paura" (212.1).

48.*"Quand' i' udì' quel buon risposto fino / Che·lla gentil rispuose, [m'invïai] / Ed a la balestriera m'adriz[z]ai" (228.1–3).

Il ms. presenta una lacuna nella seconda metà del v. 2, riempita dal Parodi con *mi levai*. Contini si sente indotto, "piuttosto che a elucubrare variazioni sull'integrazione parodiana (come *su o *sì levai*), a esperire più attenta ricerca" di passi della *Rose* rendibili in italiano (p. 458). E a sostegno di *m'invïai* (che è una sua nuova lettura) propone *Vers l'archiere acueil mon veiage* (*Rose* 21351). Sennonché non par dubbio che convenga tornare alla congettura del Parodi. Infatti il protagonista stava in ginocchio, come si dice in 224.6, "Di starvi un dì davanti ginoc[c]hione" (e poi ancora, ma in altra situazione, in 229.6, "E·mantenente mi fu' inginoc[c]hiato"), e dunque deve levarsi. Senza dire che la soluzione qui riproposta è confortata da una terzina della seconda cantica: "Così sparì; e io sù *mi levai* / sanza parlare, e tutto mi ritrassi / al duca mio, e li occhi a lui *drizzai*" (*Purg.* 1.109–11).

49.*"Sì ch'i' l'ò tutte quante avute e colte" (231.14).

Oggetto sono *le mie gioie* (12). Verso addotto solo per segnalare il riscontro col sonetto di Guido Cavalcanti a Dante,

I' vegno 'l giorno, "sì coralemente / che tutte le tue rime avìe ricolte" (*Rime* 41.7–8), che presenta le stesse parole rima *volte* e *tolte.*

50. "Che del camin c[h]'à nome Troppo-Dare" (232.3).

Ms. *camino* ipermetro. "Ma ci si chiede se il vocabolo da apocopare, stabilendo una simmetria col primo sonetto (v. 9), non sia invece *nome*" (p. 467). Credo che la simmetria tra inizio e fine debba far preferire questa soluzione all'altra.

NOTE

1. Cfr. *Il Fiore e Il Detto d'Amore* attribuibili a Dante Alighieri, a cura di Gianfranco Contini, Edizione Nazionale a cura della Società Dantesca Italiana (Milano: Mondadori, 1984). Da questa si cita sempre il testo, salvo indicazione in contrario, nonché l'annotazione continiana, con l'indicazione della pagina tra parentesi tonde. L'edizione commentata del poemetto è in Dante Alighieri, *Opere minori*, tomo 1, parte 1, a cura di Domenico De Robertis e di Gianfranco Contini (Milano-Napoli: Ricciardi, 1984).

2. Guglielmo Gorni, "*Divinatio, lectio difficilior* e diffrazione nella filologia di Contini", in *Su / Per Gianfranco Contini,* numero monografico della rivista *Filologia e critica* 15 (1990): 230–58, per il metodo editoriale; e, sia pur di carattere più generale, "Metodi vecchi e nuovi nell'attribuzione di antichi testi volgari italiani", in *L'attribuzione: teoria e pratica. Storia dell'arte, musicologia, letteratura,* a cura di Ottavio Besomi e Carlo Caruso (Basel-Boston-Berlin: Birkhäuser Verlag, 1994), 183–209, per la filologia attributiva, ristampato ora in Guglielmo Gorni, *Metrica e analisi letteraria* (Bologna: il Mulino, 1993), 251–73.

3. Si vedano i due capitoli "Numeri figurati e trinità" e "Parodia e Scrittura. L'uno, il due e il tre", in *Lettera nome numero. L'ordine delle cose in Dante* (Bologna: il Mulino, 1990), 87–108 e 133–54, ma specialmente 91–98, e il sommario cenno in Gorni, "Metodi vecchi e nuovi", in *Metrica e analisi,* 267–69.

4. Valgano per tutti, almeno per quel che mi riguarda, i "Paralipomeni a Lippo", *Studi di filologia italiana* 47 (1989): 11–29, e "Guittone e Dante", in *Guittone d'Arezzo nel settimo centenario della morte,* Atti del Convegno internazionale di Arezzo (22–24 aprile 1994), a cura di Michelangelo Picone (Firenze: Cesati, 1995), 309–35.

5. Lucia Lazzerini si premura di trasmettermi una sua inedita "Postilla a una *crux*" nella quale, opponendosi a un parere espresso dal Castellani nella sua già

citata nota, difende con qualche esempio la plausibilità dell'espressione "esser fatto ingannato".

DIBATTITO

Lucia Lazzerini: In alcuni punti le tue proposte mi sono sembrate interessanti, in altri casi direi proprio che non sono convinta, e ti segnalo il punto dello "Schifo". A me pare che una *consecutio m-s* in "com Schifo" francamente sia piuttosto onerosa, quindi nell'esempio numero 9 preferirei la soluzione Contini, anche perché "ritornò" in questo senso, come gallicismo, non è altrettanto accettabile di "tornò". Il verbo, in questo significato, è "tornare", non "ritornare".

Un punto, poi, che mi lascia particolarmente perplessa, per quanto si riferisce ad un'eventuale rima equivoca, è il tuo numero 38. Cioè, tu presumi che vi sia una rima equivoca "pegno-pegno" di contro all'"ingegno", congetturato in seconda posizione da Contini, e proponi di scrivere il primo "pegno" con la maiuscola, intendendo "Monte dei Pegni". Ma non mi risulta che all'epoca esistesse un'istituzione apposita, perché il Monte dei Pegni o di Pietà fu istituito, per quanto ne so, da Bernardino da Feltre nel 1493. Non a caso si è celebrato il cinquecentesimo anniversario l'anno scorso. Quindi, mettere una maiuscola presuppone l'esistenza di un'istituzione che mi sembra tutta da dimostrare.

Guglielmo Gorni: Però naturalmente l'istituto del pegno nel diritto medievale esisteva. Ora è chiaro che nella mia interpretazione, dicendo, a mo' di esempio, "Monte dei Pegni", non vorrò attribuire a questa banca, come dire, l'onere di questa congettura . . . Diciamo "l'istituto del pegno", esercitato da Israeliti o da altri . . . Certo, il problema è se salvare i due volte "pegno", e quindi farne una rima equivoca, o invece operare con "ingegno".

Lazzerini: Sì, ma proprio il fatto che fosse in mano agli Israeliti (non a caso la fondazione del banco dei pegni nel 1493 ad opera degli ordini mendicanti coincide con l'espulsione degli Ebrei) ne fa un'istituzione, o meglio una *non*-istituzione, assolutamente clandestina. Quindi se tu metti una maiuscola, mi pare ci sia quasi un falso storico.

Gorni: Va bene, non mettiamo la maiuscola.

Lazzerini: Se togli la maiuscola, a questo punto togli anche la rima equivoca.

Gorni: Ah no, perché è diverso l'istituto giuridico dal pegno, dal "gaggio", come si dirà nel sonetto che segue. C'è una differenza nettissima tra l'istituto e il prezzo del riscatto.

Lazzerini: Ma nel caso specifico mi sembra molto sottile.

Gorni: Ma è sempre sottile la rima equivoca!

Domenico De Robertis: Non sono cose che si possono disputare qui: bisognerebbe fare una tavola rotonda e passarci un'ora, non cinque minuti. Mi domandavo una cosa, a proposito dell'esempio 29, "star davante adorando": anch'io non riesco a respirare. Il manoscritto ha "davante adorando", non c'è niente altro; quindi bisogna supporre un guasto che incide fortemente anche sul piano paleografico. Ora qui non ho il testo e soprattutto non ho concordanze, quindi non posso sapere, ma non sarebbe un'ipotesi abbastanza economica, che ci potesse essere un "inn-adorando"?

Lazzerini: Una enne sola addirittura!

Gorni: Io come faccio, qui e ora, a stabilire tutti i nessi e le possibilità? Se ci fosse un seminario di ore, io potrei . . . Anche in "come Schifo" il problema è che "come" non c'è quasi mai, c'è "com" (gallicismo?). Un'altra cosa—indipendentemente da "com" + la *s*—il fatto è che il copista del *Fiore* quasi mai taglia, caso mai aggiunge: è piuttosto ipermetro che ipometro. Adesso è troppo grossolano dire così, ma è più facile che dia delle scrizioni prosastiche, di "stare" per "star", di "come" per "com", che il contrario. Detto, questo, con tutte le riserve del caso.

David Robey

The *Fiore* and the *Comedy*:
Some Computerized Comparisons

Although it is widely thought that the application of computers to the study of literary texts is for the most part concerned with questions of authorship, such questions are now a relatively rare topic for electronic analysis. It is true that, among the many services that computers can today provide for students of literature, one major function may be broadly described as that of defining differences between texts, particularly differences in language and style. Only in exceptional circumstances, however, do definitions of this kind provide conclusive evidence of authorship. Their value, while considerable, is much more open-ended.

This study is concerned with just such an open-ended definition of the differences between texts, in this case between the *Fiore* and *Inferno*. As a narrative poem in a style at the "comic" end of the scale, *Inferno* might be considered the work of Dante's nearest in kind to the *Fiore*. Still, there are evident problems in comparing two such dissimilar texts, most obviously because of their different metrical schemes; this study claims to do no more than provide a fuller and more precise representation of differences that readers of the *Fiore* and the *Comedy* are already likely to have noted. But the evidence offered will serve, I hope, to strengthen and enrich the context in which other debates, notably that on the question of the *Fiore*'s authorship, can take place.

Three different kinds of analysis are presented: analysis of vocabulary, of rhymes, and of accentual structure, in that order. Each is more complex and difficult than the one before, requiring a larger element of manual intervention and, in the case of the last, a substantial element of interpretation and judgment as well. The first involves a statistical count that can be carried out very rapidly indeed using a ready-made package, in this case the Oxford Concordance Program. It constitutes a now standard procedure for measuring the "richness" of a text's lexical character through the ratio of its vocabulary (the number of different forms or "types") to its total number of words ("tokens"). This is not a wholly precise method of measurement, however, because it is concerned only with the form of the words in question: homonyms are treated as a single "word," while different forms of the same "word" (variant spellings, singular and plural, different parts of the same verb) are not lemmatized, but treated as different items.

It is a fact of this kind of analysis that the ratio of types to tokens varies according to the length of the text in question: the longer the text, the lower the proportion of different forms to the overall word count. To make a meaningful comparison, therefore, the texts considered have to be the same size; equal samples have to be created, which is why using a computer to make the count is so helpful, if not indispensable. Moreover, comparisons of this sort between two texts are likely to be most informative in the broader context of similar analyses of other texts. Therefore, the analysis needs to be extended to samples of the same size taken from other works. Table 1 gives the total number of words in the *Fiore* and in the first 3,245 lines of, respectively, *Inferno*, *Paradiso*, Pulci's *Morgante*, Boiardo's *Orlando innamorato*, Ariosto's *Orlando furioso*, and Tasso's *Gerusalemme liberata* (the *Fiore* is 3,248 lines long, but three of these are blank). The same figures are given for the *Divine Comedy* as a whole, if only to support the point that the ratio of types to tokens decreases as the length of the sample increases, and as a matter of information word counts are also given for the whole of the four later texts. The table also gives ratios—the product of the vocabulary (types) divided by the word count (tokens)—as the statistical index of the lexical richness of the poem in question.

There are obvious limits to this exercise for a variety of reasons, including the differing degrees of editorial normalization in the texts I have used. Thus, for instance, the *Fiore* has "gained" some additional forms in the count because of its editor's practice of retaining syntactic reduplications: *sse'* alongside *se'*, *ssì* alongside *sì*, and so forth (though where forms have been linked by a dot, as in *tu·sse'*, *che·ssì*, they have been treated as separate). The number of forms "gained" in this way

TABLE 1. VOCABULARY COUNTS: ALL WORDS, 3,245-LINE SAMPLES

	Fiore (whole)	Inferno (sample)	Paradiso (sample)	Comedy (whole)	Pulci (sample)	Boiardo (sample)	Ariosto (sample)	Tasso (sample)
Word count	22,939	23,352	22,889	101,627	21,645	21,930	23,342	24,312
Vocabulary	4,527	5,107	4,909	12,905	4,314	3,996	4,764	5,273
Ratio	0.19735	0.21870	0.21447	0.12698	0.19931	0.18222	0.20410	0.21689
Word count (whole text)					203,569	244,902	279,701	114,243

TABLE 2. VOCABULARY COUNTS: RHYME WORDS, 3,245-LINE SAMPLES

	Fiore (whole)	Inferno (sample)	Paradiso (sample)	Comedy (whole)	Pulci (sample)	Boiardo (sample)	Ariosto (sample)	Tasso (sample)
Word count	3,245	3,245	3,245	14,233	3,245	3,245	3,245	3,245
Vocabulary	2,130	2,310	2,203	6,337	1,957	1,746	1,923	1,994
Ratio	0.65639	0.71186	0.67889	0.44804	0.60308	0.53806	0.59260	0.61448
Word count (whole text)					30,104	35,440	38,739	15,336

(exactly sixty-three in the case of the syntactic reduplications) is not great enough, however, substantially to affect the significance of the figures. The results show that the richness of vocabulary of the *Fiore* is not at the level of the *Inferno* or *Paradiso,* as one might expect, but is nonetheless considerable: at the level of a strongly expressive and inventive writer, such as Pulci, and higher than that of Boiardo. This quality stands out even more clearly when the comparison is limited only to rhyme words, as in table 2. Here too the corresponding figures are given for the *Paradiso* sample and for the *Comedy* as a whole; also given is the total count of rhyme words (that is, the total number of verse lines) in the whole of the remaining four texts. As table 2 shows, in the count of rhyme words the *Fiore* and the *Inferno* and *Paradiso* samples have a substantially higher type-to-token ratio than the remaining texts. This may not be surprising in the case of the *Comedy,* given Dante's well-known inclination to use expressive vocabulary in rhyme position; it is a little more unexpected in the *Fiore,* and points to a common tendency in the authors of both texts to extend the range of their vocabulary, and therefore to locate a substantial part of the expressive effort, at the end of the verse line.

The picture is quite different, however, when one considers rhymes rather than rhyme words. For this purpose I have compared the rhymes in the *Fiore* with those in the first 3,248 lines in *Inferno* (3,248 lines rather than the 3,245 in the previous counts, because we can assume what the rhymes should be in the three lines of the *Fiore* that are blank).[1] Here the discrepancy between the two texts is very striking indeed, and can only be partly accounted for by the differences in the rhyming schemes of the two texts, sonnets and terza rima. First, the overall range of rhymes in the *Fiore* is less than half as large as in the sample of *Inferno,* as shown in table 3. (Statistics on the distribution of rhymes in the whole *Divine Comedy* are given in the appendix at the end of this chapter.) It may come as no surprise to readers of the two poems that there is a far greater range of rhymes in *Inferno* than in the *Fiore,* or that there are many more rhymes in the *Inferno* sample that do not appear in the *Fiore* than there are in the *Fiore* that do not appear in the *Inferno* sample.[2] But a closer look at the distribution of rhymes appearing most frequently in the *Fiore* does show some very striking results, as we can see from table 4.

Table 4 lists all rhymes occurring forty or more times in the *Fiore,* together with the number of occurrences of the same rhyme in the *Inferno* sample. (In all the statistics on rhymes provided here, each line

TABLE 3. RHYMES IN THE *FIORE* AND IN *INFERNO*, ll. 1–3,248:
TYPE/TOKEN RATIOS, AND RHYMES EXCLUSIVE TO EACH TEXT

	Fiore	*Inferno* Sample
Different rhymes (types)	207	439
Total rhymes (tokens)	3,248	3,248
Type/token ratio:	0.06373	0.13516

Rhymes exclusive to *Fiore*: 45 types, 198 tokens
Exclusive to *Inferno* sample: 277 types, 1349 tokens

TABLE 4. RHYMES OCCURRING 40 OR MORE TIMES IN *FIORE*,
COMPARED TO OCCURRENCES IN THE *INFERNO* SAMPLE

	Fiore	*Inferno*			*Fiore*	*Inferno*
-EA	40	6		-AGGIO	73	9
-ITA	41	17		-ANDO	74	14
-AVA	41	15		-ENTE	74	29
-ESSE	42	12		-ORE	75	15
-ERE	47	6		-IRE	76	15
-ANZA	50	3		-ONE	105	27
-EZZA	51	3		-IA	114	32
-AL	55	33		-ATA	130	27
-ATE	60	18		-ATO	143	17
-ENTO	62	24		-ARE	164	12
-ENZA	62	9				

in which a given rhyme occurs counts as a single occurrence or token
of that rhyme.) *No* rhymes in the *Inferno* sample occur forty or more
times: the most common are -ETTO (36), -AI (33), -IA (32), and -UI
(30). All the most frequent rhymes in the *Fiore* are also either verbal
inflections or common substantival endings; it is very clear, in contrast,
how far these are avoided by the author of *Inferno*. Largely as a result,
there is a marked difference between the two texts not only in the lexical character but also in the sound of the rhymes. Table 5 shows how far
the vowel *a* predominates in accented position in the *Fiore*, as against
a more even spread of vowels in the case of *Inferno* (again, comparable
figures for the *Comedy* as a whole may be found in the appendix).

A related mode of analysis shows other phonological differences between the rhymes of the two texts. All the phonemes in all the rhymes
in the two texts, the *Fiore* and the *Inferno* sample, have been counted,
the total broken down into vowels and consonants, and the consonants
in turn broken down by manner of articulation (no distinction has been

TABLE 5. DISTRIBUTION OF RHYMES (TOKENS) BY ACCENTED
VOWEL

	Fiore	*Inferno* Sample
A-rhymes	1,367	797
E-rhymes	843	962
I-rhymes	436	445
O-rhymes	456	775
U-rhymes	146	269
Totals	3,248	3,248

TABLE 6. PHONOLOGICAL COMPOSITION OF RHYMES (TOKENS)

	Fiore		*Inferno* Sample	
Vowels	6,494		6,582	
Consonants	4,187		4,804	
Total	10,681		11,386	
Liquid	975	(23.286%)	1,080	(22.481%)
Nasal	857	(20.468%)	950	(19.775%)
Plosive	1,336	(31.908%)	1,667	(34.700%)
Sibilant	493	(11.774%)	723	(15.05%)
Affricate	526	(12.562%)	384	(7.9933%)

made between vocalic and semivocalic *i* and *u*; double consonants have
throughout been treated as two). The results are shown in table 6.
There is a greater concentration of consonants in the *Inferno* sample,
and within the category of consonants there are notably more plosives
and sibilants in the *Inferno* sample than in the *Fiore*. These features are
another reflection of the *Comedy* author's taste for difficult rhymes; we
may also see them as symptomatic of the distinctive tendency to rime
aspre in the first cantica (see appendix). (The greater incidence of affricates in the *Fiore*, on the other hand, is accounted for by its characteristic use of the suffixal rhymes -AGGIO, -ANZA, -EZZA, -ENZA,
all of them very rare in the *Inferno* sample, though typical of the Duecento lyric tradition.)

The discrepancies in rhyming practice are much less marked if
one compares the *Fiore* with Dante's lyric poetry instead of with the
Comedy. Since the *Rime* and the *Vita nuova* together make too diverse
a corpus for purposes of comparison with the *Fiore*, it seems most appropriate in this respect simply to take Dante's sonnets into considera-

TABLE 7. MOST COMMON RHYMES IN DANTE'S SONNETS

-ICE	10	-UI	22
-ITA	10	-IA	34
-ETTA	11	-ATE	35
-ILE	12	-ENTE	45
-IRA	16	-ARE	50
-ATO	17	-ORE	83
-ONE	18		

tion (bearing in mind, however, that these were composed over a long period of time, and that the exclusion of the *rime petrose* removes a body of poems whose rhyming practice is much closer to that of the *Comedy* than to that of the rest of the lyric poetry). Table 7 gives the most common rhymes in the fifty-six sonnets that have been firmly attributed to Dante. Table 8 shows the distribution of all rhymes in the same sonnets by accented vowel; table 9 provides the ratio in the sonnets of rhyme types to rhyme tokens. To avoid the difficulties that can arise, for the reasons already given, when samples of different size are compared with each other, a comparison has been made in both cases with two selections of the same length as the corpus of Dante's sonnets (784 lines) taken from the beginning (A) and the end (B) of the *Fiore*.

Although the sonnet sample is a small one, it shows some striking divergences in rhyming practice from both the *Fiore* and the *Inferno* sample used earlier. It shares with the former a tendency to prefer some easier, grammatical (or potentially grammatical) rhymes: -ARE, -ATE, -ATO, -ENTE, -IA, -ITA, -ONE, -ORE. Other rhymes that feature very largely in the *Fiore*, however, are either absent or scarcely present, in many cases, no doubt, because their heavily suffixal or inflectional character was uncongenial to the standards of the *dolce stil novo*: -AGGIO (2), -AI (6), -ANDO (none), -ANZA (7), -ATA (4), -AVA (none), -EA (2), -ENTO (4), -ENZA (none), -ERE (2), -ESSE (none), -EZZA (none), -IRE (9). (Of the rhymes in this last list that do not occur at all in the sonnets, -ANDO occurs thirteen times, -AVA not at all, -ESSE three times, and -EZZA nine times in other lyric forms used by Dante.) As table 8 shows, moreover, the distribution of accented vowels is far more even in the Dante sonnets than in the *Fiore*, so that it may reasonably be taken as evidence of a greater urge to phonetic variety. Finally, the comparison in table 9 of the number of different rhyme types in Dante's sonnets and in the two 748-line samples

TABLE 8. DISTRIBUTION OF RHYMES (TOKENS) BY ACCENTED VOWEL IN
DANTE'S SONNETS AND IN 784-LINE SAMPLES OF *FIORE*

	Dante's Sonnets	*Fiore* A	*Fiore* B
A-rhymes	191	316	335
E-rhymes	181	223	191
I-rhymes	150	94	101
O-rhymes	206	113	126
U-rhymes	56	38	31
Totals	784	784	784

TABLE 9. RHYMES IN DANTE'S SONNETS AND IN *FIORE* AND *INFERNO*
SAMPLES OF THE SAME LENGTH: TYPE/TOKEN RATIOS

	Dante's Sonnets	*Fiore* A	*Fiore* B	*Inferno* (sample of 784 lines)
Different rhymes (types)	117	101	89	179
Total rhymes (tokens)	784	784	784	784
Type/token ratio	0.149235	0.128827	0.11352	0.228316

from the *Fiore* indicates that the range of rhymes is slightly larger in
the former than in the latter—though this might well be accounted
for by the long period of time over which Dante's sonnets were composed, as well as by their different subject-matter. The related figures
drawn from a sample of the same length from the beginning of *Inferno*
show, once again, how very much greater the number of different types
is in the *Divine Comedy,* even after all due allowance has been made
for the difference in rhyming scheme.

The remaining part of this study raises rather more difficult methodological issues, and is presented here as a sample of work-in-progress, not
as a set of firm results. It derives from a project, still in the course of
execution, to produce a scanned electronic version of the *Divine Comedy,* from which syllable counts and accent marks can be generated automatically. The difficulties of the project, as might be imagined, are
not so much technical as philological and theoretical: how does one
decide when a syllable in the poem is accented and where the syllable
divisions fall?[3] This is particularly difficult in the case of the *Divine
Comedy* because Dante does not always follow the rules of versification

that became canonical from Petrarch onward. Thus, although there are few cases in the vocabulary of his poem where word accents cannot be reliably determined, there is a great deal more uncertainty about the status of the accent in the context of the metrical line: how word accent relates to phrase accent, and phrase accent in turn to metrical accent. Similarly, the reader or editor is frequently in some doubt over the placing of a diaeresis or dialefe to produce the correct number of syllable divisions; certain clear trends can be discerned in their use,[4] but this is very far from constant throughout the poem.

The approach to these problems that has been adopted attempts to be both pragmatic and rule-governed: pragmatic, in that the most practical solution to the scansion of the *Divine Comedy* seems to be to assume as little as possible about its metrical structure, since our knowledge about this is so limited; rule-governed, because there is little point in producing a computerized scansion that does not rest as far as possible on consistent and explicit criteria. Thus, the assumption has been made that every line in the poem has a final accent on the tenth syllable, and that diaeresis and dialefe must be used where necessary to produce this, as far as possible in a consistent manner. But no assumption at all has been made about the metrical location of other accents in the line, or about the existence of a possible caesura. The electronic text attempts instead to sidestep the recent theoretical debate about Dante's meter,[5] and to incorporate a performance of the poem based predominantly on linguistic rather than metrical criteria. In other words, it is based, as far as possible, on a set of standards of normal parlance, together with the working assumption (which cannot, however, be corroborated) that these standards would also have been applicable to the linguistic system of Dante's time. For the sake of clarity and consistency, these standards have been formulated with as much precision as the nature of the material allows. Any performance of the *Divine Comedy* or any other poem involves a major element of interpretation and judgment; the aim has simply been to apply this element with the maximum possible regularity.

The following rules have been adopted for placing accent marks in the electronic text:

First, normal word-accents are left in all polysyllabic nouns, verbs, adjectives, and adverbs/adverbial phrases, except

> common adverbs/adverbial phrases preceding the verb or adjective
> common two-syllable adjectives and titles preceding the noun

essere, avere, stare, unless a past participle in compound tenses

volere, dovere, potere, fare, lasciare, vedere, if two syllables or less *and* followed by an infinitive, or, in the case of *fare,* by an adjective; also, *andare* plus gerund

other two-syllable verbs or nouns in common phrases where the accent is transferred to the final element in the phrase (*faccio dono, torre via, lo duca mio*)

The above exceptions and all remaining classes of words have no accent unless they are "promoted" for one of the following reasons:[6]

There must be an accent on the tenth syllable, but not necessarily on the fourth or sixth (metrical prominence).

Syllables are "promoted" to accented status in words that receive emphasis through inversion, semantic function, or position at end of phrase (syntactical, semantic, or positional prominence).

In normal parlance in Italian it is very hard to pronounce more than four syllables without one of them having an accent; to avoid this, an unaccented syllable is promoted if it is capable of carrying stress within the limits of normal parlance, but there is no promotion of secondary word accents.

Two contiguous accents are not allowed within a single phrase, except where a break can be postulated for purposes of special emphasis. As for the insertion of syllable divisions through dialefe, this has followed as far as possible the principles described by Beccaria in the *Enciclopedia dantesca.*[7] Optional diaereses have been employed only where the necessary syllable division could not be achieved with a dialefe based on these principles.

It must be stressed that these rules are an attempt to formulate one possible and feasible set of standards of normal parlance, not the only possible set. The advantage of following such rules is that they produce a high element of consistency in the performance of the poem; the disadvantage is that they frequently produce readings that may be controversial on either linguistic or metrical grounds. In particular, the refusal to privilege the fourth and sixth syllables in the line has generated a higher number of noncanonical lines (by the standards of Petrarch and his successors) than many scholars would allow, even if, with this method of scansion, the vast majority of lines in the poem still keep accents on one or both of the canonical syllables. Of course many of the noncanonical lines produced by the method could be made canonical by the "promotion" of a canonical syllable; there are very few lines in the *Divine Comedy* in which an accented canonical syllable is effectively impossible. But since consistency has been the overriding consideration, such "promotion" has not been effected where it would contravene the standards of normal parlance I have adopted.

For the purposes of the present chapter, I have used the same sample of 3,245 lines from the beginning of *Inferno* as in the lexical analysis with which we started. I have scanned both this sample and the *Fiore* according to the scheme just outlined. In view of the difficulties raised by the scheme, it is appropriate to start with the noncanonical lines already referred to, of which table 10 gives the distribution in the two texts. The considerable difference in the totals underlines the high degree of irregularity that most readers are likely to find in the *Fiore*. For this reason it is not worth reproducing here all the lines in question in the *Fiore*. To emphasize the issues involved, however, it is worth including the following list of the noncanonical lines in the *Inferno* sample, as generated by the rules already given (an asterisk after a vowel indicates that the vowel is accented, a dollar sign marks a dialefe). The noncanonical lines are here grouped by accented syllables:

3/8/10

(1)	3.100	Ma quell' a*nime, ch' eran la*sse e nu*de,
(2)	6.14	con tre go*le caniname*nte la*tra
(3)	13.93	"Brieveme*nte sarà rispo*sto a vo*i.
(4)	16.88	Un ame*n non saria possu*to di*rsi
(5)	22.145	Barbari*ccia, con li altri suo*i dole*nte,
(6)	24.83	di serpe*nti, e di sì dive*rsa me*na

3/7/10

(7)	6.99	udirà* quel ch' in ette*rno rimbo*mba".
(8)	7.44	quando ve*gnono a' due pu*nti del ce*rchio
(9)	9.7	"Pur a no*i converrà vi*ncer la pu*nga",
(10)	14.106	La sua te*sta è di fin o*ro forma*ta,

2/8/10

(11)	1.102	verrà*, che la farà mori*r con do*glia.
(12)	10.38	mi pi*nser tra le sepultu*re a lu*i,
(13)	21.6	e vi*dila mirabilme*nte oscu*ra.
(14)	24.5	l' ima*gine di sua sore*lla bia*nca,

2/7/10

(15)	3.38	de li a*ngeli che non fu*ron ribe*lli
(16)	3.70	E po*i ch' a riguardar o*ltre mi die*di,
(17)	4.35	non ba*sta, perché non e*bber batte*smo,
(18)	5.29	che mu*gghia come fa ma*r per tempe*sta,
(19)	5.37	Inte*si ch' a così fa*tto torme*nto
(20)	10.109	Allo*r, come di mia co*lpa compu*nto,
(21)	12.125	quel sa*ngue, sì che coce*a pur li pie*di;
(22)	15.30	rispuo*si: "Siete voi qui*, ser Brune*tto?".
(23)	15.51	ava*nti che l' età mi*a fosse pie*na.
(24)	15.87	convie*n che ne la mia li*ngua si sce*rna.
(25)	18.53	ma sfo*rzami la tua chia*ra fave*lla,
(26)	21.73	Inna*nzi che l' uncin vo*stro mi pi*gli,
(27)	21.138	coi de*nti, verso lor du*ca, per ce*nno;
(28)	22.134	vola*ndo dietro li te*nne, invaghi*to
(29)	24.96	e 'l ca*po, ed eran dina*nzi aggroppa*te.

2/5/8/10

(30)	12.117	pare*a che di que*l bulica*me usci*sse.
(31)	12.136	le la*grime, che* col bollo*r dise*rra,
(32)	18.37	Ahi co*me face*an lor leva*r le be*rze
(33)	22.139	Ma l' a*ltro fu be*ne sparvie*r grifa*gno

2/5/7/10

| (34) | 10.125 | mi di*sse: "Perché* se' tu* sì smarri*to?". |
| (35) | 23.142 | E 'l fra*te: "Io$ udi*' già di*re a Bolo*gna |

1/7/10

| (36) | 16.84 | qua*ndo ti gioverà di*cere "I' fu*i", |

1/3/8/10

| (37) | 16.34 | Que*sti, l' o*rme di cui pesta*r mi ve*di, |

1/3/7/10

| (38) | 8.3 | li o*cchi no*stri n' andar su*so a la ci*ma |
| (39) | 15.118 | Ge*nte vie*n con la quale e*sser non de*ggio. |

The reader will already have noted that several of these lines could easily be made canonical through the promotion of a fourth or sixth syllable to accented status: for instance, numbers 4 (sixth), 5 (sixth),

11 (sixth), 14 (sixth), 16 (sixth), 21 (fourth), 22 (fourth), 27 (fourth), 28 (fourth), 29 (fourth), 32 (sixth and not 5th), 37 (sixth), 38 (sixth and not seventh), 39 (sixth and not seventh). For the sake of my analysis, however, one need only concede that my performance of the line is in linguistic terms an acceptable or at least possible one, and that it follows the set of rules I have formulated—though it must be admitted that in several cases, such as number 38, the same rules could have been applied in more than one way.

Thus, we have, I hope, the means for a fairly, but inevitably not completely, rigorous comparison of the distribution of accentual structures in the *Fiore* and the *Inferno* sample. As a result, the number of different accentual structures or types in the two texts emerges as sixty-two for the *Inferno* sample and forty-eight for the *Fiore*. Tables 11–16 give some further results. We may note first of all the much greater variety of accentual structures in the *Inferno* sample: greater numbers of different types and a more even distribution of the most common types (table 11); in the *Fiore* the two most common types occupy almost half of the poem. It is worth underlining that the greater variety in *Inferno* is largely variety within the range of canonical types; we have already seen (table 10) that the number of noncanonical types is smaller in the *Divine Comedy* sample than in the *Fiore* and occupies a very much smaller number of lines. One should note, however, that some of the variety

TABLE 10. LINES WITH NO ACCENT ON EITHER FOURTH OR SIXTH SYLLABLES

Inferno Sample		*Fiore*	
Type	Number of Lines	Type	Number of Lines
3/8/10	6	5/10	8
3/7/10	4	5/8/10	7
2/8/10	4	5/7/10	5
2/7/10	15	3/8/10	6
2/5/8/10	4	3/7/10	15
2/5/7/10	2	3/5/10	6
1/7/10	1	2/8/10	1
1/3/8/10	1	2/7/10	46
1/3/7/10	2	2/7/8/10	1
		2/5/10	11
		2/5/8/10	11
		2/5/7/10	4
		2/3/8/10	1
Totals	9 types, 39 lines		13 types, 122 lines

TABLE 11. 10 MOST COMMON TYPES

Inferno Sample		Fiore	
Type	Number of Lines	Type	Number of Lines
4/6/10	481	4/6/10	767
4/8/10	458	2/6/10	673
2/6/10	385	4/7/10	438
4/7/10	345	3/6/10	347
3/6/10	263	4/8/10	323
2/4/8/10	177	2/4/6/10	86
2/4/6/10	144	2/6/8/10	74
2/6/8/10	142	1/6/10	67
2/4/7/10	134	2/4/7/10	63
1/4/8/10	107	2/4/8/10	53
Totals	2,636 (81.2327%)		2,891 (89.0909%)

in both texts is due to the fact that, unlike other recent analysts, I allow two contiguous accents within the line in appropriate circumstances.

Tables 12–14 are inspired by Fasani's argument—which is not based on wholly explicit criteria—that many more rhymes in the *Fiore* are *a maiore* (with an accented sixth syllable) than *a minore* (with an accented fourth), while in his 1,000-line sample of the *Divine Comedy* the distribution of the two types of hendecasyllable is more or less equal.[8] Given my doubts about the status of the caesura in the metrics of the *Divine Comedy*, the distinction between these two types inevitably seems to me rather questionable. I also doubt the validity of Fasani's assumption that all the lines in the *Inferno* belong to one of the three canonical types. Nevertheless, my findings do support Fasani's argument, if rather loosely. Considerably more lines have an accent on the fourth syllable, and not on the sixth, in the *Inferno* than in the *Fiore* (table 12). According to Fasani, the proportions are 40 percent in *Inferno* and 29 percent in *Fiore*—figures remarkably close to mine. Conversely, as shown in table 13, rather fewer have an accent on the sixth, and not on the fourth, in the *Inferno* than in the *Fiore*. According to Fasani, the proportions are 59 percent in the *Divine Comedy* and 69 percent in the *Fiore*—in this case, figures much larger than mine, though with a comparable difference between them. This leaves approximately one-quarter of the lines of the two texts with an accent on both the fourth and sixth syllables, according to my method of analysis (table 14). These could fit into either of Fasani's two categories, though it looks as if he has counted almost all as *a maiore*.

TABLE 12. LINES WITH ACCENT ON FOURTH SYLLABLE AND NOT ON SIXTH

Inferno Sample		*Fiore*	
Type	Number of Lines	Type	Number of Lines
4/10	4	4/10	11
4/9/10	3	4/8/10	323
4/8/10	458	4/7/10	438
4/7/10	345	4/7/9/10	1
4/7/8/10	3	4/7/8/10	1
4/5/10	2	4/5/10	12
4/5/8/10	3	2/4/10	4
3/4/10	1	2/4/8/10	53
3/4/8/10	2	2/4/7/10	63
3/4/7/10	1	1/4/8/10	19
2/4/10	5	1/4/7/10	26
2/4/8/10	177		
2/4/7/10	134		
2/4/7/8/10	2		
2/4/5/10	1		
1/4/10	4		
1/4/8/10	107		
1/4/7/10	66		
1/4/7/9/10	1		
1/4/7/8/10	1		
1/4/5/10	2		
1/4/5/8/10	1		
1/3/4/7/10	1		
Totals	1,324 (40.8012%)		951 (29.3066%)

Finally, tables 15 and 16 also broadly bear out Fasani's figures, by showing that the number of lines in the two texts with accents on even syllables only is not far from equal, as is the number of lines with an accent on the seventh, and on the fourth and the seventh together. According to Fasani, some 16 percent of the lines in the *Fiore* and in his *Divine Comedy* sample belonged to the 4/7/10 type, and the rest to either of the types 6/10 or 4/8/10. Interestingly my figures for lines with accents on the fourth and the seventh together are nearly the same as his. Table 16, which shows the very high proportion of lines in the *Inferno* sample with accents only on even syllables, also supports the findings of Bertinetto's earlier, and pioneering, computer-based analysis of the meter of the *Divine Comedy*,[9] which emphasized its predominantly "binary" rhythm. Here too, though, it is interesting to note that the relevant figure for the *Fiore* is even higher, reinforcing the impression given by my findings of the much greater monotony of the sound

TABLE 13. LINES WITH ACCENT ON SIXTH SYLLABLE AND NOT ON FOURTH

Inferno Sample			*Fiore*	
Type	Number of Lines		Type	Number of Lines
6/10	1		6/10	2
5/6/10	1		5/6/10	3
3/6/10	263		5/6/8/10	1
3/6/9/10	5		3/6/10	347
3/6/8/10	62		3/6/8/10	39
3/6/7/10	15		3/6/7/10	8
2/6/10	385		2/6/10	673
2/6/9/10	2		2/6/8/10	74
2/6/8/10	142		2/6/7/10	15
2/6/7/10	24		2/5/6/10	5
2/5/6/10	2		2/5/6/8/10	1
2/3/6/10	1		2/3/6/10	1
2/3/6/8/10	2		1/6/10	67
1/6/10	80		1/6/8/10	4
1/6/8/10	30		1/6/7/10	1
1/6/7/10	8		1/3/6/10	2
1/3/6/10	17			
1/3/6/8/10	4			
Totals	1,044 (32.1726%)			1,243 (38.3051%)

TABLE 14. LINES WITH ACCENT ON FOURTH AND SIXTH SYLLABLES

Inferno Sample			*Fiore*	
Type	Number of Lines		Type	Number of Lines
4/6/10	481		4/6/10	767
4/6/9/10	1		4/6/9/10	1
4/6/8/10	83		4/6/8/10	46
4/6/7/10	6		4/6/7/10	2
4/5/6/10	1		2/4/6/10	86
3/4/6/10	1		2/4/6/8/10	6
2/4/6/10	144		2/4/6/7/10	2
2/4/6/8/10	16		1/4/6/10	19
2/4/6/7/10	5			
1/4/6/10	82			
1/4/6/8/10	16			
1/4/6/7/10	2			
Totals	838 (25.8243%)			929 (28.6287%)

TABLE 15. LINES WITH ACCENTS ON EVEN SYLLABLES ONLY

Inferno Sample			*Fiore*	
Type	Number of Lines		Type	Number of Lines
6/10	1		6/10	2
4/10	4		4/10	11
4/8/10	458		4/8/10	323
4/6/10	481		4/6/10	767
4/6/8/10	83		4/6/8/10	46
2/8/10	4		2/8/10	1
2/6/10	385		2/6/10	673
2/6/8/10	142		2/6/8/10	74
2/4/10	5		2/4/10	4
2/4/8/10	177		2/4/8/10	53
2/4/6/10	144		2/4/6/10	86
2/4/6/8/10	16		2/4/6/8/10	6
Totals	1,900 (58.5516%)			2,046 (63.0508%)

TABLE 16. LINES WITH ACCENT ON SEVENTH SYLLABLE

Inferno Sample			*Fiore*	
Type	Number of Lines		Type	Number of Lines
4/7/10	345		5/7/10	5
4/7/8/10	3		4/7/10	438
4/6/7/10	6		4/7/9/10	1
3/7/10	4		4/7/8/10	1
3/6/7/10	15		4/6/7/10	2
3/4/7/10	1		3/7/10	15
2/7/10	15		3/6/7/10	8
2/6/7/10	24		2/7/10	46
2/5/7/10	2		2/7/8/10	1
2/4/7/10	134		2/6/7/10	15
2/4/7/8/10	2		2/5/7/10	4
2/4/6/7/10	5		2/4/7/10	63
1/7/10	1		2/4/6/7/10	2
1/6/7/10	8		1/6/7/10	1
1/4/7/10	66		1/4/7/10	26
1/4/7/9/10	1			
1/4/7/8/10	1			
1/4/6/7/10	2			
1/3/7/10	2			
1/3/4/7/10	1			
Totals	638 (19.6610%)			628 (19.3529%)
4th + 7th	567 (17.4730%)			533 (16.4253%)

structures of this text, corresponding to its much more "monolingual" character.

A P P E N D I X :
R H Y M E S   I N   T H E   *D I V I N E   C O M E D Y*

The total number of rhyme types in the *Comedy* is 753, and the total number of tokens (also, therefore, of lines) is 14,233, producing a type/token ratio of 0.052905. Of these rhyme types, 240 occur only once: 214 in tercets, and 27 in couplets at the beginning or end of a canto, making up 696 lines or 4.89 percent of the total number in the poem. The fifty most common rhymes, which together occupy just over 30 percent of the lines of the poem, are given in table 17.

The distribution of the type/token ratio between cantiche is as follows:

> *Inferno:* 529 types; 4,720 tokens; ratio 0.112076
> *Purgatorio:* 504 types; 4,755 tokens; ratio 0.105994
> *Paradiso:* 483 types; 4,758 tokens; ratio 0.101513

Thus, while each of the second two cantiche is slightly longer than the one before, in each case the number of different rhyme types is reduced; the effort toward variety in rhyme seems to decline somewhat from one cantica to the next. Tables 1 and 2 show a corresponding decline in

TABLE 17. FIFTY MOST COMMON RHYMES IN THE *DIVINE COMEDY*

-URA	153	-ANDO	88	-ENTO	75
-IO	140	-ORA	87	-ATO	74
-ENTE	133	-EGNO	87	-EDI	72
-ETTO	131	-EDE	87	-ESE	71
-IA	121	-ORTE	84	-USO	70
-AI	118	-ESTA	84	-ISO	70
-ENTI	111	-ENDE	84	-ELLO	69
-ORE	108	-ONDO	81	-ONTE	69
-ERA	108	-AVA	81	-ARO	68
-ONE	101	-ITA	80	-OLTO	68
-ELLA	99	-ANTO	80	-ESSO	66
-ARTE	93	-UE	78	-ATE	66
-ETTA	92	-IRA	78	-OSE	66
-ANTE	91	-UI	78	-INO	66
-ACE	89	-ONA	77	-ELLE	63
-ANO	89	-IVA	77	-OI	63
-OCO	89	-EI	75		

the type/token ratio of, respectively, the overall vocabulary and the vocabulary of words in rhyme from *Inferno* to *Paradiso*. A similar development, but with a rather different significance, can be seen when we consider the number of rhymes exclusive to each cantica, except that in this case, after declining substantially between *Inferno* and *Purgatorio*, it rises slightly between *Purgatorio* and *Paradiso*:

> *Inferno:* 117 types, 441 tokens
> *Purgatorio:* 84 types, 285 tokens
> *Paradiso:* 88 types, 310 tokens

The most striking aspect of this development, however, is that it is so small: one might expect the introduction of new rhymes to reduce substantially as the poem progresses, yet it seems to remain remarkably constant.

Some small development can be detected in the distribution of the accented vowels in rhymes from one cantica to the next, as table 18 shows. That is to say, there is an increase (shown in the lefthand columns) in the front vowels *e* and *i* in accented position in rhyme from *Inferno* to *Purgatorio* and from *Purgatorio* to *Paradiso*, and a slightly greater number of accented back vowels *o* and *u* in rhyme in *Inferno* than in the other two *cantiche*. This to some extent corresponds to a long-held view about the iconic values of these sounds in the different parts of the *Divine Comedy* (front vowels expressing light and joy, back vowels expressing darkness and gloom, and so forth) and to my own findings on the subject of assonance.[10] The latter recorded a slight increase from *Inferno* to *Purgatorio* and then to *Paradiso* in the total number of front vowels *e* and *i*, and a slight decrease, from *Inferno* to *Purgatorio* and *Paradiso* together, in the total number of back vowels *o* and *u*, as shown in the righthand columns of table 18. My findings also showed that *as a proportion* of these totals, the number of assonances involving front vowels increased, and the number of assonances involving back vowels decreased, from *Inferno* to *Paradiso*. Similarly, we can see from table 18 that the number of rhymes in *e* and *i* increases considerably more from *Inferno* to *Paradiso* than the total number of the same vowels. This is matched by a commensurate decrease in rhymes in *a;* the decrease in the number of rhymes in *o* and *u* is only slightly greater than the decrease in the total number of the same vowels. There may well be an iconic function at play here, but if so, it is a fairly limited one.

A comparable development may also be detected in the use of consonants in rhyming syllables, as seen in table 19. Double consonants

TABLE 18. ACCENTED VOWELS IN RHYME (TOKENS) AND ALL VOWELS IN
ALL POSITIONS IN THE *DIVINE COMEDY*

	Accented Vowels in Rhyme		All Vowels	
	No.	Percent	No.	Percent
A				
Inf.	1,161	24.5975	14,484	23.899
Purg.	1,213	25.51	14,888	24.2381
Par.	983	20.6599	13,905	22.8067
E				
Inf.	1,371	29.0466	15,751	25.9896
Purg.	1,338	28.1388	16,158	26.3057
Par.	1,419	29.8235	16,689	27.3729
I[a]				
Inf.	648	13.7288	12,443	20.5313
Purg.	707	14.8686	12,718	20.70526
Par.	851	17.8857	12,793	20.9828
E + I				
Inf.		42.7754	28,194	46.5209
Purg.		43.0074	28,876	47.01096
Par.		47.7092	29,482	48.3557
O				
Inf.	1,131	23.9619	13,074	21.5725
Purg.	1,087	22.860	12,965	21.1074
Par.	1,058	22.2362	12,545	20.576
U				
Inf.	409	8.66525	4,853	8.00759
Purg.	410	8.6225	4,695	7.64359
Par.	447	9.3947	5,037	8.26158
O + U				
Inf.		32.62715	17,927	29.58009
Purg.		31.4826	17,660	28.75099
Par.		31.6309	17,582	28.83758
Totals				
Inf.	4,720	100.0	60,605	100.00
Purg.	4,755	100.0	61,424	100.00
Par.	4,758	100.0	60,969	100.00

[a]Includes one y in *Purg.* 2.46.

have throughout been counted as two, but only when marked as such
in the written text; no allowance has been made for syntactic doubling,
or for the lengthening of intervocalic *gli*, and so forth. Regarding the
lefthand columns of the table, it is noteworthy that the total number
of consonants in the rhymes of each cantica drops noticeably from *Inferno* to *Purgatorio*, and then remains at the same (lower) level in *Para-*

Table 19. CONSONANTS IN RHYME (TOKENS) AND IN ALL POSITIONS

	Rhyme Tokens		All Consonants	
	No.	Percent	No.	Percent
Totals				
Inf.	6,933	100.00	68,926	100.00
Purg.	6,649	100.00	69,229	100.00
Par.	6,652	100.00	68,824	100.00
Liquid				
Inf.	1,641	23.669	16,367	23.7458
Purg.	1,633	24.560	16,521	23.8639
Par.	1,723	25.902	16,532	24.0207
Nasal				
Inf.	1,348	19.443	12,904	18.7215
Purg.	1,370	20.604	13,054	18.856
Par.	1,512	22.73	12,617	18.3323
Liquid + nasal				
Inf.		43.112		42.4673
Purg.		45.164		42.7199
Par.		48.632		42.3530
Affricate[a]				
Inf.	523	7.5436	3,032	4.39892
Purg.	408	6.1362	3,032	4.37961
Par.	433	6.5093	3,173	4.61031
Plosive				
Inf.	2,377	34.285	24,674	35.7978
Purg.	2,233	33.584	24.563	35.4803
Par.	2,021	30.381	24,583	35.7186
Sibilant				
Inf.	1,044	15.058	11,949	17.336
Purg.	1,005	15.115	12,059	17.4187
Par.	963	14.476	11,919	17.3181
Affricate + plosive + sibilant				
Inf.		56.8866		57.53272
Purg.		54.8352		57.27861
Par.		51.3663		57.64701

[a]Includes two examples of *j* in *Purg.* 26.144.

diso; we see from the righthand columns that the total number of consonants in each cantica *as a whole* increases very slightly from *Inferno* to *Purgatorio*, and then falls back to a point only minimally below that of *Inferno* in *Paradiso*. To put it another way, the average number of consonants per line drops very slightly from *Inferno* to *Purgatorio* to *Paradiso* (from 14.603 to 14.559 to 14.465); the average number of consonants per rhyme drops in proportion rather more sharply from *Inferno* to *Pur-*

gatorio (from 1.482 to 1.398, remaining at 1.398 in *Paradiso*). In short, there is a relatively greater concentration of consonants in rhyme in *Inferno* as opposed to the other cantiche.

An added dimension appears in this pattern when the consonants are broken down by manner of articulation. Although there is only a slight change from one cantica to the next when this breakdown is made in the overall count of consonants, taken together the proportion of liquids and nasals in rhyme increases, and that of affricates, plosives, and sibilants in rhyme decreases, quite markedly, by some 5.5 percentage points. We are not contemplating a remarkably conspicuous phenomenon, here or in the preceding analysis, but the statistics do show a tendency to concentrate certain types of consonantal phonemes and certain accented vowels in rhyming position. Together with the larger proportion of all consonants in rhyme in *Inferno,* these figures provide an interesting gloss on the association of *rime aspre* with this cantica that Dante himself suggests.

NOTES

1. For a discussion of rhymes in Pulci, Boiardo, Ariosto, and Tasso, as well as an explanation of the technical method used for the analysis of rhymes here, see David Robey, "Rhymes in the Renaissance Epic: A Computer Analysis of Pulci, Boiardo, Ariosto and Tasso," *Romance Studies* 17 (1990): 97–111. In the calculations that follow, I have treated the various instances of imperfect rhymes (including "Sicilian" rhymes) in the *Fiore,* in Dante's lyric poetry, and in the *Divine Comedy* as if they were the same as the majority of other endings with which they rhyme: to take the most extreme instance, the ending -URA *(dura),* which "rhymes" with *nome* and *come* in sonnet 211 of the *Fiore,* has been treated as an instance of the rhyme -OME.

2. The following rhymes are used in the *Fiore* and not at all in the *Comedy:* -ARGA (3), -ENGHI (3), -AZZA (3), -ECCIO (3), -EMBRA (3), -ANZE (3), -A (3), -UGLIA (4), -OSI (4), -ISCE (4), -ASTE (7), -OE (11). There are, of course, a huge number of rhymes in the *Comedy* as a whole that do not appear in the *Fiore.*

3. For a preliminary description of the technical method and some of the theoretical problems relating to this project, see David Robey, "Scanning Dante's *Divine Comedy:* A Computer-based Approach," *Literary and Linguistic Computing* 8 (2) (1993): 81–84.

4. For the fullest and most up-to-date account of the use of these two de-

vices in the *Divine Comedy*, see Gian Luigi Beccaria, "Dialefe" and "Dieresi," in *Enciclopedia dantesca*, 6 vols. (Roma: Istituto della Enciclopedia Italiana, 1970–78), 2:420–24, 2:432–36.

5. For instance, see the following: Pietro G. Beltrami, "Cesura epica, lirica, italiana: Riflessioni sull'endecasillabo di Dante," *Metrica* 4 (1986): 67–107; P. M. Bertinetto, "Strutture soprasegmentali e sistema metrico: Ipotesi, verifiche, risposte," *Metrica* 1 (1978): 1–54; Costanzo Di Girolamo, *Teoria e prassi della versificazione* (Bologna: il Mulino, 1976). See also the important entries in the *Enciclopedia dantesca*: G. L. Beccaria, "Cesura," 1:928–31; Beccaria, "Ritmo," 4:985–92; Ignazio Baldelli, "Endecasillabo," 2:672–76. An earlier computerized study of the meter of the *Comedy* is P. M. Bertinetto, *Ritmo e modelli ritmici* (Torino: Rosenberg & Sellier, 1973), which, however, follows a method substantially different from mine.

6. I owe this concept of "promotion," and much else in the approach applied here, to Patrick Boyde, *Dante's Style in His Lyric Poetry* (Cambridge: Cambridge University Press, 1971), 209–36.

7. Beccaria, "Dialefe."

8. R. Fasani, "L'attribuzione del *Fiore*," *Studi e problemi di critica testuale* 39 (1989): 5–40.

9. Bertinetto, *Ritmo e modelli ritmici*.

10. See David Robey, "Sound and Sense in the *Divine Comedy*," *Literary and Linguistic Computing* 2 (2) (1987): 108–15; and Robey, "Alliterations in Dante, Petrarch, and Tasso: A Computer Analysis," in *The Languages of Literature in Renaissance Italy*, ed. Peter R. J. Hainsworth, Valerio Lucchesi, Christina Roaf, David Robey, and John R. Woodhouse (Oxford: Oxford University Press, 1988), 169–89, where detailed information may be found about the techniques and principles adopted in the analysis of sounds.

QUESTIONS

Sylvia Huot: I was wondering whether it would be useful to do this kind of a comparison taking Dante's sonnets, or his lyric poetry in general, rather than a narrative work like the *Comedy*. Would you get different results, do you think?

David Robey: I think you would, but there are two considerations here. The first is that I thought it would be interesting to take a narrative poem rather than a lyric corpus; the other, I have to admit, is that I don't possess a machine-readable text of the *Rime*, so I was not in a position to do it.

Huot: I just wondered to what extent your findings are related to the fact that the *Fiore* is in the format of sonnets.

Robey: Well, obviously, the sonnet form influences the distribution of rhymes, doesn't it? All those sets of four rhymes . . .

Huot: Or even the accentual patterns . . .

Robey: I wouldn't have thought the accentual patterns would make much difference; they are not genre-dependent. Rhymes could be genre-dependent, but not accentual patterns.

Zygmunt Barański: But isn't this one of the problems? You don't really have a text with which you can actually establish some kind of equivalence with the *Fiore,* because there is nothing else quite like it. If one develops what Sylvia Huot was just saying, there would probably be even greater discrepancies, greater differences between the *Fiore* and Dante's lyric corpus than those you have discovered between the *Fiore* and the *Commedia.* This is a purely subjective impression, although I am remembering some of the work Patrick Boyde had done for his book [*Dante's Style in His Lyric Poetry* (Cambridge: Cambridge University Press, 1971)]; in any case, my instinctive reaction is that such a comparison would show an even greater series of divergences than those you have noted. However, my main point is that it is very hard to be sure what one is actually comparing when bringing together two texts as unique as the *Fiore* and the *Commedia.*

Robey: Let me make it clear that I am rather skeptical about the use of computers for attribution studies. There are a few limited cases where you have a corpus of texts that are all very similar—in size, in genre, in content, and so on—where you can do computer analyses and arrive, in these limited cases, at conclusions about attribution. But in all other cases you're so limited by differences in content and genre and the like that the computer cannot give you any kind of determining evidence on matters of attribution. That is why I said that the most a paper like mine can do is to provide, or contribute to, a context in which the discussion can take place. It is not claiming to provide any kind of determining evidence at all. That said, I think the point about making comparisons with the *Rime* is obviously very important, and to give credit where credit is due, I have used Boyde's book very heavily in my own work on the *Comedy.* But with regard to lexis, you would obviously expect the lexis of the *Rime* to be much more limited than that of the *Comedy,* because of the genre and because of the content.

Guglielmo Gorni: Naturalmente io mi riferisco qui ai "Ten most common accentual patterns". La cosa più interessante per il *Fiore* sono questi 67 versi di prima, di sesta e di decima. Direi che questa è una percentuale molto interessante, proprio perché nel *sample* della *Commedia* non figura, ed è molto alto questo del *Fiore.* Anche proprio dal punto di vista di storia dell'endecasillabo, questo spazio atono tra prima sillaba e sesta sillaba è veramente impressionante, una specie di ponte di Messina sullo stretto. Naturalmente qui mancano, nei "Ten most common", quelli di terza, settima e terza, quinta, che sono quelli diciamo più sinistrati. Ma è interessante soprattutto questa rubrica 1–6–10 del *Fiore.* Ci sarà una ragione, siccome non ce n'è nei "Top Ten" della *Commedia.*

Robey: Questo dipende evidentemente dalla mia esecuzione del testo . . . In questo ho seguito ciò che chiamo la "regola Boyde", cioè è molto difficile che ci siano più di quattro sillabe senza un accento tonico.

Domenico De Robertis: Io non sono pratico di strumenti statistici e rifuggo dal computer come dalla peste. Mi domando: io capisco la scelta dei primi 3245 versi dell'*Inferno* per trovare l'equivalenza. Ma perché non prendere tutti i 14000 e più versi della *Commedia*? Siccome la matematica ci insegna a fare le proporzioni, poi le percentuali verrebbero lo stesso. Intanto io non credo a una differenza tra l'*Inferno* e il *Paradiso*—dal punto di vista linguistico, si capisce. Per me la *Commedia* è un fatto unico. Ci sono parole tipiche del comico, del linguaggio basso nel *Paradiso*. Ci sono anche rime. Per esempio, qui risulta che la prevalenza della rima in A è fortemente condizionata da rime di tipo *aggio* che naturalmente sono di tipo francesizzante e comunque arcaico, oppure *anza*, come c'è *enza*. Ma "O amanza del primo amante" (4.118) lo trovo nel *Paradiso*. Cioè, Dante non è che usa un certo tipo di linguaggio in un solo luogo. Quindi la ricerca andrebbe fatta su tutta l'area, naturalmente poi facendo le proporzioni. Considerando anche gli accenti, in questo *sample* manca assolutamente l'accento di prima, sesta e decima, non so se manchi nel *Purgatorio* o nel *Paradiso*. Mi colpisce anche il decimo caso, 1–4–8–10. Sono 107 esempi nella *Commedia* e questo non trova riscontro nel *Fiore*.

Robey: Scusi, una chiarificazione: l'accento sulla prima, sesta e decima c'è anche nei primi 3245 versi della *Commedia*; soltanto in questo caso non è tra i più comuni, non è nei "Top Ten". Ma Lei ha assolutamente ragione, nel senso che l'analisi andrebbe approfondita. Ma molto dipenderà dal tipo di analisi che si fa. È per questo che, nel mio commento al numero 1, ho sottolineato che il *type-token ratio*, cioè, l'analisi della ricchezza del vocabolario, è molto diverso nel caso dell' intera *Commedia*, che non nei primi 3245 versi dell'*Inferno*. È anche vero che mi sono limitato a questa scelta più stretta per motivi di comodità. Però Lei ha ragione; nel caso delle rime in particolare l'analisi andrebbe estesa all'intero poema.

Patrick Boyde: I would like to add a few thoughts, since you are doing work that I began by doing, but have put on one side for many years. First, as you said at the beginning, what the computer does is to confirm impressions objectively. You can stop arguing with someone as to whether your impression is the same as his or hers. What you *felt* to be the case about the monotony of the rhymes or the easiness of the rhymes in the *Fiore*, for example, or about the monotony of the rhythms is *borne out* by the quantitative analysis the computer can do so quickly and accurately. You stop arguing about *i dati di fatto*, and I think that is very important. Second, I agree with you absolutely about the need for samples of equal length. As you pointed out, the figures from the whole *Comedy* are "depressed" or "flattened out." And as Domenico De Robertis was just saying, in effect, what we ought to do, but none of us has the patience to do, is to bring up comparison after comparison after comparison. If we did that, then everyone, even the *non addetti ai lavori*, would really be able to see what kind of variations can occur between one text and another, even when they are by the same author, in the same genre, and written in the same decade. One is naturally suspicious about all these findings, if the experts refuse to satisfy one's doubts about such basic questions. So my hope is that, now that you have learned how to cope with "promoted stresses" in the hendecasyllable and similar problems, you will go on to give us a similar range of findings from *Purgatorio* and *Paradiso*, and Guittone's *corona*, and Cavalcanti, and Dante's *Rime*, and a host of other things.

Robey: I shall start on line 3,246 on Monday.

Boyde: Then there is one other thing that is important to underline for the benefit of those who are skeptical about the nature of the enterprise. The theoretical assumption is that an author, whatever he is doing, whatever styles he is experimenting with, whatever voices he is assuming—Farinata, Brunetto, Vanni Fucci, Durante—will return to or reestablish his norm in a remarkably short space of time. Now, in my study of Dante's lyric poetry I worked with quite small samples—that is, I was constantly comparing samples of only 100, 200, or 300 lines. I was naturally interested to see whether or not there was any consistency even at this level. What I found was that if you were looking, for example, at the distribution of the parts of speech, the eight parts of speech of classical grammar, then no matter what Dante was doing, his particular pattern of distribution reaffirmed itself within not more than five sonnets. Take any five sonnets in sequence and you were close to the mean distribution, and that mean distribution did seem to be significantly different from those of his contemporaries and certainly from a lot of other poets in other centuries. Clearly, in any one or two sonnets, chosen at random, you might have an exceptionally high proportion of adjectives, or an enormous number of verbs, or whatever, but if you took five in sequence things returned to normal.

I myself did not have the patience (and in those days there were no personal computers) to follow up this kind of comparative research, but I did find evidence to support the theoretical assumption I mentioned, which is that an author does have his own unconscious but personal pattern of preferences, and that he conforms to it even over quite small samples, despite local and easily explicable upsets. I'll give you a further, more banal example from my own experience. Now that I do have a word processor, I have found that if I want to count the number of words I have already written, knowing that there is an upper limit for an article, say, all I have to do is to look at the number of *characters*, which the word processor shows me continuously and automatically at the bottom of the screen. Obviously, the computer will count the *words* for me if I give it the appropriate command, but there is no need to. I have discovered that my personal ratio is an average of six characters per word—incredibly close to six characters, no matter what I am writing about. So all I have to do is to divide the number of characters by six and I have the number of words to within 0.1 or 0.2.

PART III

France and Italy

Il *Fiore*, il *Roman de la Rose* e i precursori d'*oc* e d'*oïl*

A dieci anni dall'edizione continiana del *Fiore*, la discussione sul problema attributivo ha un po' smussato i toni polemici che in precedenza l'avevano contraddistinta (al punto che Contini poteva deprecare l'"inurbanità anche belluina"[1] di certi interventi). La consapevolezza che dai raffronti intertestuali, dalle analisi stilematiche e fonico-ritmiche si è ormai spremuto ogni possibile indizio pro e contro la paternità dantesca, e che ulteriori apporti in quest'ambito difficilmente potranno risultare decisivi (è più probabile che eventuali nuovi elementi di valutazione pervengano dalla filologia "materiale" o dall'applicazione dell'informatica all'indagine linguistica), sconsiglia i pronunciamenti radicali. L'opposizione alla tesi continiana resiste, ma prudentemente arroccata sulla *pars destruens*: nessuno sembra voler rischiare attribuzioni alternative né difendere qualcuna di quelle già proposte. Così, Lino Pertile nega valore probatorio alla "firma interna" di *Fiore* 82.9 (replicata in 202.14): il *Durante* corrispondente al *Guillaume de Lorris* di *Rose* 10526 sarebbe soltanto un "metonimo" allusivo alla "durezza di quel bordone in cui il desiderio di Amante si concentra fino ad esplodere nella semina finale",[2] configurandosi dunque come "una delle massime manifestazioni di quell'"oltranza parodica'[3] che caratterizza lo stile del *Fiore* rispetto a quello del suo modello".[4]

In realtà Contini parlava, tenendo ben fermo il presupposto della pertinenza dantesca, dell'importanza del poemetto come "prima prova di ragguardevole estensione nell'àmbito 'comico', tenuta *linguisticamente* [mio il corsivo] in chiave di oltranza parodica";[5] il riferimento è dunque a una sperimentazione linguistica e a un esercizio stilistico volutamente antitetici alla cifra cortese: qualcosa di ben diverso dalla parodia esercitata sull'ideologia o comunque sui contenuti del modello, espressione d'una *vis* dissacratoria di cui si cercherebbero invano tracce più consistenti nella libera ma complessivamente non infedele versione. Ed è ulteriore motivo di perplessità il fatto che il Dio d'Amore sostituisca il nome del *fin amante* (*Fiore* 82.11) col presunto metonimo (al quale potrebbe semmai competere, in un'ipotetica *interpretatio nominis*,[6] il significato primario di "perseverante", con l'altra e più impudica accezione riservata, facoltativamente, a una maliziosa lettura in filigrana) proprio nel luogo corrispondente al lungo *excursus* che la *Rose* dedica ai propri autori. Degna di nota, nella fattispecie, anche la strategia dell'epitome, che fonde in Durante i due *maistres* francesi (come il *Fiore* le due parti del *Roman*): Durante è bisognoso di soccorso come il Guillaume de Lorris di *Rose* 10526, ma *saggio* e refrattario al sermone di Ragione (*Fiore* 82.12–14) come Jean de Meun ("Et sera si trés sages on / Qu'il n'avra cure de Raison", *Rose* 10571–72); una *contaminatio* troppo sottile e autogratificante per applicarsi a un referente anonimo come il *bordon noderuto* (228.6) ipotizzato da Pertile. Pur non riconoscendomi affatto tra i settatori ad ogni costo dell'identità dantesca di Durante (giacché il nostro lavoro non progredisce per assunti dogmatici e contrapposte fazioni, ma per una sana dialettica di congetture e confutazioni), continuo a ritenere la tesi della "firma", della corrispondenza biunivoca tra il Guillaume autore della *Rose* e il Durante autore della parafrasi fiorentina, più attraente dell'*interpretatio* comica: non tanto per il dissolversi dell'unico indizio interno relativo al nome del poeta e il conseguente infittirsi del mistero sul "letterato di mestiere, novelliere mancato e rimatore sopraffino e intelligente, ma indisciplinato e impaziente",[7] quanto per la sostanziale gratuità, in quel contesto specifico, dell'appellativo burlesco.[8]

Alla fazione degli antidantisti appartiene anche Arnaldo Moroldo,[9] che nel *Fiore* rintraccia echi dai romanzi di Chrétien de Troyes e dal *Roman de Tristan*, una produzione letteraria presumibilmente estranea alla cultura di Dante perché mai menzionata nelle sue opere. A parte la debolezza dell'argomento *e silentio*, i riscontri citati sono tutt'altro che cogenti. Cominciamo dalle presunte derivazioni da Chrétien: il "visag[g]io tu' chiaro e vermiglio" nel discorso di Amico (47.14)[10] evocherebbe, per il sintagma in clausola, il sole "Qui nest molt clers et molt vermauz" di *Cligés* 2720.[11] Ma è assai più probabile che la formula, peraltro vulgata e quindi poco significativa, scaturisca semplicemente da una serie di associazioni mnemoniche indotte da passi diversi della *Rose*: com'è stato ampiamente documentato, la contaminazione tra luoghi anche distanti del modello è prassi abituale del traduttore (che potremmo anche chiamare, con terminologia mutuata dall'uso degli storici dell'arte, il "Maestro del *Fiore*"). Facciamo qualche passo indietro. Nel sonetto *Fiore* 41.14 Ragione si descrive "Più chiara . . . che nonn-è sol né luna", verso la cui fonte è additata da Contini[12] in *Rose* 5819 (dove per l'appunto parla Ragione) "Et te mire en mon cler visage"; tuttavia, a ben guardare, il solo elemento ripreso nella versione, che qui sembra attingere piuttosto alla descrizione di Biauté in *Rose* 996 ("Ainz fu clere come la lune"), è l'aggettivo *cler*, iterato da Ragione nella dittologia clausolare di *Fiore* 43.3: "tal damigella / Chente son io, che son sì chiara e bella". Ma ecco che il *visage* di *Rose* 5819, non utilizzato per Ragione, riaffiora a pochi sonetti di distanza con lo stesso attributo, in quel "visag[g]io . . . chiaro e vermiglio" di cui si è detto sopra. Per l'aggiunta di *vermiglio* non occorre evocare il *Cligés*: la faccia di Deduit, nel giardino descritto da Guillaume, è "vermeille e blanche" (*Rose* 805). Il gioco mnemonico-combinatorio s'interrompe qui, visto che non è reperibile nel *Fiore* alcuna faccia *vermiglia e bianca*; ma un implacabile *sectator* della pertinenza dantesca potrebbe suggerire di chiudere la catena con "le bianche e le vermiglie guance" dell'Aurora in *Purg*. 2.7.

Le convergenze tra *Fiore* 13.7–8 ("A quel valletto ch'è pien di larghez[z]a / E prode e franco, senza villania") con *Erec et Enide* 572 ("bele et saige sanz vilenie")[13] e *Perceval* 7342–44 ("saige et large, sanz coveitise, / . . . / sanz vilenie et sanz nul mal")[14] sono talmente generiche da non meritare attenzione; d'altra parte, per le "qualités courtoises" (e per il sintagma conclusivo), *Rose* 7073 offriva un paradigma d'eccezione: "Diex, li cortois sans vilonnie". Analoghe considerazioni valgono per la presunta influenza diretta del *Chevalier de la Charrete* (6468–77)[15] su *Fiore* 48.1–6:

> Non ti maravigliar s'i' non son grasso,
> Amico, né vermiglio com'i' soglio,
> Ch'ogne contrario è presto a ciò ch'i' voglio,

Così Fortuna m'à condotto al basso.
  Ira e pensier m'ànno sì vinto e lasso
Ch'e' non è maraviglia s'i' mi doglio.

L'unico punto di contatto riguarda il *topos* della ruota di Fortuna, ma tra "Così Fortuna m'à condotto al basso" e "Car g'iere el mont, or sui el val", i due versi più simili, esiste solo una banale e verosimilmente fortuita affinità contenutistica, non sorretta da alcun dato formale. Tanto più che il passo di *Rose* relativo alla ruota di Fortuna (3981 e sgg.) offre, fuori rima, un *bas* (3987–88: "Et quant ele viaut ele met / Le plus bas amont ou somet") che potrebbe aver suggerito il *basso* (: *lasso*) del *Fiore*, tra l'altro seguito a poca distanza, nel ms. siglato da Langlois *Za*, proprio da un *las* ("Las! je suis cis qui est versés" corrisponde a *Rose* 3991 "E je sui cil qui est versez").

Secondo Moroldo, la "convergence est encore plus frappante avec les vers 4954–65 de *Erec et Enide*",[16] ed effettivamente non si può negare che i versi "Ira e pensier m'ànno sì vinto e lasso / Ch'e' non è maraviglia s'i' mi doglio" evochino quelli di Chrétien: "Si sui je molt duillanz et las; / n'est mervoille se je me duel" (4954–55). Ma abbiamo già osservato che alla rima *basso : lasso* non manca qualche aggancio col brano omologo della *Rose*; per contro la perfetta coincidenza di *Fiore* 48.6 ed *Erec* 4955 è parzialmente svalutata dalla formularità del sintagma *n'est mervoille* (per cui cfr. ad es. *Rose* 12812, 13862, mentre sul versante italiano *non è maraviglia* di *Par.* 10.27 e 28.59 è contornato nella *Commedia* da varie locuzioni similari; si noti inoltre che l'occorrenza del *Fiore* costituisce una ripresa dell'esordiale *Non ti maravigliar*, che trova riscontro, giusta il rilievo di Contini nel commento,[17] in ben sette attacchi della *Commedia*).

Resta dubbio anche il raffronto tra *Fiore* 26.3 ("In poca d'or sì 'l fatto mi bistorna") e il luogo già citato del *Chevalier de la Charrette*, "Malement la m'as bestornee", seguìto, ad alcuni versi di distanza, da "An po d'ore m'a abessié".[18] Se esaminiamo più attentamente le terzine del sonetto, vediamo che solo il contenuto trova corrispondenza in *Rose* 3731 e sgg.: sotto l'aspetto formale i sei versi s'incentrano su un turbinio di rime derivative (*torna, s'atorna, bistorna*) richiamate, in posizione interna, da altri *tornare*: "contra me *tornò* diverso"; "d'abate *tornai* men ch'a converso". Ora, un analogo gioco di *adnominationes* coinvolge il passo della *Rose* relativo alla ruota di Fortuna nella versione del ms. *Za*:

lo spunto è dato dal verso 3980, descrizione del capitombolo di Guillaume provocato da Amore ("Et *torné* ce dessus dessore"; testo Langlois:
"Quant je cuidai estre au deseure"); poi, introdotta la similitudine
Amore-Fortuna, ecco *torne* in rima (3986), iterato all'interno del verso
successivo da *Za*, che reca *torne* in luogo di *viaut*. Non sappiamo se il
traduttore abbia avuto sott'occhio le anafore della redazione *Za*: figure
etimologiche, rime ricche o derivative appartengono peraltro all'usuale
repertorio della *Rose*, e si ha l'impressione che Durante parta spesso da
tecniche esornative, da moduli stilistici peculiari del testo francese per
battere in virtuosismo il suo modello, prelevando i materiali più preziosi
da quella stessa immensa riserva. In questo caso, come già segnalava
CM, 55, il *s'atorna* di 26.11 potrebbe provenire dal remoto (rispetto
al brano parafrasato) *s'atourne*—in rima—di *Rose* 12554; ugualmente
è pescato nella parte di Jean il raro *bistorna* del verso 13 (la rima è derivativa, *retourne : bestourne*, anche in *Rose* 14655–56).

Se l'impressione di una sistematica *contaminatio* operata dal "Maestro del *Fiore*" ha qualche fondamento, è probabile che al modello segnalato da CM, 55 per *Fiore* 26.12 ("A[h]i lasso, c[h]'or mi fu cambiato
il verso!"), ossia *Rose* 3761 ("Des or est mout changiez li vers") corroborato da *Rose* 9483 ("Malement est changiez li vers"), si sovrapponga
un'altra fonte: il verso che conclude la giostra del *torner*, il già citato
Rose 3991 "Las! je sui cis qui est versé", dove la corrispondenza è im-
perfetta nella seconda parte (anche se *versé* resta in tema), ma in com-
penso è identico l'esordio interiettivo. E nei paraggi, precisamente al v.
3984, troviamo anche, senza bisogno di ricorrere a Chrétien e al suo
Lancillotto, la locuzione *En poi d'ore* (ricordiamo che *in poco/a d'ora*
compare in *Inf.* 24.14; Petrocchi mette a testo *poco*, ma la variante "floreale" *poca* è ampiamente attestata nella tradizione manoscritta più
autorevole).[19]

Anche ai rinvii più discutibili va comunque riconosciuto un merito
involontario: costringendo a un riesame del rapporto fra testo-base e
translatio, paradossalmente contribuiscono a mettere a fuoco la tecnica
del traduttore. Si tratta, come è stato più volte osservato, di una strategia a tutto campo, che attinge ai ventimila e più versi della *Rose* come
a uno sconfinato repertorio stilistico-lessicale. La fusione di varie reminiscenze, prassi consueta nel *Fiore*, è solo un aspetto di quello speri-
mentalismo incontenibile che ha trovato nel poema francese il supporto ideale per gli esercizi più audaci. Ma proprio questo è il punto:

definendo "supporto" il testo-base si mette in rilievo il rovesciamento gerarchico[20] attuato da un parafraste che rifiuta un ruolo ancillare nei confronti del suo modello e non ha certo atteggiamenti reverenziali verso la lingua che ser Brunetto e Martino da Canal avevano definito *plus delitable*, preferendola all'idioma materno. Ser Durante non traduce con pedissequa diligenza e nemmeno parodia; piuttosto "usa" spregiudicatamente l'opera di Guillaume e di Jean come materia grezza da riplasmare secondo un certo disegno. Al vertice dei suoi interessi sembra porsi una duplice sperimentazione: da un lato quella di uno stile comico che, perseguendo la divaricazione massima rispetto al canone lirico-illustre, sceglie l'ibridismo linguistico come propria cifra distintiva; dall'altro quella, davvero rivoluzionaria, del sonetto adibito a costruire un testo d'ampio respiro narrativo. L'invenzione ha qualche precedente (*in primis*, per la tendenza ad accorpare i sonetti in serie omogenee, l'*auctoritas* guittoniana); ma non c'è dubbio che la trasformazione funzionale del sonetto da forma metrica in sé conclusa a segmento codificato (quasi variante autoctona, e strutturalmente più rigorosa, della lassa oitanica) di un *continuum* diegetico sia frutto dell'ingegno del "Maestro del *Fiore*". Come non pensare (cito ancora Barański) "a quell'altra grandissima trovata italiana che è il poema narrativo diviso in terzine, canti, e cantiche, le cui strutture, anche questa volta, si opponevano esplicitamente alle forme francesi"?[21]

Ma torniamo ai presunti *emprunts* oitanici. Il parallelo instaurato tra *Fiore* 229.5–7 e il *Chevalier de la Charrete* 4650–53,[22] è insussistente, giacché il *Fiore* segue qui da vicino il testo della *Rose*: dunque l'eventuale rapporto coinvolgerebbe i due testi francesi, senza fornire alcun dato sulle conoscenze letterarie oitaniche extra-*Rose* del traduttore fiorentino (altrettanto si può dire delle affinità riscontrabili tra la descrizione del castello di Gelosia in *Fiore* 28 e quelle del maniero di Tintagel nella *Folie Tristan* di Oxford).[23] Quanto alla tempesta del sonetto 33, ricollegata al *Tristan* di Thomas, fr. Douce, 1597 e sgg.,[24] non mi sembra che "Li venz s'esforce e leve l'unde"[25] possa autorevolmente proporsi come antecedente diretto di "Quand'i' vidi i marosi sì 'nforzare / Per lo vento a Provenza che ventava"; mentre quello stesso vento "C[h]'alberi e vele e ancole fiac[c]ava" non è forse estraneo a *Inf.* 7.13–14 ("Quali dal vento le gonfiate vele / caggiono avvolte, poi che l'alber fiacca").

Se ben poco rimane dei presunti echi di Chrétien o di Thomas, ancor più fantomatica si rivela la "familiarité certaine avec les oeuvres de troubadours comme Gaucelm Faidit ou même de Peire Cardenal, Arnaut de Mareuil"[26] che emergerebbe in particolare dalle metafore dell'"hommage vassalique". Anche in questo caso l'ingenuità dell'assunto è palese: siamo in presenza di *topoi* talmente diffusi nella tradizione medievale che ben difficilmente le eventuali corrispondenze sono in grado di garantire l'esistenza d'un rapporto diretto. Intanto, l'entusiasmo *naïf* per qualsiasi presunta "agnizione di lettura" delinea, attraverso l'incontrollato proliferare dei reperti, l'immagine arbitraria d'un ser Durante enciclopedista onnivoro, capace di deversare quasi l'intero patrimonio letterario medievale entro gli spazi—pur esigui—concessi dalla sostanziale fedeltà alla *Rose*. Considerazioni simili potremmo fare sul lessico: non saranno certo sporadici provenzalismi come *riccore* (*Fiore* 85.14, dove *Rose* ha *hauteces*, e *Fiore* 109.10), lemma già guittoniano e anche dantesco (*Savere e cortesia* 2), o la comunissima dittologia *fiorisce e grana* (*Fiore* 133.6; in *Fiore* 91.2 con *hýsteron próteron, grana e fiorisce*, dove *Rose* 11097 ha il solo *flourir*)[27] a rivelare nella versione precisi modelli alternativi al testo-base, né si potrà plausibilmente individuare nel *fermo* di *Fiore* 10.9 ("Chéd i' son fermo pur di far su' grado", con *mise en relief* del termine centrale ribadito in rima, al verso successivo, dall'avverbio *fermamente*), ancorché irrelato rispetto alla matrice di *Rose* 2025 ("Ton servise prendrai en gré"), un inserto di diretta provenienza occitanica. Mentre l'eco dell'*incipit* della sestina di Arnaut Daniel (*Lo ferm voler qu'el cor m'intra*) si era ormai diffratta nelle tante imitazioni, più nitido poteva rintoccare all'orecchio di Durante l'esordio guittoniano *Poi pur di servo star ferm'ò 'l volere:*[28] una reminiscenza forse sollecitata, a livello puramente formale, dai *fermer* di Guillaume (*Rose* 2002 " 'A ceste' [*la chiave d'oro*], dist il [*Amore*], 'fermerai / Ton cuer...' "; *Rose* 2009 "E ferma mon cuer si soef").

Con Peire Cardenal, o meglio con la polemica anticlericale diffusa nella poesia occitanica posteriore alla crociata antialbigese e vigorosamente ripresa, in toni non dissimili, dalla letteratura d'*oïl* al tempo della *querelle universitaire* tra ordini mendicanti e maestri secolari, già la *Rose* mostra significative convergenze: come *Clergue si fan pastor*,[29] anzi si mascherano da montoni per meglio divorare le pecore (*n'Ezengris . . . pel de mouton vestic*), così *sire* Ysengrin si riveste della *toison dan Belin* (*Rose* 11123 e sgg., da cui il celebre sonetto 97, l'unico del *Fiore* che sia attestato fuori dal manoscritto di Montpellier). Nel *Fausemblant* di Jean de Meun, prefigurato dall'omologa personificazione della *Complainte maistre Guillaume de Saint Amour* di Rutebeuf (78, 86),[30] persiste ancora un'eco del violento sirventese di Peire contro i chierici degeneri, i "vili ribaldi" (*auls glotos*) / *Que vendon Dieu e destruzon la gen* (*Un sirventes vuelh far* 4: *Ab bel semblan cuobron lurs trassios* [Con belle apparenze coprono i loro tradimenti]).[31] Ma il Falsembiante del parafraste fiorentino è davvero sospettabile di ulteriori, personali recuperi dal trovatore di Puy-en-Velay?

Esaminiamo qualche indizio:"E ciascun dice ch'è religïoso / Perché vesta di sopra grossa lana, / E 'l morbido bianchetto tien nascoso" (*Fiore* 90.9–11). Non più che una labile analogia tematica lega questi versi (privi, peraltro, di corrispondenza nella *Rose*) col sirventese antidomenicano di Peire Cardenal *Ab votz d'angel, lengu'esperta, non bleza*,[32] dove si accenna ai *mols gonels, tescutz de lan'engleza*, per i quali i dissoluti *jacopin* (ossia i domenicani di Parigi, che finirono per denominarsi dalla *rue Saint-Jacques* ove sorgeva il loro convento) lasciano il cilicio (35–36). Quelle vesti di lusso, naturalmente, si guardano bene dal distribuirle agli indigenti, come fece san Martino (*Ni parton ges lor draparia / aissi com sains Martins fazia*), anzi vogliono per sé le elemosine destinate al sostentamento dei poveri (*mas almornas, de c'om sol sostener / la paura gens, volon totas aver*: una polemica che ritorna nel discorso di Falsembiante, sia nella *Rose* sia nei sonetti 110–12 del *Fiore*: cfr. in particolare 110.7 Ma [Dio] *vuol c[h]'uon le [le limosine] diparta a genti umane*).

Per la circonvenzione del ricco usuraio malato, sempre ad opera di Falsembiante, *Fiore* 108 segue da vicino *Rose* 11255 e sgg., che a sua volta riprende il *Dit des Règles* (1259) di Rutebeuf,[33] 106–20, dove si smascherano le canagliesche (*est ceste gent si chienne*) manovre dei *Jacobins* per estorcere cospicui lasciti. Ma nel *Fiore* è una novità, rispetto al testo di Jean, l'accenno al diseredamento della famiglia: *E quando posso, e' non riman danaio / A·ssua famiglia onde possa ingrassare* (5–6). Il tema figura invece in Peire Cardenal, nella *cobla* esordiale di *Tartarassa ni voutor* (si consideri in particolare il verso conclusivo):[34]

> Tartarassa ni voutor
> no sent tan leu carn puden
> quom clerc e prezicador
> senton ont es lo manen.
> Mantenen son sei privat,
> e quant malautia·l bat,
> fan li far donassio
> tal que·l paren no·i an pro.

Ancora una tenue consonanza con Peire a 126.7, ove Falsembiante minaccia i riottosi al pagamento delle tangenti alimentari elencate, sul modello di *Rose* 11740 e sgg., nel sonetto precedente:[35] *I' proverò ched e' son paterini* (il particolare coinvolgimento del traduttore è dimostrato da indizi concreti: la precisione terminologica relativa alla gerarchia patarina a 124.3, *Crede[n]te ched e' sia o consolato*, laddove il testo francese, *Rose* 11724, reca semplicemente *bougre*; la digressione "municipale" di 126.12–13 sulle persecuzioni *A Prato ed a Arez[z]o e a Firenze*). *Rose* 11753 e 11783 prospetta il rogo o la "muratura" con riferimento solo implicito alla prova dolosa dell'eresia; ma la propensione ad abusare delle prerogative inquisitorie per liberarsi degli oppositori scomodi era già stata apertamente imputata ai "Giacobini", con l'aggravante dei futili motivi, proprio da Peire Cardenal: costoro, si legge nel sirventese *Ab votz d'angel* 29–30, non solo mangiano bene e bevono meglio, ma *ans desputon del vi cals meillers es, / et an de plaitz cort establia / et es vaudes qui·ls ne desvia.*

Aggiungiamo una curiosa coincidenza, verbale e tematica insieme: *Idio sa ben sed ell'è spiritale!* di *Fiore* 102.12 (privo di riscontro con *Rose*; con questa esclamazione ironica Falsembiante si riferisce alla sua compagna Costretta-Astinenza)[36] evoca *Esperitals non es la lur paubreza* (ancora a proposito dei domenicani). L'ultimo editore di Peire Cardenal intravede qui un'allusione ai Francescani (*Esperitals*),[37] cui il trovatore era ideologicamente vicino: il sarcasmo del *Fiore* potrebbe implicare una contrapposizione analoga (fin qui non adeguatamente sottolineata) tra l'osservanza rigorosa della regola e la prassi ordinaria di sistematica trasgressione.

Al di là di un'ipotetica conoscenza diretta della poesia satirica e polemica in lingua d'*oc* (conoscenza che per la verità non mi sembra accertabile attraverso i dati di cui finora disponiamo), si ha la netta impressione che l'argomento della degenerazione clericale stia particolarmente a cuore al parafraste, come del resto confermano gli inserti estranei alla *Rose*: in primo luogo quello del sonetto 92 relativo all'assassinio di Sigieri di Brabante. Ma proprio l'accenno a quell'oscuro episodio di cronaca nera (probabilmente del 1283), fornisce, com'è noto, un importante *terminus post quem*. Se accettiamo (cfr. CR, 683) il 1289 (ossia l'"anno della riforma dell'estimo promossa dai magnati") come *terminus ante quem* suggerito dal sonetto 118, dove lo spunto offerto dalla *Rose* è manifestamente sopraffatto dalle urgenze polemiche del parafraste—riconducibili all'animosità antiborghese di un "rappresentante della nobiltà"—vediamo che la forbice cronologica si restringe a poco più d'un lustro, comprensivo degli anni (dal 1287 al 1289) in cui leggeva, nell'antico e modesto convento di Santa Croce, Pietro di Giovanni Olivi, futuro capo degli spirituali e figlio della terra d'*oc*. Non sorprende, allora, che un intellettuale fiorentino di quel tempo (tempo di forti contrasti sociali e di non sopite eresie) si esercitasse con curiosità e passione su un'opera ambiziosa, enciclopedica, ma tutt'altro che indifferente all'attualità politico-religiosa come il *Roman de la Rose*. L'impulso che in direzione di quella tematica poteva fornire il testo di Jean de Meun andava a rinvigorire, nella Toscana del tardo Duecento, un'analoga tradizione di poesia "politica" di provenienza occitanica, ben documentata, ad esempio, dalla struttura del canzoniere provenzale P (Firenze, Biblioteca Medicea Laurenziana, XLI. 42), dove ampio spazio è riservato a testi "militanti", lontani dai motivi ipercodificati della lirica cortese.[38] Se a questa sinergia letteraria oitano-occitanica aggiungiamo il dato contingente della presenza dell'Olivi, possiamo forse meglio comprendere quali stimoli abbiano indotto il traduttore a scegliere il *Roman de la Rose* come palestra per cimentarsi con l'attualità più scottante e insieme per misurarsi, sotto il profilo formale, coi maestri d'Oltralpe: "lo vento a Provenza che ventava" (*Fiore* 33.2), carico d'umori tempestosi e d'una radicata tradizione poetica aspramente critica nei confronti della Curia e dell'Inquisizione (bastino i nomi di Guilhem Figueira, Peire Cardenal, Bertran Carbonel, Raimon de Tors, Guilhem Montanhagol), *ventava* allora anche a Firenze. Forse non è infondato il sospetto che abbia contribuito a 'nforzare, oltre che i marosi di *Fiore* 33.1, anche quelli delle polemiche filosofiche e religiose che appassionavano il nostro ser Durante.

NOTE

1. CR, 558.
2. Lino Pertile, "Lettura dei sonetti CLXXXI-CCX", in *Letture Classensi 22: Lettura del "Fiore"*, a cura di Zygmunt G. Barański, Patrick Boyde e Lino Pertile (Ravenna: Longo, 1993), 131–53 (153).
3. Citazione da CR, 562.
4. Pertile, "Lettura", 153.

5. CR, 562.

6. Si vedano al riguardo le osservazioni di Luigi Vanossi, *Dante e il "Roman de la Rose". Saggio sul "Fiore"* (Firenze: Olschki, 1979), 139n.

7. Pertile, "Lettura", 153.

8. Si vedano le eccellenti considerazioni di Zygmunt G. Barański, "Lettura dei sonetti I-XXX", in *Letture classensi*, 13–35 (in particolare 24–25) sulla consuetudine dell'autonominarsi nella tradizione dei *romans* e delle *translationes*.

9. Arnaldo Moroldo, "Emprunts et réseaux lexicaux dans le *Fiore*", in *Revue des langues romanes* 92 (1988): 127–51.

10. Introdotto, fra l'altro, da una *tournure* ben caratteristica (che non è sfuggita all'acuta indagine di Domenico de Robertis sulla traccia del *Fiore* nell'opera dantesca, nel presente volume): . . . *a me si trasse / E disse*, ove Contini preferisce, contro i precedenti editori, *sì t.*, motivando l'opzione col fatto che 1.4 *e que' vi trasse* "non ha il medio" (CM, 97). Ma a favore di *si* depongono *Fiore* 12.7 *Sì ch'io mi trassi a lui . . . / E sì gli dissi*, nonché *Fiore* 17.13–14 *Si trasse verso lei . . . / dicendo*, confermato da *Rose* 3440 *se trait*. E in *Purg.* 7.3 *Sordel si trasse, e disse . . . .*

11. *Les romans de Chrétien de Troyes edités d'après la copie de Guiot* (*Bibl. nat., fr. 794*), *II. Cligés*, a cura di Alexandre Micha (Paris: Champion, 1957).

12. Cfr. CM, 85.

13. *Les romans de Chrétien de Troyes edités d'après la copie de Guiot* (*Bibl. nat., fr. 794*), *I. Erec et Enide*, a cura di Mario Roques (Paris: Champion, 1952).

14. *Les romans de Chrétien de Troyes edités d'après la copie de Guiot* (*Bibl. nat., fr. 794*), *V. Le conte du Graal (Perceval)*, a cura di Félix Lecoy, 2 voll. (Paris: Champion, 1973–75).

15. Haï!, Fortune, con ta roe
     M'est ore leidemant tornee!
     Malemant la m'as bestornee,
     Car g'iere el mont, or sui el val;
     . . .
     An po d'ore m'a abessié:
     Voiremant 'de si haut si bas'.

                                                                              (6468–77)

Testo secondo *Les romans de Chrétien de Troyes edités d'après la copie de Guiot* (*Bibl. nat., fr. 794*), *III. Le Chevalier de la Charrete*, a cura di Mario Roques (Paris: Champion, 1958).

16. Moroldo, "Emprunts", 137.

17. Cfr. CM, 99.

18. Moroldo, "Emprunts", 136.

19. Dante Alighieri, *La Commedia secondo l'antica vulgata*, 4 voll., a cura

di Giorgio Petrocchi (Milano: Mondadori, 1966–67; ristampa Firenze: Le Lettere, 1994), 1:400. Recano *in* (o *im*) *poca* i mss. Ash, Cha, Ga, Lau, Laur, Lo, Mo, Parm, Pr, Ricc, Tz (sigle secondo Petrocchi, xiii-xix).

20. Cfr. al riguardo le acute osservazioni di Barański, "Lettura", 29.

21. Ibid. 32.

22. Moroldo, "Emprunts", 137.

23. *Folie Tristan d'Oxford*, 99–142, in *Tristan et Iseut. Les poèmes français-La saga norroise*, a cura di Daniel Lacroix e Philippe Walther (Paris: Lettres Gothiques, 1989), 234–80. L'unica corrispondenza rintracciabile coinvolge *Fiore* 28.6, *Che non dottava as[s]alto di villani*, e *Folie d'Oxford* 101 *Ne cremeit asalt ne engin;* ma poiché *dottava* è sicuramente tributario di *Rose* 3828 *Qui ne doutent cop de perriere*, l'onere di provare il debito tristaniano ricadrebbe per intero sul labilissimo indizio dell'*as[s]alto*.

24. Moroldo, "Emprunts", 137.

25. Thomas, *Le Roman de Tristan*, ms. Douce, in *Tristan et Iseut*, 396–480.

26. Moroldo, "Emprunts", 135.

27. Sulla cui presenza nei provenzali e nei siciliani cfr. Frede Jensen, "Les troubadours et l'éveil poétique en Italie", in *Contacts de langues, de civilisations et intertextualité. Actes du IIIème Congrès International de l'AIEO-Montpellier, 20–26 septembre [recte: août] 1990*, 3 voll. (Montpellier: Centre d'Études Occitanes, 1992), 983–89.

28. Guittone d'Arezzo, *Canzoniere. I sonetti d'amore del codice Laurenziano*, a cura di Lino Leonardi (Torino: Einaudi, 1994), 45; si veda in particolare, per le occorrenze duecentesche del modulo d'ascendenza trobadorica, l'ottimo commento dell'editore.

29. René Lavaud, *Poésies complètes de Peire Cardenal* (Toulouse: Privat, 1957), 170.

30. *Complainte maître Guillaume de Saint Amour*, in Rutebeuf, *Oeuvres complètes*, 2 voll., a cura di Michel Zink (Paris: Garnier, 1989), 1:146–57.

31. Lavaud, *Poésies complètes de Peire Cardenal*, 228; databile, secondo l'editore, tra il 1209 e il 1215, mentre la *Complainte maître Guillaume de Saint Amour* è probabilmente da ascrivere alla primavera del 1258.

32. Lavaud, *Poésies complètes de Peire Cardenal*, 160.

33. Ancor est ceste gent si chienne,
   Quant .I. riche home vont entour,
   Seigneur de chatel ou de tour,
   Ou uzurier, ou clerc trop riche
   (Qu'il ainment miex grant pain que miche),
   Si sunt tuit seigneur de laiens.

    . . .

   Quant maladie ces gent prent
   Et conscience les reprent,

Et Anemis les haste fort,
Qui ja les vorroit troveir mors,
Lors si metent lor testament
Sor cele gent que Diex ament.

(126–40)

La citazione da Rutebeuf è talvolta quasi letterale in Jean de Meun. Cfr. ad esempio il caso del discorso di Fausemblant in *Rose* 11550–52: *Mes je qui ves ma simple robe, / Lobans lobés et lobeors / Robe robés et robeors*, da cui *Fiore* 118.12–14: *Ma io, che porto panni devisati, / Fo creder lor che ciaschedun sì erra, / E 'nganno ingannatori e ingannati*, matrice, secondo Contini, delle *adnominationes* dantesche elencate in CM, lxxxix (incidentalmente segnalo che i *panni devisati* " 'alterati' e perciò 'ingannevoli' " [CR, 684 n. 12] riecheggiano manifestamente *Fiore* 97.9 *Così vo io mi' abito divisando*, dove pure *divisando* varrà "camuffando", "mascherando" e non "distinguendo" come glossa CR, 662 n. 9). Nel passo di Jean è ben riconoscibile l'omologo dell'*Estat du monde* (cfr. Rutebeuf, *Oeuvres complètes*, 1:78–87), 43–46: "Et cil lobent les lobeors / Et desrobent les robeors / Et servent lobeors de lobes, / Ostent aus robeors lor robes".

Naturalmente, data l'intercambiabilità delle grafie *en/an, lobent, desrobent, servent* sono interpretabili anche come gerundi (*lobant, desrobant, servant*); la tendenza *facilior* alla paratassi può aver recato un ulteriore contributo all'omologazione sulla terza persona plurale. La stessa spinta all'omologazione e alla paratassi sembra aver agito, presumibilmente senza alcun rapporto con la fonte rutebeuviana, nella tradizione del passo corrispondente della *Rose*: la pluriattestata variante *Lobe* per *Lobans* (sulla quale cfr. CM, 239 n. 14, dove peraltro non è segnalato l'archetipo, ossia il passo dell'*Estat du monde*) è certo modellata sul successivo *Robe*.

34. Lavaud, *Poésies complètes de Peire Cardenal*, 490.

35.   Que' che vorrà campar del mi' furore,
Ec[c]o qui preste le mie difensioni:
Grosse lamprede, o ver di gran salmoni
Aporti, [o] lucci, sanza far sentore.
   La buona anguilla nonn-è già peg[g]iore;
Alose o tinche o buoni storïoni,
Torte battute o tartere o fiadoni:
Queste son cose d'âquistar mi' amore.

(*Fiore* 25.1–8)

Lo stesso tema si ritrova in un sonetto di Bindo Bonichi (autore "periferico", nel quale le più recenti polemiche antifratesche potrebbero innestarsi su un residuo di venature patarine, se è lecito interpretare in tal senso l'avversione al giuramento attestata dai versi finali del sonetto-*enueg Fra l'altre cose non lievi a portare*): "Chi mantener vuole amistà di frate, / conviensi che 'l saluti con la

torta / e sia del tutto l'avarizia morta / in far migliacci e cose dilicate". Il testo
in *Rimatori del Trecento*, a cura di G. Corsi (Torino: Utet, 1969), 670.

36. Anche qui sarà da notare la prossimità concettuale di Bindo Bonichi
(a torto ma non a caso, dunque, indicato dal ms. Laur. Gaddiano 198 come
autore d'un alteratissimo apocrifo floreale germinato dal sonetto 97: cfr. CM,
476–77), che trattando di un'*astenenza* non costretta esordisce *La povertà mi
par perfetto lume / a·ffare l'uom divenir spiritale*.

37. Sergio Vatteroni, "Le poesie di Peire Cardenal (I)", in *Studi mediolatini
e volgari*, 36 (1990): 73–259 (138).

38. Sulla poesia provenzale "d'attualità" e i suoi riflessi sulla cultura toscana
di fine Duecento si vedano le eccellenti osservazioni di Stefano Asperti, *Carlo
I d'Angiò e i trovatori. Componenti "provenzali" e angioine nella tradizione manoscritta della lirica trobadorica* (Ravenna: Longo, 1995), 204–10.

DIBATTITO

Guglielmo Gorni: In effetti, è sempre molto centrale il problema delle fonti.
Tu hai fatto bene, insomma, a precisare, in questa recensione al contributo del
Moroldo, quello che è pertinente e quello che non lo è. Indipendentemente dal
discorso che hai fatto, ma appigliandomi ad un punto, è interessante vedere
come a volte ci siano fonti, come dire, confluenti. Tu parlavi prima di 41.14:
"più chiara son che non è sol né luna". Ecco: c'è certamente appunto la *Rose*,
come Contini dice, e come tu hai messo in chiaro, scartando altre ipotesi. Ma
qui c'è anche la Scrittura. La prima ai Corinti, dunque un versetto paolino,
dice: "alia claritas solis, alia claritas lunae", "più chiara son che non è sol né
luna". Quindi, a volte, accanto a fonti certe come la *Rose*, evidentemente c'è,
come dire, quel *quid* in più, una sovrapposizione, che va nel senso scritturale—
in maniera molto congruente in questo caso.

Lino Pertile: Una postilla. "Bianco e vermiglio" si trova dappertutto, è come
il prezzemolo, di derivazione dal *Cantico;* e quindi anche quello non è che si
possa prendere come indicativo di qualcosa. Invece io volevo un po' chiederti
chiarimenti ulteriori su questo rapporto, che io trovo affascinante e allo stesso
tempo un po' preoccupante, tra la presenza dell'Olivi a Firenze tra l'87 e l'89
e lo stimolo che questo avrebbe provocato ad un giovane Dante a parafrasare
o a tradurre la *Rose* che *vient de paraître*, ma che era un'opera evidentemente
molto lontana dal tipo di predicazione che faceva Olivi a Santa Croce. E io
infatti avevo pensato all' Olivi in quel periodo, ma trovavo le due cose assolutamente incompatibili. Trovo difficile questa compatibilità che tu hai trovato,
mi provoca parecchie perplessità questa cosa.

Lucia Lazzerini: Voglio dire che c'è un filo, un collegamento tra una certa letteratura provenzale, estremamente polemica nei confronti dell'istituzione ecclesiastica, e in particolare degli ordini mendicanti, e la ricezione dello stesso tema operata dalla *Rose*. È difficile dire se vi sia da parte dell'autore della *Rose* un contatto diretto con la cultura occitanica, oppure se si tratti di fonti comuni di altra natura. Ma fatto sta che c'è questa confluenza nella polemica. Allora io mi domando, alla luce proprio della sovrapposizione di fonti e anche di stimoli di cui parlava Gorni, se la predilezione per certi temi della *Rose*, che spinge il parafraste a esondare, a proposito di questi argomenti, dal testo della *Rose*—perché si verifica in effetti un ampliamento e quindi si dimostra che quei temi sono cruciali per l'autore—mi domando se questo interesse particolare non fosse stimolato anche da una discussione che ferveva a Firenze, con polemiche interne allo stesso ordine francescano, proprio in seguito all'arrivo dell'Olivi. Direi che c'è una polemica comune al *Fiore* e alla *Rose*, che aveva peraltro dietro di sé una lunga tradizione—si risale ai primi del Duecento—nella poesia occitanica. Nessun rapporto diretto, dunque, tra Olivi e la *Rose*, ma un rapporto tra la polemica presente nella *Rose* e quella da tempo presente in una cultura che molto probabilmente era familiare a lui come occitano; insomma, mi sembra difficile che il minorita di Sérignan ignorasse un poeta di larghissima diffusione, di fama, oltretutto morto quasi centenario, come Peire Cardenal, e così altri polemisti dell'epoca in lingua d'*oc*. Allora mi domando se l'interesse per la *Rose*, per questi aspetti in particolare, non avesse in un fiorentino degli anni intorno al 1285 anche un'altra matrice, lo stimolo in più che perveniva da questo tipo di discussione, che era sì nella polemica tra ordine francescano e ordine domenicano, ma che era anche, come ben sappiamo, interna all'ordine francescano. Non per nulla ho citato Santa Croce: pochi anni dopo esploderà la polemica sulla costruzione della basilica osteggiata proprio dai Francescani che si richiamavano all'Olivi.

Sylvia Huot

The *Fiore* and the Early Reception
of the *Roman de la Rose*

This essay addresses the place of the *Fiore* in the larger context of the reception and manuscript tradition of the *Roman de la Rose* in the late thirteenth and early fourteenth centuries.[1] The *Fiore* is, first and foremost, a response to the great poem of Guillaume de Lorris and Jean de Meun; the "packaging" of the *Rose* by scribes and artists, and the various adaptations and *remaniements* to which it was subject, form an important background for our understanding of the *Fiore* as a creative reworking of the *Rose*. It was, after all, from manuscripts that ser Durante would have known the *Rose,* and his interpretation of that text would have been shaped by such features as rubrics, miniatures, and page layout, as well as by the variants, both large and small, present in the copy or copies that he encountered. Moreover, the manuscripts contain a wealth of evidence for early readings of the *Rose,* an invaluable resource in our efforts to situate the Italian poet in a larger context of *Rose* readership.

The relevance of the manuscript tradition for an understanding of the *Fiore* can be illustrated by a simple example: the Italian poem's highly unusual format as a sonnet sequence. I know of no French adaptation of the *Rose* as a sonnet sequence, but one consequence of this format—the division of the poem into small, discrete units—is a standard feature of the medieval *Rose*, effected through the use of rubrics.[2] Not all manuscripts are heavily rubricated, but a great many are. Rubrics of the type appearing in the *Fiore* manuscript, indicating the speaker of each sonnet, are ubiquitous in *Rose* manuscripts, nearly all of which employ rubrics to identify speakers both in long monologues and in faster paced dialogues. Monologues are typically broken up through repetition of the speaker-identification rubric, sometimes several times on a page. Moreover, most manuscripts also break up the text by using narrative and thematic rubrics to create subsections. On rare occasions these rubrics were even compiled into tables of contents.[3] In its manuscript form, the *Rose* was not normally the long, undifferentiated flow of couplets that we have come to know through modern editions. Durante's choice of the sonnet verse form is thus an ingenious, indeed unique, manner of achieving the logical subdivision of the text; but it is perhaps not as radical a change as one might at first suppose. Like Durante's other innovations, his new format participates in a larger picture of *Rose* reception: the articulation of textual units by the medieval scribes whose task it was to redesign the *Rose* in book form.

A second innovation introduced by Durante, and duly noted by modern readers of his poem, is the female gender of Bellacoglienza, counterpart of the masculine Bel Acueil.[4] This can be simply explained as the result of the change in language, since *acoglienza* is a feminine noun. However, it does also make Bellacoglienza more directly the representative of the lady whose love Amante seeks. This lady is virtually absent from the *Rose,* reflected or represented by a host of allegorical figures as well as the Rose itself and even the architectural structures housing the Rose, but nowhere present as an integrated, human figure in the way that the Lover is. The feminine gender of Bellacoglienza allows her to merge more directly with the figure of the beloved and certainly creates a stronger feminine presence in the poem. Indeed, the masculine gender of Bel Acueil results in odd, even comical effects, as when Amant dedicates his heart to that agreeable young man, or when La Vieille endeavors to instruct him in techniques of feminine grooming and hygiene and in the art of seducing men.

Durante was not the only medieval reader who wished to recast Bel Acueil in the guise of a young lady: a feminine Bel Acueil is a not uncommon feature of the medieval *Rose.* Several *Rose* manuscripts contain miniatures depicting Bel Acueil as a maiden; whatever the text may say, the reader of these codices is given the visual image of a male Lover interacting with a lady rather than with another young man.[5] Such miniatures occur frequently enough that one must allow for the possibility that Durante had seen, and been influenced by, representations of a female Bel Acueil. I have also found one *Rose* manuscript dating from the mid-fourteenth century (Rennes, Bibliothèque Municipale MS 15963), in which the scribe actually altered the text to make Bel Acueil female—though only in the section where he is lectured by La Vieille.[6] Apparently, this particular reader/rewriter of the *Rose* was willing to countenance a masculine persona for the figure of unproblematic companionship with the Lover that Bel Acueil represents in most of the poem, but felt that the recipient of La Vieille's teachings simply had to be a girl. It is unlikely that this particular textual variant, attested in only one surviving manuscript, had reached the eyes of Ser Durante. Less likely still is any connection between Durante and the anonymous author of a contemporary Flemish adaptation of the *Rose* (c. 1290), who created a female presence by introducing the figure of Florentine, a young lady who tends the roses and who is imprisoned along with Bel Acueil and the Rose.[7] Still, from this host of analogous readings by French artisans and Flemish and Italian poets we can glean a better sense of the larger context of medieval *Rose* reception and of the ways in which its early readers responded to the difficulties and idiosyncrasies of the text.

Ultimately, we must evaluate Durante's global reinterpretation of the *Rose*. The *Fiore* represents a drastic abridgment of the original poem, a narrowing of focus, and a reorientation of its thematic structure. Durante was certainly not alone in wishing to rework the *Rose;* the manuscript tradition is replete with altered versions of the text. Durante's work as reader, translator, and adapter of the *Rose* can only be evaluated against the backdrop of the medieval *Rose,* or to be more exact the many medieval *Roses.* The most pressing issue, in this regard, is that of source: did Durante work from the complete text of the *Rose* as we know it today, effecting his revisions with full knowledge of the text, or did he work with an abridged or otherwise altered version of the text that would explain at least some of the features of the *Fiore?* Contini has already addressed the question of Durante's source manuscript, concluding that he probably worked from a manuscript related to the B family.[8] The B text of the *Rose* survives in various recensions, some of which reflect significant abridgment of the text. It is thus crucial to determine, if possible, whether or not such a manuscript did indeed serve as model for Durante's composition of the *Fiore*.

Among the diverse members of the B manuscript family, two recensions are particularly relevant to our investigation of the *Fiore*. They are represented by MS *Bi* (Paris, Bibliothèque Nationale fr. 25524) and MS *Be* (Turin, Biblioteca Nazionale Universitaria L.III.22). The most abridged text, MS *Bi*, is strikingly similar to the *Fiore*, at least in its overall outlines. Like the Italian poem, it omits the philosophical and cosmological component of the *Rose*. Raison's discourse is reduced to a debate about proper and improper love, without the long discussions of Fortune, language, and obscenity, and without the many *exempla* from ancient and medieval history. Ami's discourse is purely advice about courtship, without the misogynistic diatribe of the Jaloux or the discussions of the Golden Age. Nature and Genius are removed entirely. Also like the *Fiore*, the *Bi* text deletes the entire discussion of the poem's authorship in the God of Love's discourse at the midpoint. In addition, other sections of the poem are shortened and streamlined. In several other respects, however, the text of MS *Bi* differs from the *Fiore*. Perhaps most important, it preserves the text of Guillaume de Lorris virtually unaltered. It also deletes the entire discourse of La Vieille, who figures prominently in the *Fiore*. In the discourse of Faux Samblant, all references to Guillaume de St.-Amour have been removed, while allusions to Augustine's *De opere monachorum* have been added. And it retains two important mythological *exempla* absent from the *Fiore*—the stories of Pygmalion and Adonis—while also adding a new mythological interpolation, an account of the contest of Marsyas and Apollo.

In spite of these significant differences, the *Bi* text is an important analogue for the *Fiore*. Both texts take a much stricter focus than the extremely complex, diverse *Rose*. As Peter Armour states regarding the *Fiore*, the poem is now purely a comic, satirical *ars amatoria*.[9] Or, as John Took has described it, the central problematic has been narrowed down to the triumph of concupiscent love over reason.[10] Both poems— the *Bi* text of the *Rose* and the *Fiore*—retain the discourse of Faux Samblant in spite of their deletion of other material not directly bearing on the erotic quest. Given their evident concern with both brevity and thematic unity, one must assume that both poets considered Faux Samblant an important element of the poem's program of social satire and its representation of irrational desire run amok. Both poets also chose to treat the conjoined *Rose* of Guillaume de Lorris and Jean de Meun as a single, seamless text, suppressing all references to its dual authorship—although Durante, unlike the anonymous B poet, did insert his own name into the text. The resulting unity of voice is directly related to the narrative and thematic unity achieved by the many deletions.

In spite of these intriguing parallels, however, an abridged recension of the B text cannot have been Durante's source for the *Fiore*. Neither the highly altered text of MS *Bi* nor the less drastically abridged text of MS *Be*—which contains a different adaptation of Raison, fewer abridgments in other sections, and the discourses of La Vieille, Nature, and Genius—corresponds precisely to the *Fiore*. Although all three texts delete the philosophical portions of Raison's discourse, for example, they differ considerably on exactly which lines are included and which deleted. There are similar differences in the French and Italian poets' treatment of other portions of the poem.

I will illustrate the relationship between the *Fiore* and the B text through an examination of the discourse of Raison. The most abridged version of Raison, found in MS *Bi*, resembles the *Fiore* in eliminating the long philosophical discourses, the *exempla* from ancient history, and the debate about language, euphemism, and obscenity.[11] Closer examination, however, reveals that while the two texts exclude much of the same material, what they include is actually very different. In the *Fiore*, Amante's dialogue with Ragione revolves around several key points: the ravages of Fortune, which can be avoided by abandoning erotic love; the question of whether Ragione is opposed to all forms of love or only to certain forms, and her suggestion that Amante loves her; the conflicting values of procreation on the one hand, pleasure on the other; and Amante's reluctance to violate his oath to Cupid or to make an oath to Ragione that he would be unable to keep. In MS *Bi*, on the other hand, the debate is quite differently construed. It includes Raison's long oxymoronic description of love, derived from Alain de Lille and absent from the *Fiore*, and it lacks references to Fortune. Neither procreation nor sexual pleasure enters into the discussion. Amant's rejection of Raison is based both on his desire for the Rose and on his feeling that Raison, wanting all men to love her, would not give him the kind of unique devotion required by his courtly ideals; he argues, moreover, that the sort of love she proposes is not even possible in a fallen world.

All that the two texts have in common is the broad outlines of the

debate: Reason counsels the Lover to abandon Cupid; the Lover will-
fully misinterprets this as advice to hate rather than to love; Reason
offers herself as love object and is rejected. Aside from that, their cri-
tiques of the Lover are formulated along quite different lines. In the Italian text the central problem—formulated explicitly at the approximate
center of the twelve sonnets devoted to the second debate between
Ragione and Amante (39–40)—is Amante's refusal to give up erotic
pleasure no matter what the attendant ravages of Fortune, and his in-
capacity to imagine any viable form of love that is not based on desire
for that pleasure. His feigned concern with the sanctity of oaths, expressed both at the beginning and at the end of the section, is only
a sophistical attempt to mask his desires under the guise of honor. In
the French text, on the other hand, Amant formulates his objections
to Raison in terms of the courtly ideal of the couple, which he feels is
violated by her advocacy of communal friendship toward all; in an interpolation figuring in many of the B manuscripts, he chastises her for
wanting to be loved by all men and states firmly, "Je ne voil pas, ne
vous poist mie, / Approprier commune amie."[12] And he argues for the
impossibility of pure friendship in pagan terms, as if somehow unaware
of the ideal of Christian charity. Like Amante, the Amant of MS Bi
does emerge as a carnal reader of Raison, blinded by his inability to
think in spiritual terms. But he retains the refined veneer of courtly
discourse, focusing on his supposed fears of offending the gods and on
the ideal of amorous fidelity rather than on the notion of sexual pleasure.

    If the conflict of Ragione and Amante is unrelated to the text of MS
Bi, it could perhaps have been culled from the recension figuring in MS
Be, which eliminates the discussion of language and obscenity and the
long exempla from ancient history, but still retains the comments of
Raison concerning procreation and pleasure as well as some reference
to Fortune. However, this recension too contains considerable material
not present in the Fiore and lacks the Italian poem's particular empha-
ses. If Durante did work from a text of this type, he must still be credited
with having made extensive revisions of his own. To posit the Be text
as Durante's source does not explain his recasting of the Rose.

    A closer examinanation of the Fiore leads one to wonder whether
Durante was working from an abridged text at all. Sections of the Rose
eliminated from the Italian poem do seem nonetheless to have left their
mark. Perhaps the most obvious example is the God of Love's discourse
on the authors of the Rose (10465–648): if Durante and the B poet

both suppressed the names of Guillaume de Lorris and Jean de Meun and the account of the poem's continuation, once again they did not do so in the same way. The B poet dispensed entirely with the question of authorship, while Durante inserted his own name into the very portion of the poem where the names of the original authors once appeared (*Fiore* 82.9). The appearance of the author's name at this charged moment of the text can hardly be the result of coincidence; one must assume that Durante worked from a copy of the *Rose* that did contain the God of Love's identification of Guillaume de Lorris and Jean de Meun. But because the complex account of dual authorship is of little relevance to the Italian adaptation, Durante deleted it and imposed his own name on the protagonist. In this respect, interestingly, he employed the same strategy as the medieval Dutch poet Heinric in his adaptation of the *Rose*.[13] In both cases, the absence of the God of Love's account of poetic continuation is the result not of a defective source but of the translator's appropriation of the first-person voice of the poem.

Other passages of the *Fiore* suggest that its author may have been familiar with the discourse of Genius, although no explicit trace of that character appears in the Italian poem. One of the most important features of Genius's sermon—as well as one of the most controversial among medieval readers—is his construction of erotic love as a parody of the Christian religion.[14] Already identified as the priest and confessor of Nature, Genius is additionally crowned as a bishop by the God of Love, and it is in this mock-ecclesiastical guise that he preaches his sermon to Love's troops. Here he explains that the divine imperative to "be fruitful and multiply" takes precedence over the virtue of chastity, sanctifying heterosexual activity in such a way that all those who participate in fruitful sexuality will be admitted to heaven. The resulting conflation of sacred and erotic imagery proved troubling for many medieval readers, and Genius's sermon underwent several different abridgments and adaptations—not to mention its outright exclusion by both the redactor of the Bi text and the author of the *Fiore*.[15] But if Durante chose to expunge Genius's daring and morally ambiguous sermon, he nonetheless retained the notion of erotic love and its "code" as a form of idolatry, one that parodies Christian rites and dogma. Numerous biblical echoes in the first five sonnets of the *Fiore* clearly set up erotic love as a parody of Christian faith and charity: Amante vows to serve no other god but Cupid, to love him with all his heart.[16] Cupid himself insists that his rule must take the place of the Gospel: "Ed ogn' altra credenza metti a parte, / Né non creder né Luca né Matteo / Né Marco né Giovanni" (*Fiore* 5.12–14). Amante's substitution of Cupid for the Christian god is emphasized by the explicit reference to Christ in the discourse of Ragione, whose advice he spurns: "Ch'i' vo' ben che·ttu ami il mondo tutto, / Fermando in Gesocristo tu' credenza" (*Fiore* 39.3–4).

Like other medieval poets who adapted and rewrote the *Rose*, Durante in his treatment of the idolatrous nature of erotic love avoided the ambiguities of Genius's presentation. Because Genius couches his praise of active sexuality entirely within the framework of a seemingly orthodox articulation of the Christian heaven, and because he makes a slippery passage from the immortality of the soul to that of the species, the moral tenor of his sermon is difficult to pin down; its interpretation remains controversial among modern critics. The abridgments and adaptations of Genius's discourse found in diverse manuscripts tend to resolve this ambiguity by simplifying his sermon so that it becomes either a straightforward lecture on virtue and salvation or an exhortation to procreate that does not include the promise of spiritual salvation for those who succeed in reproducing themselves. The parodic elements, if retained at all, may be transposed to other sections of the poem where the speaker is less authoritative and the irony is more obvious. For example, Gui de Mori, Picard author of a drastic *remaniement* of the *Rose* and a contemporary of Durante, deleted all the theological elements of Genius's sermon.[17] The confusion of eros with Christian charity is transferred to the Lover himself. For example, in his debate with Raison the Lover cites both Hugh of St. Victor and 1 John on the importance of love, transferring the praise of spiritual love to his sensuous desire for the Rose.[18] Like Durante—and like other adapters of the *Rose*—Gui also stressed the Lover's rejection of Christian charity and biblical doctrine by putting explicit biblical and patristic citations into the mouth of Raison, who in Jean de Meun cites no Christian writers other than Boethius.[19] Overall, Gui's treatment of the *Rose* is very different from that of Durante; there is no basis for supposing that either author was familiar with the work of the other. It is likely, however, that both had a similar reading of Genius and his relevance for the poem as a whole, and both sought to retain the parodic representation of idolatrous love in a simpler and less controversial form.

Indeed, the crux of Amante's rejection of Ragione—his fixation on *diletto* as a natural phenomenon linked to procreation, and hence a legitimate desire—may also derive from the discourse of Genius. Jean de Meun's Raison does cite procreation as the sole justification for sexual activity, and in so doing she also comments that Nature made the act pleasurable to ensure the propagation of the species (*Rose* 4373–94). A captive of Love, like Amant himself, is one who desires pleasure as an end in itself rather than recognizing it as a means of achieving the real goal of procreation: "De fruit avoir ne fet il force, / au deliter sanz plus s'esforce" (*Rose* 4357–58). Raison's words certainly lie behind Ragione's assertion that Amante should be concerned with procreation rather than pleasure, and that the pleasure of the sexual act is purely secondary to its real purpose:

> E s'ad alcuna da' tua benvoglienza,
> Non vo' che·ll'ami sol per lo didutto
> Né per diletto, ma per trarne frutto,
> Ché chi altro ne vuol cade in sentenza.
>   Ver è ch'egli à in quel[l]'opera diletto,
> Che Natura vi mise per richiamo,
> Per più sovente star con esse in letto.

(Fiore 39.5–11)

But while Amant ignores Raison's remarks about both pleasure and procreation, Amante seizes on Ragione's words as justification for his position. He argues that the very fact that Nature added the enticement of pleasure to the procreative act proves that one cannot help but desire this pleasure. With reference to Nature's concern for procreation, he states:

> Sì vuol ch'uon si diletti in tutte guise
> Per volontier tornar a quelle asise,
> Ché 'n dilettando sua semenza grana.
>   Tu va' dicendo ch'i' no·mi diletti,
> Mad i' per me non posso già vedere
> Che sanza dilettar uon vi s'asetti,
>   A quel lavor, per ch'io ferm' ò volere
> Di dilettar col fior no·me ne getti.

(Fiore 40.6–13)

His logic, in effect, is that procreation is necessary and good; it cannot take place without pleasure; therefore, pleasure itself is necessary and good.

Amante's disingenuous appeal to procreation may well be based on Durante's reading of Genius and his role in Amant's quest for the Rose. It is the intervention of Genius, sent by Nature, that paves the way for the final, successful assault on Jealousy's tower. Genius harangues Love's troops at length about the necessity of procreation, which is the sole justification that he gives for sexual activity. Genius even condemns mere pleasure seeking, citing the example of Jupiter, who castrated Saturn—clearly an antiprocreative act—and commanded one and all to devote themselves to pleasure (*delit*) as "li souverains biens en vie" (*Rose* 20077). Jupiter's act of castration, combined with his headlong pursuit of pleasure at all cost, brought about the end of the Golden Age and started humanity's long decline into decadence and vice. But although Cupid and Venus welcome Genius as an ally, and the troops applaud him enthusiastically, it is not at all clear that they have actually absorbed his lesson. What they seem to have learned, if anything, is simply that sexual activity is to be pursued and that it will grant them entrance to a life of everlasting bliss. If Genius has confused the immortality of the soul with that of the species, he has also provided a context in which the Lover can confuse the ecstatic joys of heaven with those of orgasm.

Again, Durante has expunged the more daring aspects of Jean de Meun's poem. But just as he preserved the notion of eros as a parodic religion, so also he has retained the perversion of natural sexuality, the reversed priorities of pleasure and procreation. Following Jean de Meun, he grounds the justification of erotic desire in the natural force of procreation. And like Jean he shows that while Nature had intended for pleasure to be incidental to procreation, the Lover finds procreation to be incidental to pleasure. Unlike Jean, however, Durante does not give the figure of Nature an informative role in his poem as a whole. The argument over pleasure and procreation plays a central role in Amante's rejection of Ragione, because the fixation on pleasure is central, precisely, to the *irrationality* of erotic desire. That point itself, however, is but one element in a multifaceted satire of love. In Amante's interactions with Cupid, Durante stresses the idolatry of eros; the encounter with Ragione demonstrates its irrationality; the discourses of Amico and La Vecchia reveal its reliance on deception and its close partnership with avarice. And with the discourse of Falsembiante, the focus widens to allow for an exploration of the themes of desire, greed, irrationality, and fraud in the context of antifraternal satire.

Overall, then, Ser Durante must be credited with the changes wrought in the movement from the *Rose* to the *Fiore;* he did not simply translate an already abridged version of the poem. Barring the discovery of a new *remaniement* of the *Rose,* we can only assume that he worked from the standard text or something very much like it, and that it is through his creative vision, his reinterpretation of the *Rose,* that the *Fiore* came into being. His work does, however, fit squarely into the larger picture of *Rose* reception in the first few decades of the poem's existence. Like other *remanieurs,* Durante sought to impose unity and brevity on what is, after all, a long, complex, and frequently digressive poem. He avoided morally ambiguous or otherwise controversial passages, such as Reason's defense of obscenity and Genius's blasphemous sermon; he strengthened Reason's status as moral and spiritual guide, and heightened the Lover's idolatrous confusion. In its overall focus the *Fiore* reflects a common pattern—one very important thread of *Rose* interpretation from the thirteenth century on—of reading the *Rose* as a humorous, somewhat irreverent satire of human follies, in particular those associated with the great game of love.

NOTES

1. On the medieval reception and manuscript tradition of the *Rose,* see Sylvia Huot, *"Romance of the Rose" and Its Medieval Readers: Interpretation, Reception, Manuscript Transmission* (Cambridge: Cambridge University Press, 1993). I cite the *Fiore* from the edition by Gianfranco Contini, *"Il Fiore" e "Il Detto d'Amore"* (Milano: Mondadori, 1984). For the *Rose,* unless otherwise indicated, I cite Guillaume de Lorris and Jean de Meun, *Roman de la Rose,* ed. Félix Lecoy, 3 vols. (Paris: Champion, 1973–75).

2. For a sample program of the rubrication of Guillaume de Lorris in an early manuscript, see Sylvia Huot, *From Song to Book: The Poetics of Writing in Old French Lyric and Lyrical Narrative Poetry* (Ithaca: Cornell University Press, 1987), 339–42; rubrication of the first-person narrative voice is discussed on pp. 91–95. For further description and analysis of *Rose* rubrication, see Sylvia Huot, "The Scribe as Editor: Rubrication as Critical Apparatus in Two *Roman de la Rose* Manuscripts," *L'esprit créateur* 27 (1987): 67–78; and Simonetta Mazzoni Peruzzi, *Il Codice Laurenziano Acquisti e Doni 153 del "Roman de la Rose"* (Firenze: Sansoni, 1986), 11–28.

3. I have found tables in the fourteenth-century MSS Paris, Bibliothèque

Nationale fr. 1560; Florence, Biblioteca Riccardiana 2775; and Tournai, Bibliothèque Municipale 101. The last-named is a copy of the *remaniement* of Gui de Mori.

4. See, for example, John C. Barnes, "Lettura dei sonetti CXXI–CL," in *Lettura del "Fiore,"* ed. Zygmunt G. Barański, Patrick Boyde, and Lino Pertile, Letture Classensi 22 (Ravenna: Longo, 1993), 104–5.

5. See John V. Fleming, *The "Roman de la Rose": A Study in Allegory and Iconography* (Princeton: Princeton University Press, 1969), 43–46.

6. See Huot, *"Romance of the Rose" and Its Medieval Readers,* 190–91.

7. See Dieuwke van der Poel, *De Vlaamse "Rose" en "Die Rose" van Heinric: Onderzoekingen over Twee Middelnederlandse Bewerkingen van de "Roman de la Rose" (avec un résumé en français)* (Hilversum: Verloren, 1989), 31–32, 34, 36, 48–49.

8. Ernest Langlois describes the variants that characterize the various *B* manuscripts: Langlois, *Les Manuscrits du "Roman de la Rose": Description et classement* (Paris: Champion, 1910), 359–405. Of the 116 manuscripts classified by Langlois, thirteen are in the *B* family, making it the second largest family. Numerous other manuscripts also contain elements of the *B* text, which appeared at an early point in the textual history of the *Rose* and circulated widely. For an analysis of the *B* text as a reinterpretation of the *Rose,* see Huot, *"Romance of the Rose" and Its Medieval Readers,* 130–62. Contini demonstrates the relevance of the *B* text to the *Fiore* in the introductory section of his edition, *"Il Fiore" e "Il Detto d'Amore,"* cxv–cxxxvi.

9. Peter Armour, "Lettura dei sonetti LXI–XC," in *Lettura del "Fiore,"* ed. Barański, Boyde, and Pertile, 58.

10. John Took, "Lettura dei sonetti XXXI–LX," in *Lettura del "Fiore,"* ed. Barański, Boyde, and Pertile, 44–45.

11. I have published the complete text of the discourse of Raison in MS *Bi* in *"Romance of the Rose" and Its Medieval Readers,* appendix B.1, pp. 353–61.

12. I quote from my edition of the discourse of Raison in MS *Bi,* ibid., appendix B.1, lines 275–76.

13. Heinric likewise deleted reference to the joint authorship of the *Rose* and imposed his own name onto the first-person protagonist of his translation. See van der Poel, *Die Vlaamse "Rose" en "Die Rose" van Heinric,* 16–19.

14. For a discussion of love as a parody of Christian faith in the *Rose,* see Fleming, *The "Roman de la Rose,"* 208–26.

15. I have discussed medieval reactions to Genius in *"Romance of the Rose" and Its Medieval Readers,* 22–32, 170–75, 186–89, 193–94, 329–30.

16. For an analysis of parodic elements in sonnets 1–5, see John Took, "Towards an Interpretation of the *Fiore,*" *Speculum* 54 (1979): 508–10.

17. Gui de Mori's reworking of Guillaume de Lorris is dated 1290, and his

adaptation of Jean de Meun probably followed fairly soon thereafter. His work has been the object of several modern studies. See Ernest Langlois, "Gui de Mori et le *Roman de la Rose,*" *Bibliothèque de l'Ecole des Chartes* 68 (1907): 249–71; Marc-René Jung, "Gui de Mori et Guillaume de Lorris," *Vox romanica* 27 (1968): 106–37; David Hult, "Gui de Mori, lecteur médiéval," *Incidences,* n.s. 5 (1981): 53–70; Lori Walters, "Illuminating the *Rose*: Gui de Mori and the Illustrations of MS 101 of the Municipal Library, Tournai," in *Rethinking the "Romance of the Rose": Text, Image, Reception,* ed. Kevin Brownlee and Sylvia Huot (Philadelphia: University of Pennsylvania Press, 1992), 167–200; and Huot, *"Romance of the Rose" and Its Medieval Readers,* 85–129.

18. See discussion in Huot, *"Romance of the Rose" and Its Medieval Readers,* 118–24.

19. Whatever we may now believe concerning the religious faith of the historical Boethius, one must assume that Jean de Meun, like his contemporaries, would have considered Boethius a Christian writer. Aside from Boethius, however, Raison limits her citations to pagan writers, such as Cicero, Seneca, and Lucan. On Gui's incorporation of Christian doctrine and citations into the discourse of Reason, see Huot, *"Romance of the Rose" and Its Medieval Readers,* 95–98, 110–11; important examples of Raison's Christianized speech are published in ibid., appendix A, pp. 339–49. Two other independent interpolations also insert explicit reference to Christian doctrine into the discourse of Raison: ibid., 164–67, 200–201. The most important of these passages is published in ibid., appendix C, pp. 365–68.

QUESTIONS

Peter Armour: I just wanted to see if you had any thoughts on a couple of minor points. First of all, the reference to Charles of Anjou's Italian expedition, which is rather crucial for dating the *Rose* and which does not appear in the *Fiore . . .* Does that appear in your abridged ones?

Sylvia Huot: No, not in the really abridged versions.

Armour: The other point relates to the *Detto.* It always seems to me that this may hold the key, because of the link with Brunetto Latini's *Tesoretto.* There is a similar allegorical framework and a similar meter; yet it hardly requires any knowledge of the *Rose* at all, except perhaps its plot. Would you have any ideas on where the *Detto* might fit into the reception of the *Rose?*

Huot: I am afraid that not being an Italianist I am not familiar with the *Detto,* but it might well be worth looking into.

Kevin Brownlee: I want to ask you about the discussion of *coilles* at the end of the Raison episode. Am I right in assuming that in the *Bi* manuscript it is cut out?

Huot: It is cut out. The whole of the discourse of Raison, which is 3,000 lines long in Jean de Meun, is only 300 lines in that manuscript. So you can see that quite a lot has been cut.

Brownlee: And in the B family, are there any instances of the discussion of *coilles* being treated explicitly, or referred to?

Huot: Oh yes . . . What happens, in the ones that do contain it, is that the focus of the discussion gets redefined—away from obscenity, ever more into questions of deception and hypocrisy, and so on. So, there is still some debate about language, but it gets redefined.

Brownlee: A related question, still about this B family: To what degree do they refer to the so-called apologia of Jean de Meun?

Huot: Well, it is not there at all—other than in the manuscripts that have had the text put back in. But if you take the most "pure"—the most abridged form, I mean—there is no reference to the name of any of the poets, and there is no discussion of the authorship or anything like that.

Jason's Voyage and the Poetics of Rewriting: The *Fiore* and the *Roman de la Rose*

This essay takes as its point of departure a set of Durante's global rewriting strategies with regard to the *Rose*, which I see as interrelated: the suppression of *translatio* and literary genealogy constructs;[1] the replacement of the double author figure by a single author figure;[2] the undoing of the narrator-protagonist configuration, with its careful separation of first-person perspectives;[3] the elimination of programmatic authorial commentaries;[4] and the radical reduction of learned citations,[5] especially, from my present point of view, citations of Ovid.[6]

Within this context, I focus on the figure of Jason, the first and most frequent of the classical allusions in the *Fiore*, beginning in sonnet 8, and linked to the maritime metaphors of sonnets 21 and 33. I view Durante's Jason as involving a dense and complex rereading and rewriting of the *Rose*, with a "vertical" dimension in which it is a question of reading the Italian poem *against* key passages from the French model text, and a "horizontal" dimension in which it is a question of how these intertextual transformations of the *Rose* are remotivated, made to function *within* the poetic economy of the *Fiore*.[7]

The Jason program in the *Fiore* constitutes perhaps the single most important utilization by the Italian poem of an Ovidian *exemplum* derived from the *Rose*, but one that is, at the same time, profoundly modified by virtue of its status within the poetic economy of the *Fiore*. Within the intertextual dimension of this poetic economy, the figure of Jason appears for the first time as an "addition"—that is, it is inserted by Durante into the narrative sequence of his text, at a point where the model text contained no reference to it. Yet this "addition" involves a complex strategy of rewriting of the model text, which may be seen as paradigmatic with regard to Durante's multilayered transformation of the *Rose*. Two basic rewriting strategies are at issue here. First, Durante's use of the Jason *exemplum* constitutes a narrative expansion of various "givens," various kernel elements, in the model text, which are thereby elaborated and commented upon. Second, this process of rhetorical elaboration and commentary itself involves redeploying (that is, recalling and transforming) other disparate key passages in the *Rose*.

The first citation of Jason in the *Fiore* occurs in conjunction with the figure of Argus at that point in the narrative sequence of the Italian poem just after Amante's first attempt to take the flower is foiled by Lo Schifo (*Fiore* 6; *Rose* 2920–50).[8] The newly intensified amorous suffering undergone by Amante is expressed by means of the following rhetorical figure:

> Se mastro Argus[so] che fece la nave
> In che Giason andò per lo tosone,
> E fece a conto regole e ragione
> E le diece figure, com' on save,
>   Vivesse, gli sareb[b]e forte e grave
> Multiplicar ben ogne mia quistione
> C[h]'Amor mi move, sanza mesprigione.
>
>   (*Fiore* 8.1–7)

This rhetorical figure in the *Fiore* functions, first of all, as a mythographic combination and elaboration of two complementary (but nonmythographic) passages from the base narrative in the *Rose*, which occur at a parallel moment in the plot. First, there is Amant's initial use of the conventional metaphor of a voyage by ship to characterize proleptically his first, unsuccessful attempt to take possession of the Rose: "Je fusse arivez *a bon port* / Se par aus [= Dangiers, Male Bouche, Honte, and Paour] ne fus agaitiez" (*Rose* 2866–67; emphasis mine). Second, there is Amant's use of a "quantitative" version of the "inexpressibility *topos*" to articulate the extreme suffering he underwent after this first attempt failed: "Cuers ne porroit mie penser / Ne bouche d'ome recenser / De ma dolor la quarte part" (*Rose* 2965–67).

This general figure involving the impossibility of calculating or enumerating the amorous suffering of the first-person protagonist in the *Rose* is rewritten in expanded, mythographic terms by means of the Argus reference in the *Fiore*. At the same time, the initial figurative depiction of Amant's quest for his beloved flower by means of a metaphoric sea voyage in which the safe arrival at port corresponds to the taking of the Rose (*Rose* 2866–67) is rewritten in the *Fiore* by means of the Jason reference. Implicitly in the Italian poem, Jason's attempt to win the Golden Fleece is thus established as a figure for Amante's attempt to win the flower. The narrative of Jason's voyage by boat is thus made to underlie the narrative of Amante's allegorical "voyage" in the Giardino.

At the same time, Durante's use of the Argus-Jason combination at this point in the *Fiore* (an association not present in the *Rose*)[9] involves a powerful intertextual strategy with regard to the *Rose*'s separate and "later" use of these two Ovidian figures. By conflating the mathematician Argus/Algus, inventor of algebra, with Argus the builder of the first boat, and by explicitly linking this "double" Argus with Jason in *Fiore* 8, Durante is simultaneously recalling and transforming the way in which the *Rose* makes poetic use both of Argus and of Jason. Let us consider these instances in turn.

The *Rose* makes two references to Argus, both of which are, as it were, implicitly evoked in a provocatively "proleptic" manner by the *Fiore*. The first of these occurs at the opening of La Vieille's speech to Bel Accueil, in which while regretting her present lack of beauty and her past lack of exploitative knowledge, she nostalgically describes her sexual attractiveness when she was young: not even Algus could have calculated the number of violent quarrels men got into over her:

> Se maistre *Algus*[10] li bien contanz
> I vousist bien metre ses cures
> E venist o ses dis figures,
> Par quei tout certefie e nombre,
> Si ne peüst il pas le nombre
> Des granz contenz certefier,
> Tant seüst bien monteplier.
>
> (*Rose* 12790–96; emphasis mine)

The proleptic intertextual recall of this passage in the *Rose* by the Argusso reference in sonnet 8 of the *Fiore* works to suggest a telling link between La Vieille and Amante, to create an ironic distance between the reader and Amante at the very moment when the latter is presenting his erotic passion in the most (apparently) direct and extreme terms. This link is all the more powerful by virtue of the *suppression* of the model passage in the corresponding sequence of the speech of La Vecchia. Durante thus uses his reader's awareness of the *Fiore's* textual model to set up an ironic literary context for his own first-person protagonist.

The second and final mention of Argus in the *Rose* is equally important for Durante's intertextual strategy. It occurs right after Venus and Love's oath to their army, in the sequence introducing Nature in her forge (*Rose* 15891–16248) where Jean de Meun speaks as author figure. The reference to Algus in this context (*Rose* 16165–248) involves a particularly important deployment by Jean of the inexpressibility *topos*:[11] the impossibility of describing Nature by means of art. This passage affirms the inadequacy for this endeavor of the skills of a list of classical Greek artist figures, a list framed by two authorial self-treatments along the same, limiting, lines:

> E fust Platons ou Aristotes,
> *Algus,* Euclidès, Tholomees,
> Qui tant ont or granz renomees
> D'aveir esté bon escrivain,
> Leur engin seraient si vain,
> S'il osaient la chose emprendre,
> Qu'il ne la pourraient entendre;
> Ne Pygmalion entaillier.
>
> (*Rose* 16170–77; emphasis mine)

It is important to note in this intertextual context that Jean de Meun presents Algus as, in effect, a Greek "artist philosopher."[12] The intellectual achievements of this tenth-century Arab mathematician are calculatedly re-presented by the *Rose* as part of the Greek component of the *translatio studii topos* here deployed to demonstrate the predicament of Jean himself as author figure confronted by the impossible task of describing Nature, either directly or metaphorically. In addition, this reference in the *Rose* to Argus involves two complementary intertextual associations for *Fiore* 8. First, and more generally, Jean's Argus evokes one of the poem's most important authorial discussions of the writer's status, in explicit and elaborate terms: the extended sequence of self-conscious commentary by the figure of Jean de Meun as author (*Rose* 15891–16248). Second, and more specifically, this mention of Argus is associated with Pygmalion as key artist figure in Jean de Meun's text. For the list of philosophers and mathematicians unable to depict Nature is immediately followed by a reference to the sculpture: "Ne Pygmalion entaillier" (*Rose* 16177). To the degree that the figure of Argusso in *Fiore* 8 recalls the important context in which Argus functions in the *Rose* (16170–76), attention is called to the Italian poem's systematic suppression of the self-conscious author figure so dominant in the French model text.

The first reference to Jason in the *Rose* involves a different, and positive, kind of intertextual relevance to *Fiore* 8, as key aspects of Jean de Meun's Jason figure are remotivated in Durante's rewriting. The passage in question occurs toward the end of Ami's speech, at the point where that character picks up the thread of the argument he had dropped earlier (*Rose* 8455), concerning the purity of friendship among the "prelapsarian" ancients, before the advent of a money economy, during the Golden Age. During this privileged period, Ami explains to Amant, gold could not be sold, trading and exchange did not yet exist, because ship travel had not yet begun. The ancients who did not know the meaning or the value of navigation (*nagier*) thus found material self-sufficiency in their home country; all were equal with regard to riches; peace prevailed; human beings loved each other "naturally" (*naturelment*). Then came the fall, the advent of Baraz, Pechiez, Male Aventure, Orgueauz, Couveitise, Avarice, Envie, Povreté. Ami presents Jason's initiatory boat voyage as having inaugurated this fall, this descent into a corrupt human history, which Jason's voyage here implicitly figures:

> N'estait lors nul *pelerinage,*
> N'issait nus hors de son rivage
> Pour cerchier *estrange contree,*
> N'onques n'avait la mer passee
> *Jasons,* qui primes la passa,
> Quant les navies compassa
> Pour la toison d'or aler querre;
> Bien cuida estre pris de guerre
> Neptunus, quant les vit nagier;

> Tritons redut vis enragier,
> E Doris e toutes ses filles;
> Pour les merveilleuses semilles,
> Cuidierent tuit estre traï,
> Tant furent forment esbaï
> Des nés qui par la mer volaient
> Si con li marinier voulaient.
>
> (*Rose* 9501–916; emphasis mine)

Leaving aside (somewhat reluctantly) the suggestive parallels between this Jason passage in the *Rose* and the two key Dantean evocations of Jason's voyage in *Paradiso* 2.16–18 and 33.94–96, I turn to the intertextual function of this model passage in Jean de Meun with regard to *Fiore* 8. Two points are particularly important in this context. First, there is Durante's presentation of Amante's quest for the Fiore as, metaphorically, Jason's quest for the Golden Fleece. The status of the Jason *exemplum* in Ami's history lesson in the *Rose* works to provide an intensified negative valence for Amante's amorous quest in the *Fiore*. The apparently positive "epic" associations of Jason's voyage evoked by the first-person Amante-Narratore in the Italian poem are undercut by the negative associations of this same voyage in the model passage in the *Rose*. Second, this intertextual relation also initiates the extended figure by which Amante's amorous quest is presented as a metaphoric *pilgrimage,* which will be of central importance in the *Fiore*. In this regard, the key word in the French model text is *pelerinage*, in the rhyme position in verse 9501, used to characterize Jason's voyage in general terms. Within the poetic economy of the *Fiore*, this intertextual reference initiates a programmatic presentation of Amante's quest as an (ironic, negative) *pellegrinaggio*. Particularly important instances of this (negative) program in the *Fiore* will involve the furthering of Amante's "voyage" by the expedition of Falsembiante and Costretta-Astinenza to Mala-Bocca, described in the following terms:

> Così n'andaro in lor *pellegrinag[g]io*
> La buona *pellegrina* e 'l *pellegrino*;
> Ver' Mala-Bocca ten[n]er lor *camino*,
> Che troppo ben guardava su' passag[g]io.
>
> (*Fiore* 131.1–4; emphasis mine)

This figure is picked up in the first two lines of the following sonnet: "Mala-Bocca sì 'nchiede *i pellegrini* / Di loro stato e di lor condizione"

(*Fiore* 132.1–2). Even more important, Amante's final possession of the Fiore at the level of plot involves his following a "dritto *camino* / E sì v'andai *come buon pellegrino*" (*Fiore* 228.4–5). As Claudio Marchiori notes, this sequence in *Fiore* 228 is also a rewriting of a key passage from the concluding section of the *Rose*:

> Je, qui l'en rent merciz cent mile,
> Tantost, *come bons pelerins*,
> Hastis, fervenz e enterins,
> De cueur, come fins amoureus,
> Emprès cet otrei savoureus,
> Vers l'archiere acueil mon *veiage*,
> Pour fournir mon *pelerinage*.
>
> > (*Rose* 21346–52; emphasis mine)

Within the context of the opening sequence of the *Fiore*, the initial metaphoric association of Amante's quest with Jason's sea voyage in sonnet 8 (and its intertextual bases in the *Rose*) sets in motion an important program in which the French model text is transformed. In the brief consideration that follows, I focus on the two key textual moments at the beginning of the Italian poem that expand the metaphorical references to the sea voyage *topos* in the *Rose* into a dominant (though "disjunctive") element of the plot of the *Fiore*.

In sonnet 21 the sea voyage metaphor first introduced with the Jason comparison of sonnet 8 is transformed into narrative discourse, a direct means of articulating the vicissitudes of the first-person protagonist's love experience:

> Del molto olor ch'al cor m'entrò basciando
> Quel prezïoso fior, che tanto aulia,
> Contar né dir per me non si poria;
> *Ma dirò come 'l mar s'andò turbando*
> Per Mala-Boc[c]a, quel ladro normando.
>
> > (*Fiore* 21.1–5; emphasis mine)

Again, leaving aside the suggestive parallel between *Fiore* 21.3 and *Paradiso* 1.70–71 ("Trasumanar significar *per verba* / non si poria; però l'essemplo basti / a cui esperïenza grazia serba"), I shall concentrate on how Durante's poem here strategically rewrites its model passage in the *Roman de la Rose*. First and foremost, a clearly demarcated passage of "general" commentary text, presented from the perspective of Guillaume-author, is rewritten as part of the particular narrative of Du-

rante-protagonist.[13] In Guillaume de Lorris's text, the protagonist's difficulties that follow upon his kissing of the Rose are described in terms
that pass quickly from particular, narrative discourse to general, commentary discourse. Guillaume-protagonist begins by saying: "E nepor-
quant j'ai mainz enuiz / Soferz e maintes males nuiz / Puis que j'oi la rose
baisiee" (*Rose* 3491–93). Next, Guillaume-narrator speaks in general
terms:

> *La mer n'iert ja si apaisiee*
> *Qu'el ne soit troble a poi de vent;*
> Amors se rechange sovent,
> Il oint une eure e autre point,
> Amors n'est guieres en un point.
>
> (*Rose* 3494–98; emphasis mine)

Second, in rhetorical terms, the simile in the *Rose* becomes a metaphor in the *Fiore*: "Love's trials are like the often turbulent sea" becomes
"I will tell how the sea [of love] became turbulent for me."

Third, sonnet 21 involves a transformative rewriting of one of Guillaume de Lorris's most important interventions to comment on the composition of his text from the authorial perspective in the proleptic mode:

> Des ore est droiz que je vos conte
> Coment je fui mellez a Honte,
> Par cui je fui puis mout grevez,
> E coment li murs fu levez
> E li chastiaus riches e forz,
> Qu'Amors prist puis par ses esforz.
> Toute l'estoire vueil porsivre,
> Ja parece ne m'iert d'escrivre,
> Por quoi je cuit qu'il abelisse
> A la bele, que Deus guerisse,
> Qui le guerredon m'en rendra
> Miauz que nule quant el voudra.
>
> (*Rose* 3499–510)

This is the key commentary passage in Guillame de Lorris that
Douglas Kelly and other critics have seized upon as indicating that
Guillaume's text is narratively incomplete, since it predicts a narrative
event implying closure (Love's capture of Jealousy's castle) that does not
take place in Guillaume's poem.[14] The rewriting of this Guillaumian

subtext of metadiegetic commentary in the *Fiore* creates just the opposite effect. It does so by erasing the distinction between Guillaume's and
Jean's parts of the *Rose* as such, reducing the double author of the *Rose*,
and reducing the related problematic, fundamental to the poetics of the
Rose, that links issues of incompletion/closure with those of continu-
ation/*translatio*:

> E sì vi conterò de la fortez[z]a
> Dove Bellacoglienza fu 'n pregione,
> Ch'Amor abatté poi per su' prodez[z]a;
>   E come Schifo mi tornò fellone
> E lungo tempo mi ten[n]e in distrez[z]a,
> E come ritornò a me Ragione.
>
> (Fiore 21.9–14)

    The extratextual Lady of Guillaume's *Rose* (and the entire dimension
of "extratextual reality" that this construct gives to Guillaume as author
figure) is eliminated by the Italian poet. Moreover, with Durante's closing line evoking the second coming of Ragione, the gap between Guillaume's and Jean's parts of the *Rose* is dramatically erased. The double
author of the French model text is here quite strikingly rewritten as a
single coherent author-protagonist figure. The doubleness (*dédouble-
ment*) of the French model text, which from Jean de Meun's point of
view necessitated the extended treatment of *translatio* (as well as textual
openness and continuation) as essential to the double-authored *Rose*
as a whole, is visibly suppressed by this key detail in the Italian poet's
rewriting. At the same time, this highly unusual *rifacimento* by Durante
of an explicitly marked passage of authorial commentary in the *Rose*
suppresses Guillaume de Lorris's references to himself as writer and as
narrator (*Rose* 3505–6), as the Italian poet refers to himself in the first
person exclusively as the Lover-protagonist.[15]

    Finally, sonnet 21 plays a key role within the poetic economy of the
Fiore, as both a rewriting of the *Rose* and a coherent work on its own
terms. The use of the sea voyage metaphor in sonnet 21 to figure
Amante's amorous narrative recalls the Jason figure of sonnet 8 and also
authorizes the key elaboration, the key expansion of the sea voyage
metaphor in sonnet 33:

> Quand' i' vidi i marosi sì 'nforzare
> Per lo vento a Provenza che ventava,

Ch' alberi e vele e ancole fiac[c]ava,
E nulla mi valea il ben governare,
    Fra me medesmo comincià' a pensare
Ch'era follïa se più navicava,
Se quel maltempo prima non passava
Che dal buon porto mi facé' alu[n]giare:
    Sì ch'i' allor m'ancolai a una piag[g]ia,
Veg[g]endo ch'i' non potea entrar in porto:
La terra mi parea molto salvaggia.
    I' vi vernai co·molto disconforto.
Non sa che mal si sia chi non asaggia
Di quel d'Amor, ond' i' fu' quasi morto.

                                                        (*Fiore* 33)

In the (conjoined) *Rose* we have a seamless textual joining, which maintains in the opening of part 2 (by Jean de Meun) the same basic metaphoric structure (my lady is like a rose) in place at the end of part 1 (by Guillaume de Lorris).[16] In *Fiore* 33 and 34 we have instead the introduction of a new basic metaphor, that of the voyage by boat for the protagonist's erotic quest. This occurs structurally in the *Fiore* at the point in the plot line that corresponds to the transition from Guillaume to Jean in the *Rose*.[17]

Sonnet 33 is thus crucially important to Durante's strategic rewriting of the *Rose* in what I am calling the "vertical" dimension, in which the Italian poem is read, intertextually, against its French model. At least four key points should be made in this connection. First, *Fiore* 33 functions to emphasize Durante's *difference* from his model text, the *fact* of his rewriting. Second, it both effects and emphasizes Durante's replacement of a double-authored text (with its built-in *translatio* structure) by a single-authored one. This takes place by virtue of Durante's transformation of the moment (the locus) of textual transition from Guillaume to Jean, a locus normally marked as such in manuscripts of the *Rose*.[18] Special attention is called to the fact that this transition is not operative in the *Fiore*. This also elaborates the implication of sonnet 21's reference to the reappearance of Ragione. Third, sonnet 33 stresses the "rhetorical independence" of the *Fiore* with regard to the *Rose* by treating the French poem's base metaphor as replaceable, as interchangeable. In a sense, this continues (though in a qualitatively different manner) the process begun by Durante's initial transformation of the Rose into a Fiore (*Fiore* 1.2). Fourth, from a narrative perspective, sonnet 33 involves a key relocation *outside* the garden for Durante-protagonist and, by implication, for Durante-narrator. We have, thus, a rewriting of the *Rose* from a perspective outside the *Rose*, and an incorporation of that *Rose*-external perspective at the level of the *Fiore's* plot.

At the same time, of course, sonnet 33 functions in important ways in what I am calling the "horizontal" dimension of the *Fiore's* rewriting of the *Rose*—that is, within the poetic economy of the Italian poem itself.

In this context, sonnet 33 functions to expand or "thicken" the Jason figure (the Jason program) initiated in sonnet 8. Durante-protagonist is established as a Jason figure whose metaphoric maritime voyage at the plot level is presented as a figure for an erotic quest progressively marked as negative and thus, I think, progressively (though implicitly) differentiated from the "writerly quest" of Durante-author: the composition of the *Fiore* itself, implicitly figured by means of the *topos* of the sea voyage culminating in the arrival at port.

By way of conclusion, I shall sketch out the further developments of the rich intertextual nexus of motifs set up and mutually associated in sonnets 8, 21, and 33. Four key textual moments are at issue in the unfolding plot line of the *Fiore*, of which the first three transform model passages in the *Rose*, while the fourth and last constitutes an addition by Durante.

In sonnet 56 Amico uses a maritime metaphor to illustrate how the lover must continually change tactics (that is, dissemble) in order to gain the object he constantly pursues, but under constantly changing conditions:

> Il marinaio che tuttor navicando
> Va per lo mar, cercando terra istrana,
> Con tutto si guid' e' per tramontana,
> Sì va e' ben le sue vele cambiando
>
> E per fug[g]ire da terra *e* apressando,
> In quella guisa c[h]'allor gli è più sana:
> Così governa mese e settimana
> Insin che 'l mar si va rabonacciando.

Così dé far chi d'Amor vuol gioire
Quand' e' truova la sua donna diversa:
Un'or la dé cacciar, altra fug[g]ire.

                                                                (*Fiore* 56.1–11)

In sonnet 161 La Vecchia uses Jason's abandonment of Medea as an
exemplum to illustrate the rule that a woman who loves in one place
will always be deserted by the man she has chosen, no matter how well
she has served him (*Fiore* 161.6–14). This treatment of Medea is the
longest Ovidian *exemplum* in the *Fiore*, thus bestowing special emphasis
on Jason's "negative" side. In sonnet 190 La Vecchia makes use for the
second time of Jason's abandonment of Medea (*Fiore* 190.5–8) as an
exemplum. When viewed in tandem with the initial reference to Jason
in sonnet 8, these two later references by La Vecchia make Jason (first
without, then with Medea) the single most frequently cited learned
classical allusion in the Italian poem (Venus being a case apart). At
the same time, the two later Jason references involve an ironically explicit reinforcement of the implicitly negative valence given to Jason's
first appearance in the *Fiore* by means of its intertextual relations to
the *Rose*, as discussed above. The two final Jason passages in the *Fiore*
are thus not simply "borrowed" from the *Rose* by virtue of having specific
model passages in the French text at corresponding moments in the
plot. Rather, they are remotivated within the poetic economy of the
Italian text.

In Sonnet 199 we find a final maritime metaphor used by La Vecchia
to describe Amante's impending entry into the garden and the achievement of his amorous quest. The moment occurs in her conversation with
him after she has convinced Bellacoglienza to accept Amante's suit: "Sì
ch'i' ti dico ben ched i' cred' io / Che·lla tua nave ariverà a tal porto /
Che·ttu sì coglierai il fior dell' orto" (*Fiore* 199.5–7). La Vecchia's words
(not found in the corresponding passage in the *Rose*, which Durante
is here expanding) hark back to the first maritime metaphor used by
Amante in sonnets 21 and 33, and to the same metaphor from verses
2866–67 of the *Rose*, which functioned, as we have seen, as part of the
intertextual context for the initial Jason reference in *Fiore* 8.

The intertextual uses to which the *Fiore* puts the *Rose's* Jason figure
are thus sophisticated, complex, and powerful, involving an awareness
of not only the *Rose's* Jason figure as such, but also its nexus of contexts
and associations in the French model text, including specific rhetorical

figures and *topoi* as well as global narrative structure. In this connection, I think that the *Fiore's* rereading of the *Rose's* Jason can be seen as paradigmatic. The *Fiore* does not simply perform a narrative abridgment and a formal transposition of the French romance into an Italian sonnet sequence. Rather, it programmatically rewrites and even redefines the dominant canonical poetic text of the French vernacular in newly Italian literary terms. The complexity of the *Fiore's* relationship to the *Rose* thus offers an extraordinarily rich field for literary study, as well as for the highly charged cultural interaction between France and Italy at the end of the thirteenth century—that is, during the key generation *preceding* Dante's newly canonical Italian masterpiece.

The significance and validity of studying in detail how the *Fiore* rereads and rewrites the *Rose* are, I hope, at last coming into their own. In this context the notion of *translatio* may be seen as brilliantly problematized by the strikingly negative manner in which the Italian poem represents its relationship to its authoritative French model. At the heart of the *Rose's* self-authorization is the key passage at the approximate midpoint of the conjoined text where the two French authors are named for the only time. At this same point they are also presented as effecting a *translatio* by continuing the Latin elegiac tradition, itself represented in terms of *translatio* and literary genealogy: Gallus, Catullus, Tibullus, and Ovid.[19] Perhaps the most aggressive gesture made by the *Fiore* toward its French model text is how, at the parallel moment of authorial self-naming by Durante in sonnet 82, the *Fiore* writes out any mention of his French authorial predecessors. The Italian text—so clearly and visibly based on its French canonical model—strikingly omits to name that model (or its authors) at any point whatsoever. If the *Rose* is the medieval text par excellence, which both incorporates and stages *translatio* constructs as part of its very textual status, the *Fiore* seems to place *translatio* into question. The visible and explicit *translatio* from Greece to Rome to France (a construct extending back to the beginnings of French vernacular literature in the twelfth century, with the *romans d'antiquité*) cannot, it seems, be allowed in the Italian poem's representation of its relationship to its French model. Rather, it is given an ambiguous, even questionable, status. The *Fiore* thus presents itself as an implicit continuation/rewriting of the *Roman de la Rose*, which simultaneously, and explicitly, conceals its direct link to its French model. It does this, I suggest, in the interest of a newly emergent Italian claim to literary and linguistic primacy and authority that, paradoxically, must be based on a French vernacular model that is both evoked and denied. Whatever Dante's relationship to the *Roman de la Rose,* the *Fiore's* flagrantly ambivalant staging of the relationship between the established French and the newly emerging Italian literary, political, and cultural enterprise bears further study.

NOTES

1. See Lino Pertile, "Lettura dei sonetti CLXXXI–CCX," in *Lettura del "Fiore,"* ed. Zygmunt G. Barański, Patrick Boyde, and Lino Pertile, Letture Classensi 22 (Ravenna: Longo, 1993), 131–33.

2. See Peter Armour, "Lettura dei sonetti LXI–XC" in *Lettura del "Fiore,"* ed. Barański, Boyde, and Pertile, especially 67–68.

3. For the centrality of these constructs in the conjoined *Rose* text, see Karl D. Uitti, "From *Clerc* to *Poète:* The Relevance of the *Romance of the Rose* to Machaut's World," *Annals of the New York Academy of Sciences* 314 (1978): 209–16; and Kevin Brownlee, "Jean de Meun and the Limits of Romance: Genius as Rewriter of Guillaume de Lorris," in *Romance: Generic Transformation from Chrétien de Troyes to Cervantes,* ed. K. Brownlee and M. S. Brownlee (Hanover, N.H.: University Press of New England, 1985), 114–19.

4. See Zygmunt G. Barański, "Lettura dei sonetti I–XXX," in *Lettura del "Fiore,"* ed. Barański, Boyde, and Pertile, 13–45.

5. See Armour, "Lettura dei sonetti LXI–XC," especially 57.

6. For the key Ovidian *exempla* in the *Rose,* see Daniel Poirion, "Narcisse et Pygmalion dans *Le Roman de la Rose,*" in *Essays in Honor of Louis Francis Solano,* ed. Raymond J. Cormier and Urban T. Holmes (Chapel Hill: University of North Carolina Press, 1970), 153–65; Kevin Brownlee, "Orpheus's Song Resung: Jean de Meun's Reworking of *Metamorphoses* X," *Romance Philology* 36 (1982): 201–9; David Hult, *Self-fulfilling Prophecies: Readership and Authority in the First "Roman de la Rose"* (Cambridge: Cambridge University Press, 1986), 263–83. See also the brilliant articles by Roger Dragonetti, "Dante et Narcisse ou les faux-monnayeurs de l'image," *Revue des études italiennes,* n.s. 11 (1965): 85–146; and "Pygmalion ou les pièges de la fiction dans le *Roman de la Rose,*" in *Mélanges Bezzola* (Berne: Francke, 1978), 89–111.

7. I am thus purposefully setting to one side within the context of the present essay the question of the possible Dantean authorship of the *Fiore.* For the classic treatments of this issue, see Gianfranco Contini, "Un nodo della cultura medievale: La serie *Roman de la Rose-Fiore-Divina Commedia,*" in *Un' idea di Dante: Saggi danteschi* (Torino: Einaudi, 1976), 245–83; and Luigi Vanossi,

Dante e il "Roman de la Rose": Saggio sul "Fiore" (Firenze: Olschki, 1979). For counterarguments, see Earl Jeffrey Richards, *Dante and the "Roman de la Rose"* (Tübingen: Niemeyer, 1981), especially 5–41. I feel that the Dante question has unfairly overshadowed—even interfered with—modern readings of the *Fiore* as a medieval literary text in its own right, and as a sophisticated rewriting of the *Roman de la Rose* with important literary implications for the complex cultural interrelationship between medieval Italy and France. In the present essay, I will therefore be primarily concerned with the certain literary past of the *Fiore*—its relationship to its French model text—rather than with its uncertain, though intriguing, literary future—its possible relationship to the Italian master poet. In the context of the *Fiore* as a rewriting of the *Rose*, I cite here the groundbreaking work of John Took, "Towards an Interpretation of the *Fiore*," *Speculum* 54 (1979): 500–527; Roger Dragonetti, "Specchi d'amore: *Il Romanzo della Rosa* e *Il Fiore*," *Paragone* 374 (1981): 3–22; and Robert Pogue Harrison, "The Bare Essential: The Landscape of *Il Fiore*," in *Rethinking the "Romance of the Rose": Text, Image, Reception*, ed. Kevin Brownlee and Sylvia Huot (Philadelphia: University of Pennsylvania Press, 1992), 289–303. Harrison is particularly interested in "the Italian author's reduction or condensation of the French text to its essential narrative content" (293). For the *Fiore's* aggressive appropriation of the master French text into an Italian politico-cultural context, see the contribution by Barański, elsewhere in this volume.

8. Citations of the *Rose* are drawn from Ernest Langlois, ed., *"Le Roman de la rose" par Guillaume de Lorris et Jean de Meun, publié d'après les manuscrits*, 5 vols. (Paris: Firmin Didot [vols. 1–2] and Champion [vols. 3–5], 1914–24). For a translation, see Charles Dahlberg, *"The Romance of the Rose" by Guillaume de Lorris and Jean de Meun* (1971; rpt. Hanover, N.H.: University Press of New England, 1986). Citations of the *Fiore* are drawn from Gianfranco Contini, ed., *"Il Fiore" e "Il Detto d'Amore"* (Milano: Ricciardi, 1985), 563–798. I have also consulted with profit the text and commentary of Contini's edition, *"Il Fiore" e "Il Detto d'Amore"* (Milano: Mondadori, 1984). In addition, I have found extremely helpful the "dual language" edition of Claudio Marchiori, *"Il Fiore" e "Il Detto d'Amore"* (Genova: Tilgher, 1983), even though it uses the text of the *Rose* as "reedited" by Clément Marot.

9. See Contini, ed., *"Il Fiore" e "Il Detto d'Amore"* (Ricciardi edition), 572.

10. Langlois, *"Le Roman de la Rose"* . . . *d'après les manuscrits*, notes that the name Argus found at this point in MSS *Be*, *Eb*, and *L* is corrected to Algus in *Ac*. The syntactic parallel between "Se maistre Algus" (*Rose* 12,790) and "Se maestro Argusso" (*Fiore* 8.1) is also worth noting.

11. See Ernst Robert Curtius, *European Literature and the Latin Middle Ages*, trans. Willard R. Trask (Princeton: Princeton University Press, 1953), 159–62, 538–40 ("The Ape as Metaphor").

12. See Alain de Lille's presentation of "Argus" in the *Anticlaudianus*, as noted by Langlois (*"Le Roman de la Rose"* . . . *d'après les manuscrits*, 3:329): "Dividit ut Socrates, ut Zeno colligit, instat / Ut Brisso, studet ut Critias, speculatur ut Argus" (*Anticlaudianus* 2.6).

13. For the distinction between "narrated" and "commented" discursive worlds, see Harald Weinrich, *Le temps* (Paris: Seuil, 1973), 20–49; and Weinrich, "Structures narratives du mythe," *Poétique* 1 (1970): 23–34.

14. See Douglas Kelly, " 'Li chastias qu'Amors prist puis par ses esforz': The Conclusion of Guillaume de Lorris' *Rose*," in *A Medieval French Miscellany*, ed. Norris J. Lacy (Lawrence: University of Kansas Press, 1972), 61–78; and Hult, *Self-fulfilling Prophecies*, 160–74.

15. See *Fiore* 26.9–14: "Allora ricigna il viso e gli oc[c]hi torna, / E troppo contra me tornò diverso: / Del fior guardar fortemente s'atorna. / A[h]i lasso, c[h]'or mi fu cambiato il verso! / In poca d'or sì 'l fatto mi bistorna / Che d'abate tornai men ch'a converso."

16. See Paul Zumthor, "De Guillaume de Lorris à Jean de Meung," in *Etudes de langue et littérature du moyen âge offertes à Félix Lecoy* (Paris: Champion, 1973), 609–20.

17. Contini notes this key textual fact in his commentary on *Fiore* 33, *"Il Fiore" e "Il Detto d'Amore"* (Ricciardi edition), 597. See Harrison's suggestive reading of *Fiore* 33, "The Bare Essential," 297–99.

18. See Hult, *Self-fulfilling Prophecies*, 14–25; and Sylvia Huot, *From Song to Book: The Poetics of Old French Lyric and Lyrical Narrative Poetry* (Ithaca: Cornell University Press, 1987), especially 102–3.

19. See Uitti, "From *Clerc* to *Poète*," 212–14.

QUESTIONS

Mark Davie: What you say about the Jason references is very interesting. Two things strike me in particular. The first, as you hinted, is that the two Jason references in the discourse of La Vecchia represent a very deliberate choice from a much longer passage in the *Rose* where there are many classical examples, and the *Fiore* picks out just two, Jason and Medea in 161 and 190, and also Dido in 161. The other thing that strikes me, of course, is that Jason has exactly the same ambivalent role in the *Comedy*. He is a seducer in *Inferno* 18, and there are quite close links between the *Fiore* and *Inferno* 18. And then you have the two references to the Argonaut voyage at the beginning and end of the *Paradiso*.

Kevin Brownlee: As you can see, I have been scrupulously trying to ignore the existence of Dante Alighieri in this attempt to see the *Fiore* as a rereading of the *Rose*. But these parallels keep cropping up. I was struck by the differences in treatment—in terms of the "positive Jason" and the "negative Jason"—in the *Rose*, in the *Fiore*, and in the *Comedy*. As I said, it seems to me that the *Fiore* starts with an apparently positive presentation of Jason, the Jason without Medea, and ends with an explicitly negative one, while the *Comedy*, of course, does just the opposite. And in terms of the function of the *Rose* intertextually in this context, it seems to make the first, apparently positive Jason reference in the *Fiore* carry with it the negative charge of the deceptive Medea link to Jason, while the *Comedy*, as I see it, is performing a different, and perhaps more radical, rereading of the Jason sequence by shifting that order around.

Zygmunt Barański: Thank you for demonstrating so convincingly that any claims regarding the lack of sophistication on the part of the author of the *Fiore* are, to say the least, problematic.

In relation to what both you and Mark Davie discussed in your papers [see the contribution by Davie, elsewhere in this volume], Michelangelo Picone has written several articles [see, in particular, "Dante argonauta: La ricezione dei miti ovidiani nella *Commedia*," in *Ovidius redivivus*, ed. Michelangelo Picone and Bernhard Zimmermann (Stuttgart: M and P, 1994), 173–202] that look at the interrelationship in the *Comedy* between Dante's metaliterary thinking and self-definition as an *auctor* and the Ovidian myth of Jason's journey. And Dante's recourse to this myth will certainly need to be compared to the role that, as both of you have indicated, Jason plays in the *Fiore*.

I would also like to ask you one question: in what ways do you think that the author of the *Fiore* constructs himself as an *auctor,* an authority?

Brownlee: I am both glad and worried you asked that question. That was my starting point in this entire endeavor. What are we to make of a rewriting of the *Rose* that suppresses precisely the most striking features in the *Rose* in order to establish its own authority? My tentative answer to your question now is in part a result of the conversations that you and I have been having at this symposium. We have been talking about the *Italian* versus the *French* literary and cultural polemic that I see as being involved in the *Fiore*—a polemic by means of which the establishment of authority, using the *topos* of the *translatio studii* from Latin to French, needed, I think, to be broken and eliminated by the *Fiore* poet. In terms of establishing his own authority with respect to the dominant French model, a simple extension of the *translatio*—from Latin to French to Italian—would have undercut what I take to be implicit claims of Italian, or Tuscan, literary self-affirmation with respect to the dominant, even the aggressively dominant, French literary culture. Now, you may accuse me here of reading backward from Dante, which I am trying not to do. But I see that kind of establishment of authority by a negative strategy as the best hypothesis that I can come up with right now, in terms of where the Durante author figure is staging himself with respect to the—what shall I say?—overly explicit authorized figure in the *Rose* of Jean de Meun.

Lino Pertile: You picked on the metaphor of the sea voyage in particular. For me, this is such a common metaphor that it is hard to use it as an example of intertextuality. It seems very difficult to come to any conclusion, methodologically, when two authors use the kind of metaphor you find everywhere.

Brownlee: I see your point. I was purposefully using terms like *topos* or *Unsagbarkeit-topos* to stress that with the maritime metaphor we are very much in the realm of literary convention, both in terms of the erotic quest and in terms of a very conventional means for representing the author in the process of writing: his book is like a voyage by boat, approaching the port, and so forth. In the *Fiore,* it seems to me, that convention or that *topos* is linked to the use of Jason in sonnet 8 through the way in which Jason is depicted as the first voyager by boat both in the *Fiore* and in the *Rose.*

Pertile: But that too is a *topos.*

Brownlee: But it is a *topos* that is here explicitly rearticulated. It is a *topos* in *Paradiso* 2 as well. But there it is used in particular enough terms to merit being "pushed," and that is what I am trying to do here. I am really trying to play between one totally conventional aspect—the voyage-by-sea metaphor—and another intertextually specific aspect, which is the Jason coming out of the *Rose* tradition. And one has to be careful.

PART IV

The Literary Context

La traccia del *Fiore*

Noi ci siamo trovati insieme sì presso
a un covaccio che a me sapeva di lepre
così infreddato com'io sono.

L. Pulci

Non credo che Dante, ammettesse d'essere l'autore del *Fiore* o ne disconoscesse la paternità, avrebbe da obiettare se vi presento la mia ricognizione in termini di *venatio*, d'inseguimento e cattura di selvaggina. Non si tratterà della famosa pantera, che "aulisce" in ogni luogo e in nessuno fa il covo, piuttosto, di quanto ormai ci resta di cacciagione: fringuelli o peppole, pochi e sparuti, ma che pur si fanno udire tra le frasche.[1] La "traccia" è appunto il "lungo odore" (come lo chiama il Poliziano) lasciato dall'animale, quella che in Toscana si dice "la passata": il sentore del suo passaggio. Tempi duri, per i cacciatori; tanto più per uno come me, indicato come quello che ha aperto la stagione, e che ha fatto le prime levate: peggio, che ha sparato così, senza nemmen curarsi della vera preda. Dal che è nato quello che è nato; e per cui siamo qui. Quell'odore, però, non era un'illusione del mio naso, disegnava un'effettiva presenza: di che natura, non mi domandai allora, e mi è stato anche rimproverato di non averlo fatto. Ma per me restava il senso appunto di qualcosa di vivo, che si moveva nella macchia. Il riconoscimento di Dante (genitivo oggettivo) era secondario rispetto al riconoscimento compiuto da Dante ("di Dante" genitivo soggettivo); che significava un deciso orientamento; e, per l'osservatore, accedere al più geloso segreto del suo rapporto con la realtà poetica circostante: una

187

realtà che egli ha contribuito per tanta parte a definire. Essere noto a
Dante può significare molte cose (anche, cuocere nel fuoco dell'inferno); ma primariamente, essere nel campo del suo sguardo: un modo,
anche, di conoscere lui. Dante conosciuto per mezzo del *Fiore*.

Personalmente, e non per sola mia tranquillità, ma per chiarezza, re-
sterei volentieri, ossia vorrei tornare, almeno per un momento, a quegli
inizi di circa trentacinque anni fa:[2] quando certi squarci del *Fiore*, certe
aperture, certe apparizioni, mi parvero imporsi alla mente di Dante, e
dunque alla mente del lettore, con quel tratto che Manzoni ha, in modo
folgorante, definito dell'"irrevocabilità": come una dimensione che si
schiudeva alla sua immaginativa, e con un carattere che d'allora diven-
tava tutto suo, e (ci tornerò più avanti) solo suo. Certo, più che di somiglianze, di suggestioni, si trattava di un modo di vedere, di vedere nello
spazio, di realizzare questo spazio: un modo definitivo. Sono pienamente
d'accordo con Barański sull'"autonomia testuale del *Fiore*",[3] per l'affermazione della quale ha fatto, mi pare, più d'ogni altro, ultimamente (e
anche, diciamolo, per l'identificazione di una personalità a cui non
manca che un nome—quel nome): autonomia che non è in contraddizione con qualsiasi ipotesi d'intertestualità, anzi ne è un elemento
qualificante. E sono altrettanto d'accordo che la questione attributiva
ha intralciato, in buona parte, tale affermazione. Ciò, più specificamente, quando alla supposta *authorship* dantesca se ne è voluta contrap-
porre un'altra, e non il semplice diniego: riducendo la contesa a un confronto di crediti, come di una disputa d'eredità; quando è evidente che
non è ciò che è comune (e che eventualmente accomuna Dante ai poeti
della tradizione e del suo tempo) che importa, ma ciò che è peculiare,
ciò che distingue. A me parve sùbito che quell'imponenza a Dante della
poesia del *Fiore* fosse un forte indizio di valore, ossia un riconoscimento:
di qualcosa che era penetrato dentro, e che non si poteva più mandare
indietro. Come di Cavalcanti per Dante (o anche viceversa); o di Dante
per Petrarca (lo ha accennato in un lampo Contini; ho cercato d'illu-
strarlo altrove).[4] Tant'è che i segni di questa penetrazione durano a
lungo, non si cancellano più.

Riconsideriamo un poco, *s'il vous plaît*, questi segni. Non era tanto
una, normale direi, sequenza narrativa del tipo *venne / giunse . . . e
disse*, con cui si apre propriamente la scena del *Fiore*, dopo la didascalia
dei versi 1–2 "Lo Dio d'Amor con su' arco mi *trasse* / Perch'i' guardava
un fior che m'abellia", che racchiude la "ragione" di tutta la storia: tanto
che dà giusto il *la* alla narrazione (4–6 "e que' *vi trasse* / . . . / E

disse:"), con sintomatica ripresa, come un *da-capo* (stessissimo luogo del testo), nel sonetto 2 (4–5 "Lo Dio d'Amor sì *venne a me* presente, / *E dissemi:*"). E non c'è voluto molto a produrne esempi a iosa, magari[5] dal *Fiorio e Biancifiore* o dal *Cantare di Liombruno* (ma se ne veda l'immediata ripresa-variante nel sonetto 3.9: "Allor que' *prese* il cor *e disse:*"). Eppure, riguardo alla specifica appropriazione dantesca, particolarmente in "Un dì *si venne a me* Malinconia / *E disse:*", non solo si riproduce la dilatazione della sequenza,[6] con 5–6 *"E io le dissi . . . / Ed ella mi rispose . . . "*, e così 12–13, giusto come nel sonetto 2.9–14 *"Ed i' risposi . . . / E quelli allor . . . / E disse:"*, ma resta materia, dall'ultima battuta di questo, "E disse: *Pensa di farmi* lealtate", per il parallelo sonetto della *Vita nuova*, *Io mi senti' svegliar*, e l'analoga comparsa di Amore, col suo "dicendo: *Or pensa pur di farmi* onore" (5).

Ma è la strategia dell'apparizione (in *Un dì si venne a me*, "*Guardai, e vidi* Amore *che venia* / Vestito di novo d'un drappo nero, / E nel suo capo portava un cappello" 8–10; in *Io mi senti' svegliar*, "e *poi vidi venir* da lungi Amore, / Allegro—questa volta— . . . Dicendo: Or pensa . . ." 3–5, con pronta imitazione successiva: "*Guardando* in quella parte *onde venia*, / *Io vidi* monna Vanna e monna Bice / *Venire inver'* lo loco là 'v'io era" 8–10), è questo prender possesso, coi propri occhi, dello spazio dell'evento, che è inconfondibile e irripetibile: già affiorante nel sonetto 6 (11–12 "Ed i' *vidi* venir un gran villano / Con una mazza, *e disse:* Or ti ste' a mente"), e interamente spiegato nell'apparizione di Ragione nel sonetto 9 (3–6 "Ed i' *mi riguardai dal dritto lato*, / *E sì vidi* Ragion col viso piano / *Venir verso di me*, e per la mano / Mi prese, *e disse:*"), per riprodursi nell'incontro successivo con lo Schifo, sonetto 12 (1–9 " . . . verso 'l giardino / *Torna'mi . . . / Ed i' guardai, e sì ebbi avisato* / Lo Schifo, con un gran baston di pino . . . / Sì ch'io *mi trassi a lui . . . / E sì gli dissi:*").[7] La riprova del comune punto di vista è data dal ripetersi di certe determinazioni oggettive: come "dal dritto lato" (anzi "*mi riguardai dal* dritto lato") in (pur con diversa funzione semantica: ma è sempre una posizione nello spazio) "*veggendosi* l'Amor *dal dritto lato*" di altro sonetto dantesco di apparizioni, quello "Di donne *io vidi* una gentile schiera / . . . / E una *ne venia* quasi *imprimiera*" (1–3; con analogia inversa con la precedenza di Vanna nel sonetto della *Vita nuova*); oppure la sosta che scandisce le entrate in iscena, "E quand' i' fui un poco dimorato" (200.3: ma viene sùbito in mente l'"E quando un poco confortato fui, / Io dissi:" che introduce il racconto della visione della canzone *Donna pietosa*, 27–28), e addirittura serve a mettere a fuoco

lo sguardo, "*E riposando*, sì ebbe avisata / . . . / Tra due pilastri una balestriera" (223.5–7), come in Dante, sempre nel sonetto della *Vita
nuova*, "E *poco stando* meco il mio signore, / *Guardando* in quella parte
onde venia, / *Io vidi* . . . " (7–9), e nel parallelo sonetto di Malinconia,
"e ragionando *a grande agio* meco, / *Guardai, e vidi* . . . " (7–8).[8] È notevole, oltre tutto, la continuità dell'uso, per lungo tratto del poemetto,
con le sue varianti e conversioni, con riguardo sempre allo "spettacolo":
da "*Si trasse* verso lei *col viso baldo*, / *Dicendo:*" (17.13–14), a "Allor
tornò a me, che lungi m'era, / *Ragion la bella, e disse:*" (35.5–6), o "Sì
tosto ch'*e' mi vide*, a me *sì trasse*, / *E disse:*" (47.11–12), o "Allor *guardai, e sì vidi ombreando* / Di sotto un pin una donna pregiata" (74.5–6),
o "Lo Dio d'Amor, che *guar' lungi* no·mm'era, / Mi *riguardò* com' io mi
contenesse, / E parvemi ched . . . / *Sì venne a me e disse:*" (77.5–8), o
"Lo Dio d'Amor *sorrise, quando udìo* / Astinenza-Costretta sì parlare, /
E disse:" (81.1–3): continuità che fa tutt'uno con quella dantesca ben
oltre le rime fin qui citate e la stagione che rappresentano: dal praticamente iniziale di tutta la visione "*guardai in alto, e vidi* le sue spalle /
vestite già de' raggi del pianeta" di *Inf*. 1.16–17, e dal memorabile "*si
leva, e guarda, e vede* la campagna / biancheggiar tutta . . . " (8–9) della
similitudine che apre il canto 24, alla prima apparizione, e coinvolgimento, nella bolgia dei barattieri (*Inf*. 21.22–30): "Mentr'io la giù fisa-
mente *mirava*, / lo duca mio, dicendo: *Guarda, guarda!*—dell'iterazione
s'è da tempo riconosciuto il precedente nell'identico grido d'allarme di
Mala-Bocca nel sonetto 32.10—mi trasse a sé *del loco dov'io stava*—
proprio come nel sonetto della *Vita nuova*—Allor *mi volsi* . . . / *e vidi
dietro a noi* un diavol nero / correndo su per lo scoglio venire" (la
meraviglia del sonetto, verso 12, è espressa nei versi seguenti, 31–33:
"Ahi quant' elli era ne l'aspetto fero! / e quanto mi parea ne l'atto acerbo, / con l'ali aperte e sovra i piè leggero!"). E oltre l'*Inferno*, il *Purgatorio*, 3.55–59 ("E mentre . . . / io *mirava* suso intorno al sasso, / da
man sinistra m'apparì una gente / d'anime che moviono i piè ver' noi"),
13.46–50 ("Allora più che prima *li occhi apersi*; / *guarda*'mi innanzi, *e
vidi* ombre con manti / . . . / E poi che fummo *un poco più avanti*, / *udia*
gridar:"); e perfino il *Paradiso*, fine del canto 22 ("Col *viso ritornai* per
tutte quante / le sette spere, *e vidi* questo globo" 133–34 con quel che
segue-precede, versi 128–29: "*rimira* in giù, *e vedi* quanto mondo / sotto
li piedi già esser ti fei"), e addirittura 31.118–23 ("Io *levai li occhi*;
e come da mattina / . . . / così, quasi di valle andando a monte / con
li occhi, *vidi* parte ne lo stremo / vincer di lume tutta l'altra fronte"):

con la dilatazione che compete a quella latitudine. Sicché anche l'ultimo degli esempi del *Fiore* (81.1–3), "Lo Dio d'Amor *sorrise* . . . / E *disse:*", sembra anticipare analoghe illuminazioni proprie delle regioni della beatitudine ("Ella *sorrise* alquanto, e poi: S'elli erra / l'oppinïon, *mi disse*, d'i mortali" *Par.* 2.52–53; "Con quelle altr' ombre *pria sorrise* un poco, / da indi *mi rispuose* tanto lieta" 3.67–68; e perfino "*Ridendo* allora Bëatrice *disse:*" 25.28). Appare dunque tanto più ammissibile, a distanza minore, quest'ultima conversione: della scena conseguente alla tragicomica deflagrazione del castello, per il fuoco messo al "fornello" da Venus (*Fiore* 226), nella descrizione del "soave" insediamento di Amore nel proprio cuore, nell'ultimo componimento (*Sì lungiamente*) dettato prima della morte di Beatrice (*Vita nuova* 27), ossia di "Quando 'l castello fu *così* imbrasciato / E *che·lle* guardie *fur fuggite via*, / *Alor* sì v'entrò entro Cortes*ia*" (226.1–3) in "Però, *quando* mi tolle sì 'l valore / *Che li* spiriti par che *fuggan via*, / *Allor* sente la frale anima m*ia* / Tanta dolcezza che 'l viso ne smore" (5–8): colla complicità, per giunta, della rima.[9] (Ma già nel sonetto precedente, 225.12, la fuga dello Schifo era drammatizzata negli stessi termini—"Lo Schifo disse: '*Qui no sto più io*' ": il *Roman de la Rose* 21267–68, *tout simplement*, "Dangiers . . . / S'en fuit"—che, nel sonetto *Degli occhi de la mia donna si move*, l'insostenibilità dello sguardo di lei: " . . . mi fa tremare / E dicer: *Qui non voglio mai* tornare" 6–7: nell'uno e nell'altro caso, in sede di rappresentazione decisamente "tragica".)

Semplice persistenza e privilegio della memoria di Dante? e con una costanza a tutta prova, che attraversa l'intera sua esperienza e diciam pure sperimentazione poetica e travalica ogni confine di "genere"? Sulla "comicità" del *Fiore* non v'è chi non abbia speso parole, con obbligata ricaduta sulla *Commedia*, e prima sugli esempi di rappresentazione in rima a cui s'è fatto capo.[10] Ma singolarmente, genialmente Dante sembra adibirla a esaltazione dei momenti supremi, per le aperture più liriche; che ne trascolora la stessa presenza, in confronto più intermittente, di Cavalcanti, pur attiva ancora alle ultime altezze del *Paradiso*, nella trasparenza, parlando a San Giacomo, canto 26.42, in "Io ti farò vedere ogne valore" (la promessa di Dio a Mosè), della prima testimonianza resa da Guido a Dante, anni luce fa: "Vedeste (al mio parere) onne valore". Soprattutto, non si spiega se non come crescita interiore, ossia come operazione totalmente in proprio, la vertiginosa spinta poetica che Dante sa trarre da così lontana memoria: appunto come crescendo su se stesso. Ciò, si concede, sulla base di un solo dato (ma Contini ne ha forniti ben più numerosi esempi, con eccezionale, e non più ripetuta, capacità di selezione, degna in tutto dell'oggetto, ossia del suo "autore"). E si concede anche che non si dà altro caso di così protratta identificazione; ma che tocca la natura stessa del vedere e del rappresentare: anche in uno spazio solo mentale; per cui è illuminante la continuità, avvertita da Contini, dell'esempio del sonetto 183.9, "Vedi l'uccel del bosco quand'è 'n gabbia", con quello di *Purg.* 25.77, "Guarda il calor del sol che si fa vino": come di chi parli la stessa lingua; come di un'unica lingua.

Riguardo a questa identificazione col poeta del *Fiore* (con Cavalcanti, nonostante la sottile compenetrazione delle due voci, delle due ricerche, Dante non s'identifica mai: "come di neve in alpe sanza vento", *Inf.* 14.30, è, in virtù di quel "come", proprio una citazione del verso "e bianca neve scender sanza venti" dell'amico [*Biltà di donna* 6]); quanto, dicevo, all'identificazione col poeta del *Fiore*, è possibile fornire qualche elemento in più; anche, vedremo, rispetto alla continuità nel tempo. Intanto, è rilevante il concentrarsi di una serie di riscontri sul giovanile sonetto della Garisenda (un testo che si calerebbe bene nel *Fiore*), con particolare riguardo alle figure e alle connessioni della dichiarazione finale (ma anche l'inciso "mal lor prenda" del verso 5 è analogo al "che mal fuoco l'arda" del sonetto 52.5): il verso penultimo, "E dico ben, *se 'l voler non mi muta*", si conforma, anche nella scansione, a "ché fermo son, *se morir ne dovesse*" di 46.12, e per "*E dico ben*" si confronti 219.6 "*Ed i' te dico ben* ch'i' lavorròe"; e per l'intero sviluppo (13–14 "E dico ben, se 'l voler non mi muta, / Ch'io stesso li uccidrò, que' scanoscenti"), si veda 75.12–13 "Ché sie certano, se·ttu m'ài schernita, / I' ti darò tormento e malenanza". Inoltre la determinazione finale "que' scanoscenti" è, per dirla con Contini (che però si riferiva a Manzoni),[11] diciamo è divenuta, una "firma" dantesca, che si riproduce in *E' m'incresce di me* 31, "la sconsolata", meglio in *Lasso, per forza di molti sospiri* 12, "però ch'elli hanno in lor, *li dolorosi*", e in *Così nel mio parlar* 41, "e sfida / La debole mia vita, *esto perverso*", comunque ben segnata nel *Fiore*, talvolta a ricalco del *Roman:* 139.13 "Ché noi sì l'abbiàn morto, *quel dolente*", 160.6 "E sì 'l te crederanno, *que' dolenti*", 161.9 "E po' sì la lasciò, *quel disleale*" (*Roman* 13256 "li desliau"),[12] e anche 73.9 "Ma e' v'era Paura, *la dottosa*", 232.1 "Malgrado di Ricchezza, *la spietata*" (che è "Maugré Richece la vilaine" del modello), e ancora 21.4 "per Mala-Bocca, *quel ladro normando*". S'ag-

giunga che la variante della formulazione iniziale "ché fermo son" della
prima citazione (46.12), "*Chéd i' son fermo* pur *di* far su' grado" (10.9),
troverà puntuale riuso nell'altra petrosa, *Io son venuto* (51–52), in
"*Perch'io son fermo di* portarla sempre / Ch'io sarò in vita . . . " (e pro-
seguendo: "s'io vivesse sempre" 52, che ci riporta, ancora, a "se morir
ne dovesse" di 46.12: la vita, anche qui, misura di fedeltà): sempre a
conferma di una durata oltre le circostanze della prima esperienza.

Questa conferma è offerta anche da singoli richiami, sia distribuiti
in direzioni diverse, sia affioranti alla lunga distanza. Nel primo caso
(cerco d'astenermi da indicazioni già divulgate): l'immagine "con le
'nsegne d'Amor dieder la volta" della canzone *E' m'incresce di me* 21
rinnova quella di 175.4 "Forse ch'e' volgeria la sua bandiera"; la perifrasi
"far *ciò ch'è la cagione* / *Che* ti dichini a farmi compagnia" (10–11) del
sonetto *Deh, ragioniamo insieme un poco, Amore*, sviluppa quella di
132.3–4 "E dimandò *qual era la cagione* / Ch'egli andavan sì matti e
sì tapini"; e a lasciare il segno persino nell'espressione della lode, non è
tanto una cadenza come "ogne salute" (in *Vede perfettamente* 1 come in
44.3), ma la parodia avanti lettera delle epifanie di madonna, specie di
Tanto gentile e tanto onesta pare (7–9 "E par che sia una cosa *venuta* /
Da cielo in terra . . . / Mostrasi sì *piacente* a chi la mira", e la prosa corrispondente, *Vita nuova* 26.1: " . . . che quando passava per via, le persone *correano* per vedere lei"), nella commemorazione, da parte della
Vecchia, del suo buon tempo (146.5–7): "Ch'i' fu' sì tra*piacente* in mia
venuta,[13] / Che per tutto *corrëa* la novella / Com' i' era *cortese e gente* e
bella". E s'aggiungano più sottili filigrane, compreso l'uso dell'*enjambement*, come quella di 45.1–3, "Ancor non vo' t'incresca d'ascoltarmi /
Alquanti motti ch'i' voglio ancor dire, / A ritenere, intendi, e a *udire*"
(leggo con interpunzione diversa da quella di Contini, senza i due punti
dopo il primo verso),[14] dietro ai versi 5–9 di *Onde venite voi . . . ?*
("Deh, gentil donne, non siate sdegnose / Né di ristare alquanto in
questa via / E dire al doloroso che disia / Udir de la sua donna *alquante
cose;* / Avegna che gravoso m'è l'*udire*"), o come 100.4–5 "*Non* seppe
unquanche il quarto di baratto / *Come fo io* ", dilatatosi in "*Non* preser
mai così mirabilmente / Viso di donna . . . / *Come lo vostro . . .* " (2–5)
del secondo sonetto della *Vita nuova* per la donna pietosa (in ben altro
clima, dunque, e fuori di più naturali corrispondenze del tipo "Ché 'l
mal d'amor non è pesante il sesto / Ver ch'è dolce lo ben" dell'appunto
d'epoca sonetto *Com più vi fère* 7–8). E va da sé che Forese, rispondendo

a Dante "legato a nodo ch'io non *saccio* il nome / Se fu di Salamone o d'altro *saggio*" (*L'altra notte* 9–10), poteva fare il verso a "E fosse *mal di capo, o ver di coste, / Od altra malatia* che mi gravasse" (224.12–13).

La lunga distanza è rappresentata intanto dalle rime della maturità e il loro serrato, sdegnoso, passionato argomentare: la canzone della gentilezza, per esempio, per 98–99 "Ma se l'una val ciò che l'altra vale, / E *ancor più* . . ." modellato su 59.5–6 "Una nel cento non fu mai veduta / (*Ed ancor più*, che 'l miglia' ci ti metto)";[15] o la canzone contro gli avari: per la *correctio* "*Omo* da sé vertù fatt'ha lontana: / *Omo no*, mala bestia ch'om simiglia" (22–23) come già 89.1–2 "I' sì mi sto con que' *religïosi: / Religïosi no*, se non in vista", non sfuggita al Vanossi,[16] e che sarebbe strano che Dante andasse a ripescare nella memoria, e pantografasse così, se non fosse pronuncia sua; o l'imperioso "*I' vo' che ciascun* m'oda" (118) sulla falsariga di "*I' vo'* ben *che ciascun* saccia" di 209.7; ma anche, sùbito nei versi seguenti, per come il vieto motivo del dono non spontaneo ("Chi con tardare e chi con vana vista, / Chi con sembianza trista, / Volge il *donare* in *vender tanto caro* / Quanto sa sol chi tal compera paga" 119–22 fino a "Che 'l negar poscia *non li pare amaro*" 125) riimpasta un'analoga materia non solo verbale, tratta dalle dichiarazioni di Falsembiante ("falsi animali" [101] ha appena chiamato Dante gli avari), 122.12–14: "Ma non convien mostrar ch'e' vi si' *amaro* / A largamente sapermi *donare*, / Ché 'l mi' servigio i' 'l *vendo molto* caro".

L'ultimo orizzonte è, sappiamo bene, la *Commedia*, che ravvicina e ravviva quella stagione e, come dire?, la riorienta (come del resto altre esperienze: stil novo, momento petroso, canto della rettitudine) nella generale prospettiva dantesca. I più begli esempi sono stati già notificati e valorizzati, tra Contini e Vanossi (richiamo alla ormai comune memoria il proemiale "A *te convien* tenere altro vïaggio / . . . / *se vuo'* campar d'*esto* loco selvaggio", *Inf.* 1.91–93, che riproduce l'attacco di 69 "A *te sì* non *convien* far disfidaglia, / Se tu *vuo'* ben civir di questa guerra", che tra poco sarà "la *guerra* / sì del cammino e sì de la pietate" (*Inf.* 2.4–5; ma c'è una più pertinente suggestione guittoniana, sonetto 48.12 "Or pensa di tener altro vïaggio"), o, poco più avanti, il "*Per altra* via, *per altri* porti / *verrai* a piaggia, non qui, per passare", *Inf.* 3.91–92, uguale a "*Per altra via andrai* . . ." di 76.13, in risposta a una richiesta di "passo" (9), o, nell'ultima intercessione per la rivelazione di Beatrice, *Purg.* 31.133–35, "Volgi, Beatrice, volgi li occhi santi / . . . al tuo *fedele / che per* vederti *ha* mossi *passi tanti*", l'eco, proprio, della preghiera a Bellacoglienza per la concessione del fiore, 227.2–3, "Aggie pietà di quel *leale amante,* / *Che per te ha* soferte *pene tante*". Punterei comunque su certi movimenti, su certe inflessioni, non imposti dalle circostanze, e che sembrano discendere da una piena "assuefazione": come quegli inizi, "*Così discesi* del cerchio primaio", "*Così* di ponte in ponte, altro parlando, / . . . / *venimmo* . . . ", dei canti 5 e del 21 dell'*Inferno*, preceduti da "*Così n'andaro* in lor pellegrinaggio" di 131.1; o l'impostazione di un *exemplum*, "*Novo augelletto* due o tre aspetta", *Purg.* 31.61, come in "*Giovane donna* nonn-è mai ozïosa" di 154.9; o il "*Giustizia* vuole *e pietà mi ritene*" di Traiano, *Purg.* 10.93, che raddensa in un verso l'"*Egli è ben dritto* . . . / . . . *e ragion lo comanda*" di 15.2–3, ben intendendo (2–3) "ch'a vostra domanda / I' faccia grazia" (e al verso 6 si legge "*Venga il valetto* . . . ", quasi "*Vegna* Medusa . . . " di *Inf.* 9.52); e ci metterei anche—oltre a un "per forza di braccia" in chiusa di verso, 214.3, dove il primo emistichio è "L'un l'altro abatte", che ritroviamo in "per forza di poppa" di *Inf.* 7.27, con, al verso 26, "e d'una parte e d'altra", e dunque come obbedendo a un medesimo modello—ci metterei il nesso quasi proverbiale *vendetta-*(non) *fretta* che pur unisce "La spada di qua sù *non* taglia in *fretta*" di *Par.* 22.16 (e precedenti) agli analogamente sentenziosi versi 2–3 del sonetto 86 "Vo' avete ben chi ne farà *vendetta:* / Non fate forza s'ella *non s'affretta*". Certo il "dolce sguardo" è prerogativa tradizionale di madonna, con attestazioni prossime in Cavalcanti e in Cino da Pistoia; mentre *sguardo* è parola estranea a Dante lirico, e raramente di Beatrice nel *Paradiso*; ma anche a parte il personaggio-ipostasi di Dolze-Riguardo, mi domando se i "dolzi isguardi" ormai "falliti" alla Vecchia e sinonimi di "giovanezza", 149.10 (ma "*Chéd i' era* . . . *fuor di* giovanezza" non si riproduce in "prima *ch'io fuor di* püerizia *fosse*" di *Purg.* 30.42?), non si debbano rievocare, proprio per la loro forza simbolica (e appunto vòlti al singolare), a proposito di "amore e maraviglia e dolce sguardo" significanti, *Par.* 11.77, l'unione di Francesco e Madonna Povertà.

E alla fine un verso di Dante c'è nel *Fiore*, che sembra provenire dalla *Commedia*, e che nella *Commedia* potrebbe trovar luogo, finanche tra le parole di San Bernardo alla Vergine: in chiusa dell'invito, anzi raccomandazione di Cortesia all'amata (chiamata "figliuola"), nel sonetto (227) che già ci ha suggerito la preghiera a Beatrice del paradiso terrestre: "ch'e' *sia ce rtano di ciò ch'or non vede*" (8). (I versi precedenti sono testimonianza della pienezza della fede: "In nessun altro idio che·tte non crede, / E tuttora a·cciò è stato fermo e stante".) Non faccia

ombra l'arcaico "certano", che in Dante non ha attestazione da una
vita, comunque decisivo del ritmo e della sua intenzione; né che *vede*
sia ricostruzione congetturale su *crede*, garantita com'è dai luoghi paralleli 135.5 "Vo' sete ben *certan* che·ll'uom *non vede*", meglio 76.8 "e'
sarà *certo di ciò ch'or non vede*" (anche la citazione interna, puntualmente rilevata in nota, è tipica abitudine dantesca, come ci ricorda appunto Contini),[17] e "certano" è ad ogni modo al verso 5, che rima in
crede. Il suggeritore è Dante stesso; perché, se non vi è un diretto riscontro come nei casi fin qui citati, un verso simile (anche se, mi pare,
a un livello un po' più basso, e non dipende solo dal verso che precede)
esiste nella *Commedia*, ancora nel *Paradiso*, 30.70–71: "L'alto disio che
mo t'infiamma e urge / d'aver notizia *di ciò che tu vei*", e secondo un
modulo privilegiato (delle rare collocazioni di *ciò* in 7ª tonica e in endecasillabo di 4ª e 7ª—esclusi cioè i casi di accento ribattuto di 6ª e
7ª), di cui altro esempio pertinente è *Par.* 3.29 "vere sustanze son *ciò
che tu* vedi".[18] È come se Dante avesse disseminato una sua traccia istin-
tivamente; ma, nell'uno e nell'altro testo, per finale testimonianza della
sua "buona fede"; insomma, di autenticità.

Dunque la caccia è, ormai, a Dante, che ha segnato di sé in lungo
e in largo il territorio. D'altri, con tutta la buona volontà e la pertinacia
dei *venatores* concorrenti, entrati in campo per giunta con l'idea di sco-
vare una di volta in volta diversa selvaggina, ciascuno a lume del proprio
naso, secondo un proprio teorema: d'altri non è stato possibile allineare
indizi anche lontanamente paragonabili; che non fossero un generico
odor di selvatico: luoghi comuni, modi proverbiali, minimi *débris* di una
langue di tutti; quando non sono contatti casuali, o pretesi contatti.
Né una nuova verifica, compiuta col massimo di spregiudicatezza fra i
più e meno vicini, alle spalle o in prospettiva, ha dato risultati più at-
tendibili.

Si capisce che qualcosa è sempre dato trovare: perché la lingua del
Fiore, a parte il suo SL, *Source Language*, lingua di partenza, appartiene
a una più vasta *Source*, che ha continuato a buttare anche dopo Dante
e la costituzione, da parte sua, di un intero sistema linguistico. S'è citato
prima Cino da Pistoia, per il "poi", e potrebbe bastare; proprio a Cino
non occorreva il *Fiore* per confermarlo nelle proprie fissazioni. All'altro
capo, come si conviene, Guinizelli, evocato (da Vanossi)[19] in particolare per un "reina in Franza" (41.7), identico nella forma, vicinissimo
nella formulazione (Guinizelli, *Lamentomi*, "Ben mi rasembra reina
di Franza", *Fiore* 41.7 "Degna sarei d'esser reina in Franza"), ma che

ha tanto dell'iperbole da favola, come il Dusnam di Baviera in bocca a Giotto in una novella (63) del Sacchetti (e che Contini giustamente ricongiunge a 105.4, 106.6): col suo "*Non è* donna *ch'aggia in sé* beltate / *Ch'a* voi davante *non* s'ascuri in cera" (*Gentil donzella* 10–11) può solo indicare la formula—perifrasi, costrutto consecutivo negativo—adottata per 71.7–8 "Già tanto *nonn-avrebbe in sé* bellezza (e si veda, tre sonetti dopo, 74.9 "e sì *avea in sé* tanta bellezza") / *Ched* ella gli degnasse pur parlare" (o per 191.1–3 "Ciascun uon *ch'avesse in sé* ragione / O che del mondo ben savio sarebbe, / Ma' don' di femina *non* prenderebbe"). Il quale Guinizelli, col suo "contrarïoso distinato" d'"*amare for misura* / Una donna da cui non sono amato", serve a raffreddare ogni questione di precedenza,[20] su questo tema, tra *Fiore* e tenzone fra Dante Alighieri e Dante da Maiano (il sonetto è il già citato *Lamentomi di mia disaventura,* dove compare, in prima rima, un termine che non è di Dante, ma—si osservi a Contini[21]—ben familiare all'amico suo Cavalcanti).

Così Rustico di Filippo mi pare citabile per un giro di parole, "E ispïate *qual fosse la cagione* / Ond'ell'à sì perduto il manicare" (5.9–10), a fronte di "E dimandò *qual era la cagione* / Ch'egli andavan sì matti e sì tapini" (*Fiore* 132.3–4), che a sua volta Dante adatterà, s'è visto, a una nuova perifrasi (non parlo di un inizio come, 88, "*Poi ch'e' vi piace, ed i' sì 'l vi* diròe", che ritroviamo in Rustico 53.1–2 "*Poi che voi piace ch'io mostri alegranza, / Madonna, ed i' 'l faragio* volontiera", ma anche, per esempio, in Schiatta Pallavillani a Monte Andrea 46ᵃ "*Poiché vi piace ch'io degia treguare, / Ed io* mi poso . . . ", e comunque riprodotto, si sa, nel primo Dante del sonetto *Qual che voi siate* a Dante da Maiano, 9–10, "*Poi piacevi . . . / E io 'l vi* mostro"). E anche per Guittone, non mi pare che la cosa vada messa in termini di puntuali corrispondenze, a parte che non ha senso la questione se il *Fiore* ne dipenda (Dante certo sì); anche se, alla fine, l'"abandono" di Bellacoglienza di "*E me e 'l fiore e ciò ch'i' ò 'n* podere" (227.10) sembra battere la pista del suo (37.9–10) "*E me e 'l mio e ciò ch'i'* posso e voglio / Dono voi"; meno che mai che la "sfiorata Fiore", ossia Firenze dopo Montaperti, preluda in alcun modo allo "sfogliamento" (ossia deflorazione) dell'oggetto del nostro poemetto.[22] Altro, non questo, è lecito aspettarsi dalla prossima relazione, giusto a fine serata, sulla prospettiva della lirica predantesca.

La presenza del *Fiore* si esaurisce insomma in uno spazio molto ristretto. Dove, però, Dante non è solo. C'è una stagione della sua vita, in cui Dante non è solo. E quand'anche il riferimento non sia a lui, non si può dire che non c'entri.

Proprio accanto a lui c'è qualcuno che, per quanto nominato, sembra non sia conosciuto, e il cui polso, a proposito del *Fiore*, batte in sintonia col suo, o che, per restare all'immagine venatoria iniziale, interseca le sue tracce con quelle di Dante; al quale, del resto, in più d'un momento, arriva ad assimilarsi, pur restandone distinto: Guido Cavalcanti *of course*. Al solito, ciò che è storicamente accertato trova le sue corrispondenze, oggi si dice "riscontri". Di quelli Cavalcanti-*Fiore* ne ho già fornito un bel manipolo,[23] dopo quelli, essenziali e pungenti, proposti da Contini. E garantiscono un'attenzione, un riconoscimento che più che paralleli a quelli di Dante, sembrano essere di Dante stesso, della natura del proprio sodalizio con lui. (Ovvio, tra parentesi, che se Cavalcanti conosce il *Fiore*, il *Fiore* è anteriore all'anno 1300. Se poi si pretendesse che è il *Fiore* a conoscere Cavalcanti, sarebbe un buon argomento per designare, una volta di più, l'amico suo.)[24] Giusto due sonetti diretti uno certamente, uno probabilmente a Dante (e uno degli elementi a favore è proprio la presenza del *Fiore*), i sonetti *Dante, un sospiro messagger del core* e *Certe mie rime a te mandar vogliendo*, ricorrono a quel tipo di sceneggiatura di cui Dante s'è appropriato e che s'è illustrato cominciando. E qui non ho che da citare (rinviando al mio commento), dal primo dei due, "*Po' mi girai, e vidi* il servitore / Di monna Lagia che venia dicendo . . . " (5–6), dal secondo "*Amor apparve a me* in figura morta / E disse . . . " (3–4).[25] La riprova è il rintocco, nel primo, in "*Di' al servente che* la donna è prisa" (12), di "*Dit'al valetto ch'i'* ne parleròe" di 140.9, nel secondo, versi 6–11, il riprodursi di un elaborato costrutto con consecutiva della consecutiva segnalabile in 68.5–8, con la complicazione della continuità, così frequente nel *Fiore*, tra fronte e sirima.[26] Così non è tanto che il "Per man mi prese (d'amorosa voglia)" della pastorella (21) ripeta "e per la mano / Mi prese" di Ragione (9.5–6), ma la continuazione del gesto in "e disse", secondo la procedura già esemplificata, magari anche che "donato m'avea 'l core" si ritrovi in "e ciaschedun m'à dato il core" di 85.10;[27] e la stessa determinazione "ombreando" della rappresentazione già ricordata di Ricchezza, 74.5, benché obbligata dall'originale francese ("Vi ombreier desouz un ourme"), è avallata dalle "situazioni" delle *pastourelles* riscoperte da Guido. È ancora, soprattutto, lo spettacolo (in chiara consonanza con Dante), che lo interessa: magari nei modi tipici dei suoi appelli, "Vedete ch'i' son un che *vo piangendo* / E *dimostrando* il giudicio d'Amore" (1–2), ma svolto sulla falsariga di 93.1–2 "*I'* sì *vo* per lo mondo *predicando* / *E dimostrando* di far vita onesta". Anche lo spettacolo delle parole, "*Or avén detto* tutto nostr'affare / E la cagion *perché no' siàn venute*" (14.10), che per Contini risonava in *Inf.* 2.50, 82–83, e che comunque s'era fissato in "*Or vi diciàn perché noi* siàn partite / E *siàn venute* a voi qui di presente" (5–6) del sonetto delle triste penne isbigottite. O infine—davvero—"Non vi varrà . . . / . . . / *Porte né mura* . . . ", di una lista di tutte le difese del castello dov'è chiusa Bellacoglienza (71.12–14), parodiato, nel sonetto a Nerone Cavalcanti, in "che no la riterria *ponte né mura*" (7). Sempre, come si vede, movendosi autonomamente, con proprie scelte, rispetto a Dante. Il rapporto di Cavalcanti con Dante, o di Dante con Cavalcanti, è un rapporto di collaborazione: un modo comune (e loro proprio) di ravvisare le cose. E che appunto Cavalcanti sia coinvolto da Dante in uno dei luoghi decisivi, come osservava Contini, di tale ravvisamento e della funzione che in ciò ha il *Fiore*, nel sonetto a Guido dedicato *Io mi senti' svegliar*, è un forte segnale di riconoscimento. Il *Fiore* è elemento "formale" della loro collaborazione.[28]

Un'ultima cosa vorrei dire, ormai, inesorabilmente, in ordine all'attribuibilità del poemetto a Dante, e non riguardante, come finora, la riconoscibilità del testo, ma la sua collocazione nella prospettiva dell'opera dantesca. Se c'è una certezza, è che il *Fiore* sia esistito per Dante (è la ragione dell'esistenza di questo convegno): ciò di cui si disputa, è se sia esistito per opera sua. Ma suo o no, e in ogni caso vivo e vitale nella sua pratica di poesia, che posto aveva nella sua mente? È possibile che non ce ne sia aperta o coperta menzione nella sua riflessione posteriore, nella sua prospettiva, nel suo giudizio? Mai come in questa circostanza ci manca il terzo libro del *De vulgari eloquentia*. Ma le occasioni per le dichiarazioni di poetica, per le prese di posizione o di distanza, per le promozioni e le ripulse sono in tutta la sua opera. Sappiamo che cosa è stato, che cosa ha significato per lui Guittone: Dante non gli ha lasciato respiro; e magari ha poi raccomandato alla nostra memoria puri *flatus vocis*.[29] Per qualche scambio di battute con Forese, ha fatto nel Purgatorio un'ammenda seconda solo a quella di lagrime e vergogna al cospetto di Beatrice (ma proprio il riconoscimento dell'amico, 23.41–42, obbedisce al solito canone, salvo l'intensità dell'accento, "*volse a me li occhi* un'ombra e *guardò fiso;* / *poi gridò* forte:", fino a "e *ravvisai* la faccia di Forese" [48]; e "sfogliare", verbo estremo della conquista del fiore, è in questo canto che ricompare, poco oltre, verso 58, a riassumere, e questo sì potrebb'essere contrappasso, la pena dei golosi). E nei confronti di un'esperienza poetica che gli ha salato il sangue (sal y pimienta!), e vigente fino al colmo del Paradiso, nessun distinguo, nessuna correzione? Lo smarrimento e la "pietade" di fronte alla confessione di Francesca riguarderà anche la propria compromissione nell'ideologia cortese; ma non copre il bacio (e il tremito) della reciproca donazione, che pur si vuole anticipato in quello dato da Durante (21.2) al "prezïoso fior che tanto aulia" (ma dove il "tremore", 20.13, è di trasgredire le condizioni poste da Bellacoglienza: "sì forte ridottava suo minaccia", 20.14). L'aver letto assai più "avante" nella storia di questo pertinace amatore non richiedeva dunque che se ne facesse un tabù. L'unica possibile spiegazione del silenzio di Dante è proprio l'identificazione, cioè l'identità con Durante, la rimozione della propria *authorship* e la *damnatio memoriae* del suo prodotto.

NOTE

1. Era, al tempo del Convegno, stagione d'apertura di caccia, in Italia; e di vivaci dispute, tra difensori dell'ambiente e cacciatori, sull'opportunità d'estenderne l'autorizzazione a specie protette (e a rischio d'estinzione) come quelle citate.

2. Alle pagine 60–63 del mio vecchio studio *Il libro della "Vita Nuova"* (Firenze: Sansoni, 1961; ed. accresciuta 1970).

3. Zygmunt G. Barański, "Lettura dai sonetti I-XXX", in *Letture Classensi 22: Lettura del "Fiore"*, a cura di Zygmunt G. Barański, Patrick Boyde e Lino Pertile (Ravenna: Longo, 1993), 13–35 (20 e, per quanto accenno subito dopo, 13–14).

4. Gianfranco Contini, "La questione del *Fiore*", in *Cultura e Scuola* 13–14 (1965): 772–73, dove mise i primi puntini sulle *i*; io nella *lectura Dantis* "Petrarca interprete di Dante", dispensata in più occasioni, ora in *Studi danteschi* 61 (1989, ma usciti nel 1994: la lectura è del 1991): 307–28. Vien però prima il capitolo, continianamente intitolato "Dante in Petrarca", del bel libro di analisi petrarchesche di Giorgio Orelli, *Il suono dei sospiri* (Torino: Einaudi, 1990), 124–62; e gli sarebbe spettata la citazione, nella mia, non foss'altro perché lettura di un poeta da parte di un poeta. Ma non lo si dice qui tanto in riparazione dell'omissione, quanto perché detto capitolo mi sembra un'applicazione estrema proprio della lettura in filigrana del *Fiore* nell'opera di Dante, e in particolare nella *Commedia;* da parte di Contini (in "La questione"; in *Enciclopedia Dantesca*, 5 voll. e appendice [Roma: Istituto della Enciclopedia

Italiana, 1970–78], 2:898–900; ecc.), l'ascoltazione, come lì di un unico suono, qui del respiro di Dante in Petrarca. Che spiega forse, anche, la non coincidenza, quasi, di reperti tra la sua esplorazione e la mia: la ricerca di Orelli essendo, essenzialmente, attraverso le connessioni ritmico-timbriche, del fondo del comune linguaggio, di quella *langue* già ad un'altezza vertiginosa di *parole;* laddove a me importava soprattutto quel che Dante dice a Petrarca, il riferimento cosciente (e sia pure di una coscienza data per recalcitrante) di Petrarca a lui, la sua (ri)interpretazione e continuazione dell'opera dantesca.

5. Come, per esempio, Remo Fasani, "L'attribuzione del *Fiore*", *Studi e problemi di critica testuale* 39 (1989): 5–40 (19).

6. Si omettono, come secondarie, suggestioni minori sparse, come, per 4 "Dolore e Ira" ("per sua compagnia"), "ira e dolori" ("e gran tormento") di 151.5 (già indicata da Contini—"d'ira né di dolore" anche in *Tesoretto* 464; per "compagnia" vedi 80.2), e per il parallelo 13 "Eo ho guai e pensero", "Ira e pensier m'hanno sì vinto e lasso" di 48.5 (l'ultima coppia fornirà l'*incipit* a un sonetto di Cino da Pistoia, *Vinta e lassa era l'anima mia*), nonché, per "lo schema accentuativo di quinta, ottava e decima" del verso 9 segnalato da Contini sin dal 1939 nel suo commento alle *Rime,* i riscontri successivamente forniti in CR, a 29.8.

7. Si osserverà: anche questo è un processo (una sequenza) naturale: *attention & perception* (in omaggio a Boyde, *Perception & Passion in Dante's "Comȩdy"* [Cambridge: Cambridge University Press, 1993]). È che Dante, tranne che alle proprie facoltà native, non aveva a che attaccarsi: del modulo non ci sono altri precedenti, e ne fanno fede le CLPIO (*Concordanze della lingua poetica italiana delle Origini* di d'Arco Silvio Avalle: che significa non il solo *corpus* lirico antico): con le sole eccezioni del *Detto del Gatto lupesco*, 88-89 ("Allor *guardai e puosi mente, / E* non *vidi* via neuna"), e dell'anonimo V[aticano lat. 3793] 270 *La mia amorosa mente*, 25–29 ("e poi ch'eo fui isvegliato, / Guardai in quello lato / Laonde venia la bocie, / E parsemi una lucie / Che lucie più che stella"), ossia di due testi (o contesti) narrativi (non mi pare s'attagli, per il nesso ripetitivo "tutte le volte che", il caso di *La 'namoranza disïosa* del Notaro, 20–23, "Ca, bella, sanza dubitanza, / Tutefiate, in voi mirare, / Vedere mi pare / Una maraviliosa similglianza").

8. L'*e vidi* è, come già avvertii (De Robertis, *Il libro,* 62 nota) azzeccata congettura barbiana: che significa che esistevano già, al tempo della costituzione del testo, precisi termini di riconoscibilità dantesca.

9. È già stato facilmente rilevato che lo schieramento successivo, in 226.5, "E Franchezz' e Pietà da l'altro lato", corrisponde a quello della stanza giovanile a Lippo (ma già nel metro di *Donne ch'avete,* salvo la mistura di settenari agli endecasillabi) *Lo meo servente core*, 2–3 ("Vi raccomandi Amor . . . , / E Merzé d'altro lato").

10. È rimasto fuori il testo narrativo primo, *Cavalcando l'altr'ier,* sulla cui

lontana falsariga iniziale ("Cavalcando l'altr'ier per un cammino, / Pensoso de l'andar che mi sgradia, / Trovai Amor") comincerà nientemeno che la *Commedia*. Le rime, e tre delle parole-rima in A, 1 *cammino*, 4 *peregrino*, 8 *a capo chino*, sono le B 3, 2, 6 di 131, ma anche, 1 e 4, le A (- *ini*) 8 e 1 di 132, più 4 *tapini* che corrisponde a 5 *meschino* (e cfr. 131.6–7 "*Il salutò col capo molto chino, / E sì gli diss(e):*" con "Quando mi vide, *mi chiamò per nome, / E disse:*" di *Cavalcando* 9–10; per "Quando mi vide" cfr. inoltre 137.4).

11. Gianfranco Contini, "La firma di Manzoni", già *Corriere della sera*, 10 giugno 1985, ora in *Ultimi esercizî ed elzeviri* (Torino: Einaudi, 1988), 233–37.

12. Si noti *morto* = "ucciso" nel primo caso, verbo al futuro nel secondo, desinenza verbale in -ò nel terzo compenetrantisi nel dantesco "*ucciderò*"; e nel primo e nel secondo caso la designazione mediante participio presente.

13. Si esclude pertanto l'eventuale correzione in "veduta" (CM, 295).

14. Per l'uso, contestato perché contrario a quello di Dante, dell'*enjambement*, basterebbe tener presenti ancora *Non mi poriano* 2–3, 3–4, 11–12 almeno, e *Madonna, quel signor* 1–2, *Com' più vi fere* 8–9, 9–10, *Sonetto, se Meuccio* 12–13: tutte, per dir così, rime dell'epoca. Il verso seguente (4) è quello che termina in "miglior' salmi", prontamente paragonato da Contini coi "più dolci salmi" di *Inf.* 31.69. Siamo in una zona particolarmente "colpita" dal *Fiore*. A proposito di "alquanti motti", torna a mente l'osservazione di Contini ("Fiore, Il", in *Enciclopedia dantesca*, 2:899) sull'*unicum* "far motto" di 147.11 moltiplicatosi nella *Commedia*, tra l'altro in *Inf.* 33.48, e il connesso rilievo che "la clausola precedente *quand'io mi dormia* richiama quella di *Inf.* XXXII.123, sempre in rima con *che sia*": per l'ulteriore rilievo che "sanza far motto" appunto di *Inf.* 33.48 è in rima con "senti' chiavar *l'uscio* di *sotto*" a specchio di 147.9 "Per molte volte m'era *l'uscio rotto*".

15. Contini (CM, 121) propone piuttosto "altro testo 'comico' ", il sonetto *Pelle chiabelle di Dio* 11 (a indicare un soprammercato: laddove Dante stabilisce, come nel *Fiore*, anche se non iperbolicamente come lì, una [s]proporzione, ossia una modifica del rapporto). L'esempio del *Fiore* potrebbe essere di conforto, ad ogni modo, a respingere la variante di una parte della tradizione della canzone *Cotanto perverrà da lei*, contro *E ancor più, da lei verrà*.

16. Luigi Vanossi, *Dante e il "Roman de la Rose". Saggio sul "Fiore"* (Firenze: Olschki, 1979), 308–9.

17. Contini, "La questione", 772: "il Dante della *Commedia* di testi volgari non rammenta quasi che la sua propria *Commedia*, con modalità assai affini".

18. Gli altri casi, 4 dunque in tutto, di 10 di accento di 7ª, su 160 occorrenze di *ciò*, sono (però di *ciò* non di *ciò che*) *Inf.* 4.93, *Purg.* 21.15. Per il parallelo *quel* (e *que'*, *quei*), 11 casi (ma 5 di *quel che*: *Inf.* 5.132, 12.2; *Par.* 14.136, 16.48, 30.12) di 17 di accento di 7ª su 476 occorrenze.

19. Vanossi, *Dante e il "Roman de la Rose"*, 267.

20. Ibid., 290.

21. CM, 455.

22. "Sfogliare" metaforico è anzitutto di Guittone, *Amor non ho podere* 45 "se 'l mal me no sfoglia", e, anche in grazia dell'ovvia rima con *voglia : doglia*, ripetutamente attestato nel Duecento, in ispecie nel Vat. lat. 3793 (V 167, 184, 210, 267, 605) con Bondie Dietaiuti, Chiaro Davanzati, Giano e anonimi (anche la canzone citata di Guittone è nel Vaticano): prevalentemente tuttavia, e a differenza di Guittone, nel significato primo, benché d'impiego metaforico, di "perdere le foglie" (insomma riferito ad un albero letterale o metaforico). L'uso, comunque, e di forte traslato, non è estraneo a Dante, *Purg.* 23.58, come si vedrà più avanti.

23. Nel mio commento alle sue *Rime* (Torino: Einaudi, 1986); ma per i sonetti più sotto citati, *Dante, un sospiro* e *Certe mie rime*, si veda già il mio "Amore e Guido ed io (relazioni poetiche e associazioni di testi)", *Studi di filologia italiana* 36 (1978): 48–49.

24. Un analogo argomento potrebbe valere per l'altro (e solamente così detto) "amico di Dante", per Gorni (Guglielmo Gorni, "Guido i' vorrei che tu e Lippo ed io (sul canone del Dolce Stil Novo)", *Studi di filologia italiana* 36 [1978]: 21–37, ora in *Il nodo della lingua* [Firenze: Olschki, 1981], 99–124) specificabile in Lippo e perciò aggregabile (anzi aggregato) in terzo ai due maggiori. La sua conoscenza, ma senza tratti di perentorietà, del *Fiore*, in qualche luogo, comunque accettabile, impone per questo il Vaticano lat. 3793, sia pur la sua non molto più tarda appendice, come *terminus ad quem*. Fasani, che ha fatto il possibile per dimostrare tale conoscenza, è su di lui che ha ultimamente ("L'attribuzione") ripiegato le sue istanze attributive: che vuol dire, pur distinguendo, entro l'àmbito della *sodalitas* dantesca. E al solito, Dante giustificherebbe, entro questi termini, e anche, retrospettivamente, dalle vette della *Commedia*, come la forte partecipazione di Cavalcanti, così quanto del *Fiore* ha stinto, in una stagione, sulla più effimera presenza del terzo componente.

25. Una ragione, l'immediato richiamo ad analoghe *iuncturae* e raffigurazioni del *Fiore*, per respingere la *lectio* di Cassata (Guido Cavalcanti, *Rime*, edizione critica, commento, concordanze a cura di Letterio Cassata [Anzio: De Rubeis, 1993]; ma già nell'articolo preparatorio "Per il testo delle *Rime* di Guido Cavalcanti", *Italianistica* 19 [1990]: 302) "Amor m'apparve. In figura morta / E' disse": non per "m'apparve", che può stare con ad ogni modo forzata dialefe, ma per la spezzatura della descrizione e l'insostenibile prolessi; nonché per la superflua determinazione del pronome personale.

26. *Certe mie rime*: "E' non avrà già sì la mente accorta, / Ch'udendo la 'ngiuliosa cosa e torta / Ch'i' ti fo sostener tuttor ardendo [o si conceda, con Cassata, "Ch'ïo ti fo tuttor soffrire ardendo"], / Ched e' non prenda sì gran smarrimento / Ch'avante ch'udit'aggia tua pesanza / Non si diparta da la vita

il core"; *Fiore* 68: "Né piaccia a Dio ch'i' sia condotto a tale / Ch'i' a le genti mostri benvolere / E servali del corpo e dell'avere / Ched i' pensasse poi di far lor male".

27. Il "die d'Amore" (26) che al fortunato fruitore delle gioie della pastorella era parso di vedere non sarà un cenno—io sì!—all'apparizione iniziale del *Fiore*, e dunque al suo descrittore?

28. Soggiungerò, confinato in nota, un altro argomento di reciproca agnizione, che naturalmente sfocia in riconoscimento, per proprietà transitiva, di paternità. Sul nome di Durante sta, vedo, prevalendo l'interpretazione più realistica e meno morale ("stante" piuttosto che "fermo"), e non perché i tempi e la bassa comunicazione politica lascino adito ad antiche e solo sopite affermazioni di maschilità. Ma se analogo, ossia di analogo significato (come ho già indicato) è il soprannome di Cavalcanti, ricavato appunto per deformazione del nome in "Cavicchia", *non sine causa,* dalla malevolenza di Corso Donati: in nome dei comuni intenti, e per la conformità dell'amicizia (quasi un "ubi tu Caius ego Caia"), "Durante", ex (ossia da cui) Dante, obbedisce alla medesima logica, e individua dunque l'*alter idem,* l'"amicus eius".

29. Come ha persuasivamente sottolineato Guglielmo Gorni, "Paralipomeni a Lippo", *Studi di filologia italiana* 47 (1989): 22–25.

DIBATTITO

Patrick Boyde: We have just heard in this room the single most important contribution to the subject of Dante and the *Fiore* since Contini first pronounced in 1965.

Ci vorrà un po' di tempo per digerire tutti questi esempi. È stata una cosa veramente eccezionale, di "regine" ne hai aggiunte tantissime. Grazie.

Lucia Lazzerini: Ti volevo segnalare due punti: quello relativo al punto 15 ["Ed i' mi riguardai dal dritto lato", 9.3] e quello relativo al punto 38 ["A Gelosïa, che mal fuoco l'arda", 52.5], corroborato dal verso 5 del sonetto della Garisenda: "mal lor prenda". Non a disferma, beninteso, ma direi proprio a conferma di una necessità, quasi, del *Fiore* come tappa indispensabile per l'esperienza gallicizzante degli altri testi di Dante. Perché "mi riguardai dal dritto lato" è un *topos* frequentissimo della letteratura oitanica. Comincia addirittura dalla *Chanson de Roland* [Oliver "guardet su[r] destre", 1018, a cura di Cesare Segre]. Nella *chanson de geste* è un tipo clausolare assolutamente frequente e, credo, trapassa poi anche nel *roman*. Per quanto riguarda invece il numero 38, credo che la corrispondenza con la *Rose*, se non ricordo male, sia qui perfetta [cfr. infatti *Rose* 7400], cioè ci sia una traduzione letterale dalla *Rose*—per il "mal fuoco". Ma il tutto, "mal lor prenda", "mal fuoco l'arda" eccetera, è anche questo un *topos*, e questa volta è un *topos* che rinvia alle maledizioni contro i *lauzengiers* della poesia occitanica. Basti citare "Fals lausengiers, fuoc las lenguas vos arga" [Arnaut Daniel 17.33].

Lino Leonardi: Se non ho capito male, lei ha accennato a una possibile conoscenza del *Fiore* da parte di Cavalcanti; ma non è anche possibile, o forse più probabile, l'inverso?

Domenico De Robertis: Non lo so, perché sembra che ci sia un Cavalcanti giovane, poi ci sia anche un Cavalcanti vecchio, addirittura quello che scrive le ultime carte, le ultime parole, morendo . . . finché è durata l'idea che la ballata *Perch'io non spero* fosse una ballata dell'esilio. È difficile dirlo, con Cavalcanti. Con Dante qualche parametro c'è. Con Cavalcanti assolutamente no. Anche perché è sempre invalsa l'idea che Cavalcanti fosse una persona molto più anziana di Dante, il che non è vero. Sì, si era sposato in tenera età, ma era uno di quei matrimoni politici non so se poi completato con un vero e proprio sposalizio, con la figlia di Fazio degli Uberti. Quindi non saprei dire. Non sono sicuro neanche di quanto Dante debba a Cavalcanti, quanto Cavalcanti a Dante.

Zygmunt G. Barański

The Ethics of Literature: The *Fiore* and Medieval Traditions of Rewriting

Falsembiante's speeches constitute a veritable fraudster's manual. Listing his catalogue of deceptions, he recounts that, whenever he conceals himself behind the habit of a religious order, he also changes his manner of speaking: "Così vo io mutando e suono e verso / E dicendo parole umili e piane" (*Fiore* 103.9–10).[1] Unwilling to cast the slightest doubt on his trickster's credentials, he immediately qualifies this admission of apparent piety: "Ma molt' è il fatto mio a·dir diverso" (*Fiore* 103.11). As Falsembiante, with a real storyteller's verve, evokes the seemingly infinite range of his machinations, it is not difficult to let these claims pass unnoticed. Yet they are assertions of a considerable weight—not so much to define the bent of the character who makes them as to understand the textual nature of the poem in which they appear. What is immediately significant is the technical force of terms such as *suono*, *verso*, *umile*, and *piano*, all of which belong to the standard language of medieval literary criticism. Equally noteworthy is the fact that the tercet represents an instance of *amplificatio* whose undoubted aim—as is clearly evident from its recourse to technicalities—is to present a new and cogent set of ideas in opposition to the trite and tired sentiments of the original: "Mout est en mei muez li vers, / Mout sont li fait aus diz divers" (*Rose* 11221–22).[2] While Faux Semblant closes this section of his speech with a couple of general, almost proverbial phrases that serve as an apt conclusion to his self-presentation as a supreme master of disguise, Falsembiante brings his rich description of the life of someone who "inganna e baratta e tradisce" (*Fiore* 91.7) to an end by focusing instead on the linguistic dimension of deceit. And he does this, suggestively and to considerable effect, by employing literary terminology.

With metaphorical subtlety, not to say malice, Falsembiante links his activities to the practices of writers, in particular by means of the repeated use of *dire* (*Fiore* 103.10, 11), which in the Middle Ages not only referred to spoken speech but was also a common idiom for the composition of literature.[3] More specifically, he ties himself to that creation in verses "elaborated according to . . . music"[4] which was the special preserve of poets. As if wishing to justify his own *modus operandi*, Costretta-Astinenza's companion appears to allude to the fact that even pursuits of a certain cultural weight and value, and with undoubted moral aims—literature was normally closely associated with ethics[5]— were *fictiones, belle menzogne,* as Dante, famously, had cause to observe.[6] Furthermore, Falsembiante seems to recall that an act of "transformation" lies at the heart of the literature of his day. On the basis of the conventions of *imitatio* upon which both grammar and rhetoric were constructed, every text was deemed to transform, rewrite, and reinterpret, more or less openly, other texts already in circulation.[7] However, the most important metaliterary feature of the phrase "Così vo io mutando e suono e verso / E dicendo parole umili e piane" is that it perfectly synthesizes and defines the means by which the author of the *Fiore* translates his source. Durante transforms the *suoni* of the *Roman de la Rose* not only by rendering them in Italian but also by reworking much of the original. In a similar manner, the Tuscan poet changes the metrical forms of the *Rose* into the quintessentially Italian hendecasyllable and sonnet, thereby altering further the expression patterns of the French *roman*. At the same time, by means of the binomial "umili e piane," he firmly fixes the *stilus* of his *corona* of sonnets, pointedly distinguishing the genre of his poem from the *Rose's* somewhat obvious and mechanistic shifts in style. *Humilis* and *planus* were the typical epithets associated with the "comic" style,[8] the category to which the *Fiore* belongs, though in a singular, even "extreme" way.[9] At its best, and unlike the *Rose*, the *poemetto* pushes the possibilities of the genre toward that type of stylistic syncretism which finds its foremost expression in Dante's *Commedia*. Ultimately, it is difficult to ignore the simple fact that Falsembiante's words, regardless of any other meaning they may possibly have, certainly do define the literary character of the *Fiore*. Indeed, they do this with considerable accuracy and in a register that would not have been out of place in a *prooemium* or an *accessus*.

To appreciate the full weight of Falsembiante's lesson on "translation," it is important to recognize that there is nothing unusual about the metaliterary overtones of sonnet 103. As I have discussed elsewhere,[10] the *Fiore* as a whole displays a highly sophisticated sense of contemporary thinking on literature and of the Romance tradition. However, like Dante in the *Commedia*, Durante does not develop his critical discourse in a direct manner; instead he makes his points indirectly, allowing his ideas to emerge through the poetic and lexical forms of the *Fiore* and through its different narrative moments. And what Falsembiante clearly stresses in sonnet 103 is the key notion that the Italian poem is an extremely free translation of the French original—a point to which I shall keep coming back. It is noteworthy—especially from the viewpoint of my interpretation—that other elements in the sonnet can also be returned to the field of translation. Falsembiante, who moments earlier had acknowledged that he knew "ben per cuor ogne linguag[g]io" (*Fiore* 101.1), associates his need to switch to different languages with his wandering among different nations, his "Gir per lo mondo inn-ogne regïone" (*Fiore* 103.2). More pertinently and convincingly, the verb *mutare* belongs to the technical language of medieval translation theory, as is evident from its presence in one of the supreme *auctoritates* on the question, St. Jerome's letter to Pammachius, "De optimo genere interpretandi":

> Nunc vero, cum ipsa epistula doceat nihil mutatum esse de sensu . . . Quanta in illis praetermiserit [Cicero in his translations], quanta addiderit, quanta mutaverit, ut proprietates alterius linguae suis proprietatibus explicaret, non est huius temporis dicere . . . *si ob necessitatem aliquid in ordine, in sermone mutavero, ab interpretis videbor officio recessisse . . . Quodsi cui non videtur linguae gratiam interpretatione mutari.*[11]

In addition, *suono* stands as the approximate equivalent of *syllaba* and *littera* of the same epistle: "Hoc igitur ego vitans ita beatum Antonium te petente transposui, ut nihil desit ex sensu, cum aliquid desit ex verbis. Alii syllabas aucupentur et litteras, tu quaere sententias."[12] *Piano*, too, beyond the privileged position it was accorded in discussions of the *genera dicendi*, was used in the Middle Ages to refer to the practice of

translating and specifically to the notion that the *sensus* of the original
had to be faithfully and clearly replicated: "Quisquis rhetorico ver-
borum syrmate gaudet, / Quaerat grandiloquos, Tullia castra petens. /
At mihi sat fuerit, si planos carpere sensus / Possem tardiloquus, prag-
mata sola sequens."[13] Finally, it is interesting to note that, in the area
of the medieval Romance languages, as Gianfranco Folena has authori-
tatively demonstrated, only Dante employed *mutare* and, more commonly, one of its forms *(transmutare)* to refer to the act of translating:[14]

> E però sappia ciascuno che nulla cosa per legame musaico armonizzata si può
> de la sua loquela in altra transmutare sanza rompere tutta sua dolcezza e ar-
> monia. E questa è la cagione per che Omero non si mutò di greco in latino,
> come l'altre scritture che avemo da loro. E questa è la cagione per che li versi
> del Salterio sono sanza dolcezza di musica e d'armonia; ché essi furono trans-
> mutati d'ebreo in greco e di greco in latino, e ne la prima transmutazione
> tutta quella dolcezza venne meno.[15]

The kind of view expressed by Dante may offer a possible *cagione* as to
why Durante felt free to "mutare e suono e verso" of the *Rose*.[16] Dante's
shadow once again looms large, when sonnet 103 is compared to a well-
known tercet of the second cantica: "Non è il mondan romore altro
ch'un fiato / di vento, ch'or vien quinci e or vien quindi, / e muta nome
perché muta lato" (*Purg.* 11.100–102). This passage, part of another
analysis—in this instance carried out directly rather than obliquely—
of the interconnections between artists, not only asserts views resem-
bling those expressed by Falsembiante, but also echoes the latter's lexical choices. In *Purgatorio*, as in the *Fiore*, we find the same emphasis
on sound, on the world, on wandering, and, of course, on change.

The *Fiore*—as Falsembiante rightly, if indirectly, proclaims—is first
and foremost a translation. Yet, astonishingly, scholars have normally
paid scant attention to this fundamental fact. Once they have indicated
the poem's dependence on the *Rose*, they have not been overly concerned about the implications of its genre. I am convinced that this
state of affairs is in part due to the influence of modern notions that
consider translations as "inferior" to their originals, as well as to the
romantically inspired belief regarding the necessary individualism of
poetic creation.[17] However, both these ways of approaching literature
have little if anything to do with medieval reflection on *translatio* and
on literary composition—issues that, not by chance, had many points
of contact in critical discussions of the time. Critics' neglect of the

Fiore's genre is not solely a result of its being a translation. Rather, it is typical of their dominant attitude to the poem. They have generally shown the scantiest concern for the textual specificity of the *Fiore*, its status as an independent poem, and this is true even for those who have observed, once again fleetingly, that it is a significant and original work. Scholars have preferred instead to roam among the alluring extratextual mysteries that surround the *Fiore*: by whom was it written, when, and where?[18] On the occasions when they have asked themselves the question regarding the literary character of the *poemetto*, they have generally answered it—somewhat reductively, it has to be admitted—by examining the poem's vocabulary and by comparing Durante's *modi tractandi* with Guillaume's and Jean's (or those of other writers to whom they have wished to ascribe the authorship of the *corona*). Thus, interest in the *Fiore* as a translation has almost never gone beyond microscopic analyses of the ways in which Durante decides whether to translate one or more *octosyllabes* of the original—a perspective that offers a very restricted vision of the place that should be accorded to the poem in the tradition of the *translatio*.

Although such comparative approaches have their uses, especially when trying to fix the limits of the *Fiore's* formal and narrative debts to the *Rose*, nonetheless what remains implicit in their purview is that sense of the subordination, even the insufficiency, of the Italian poem when considered in the light of its French source. Hence, there is a widely held belief that the *Fiore* is a rather pedestrian translation. As evidence for this claim, critics present the fact that the poem faithfully follows the basic narrative development of the *roman*. However, such an assessment ignores the semantic, ideological, and structural consequences deriving from the cuts made by Durante in the original. It equally ignores other areas of the Italian poet's creative endeavor, such as the effects of estrangement brought about by the many changes he introduced into the logic of the *Rose*: amplifications, abbreviations, additions, and syntheses of discrete passages drawn from different parts of the original.[19] The standard, somewhat crude, disapproving assessment of the *Fiore's* standing as a *translatio* further disregards the fact that the basic narrative plot of the *roman*—the obstacles placed before Amante as he tries to satisfy his amorous desires, which only find satisfaction at the end of his *quête*—was one of the most popular *topoi* of its day, having been reworked, or rather "translated," by countless medieval authors. As a result, the broad structural coincidence between the two poems reveals little of the specific nature of the relationship that in effect exists between them. Finally, negative appraisals of Durante's skills as a translator disregard the coherence of his rewriting of the *Rose*, the cogency and care with which he approached and used his source (and this is yet another aspect of the *Fiore* which has received little critical attention).

The textual operations just listed are signs not of the *Fiore's* passive subordination to the *Rose*, but of its active independence and self-confidence. It is surely time to free the *corona* of sonnets from the oppressive prison of the *roman*, and to begin instead to understand how and why, at the end of the Duecento, a Tuscan author who appears to have wanted to compose a new and recognizably Italian work should have felt compelled to *translatare* a French text.

There is no doubting the *novitas*, the ambition, the poetic sensibility, and the autonomy of Durante and his poem. This has been noted in passing by various scholars, with Contini and Dionisotti at their head.[20] Elsewhere, I have considered the poem in terms of the theory and practice of medieval literature, to attempt to provide a substantial body of evidence in support of the fact of its novelty.[21] The determined uniqueness of the *Fiore* is immediately recognizable in its decision to *mutare* the *Rose's* "e suono e verso"—that is, in its extraordinary decision to translate, and redimension, the indubitably epic rhymed octosyllabic couplets of its source into a quite "inappropriate" metrical form, the just as indubitably lyric sonnet.[22] At this juncture, it is crucial to recall that in the medieval Romance area, we do not know of any other case where a text was so fundamentally altered in its basic forms when it was transferred from one language to another. Furthermore, by choosing the sonnet, Durante was detaching himself not only from the French narrative tradition, but also from the Italian one of faithful prose *volgarizzamenti* of stories coming from beyond the Alps.[23]

As we have begun to see, there is much that is singular in the *Fiore*. Yet it is most unlikely that any aspect of the poem is as unique as the momentous fact that it marks a key step forward in the development of the nascent Italian literary tradition. The *Fiore*—almost certainly in advance of the similar strategy attempted in the *Vita nuova*, and hence for the first time—stands at the climacteric intersection where an Italian text demonstrates the confidence and know-how to take over for its own indigenous and independent ends the primary structural and ideological features of the literatures of both Provence and France—at

least in terms of the ways in which these had made their presence felt
in Italy. Once again it is useful to cite Dante to help clarify this last
point:

> Allegat . . . pro se lingua *oïl* quod propter sui faciliorem ac delectabiliorem
> vulgaritatem quicquid redactum est sive inventum ad vulgare prosaycum,
> suum est: videlicet Biblia cum Troianorum Romanorumque gestibus com-
> pilata et Arturi regis ambages pulcerrime et quamplures alie ystorie ac doc-
> trine. Pro se vero argumentatur alia, scilicet *oc*, quod vulgares eloquentes
> in ea primitus poetati sunt tanquam in perfectiori dulciorique loquela.
>
> (*DVE* 1.10.2)

The *Fiore's* breakthrough lies in the way it brings together the rather
free and fluid techniques of the Italian reworking and assimilation of
the subjective experiences of the lyric tradition written in the language
d'oc, and the desire for an objective form of narration, which in Italy
had found expression in the rigid imitation of structures close to those
favored by the literature *d'oïl* (I am thinking here not only of prose genres but also of poetic forms, such as the distichs of *settenari* and *ottonari-
novenari*). In other words, the *Fiore* embodies, in an original and unexpected manner, not just the Italian encounter with the two main
literary tributaries reaching the peninsula from beyond the Alps, but
also the means by which their impact could be creatively absorbed and
controlled. Durante thus hints at the different ways in which French
and Provençal literature had been effectively transplanted to and
"translated" in the culture of the *lingua di sì*. In addition, by privileging
in his poem a free and experimental type of *translatio*, the inspiration
for which came to him from the Italian lyric tradition, the poet clearly
signposted the directions Italian literature should take in order to discover its own identity and autonomy. Indeed, in another novel maneu-
ver, which has interesting similarities with the means by which Dante
granted flexibility to the *Commedia*,[24] the author of the *Fiore*, by blur-
ring the distinctions between subjective and objective forms of telling,
recovers for his composition in verse literary values of narrative license,
which in the Italian vernacular context had been almost exclusively assigned to "parole sciolte" (*Inf.* 28.1).[25] He thus in part legitimates his
experimentation by claiming for his poem some of the freedom conventionally ascribed to prose.[26]

That Durante should have wanted room in which to move is not surprising. As is well known, at the end of the Duecento the burden of

French culture was felt particularly keenly in Tuscany.[27] In Florence, in particular, the influence of France was overwhelming. On the one hand, we find Brunetto's teaching; on the other, a mass of mechanistic *volgarizzamenti* of French texts. The *Fiore* not only challenged the banal practices of servile translators, but also acted as a bulwark against Brunetto's expressly pro-French sentiments, thereby initiating a peculiarly Italian form of versified storytelling. Thus, at the ideological core of the poem one can recognize an anti-French polemic.[28] Indeed, the moral and intellectual corruption of France is expressly presented, first, through the allusions to the University of Paris—an environment with which Falsembiante is closely linked (for instance, sonnets 92 and 112; see also 105.6, 126.6)—and second, through Mala-Bocca's Norman origins, which Durante insists upon by mentioning them three times (*Fiore* 19.13, 48.12–13, 51.12). By underlining these particulars, on which greater emphasis is placed in the *Fiore* than in the *Rose*, the poet inevitably raises doubts about the accepted propriety and wisdom of proposing and taking France as an ethical and cultural model suitable for Tuscans to imitate. Similarly—and this should be associated with Durante's rejection of French metrical forms—his use of gallicisms ends up by counting against the *langue d'oïl*. The gallicisms of the *Fiore* are not the mark of a lazy translator overwhelmed by his source. Their number is considerably lower than that found in other *volgarizzamenti* from the French.[29] More significantly, many of the *Fiore's* gallicisms do not have a precise corresponding verbal equivalent in the passages from the *Rose* that they can be said to translate (although the French form they calque may very well be present elsewhere in the *Rose*). This would suggest that their presence in the *poemetto* stems from a deliberate stylistic choice rather than from slavish necessity, and this fact becomes self-evident when one recognizes that during the course of the poem, Durante employs Italian synonyms for a significant percentage of his gallicisms.

Given the importance of these matters, it is worth lingering on a few concrete examples to provide textual support for my claims. I base my conclusions regarding the ways in which Durante exploits French forms on a sample based on sonnets 1–10 and 100–110. Using Contini's annotations to his Ricciardi edition of the *Fiore* as my point of departure, I have counted forty-two discrete gallicisms in these twenty-one sonnets. (The average per sonnet is slightly higher than that established by Vanossi, who recognized 350 transalpine words in the 232 sonnets

of the *Fiore*;[30] the greater frequency I obtained is in part due to the fact
that I included both words and locutions in my list.) Of these twenty-
two, or slightly more than half, have Italian equivalents elsewhere in
the *poemetto*:

> *m'abellia* (1.2 and cf. *Mi piacea*, 147.14)
> *non'* (1.9 and cf. *nome*, 38.10)
> *Bieltà* (1.9 and cf. *bellez[z]a*, 31.4)
> *uon* (1.14 and cf. *uom'*, 71.1)
> *gaggio* (3.5 and cf. *pegno*, 5.10)
> *ora* (4.13 and cf. *volta*, 65.11)
> *certano* (7.10 and cf. *certo*, 3.11)
> *mesprigione* (8.7 and cf. *er[r]ore*, 99.11)
> *in* + gerund (9.1 and cf. 11.1)
> *fidanza* (9.9 and cf. *fede*, 12.11)
> *malenanza* (9.13 and cf. *tormento*, 9.13)
> *faz[z]on* (100.9 and cf. *viso*, 9.4)
> *per cuor* (101.1 and cf. *a mente*, 46.9)
> *faglia* (103.4 and cf. *fallo*, 12.10)
> *faz[z]one* (103.6 and cf. *modo*, 187.6)
> *a(l)* (103.11 and cf. *dal*, 9.2)
> *non . . . pa* (104.3 and cf. *non*, 1.7)
> *damag[g]io* (105.13 and cf. *danno*, 46.14)
> *ad uopo* (106.2 and cf. *per*, 1.7)
> *chiedesse* (107.14 and cf. *cercando*, 56.2)
> *convio* (108.7 and cf. *acompagna*, 102.4)
> *riccez[z]a* (109.3 and cf. *ric[c]hez[z]a*, 109. 7).[31]

In addition, twenty-five of the gallicisms—a clear majority—find no
correspondence in the matching verses of the *Rose*:

> *m'abellia* (1.2)
> *san' dottanza* (1.12)
> *uon* (1.14)
> *presente* (2.4)
> *aresto* (2.13)
> *gaggio* (3.5)
> *Disposat'* (5.4)
> *chitamente* (6.10)
> *certano* (7.10)

m'alleg[g]iasse (8.14)
in + gerund (9.1)
'lungiato (9.2)
fidanza (9.9)
malenanza (9.13)
tratto (100.8)
faz[z]on (100.9)
volpag[g]io (101.8)
faglia (103.4)
faz[z]one (103.6)
farsito (104.14)
damag[g]io (105.13)
ad uopo (106.2)
quella a colui (106.6)
necessitate (106.8)
falsonier (109.14).[32]

On the basis of these data, it is clear that Durante's recourse to gallicisms is highly calculated. This statement finds further confirmation
when his translating practices are measured against those of other thirteenth-century Tuscan translators. As Cesare Segre had occasion to re-
mark in his magisterial survey of medieval Italian *volgarizzamenti*:

> Più frequentemente che testi latini, si tradussero testi francesi: l'impegno
> richiesto era molto minore, per affinità di lingue e per affinità di spiriti . . .
> La rassomiglianza dei due volgari permetteva a traduttori indolenti di ripe-
> tere, con pochi ritocchi fonetici, le parole in cui si imbattevano; ma costi-
> tuiva già la base per un cosciente e vivo pastiche in scrittori come quello
> del *Fiore* . . . Il toscano . . . era in principio estremamente ricettivo verso le
> forme galliche, la cui progressiva eliminazione, riscontrabile nella tradizione
> manoscritta dei testi, indica non l'innalzamento di una barriera, ma almeno
> un tentativo di controllare il transito linguistico.[33]

Durante was obviously not an "indolent" translator; he belonged to
those writers who worked at forging a dialectical and creative tension
between their own language and that of their source. Indeed, his stylistic effort establishes obvious links between the *Fiore* and contemporary bilingual and plurilingual literature, whose main aim—whether for
comic and debunking ends or for reasons of committed cultural poli-
tics—was to establish a hierarchy of the different languages and registers

brought together in a composition.[34] Given the overwhelming presence of Italian lexical, grammatical, and syntactic forms in the *poemetto,* and given the parodic, even "grotesque," function of some of its gallicisms (for instance, "E c[h]'ogne membro, ch'i' avea, e vena / Diposat' era a farli sua voglienza [*Fiore* 5.3–4] and "Ma 'l Die d'Amor non fece pa sembiante" [104.3]), it is not especially difficult to appreciate the linguistic, and hence cultural, hierarchy the *Fiore* is trying to fix. This line of argument can be taken further and can also be made specific to Durante's self-definition as a poet. The author of the *Fiore* was deeply concerned to establish his own *auctoritas* as an Italian writer in opposition to his French counterparts, and the ways in which he was able to bend the French language to his needs served as a sign of his independence and artistic skill.[35]

To contextualize further Durante's attitude and literary reaction to France, it is worth recalling the unease that Dante felt throughout his life about the implications of the widespread presence of French culture in Italy, as well as the effort he exerted in fashioning new, specifically Italian genres to stem and control the artistic and ideological influence flowing from beyond the Alps. Referring to Dante, it seems appropriate to observe that if one asks strictly literary questions about the poem, then it becomes possible, thanks to the replies, to offer answers, however tentative, to some of the extratextual questions that have so beguiled the readers of the *Fiore.*

Thus, as regards the date and place of composition of the poem, it seems to me most unlikely that it could have been written much after 1285, and that this could have occurred outside Tuscany or even outside Florence. Although we have a few instances of Tuscan *volgarizzamenti* composed in France—but of Latin works, such as Brunetto's translation of Cicero's *De inventione* and the *translationes* of Albertano da Brescia's treatises by Andrea da Grosseto and Soffredi del Grazia[36]— none of these can be said to have the artistic and experimental ambitions of the *Fiore.* Like the vast majority of translations actually written in Tuscany, these have primarily practical and divulgatory aims, so that they may be said to serve as much the established priorities of Latin and French culture as the new needs and demands for entertainment and information of the communes' growing bourgeois class. The intent of the *Fiore* is quite different: it strives to challenge and transform the cultural *status quo* of the second half of the thirteenth century—a situation that was in part sustained precisely by a passive kind of *vol-*

garizzamento, a mode of translating that can be taken as a hallmark of a subaltern culture with little faith in its own prowess and possibilities. Without the motivating logic and pressures stemming from this kind of environment, so typical of late Duecento Florence, the *Fiore* would lose much of its raison d'être. To put it simply, it would be difficult to see for whom and why it had been written.

This becomes crucial when we recall that a major achievement of recent studies on medieval *translationes* has been to establish that one of the principal prerequisites for defining a translation is recognizing its audience.[37] Thus, if one were to push the date of composition of the *Fiore*, as some have done, to the first decades of the fourteenth century,[38] its anti-French polemic and its strong feeling of the urgent need to build a recognizably national literary tradition would make much less sense, given the growing maturity and independence of Italian literature during this later period. For the poet of the *Fiore*, to declare and demonstrate artistic independence, while also indicating how others might achieve the same goal, was an overwhelming, all-consuming imperative. This desire is emblematically enshrined within the poem in the striking fact that there is no overt mention in its sonnets of its many debts to the *Roman de la Rose*.

The decision to conceal its origins is another trait that separates the *Fiore* from the ordinary norms of contemporary translations.[39] It provides Durante with another convenient means with which to construct his own and his text's self-standing *auctoritas*. However, as I have discussed elsewhere, the poem's striving for *novitas* is not without its attendant problems and contradictions.[40] On the one hand, the *Fiore* would like to eliminate the presence of the *Rose* and proceed as if the *roman* had never existed. On the other hand, in order to underline its own novelty and to confirm the effectiveness and possibilities of Italian literature, it is useful for the reader to be aware of the French source (although the *Fiore's* originality would be apparent even to a reader unfamiliar with the *Rose*). Thus, in order to attenuate the tension in his poem—its startling claim to be a text both with and without precedents[41]—and to offer a first sign of its *novitas*, Durante makes it clear that the *poemetto* is a *translatio* while, at the same time, keeping hidden both the original and its author.[42]

Whatever path we take to explore the textuality of the *Fiore*, we keep returning to the fact of its status as a translation. Indeed, the poem's literary ambitions seem to be intimately involved with Durante's choice of genre. Yet, precisely because of the sophistication of these ambitions, it is a fact that can cause disquiet among modern readers. It is time to commence dealing more directly with the issue of the *Fiore's* genre, and so to offer a solution to the key problem that, to this point, has been constantly hanging over my discussion: why did Durante choose the *translatio* to perform the kind of radical cultural operation that I have been sketching?

The answer to this question is complex. I shall begin by recalling the importance of two interrelated factors for appreciating the function and status of the *Fiore*: first, the influential position in Tuscany of the tradition of passive *volgarizzamenti* from the French; second, and more generally, the deeply problematic nature of the cultural interrelationship between France and Italy. Further, it is important to recognize that the intellectual and literary climate of the second half of the Duecento—a climate of cultural dominion and subordination—was especially suited to, and perhaps even "demanded," the type of metaliterary analysis proposed by Durante. The *Fiore* functions as such a telling critique of the *volgarizzamenti* and of the cultural order they perpetuated, because it challenged them on their own ground and on their own terms. Quite simply, it showed them the freedom a bold translator could achieve. If the *Fiore* is separated from other *volgarizzamenti*, much of its solidity and force are lost; indeed, it gains additional consistency and power if it is also examined in terms of Tuscan translations from the Latin and, by extension, in terms of its relationship to Latin culture.

The *Fiore* has one immediate and inescapable link to Latin literature. Since it is a kind of *ars amandi*, it inevitably conjures up the supreme *auctoritas* on love: Ovid,[43] that " . . . Ovidio maggiore, / che gli atti dell'amore, / che son così diversi, / rasembra 'n motti e versi."[44] Yet it is striking that unlike the *Rose*, or even the *Tesoretto*, the *Fiore* makes no mention of Ovid and his work.[45] In much the same fashion as it deals with its French source, the *poemetto*, in its effort to establish its own authority, marginalizes the Latin poet. Concurrently, Durante relies on the educated memories of readers to evoke Ovid's presence, so that the full extent of his own literary ambitions can be appreciated. The *Fiore's* suppression of Ovid, given the Latin poet's fundamental position in contemporary culture, is much more blatant than its suppression of Guillaume and Jean; consequently, readers would have recognized it more easily and readily assessed its implications. Durante's goals were audacious. Rather than make a great *auctoritas* accessible to a wider audience, which was the typical role of translations from Latin (and it should not be forgotten that the first Tuscan *volgarizzamenti* of "Ovidio maggiore" belong to the end of the thirteenth century),[46] Durante takes over for himself the space traditionally assigned to a classical *auctor*. To put it in slightly different terms, he asserts the capacity and willingness of a vernacular text to deal with ideological matters conventionally left to Latin literature.

It thus becomes clear that the ambitions of the *Fiore* are not simply literary but also ethical. In the light of the traditional association between literature and ethics (*ethice supponitur*), it is difficult to think how things could have been otherwise. The standard modern "literalist" interpretation of the *poemetto* as simply a ludic celebration of sexuality is unpersuasive, not to say anachronistic, partly because it fails to take into account the fundamental bond between *delectatio* and *utilitas* in medieval reflection on literature,[47] and partly because it fails to recognize the *Fiore*'s standing as a sort of post-Ovidian "art of love." Thus, Amore, Ragione, Amico, Falsembiante, and La Vecchia all offer lessons on love. Significantly, they do not all proffer the same advice. Indeed, Ragione openly warns against the dangers of the kind of obsessive, self-serving eroticism embraced by Amante; tellingly, Ragione's *consiglio* is defined, without the slightest smirk of irony, as "buon e fin, sanza fallacie" (*Fiore* 36.1–2). These values are the antithesis of the deceitful, selfish immorality that typically reverberates through the utterances of the other teachers on love whose counsel Amante actually follows. The *Fiore* "rationally" champions a morality at odds with the behavior of its protagonist, who thus ends up as an *exemplum* of behavior that should be shunned, not imitated, by readers who are able to see beyond the surface "fallacie" of literature and are therefore able to interpret "morally."[48] Given the "ethical" reading practices of the day, I do not understand how else the *Fiore* could possibly have been read.[49] Furthermore, it is axiomatic that, at a certain point, the poet-lover must have recognized the folly of his intemperate conduct, because if he had continued to submit "la ragion . . . al talento" (*Inf.* 5.39), he would never have been able to dedicate himself to the composition of the poem. Indeed, it was a *topos* of the time that a bad love could not engender poetry. The existence of the *Fiore* is thus the best guarantor of the uprightness of its values.

"Moralizations" of the type I have been describing were particularly tied to texts that dealt with love. On the one hand, we have the massive

tradition of commentary on the Song of Songs;[50] on the other, we find
the rich exegesis on Ovid, which consistently claimed that the poet's
representation of evil, just as much as that of good, was always done
for purposes of moral edification.[51] As a work that aspired to appropriate
for itself part of the Ovidian legacy, the *Fiore* must also have aspired, or
expected, to be interpreted like its suppressed model. The *Ovide moralisé*
conveniently and canonically synthesizes the logic of such a reading:

> Tout es pour nostre enseignement
> Quanqu'il a es livres escript,
> Soient bon ou mal li escript.
> Qui bien i vaudroit prendre esgart,
> Li maulz y est que l'en s'en gart,
> Li biens pour ce que l'en le face . . . [52]

And more specifically:

> Voirs est, qui Ovide prendroit
> A la letre et n'i entendroit
> Autre sen, autre entendement
> Que tel com l'auctors grossement
> I met en racontant la fable,
> Tout seroit chose mençognable
> Poi profitable et trop obscure
> . . .
> Et qui la fable ensi creroit
> Estre voire, il meserreroit
> Et seroit bogrerie aperte,
> Mes sous la fable gist couverte
> La sentence plus profitable.[53]

The *Fiore* stands at an intersection between Latin and transalpine
literature (and associating Ovid, as well as the writers of France and
Provence, with an Italian narrative work on love, it is exceedingly difficult not to think once again of the *Vita nuova*).[54] Taking advantage
of the privileged precariousness of its position, the *Fiore* quickly moves
to stake a claim for a territory of its own. In the process, it both marginalizes its sources and mediates their values and concerns to its own
culture. In this respect, as recent scholarship has begun to demonstrate,[55] the *Fiore* behaves like the very best of *translationes*.

What I hope is becoming clear from my analysis is the flexibility of

translation in the Middle Ages. Thus, if we are to appreciate Durante's
choice of form, what seems even more important than the immediate
cultural environment is what might be termed "medieval translation
theory." To put it as pointedly as possible, medieval reflection on the
translatio must be accorded a position of privilege in any assessment of
the literature of the Middle Ages. The concept of *translatio,* and a host
of related terms, was associated with literature *tout court* and, in particular, with the question of the links between different writers and
texts—precisely the question that lies at the core of the *Fiore.* At a general level, the *translatio* dealt with the imitative and emulative aspects
of a writer's *inventio. Imitatio* and *aemulatio* lay at the basis of the *tri-
vium,* thereby enshrining, as both canonical and synonymous with literary composition, the current system of rewriting and transformation. As I have mentioned, in sonnet 103 Falsembiante alludes to this
system, which had its ideological counterpart in the notion of the *translatio studii.*

At a more specific level, and of greater significance as far as the *Fiore*
is concerned, the *translatio* embraced issues of originality and fidelity,
of abbreviation and amplification; it placed at its center the debate on
the relative standing of different languages, different cultures, and different authors, and it examined and defined the different types of writer
and *stilus.* It also suggested ways in which a translation could serve as
a commentary to the text it was translating.[56] Thus, when the *Fiore* seg-
ments, compartmentalizes, and reorders the *Rose,* it adopts the methods
of the *divisio textus,* the quintessential procedure of the *commentaria.*[57]
The manner in which the *Fiore* approaches its source obviously reveals
its judgment on and its interpretation of the *roman.*[58] Furthermore, and
from a slightly different perspective, the *translatio* also concerned itself
with tropes, of which the personifications that populate the *Fiore* were
a prestigious category.[59]

The logic and legitimation of the *Fiore* can all be found in "medieval
translation theory," and in keeping with the purview of *translatio,* the
work has totalizing and syncretic ambitions. Thus, the *Fiore* brings together prose and poetry, lyric and epic, *brevitas* and *amplificatio,* Latin
and vernacular, French and Italian culture, entertainment and didac-
ticism. It calls to mind the *tenzone,* the *contrasto,* the *corona;* it echoes
the different registers of tragedy and satire, as well as the ribald tones
of the jongleurs. As much as a summa on love, it is a summa on the
possibilities of literature and of translation: it is a kind of *ars poetriae*
or, better, an *ars translationis.* The ambition, originality, and experi-

mental vigor of the *Fiore* lie in its drive to novelty through variety and synthesis, an approach that inevitably separated it from works that subscribed to the dominant doctrine of discrete "styles" supported by the ideology of the *genera dicendi*. Although the *poemetto's* eclecticism has its origins in the ideological and stylistic wealth of the *Rose*, simply on account of its concision, it achieves a much greater integration of its discrete elements than does its source.

Durante thus blurs the differences between diverse and traditional textual forms as he invents and foregrounds his own new poetry. Furthermore, by openly associating his work with the comic genre, he not only revealed that he was aware which *stilus* was the most appropriate for experimentation[60]—and hence that his literary operation was the result of careful reflection and not of a whim born of ignorance—but also, given its *novitas*, presented his work as a new sort of comedy. This emerges with special force if his comic plurilingualism is compared to the more conventionally constrained "low" register employed by Malabocca and Falsembiante. Both characters are explicitly associated with traditional *humilis* forms (for instance, *Fiore* 48.14 and 87.6). Thus, their *comico-realistico* discourse and, by extension, their "low" views on life are inevitably found wanting when measured against the *Fiore's* sophisticated comic practices and ideology.[61] Once again, in the *poemetto's* sonnets, literature and ethics clasp hands, not least because a strong culture is also a moral one.

The *translatio* must have appeared to Durante's eyes as an ideal form through which to develop a discussion on Franco-Italian relations whose ultimate goal was both to privilege Italian culture and to establish his own poetic identity. Furthermore, its suitability would have certainly been recognized by the more sophisticated among his readers. Such a programmed and committed use of the translation is not unique to the *Fiore*, although it does represent a precocious instance of such a strategy. In fourteenth-century English literature there existed a tradition, with Chaucer and Gower at its head, of translations whose aim, like that of the *Fiore*, was to substitute themselves for the texts they were translating, thereby appropriating for themselves and for their own culture the *auctoritas* of the originals.[62] Dante, too, in his works frequently attempted to achieve this same end by means of a variety of techniques. To be able to associate the *Fiore* with the writings of Chaucer and Gower (not to mention those of Dante), underscores the deficiencies of a critical approach that ignores genre and (meta)literary characteristics. Further, in Italy, there are instances of this type of translation even before the *Fiore*. As Aurelio Roncaglia has explained,[63] a similar operation seems to be present in Giacomo da Lentini's and the Anonimo Genovese's translations from the Provençal. Italy's growing literary maturity between the Due- and the Trecento needs to be recognized in *translationes* as much as in its more conventionally creative works.

The *Fiore*'s complexity and its objectives emerge from the different ways in which it exploits and manipulates the possibilities offered by the *translatio*. Although it depends on this in a fundamental manner, in pursuing its ambitions of independence the poem reworks not only the practice but also the theory of translation. At the basis of both lay the idea of fidelity to the original. This desire for precision was expressed in two distinct ways: formal exactitude, "verbum pro verbo,"[64] and semantic correctness, "ut nihil desit ex sensu, cum aliquid desit ex verbis," as Evagrius of Antioch, cited by St. Jerome in his letter to Pammachius, had had occasion to observe.[65] Let us consider Falsembiante's words for one last time: "Così vo io mutando e suono e verso / E dicendo parole umili e piane." It is now clear that Durante abandons any pretence of fidelity. Altering "suono e verso," he rejects the idea of translating literally; energetically restructuring the *Rose*, he makes no effort to reproduce its *sententia*. What remains for all to see is the *Fiore*'s independence and originality. It is suggestive to conclude by noting that the same interest in linguistic change, in rewriting, and in "disguise" that dominates the style and metaliterary structure of the *Fiore* returns as a key element in the story it recounts—it is enough to recall the speeches of Amico, Falsembiante, and La Vecchia. We thus have a striking coincidence between form and content, between literature and ethics, elements that point to Durante's artistic maturity.[66] The more we peer into the *Fiore*, that magnificent tour de force celebrating the potential of the *translatio*, the more we find therein aspects that demand the most careful scrutiny.

NOTES

I should like to thank Giulio Lepschy and Lino Pertile for their comments on an earlier version of this study. This is a much revised and amplified version of the paper I read in Italian at the Conference on the *Fiore* at Cambridge.

1. Citations of the *Fiore* refer to the edition of Gianfranco Contini, *"Il Fiore" e "Il Detto d'Amore" attribuibili a Dante Alighieri* (Milano: Mondadori, 1984).

2. Citations of the *Roman de la Rose* refer to the edition of Ernest Langlois, *"Le Roman de la Rose" par Guillaume de Lorris et Jean de Meun, publié d'après les manuscrits*, 5 vols. (Paris: Firmin Didot [vols. 1–2] and Champion [vols. 3–5], 1914–24).

3. See Hans Robert Jauss, "La Transformation de la forme allégorique entre 1180 et 1240: D'Alain de Lille à Guillaume de Lorris," in *L'Humanisme médiéval*, ed. Alain Fourrier (Paris: Klincksieck, 1964), 107–46, especially 120. There is a further phrase in sonnet 103, "predicar dolze predicazione" (*Fiore* 103.7), which through the allusion to preaching brings together the written and spoken character of language, while through the epithet *dolze* it also introduces one of the most important concepts of medieval literary criticism. On the concept of *dolcezza*, see J. Chatillon, "Dulcedo, Dulcedo Dei," in *Dictionnaire de spiritualité ascétique et mystique*, ed. M. Viller et al. (Paris: Beauchesne, 1957), 3:1777–95; S. Heinimann, "Dulcis: Ein Beitrag zur lateinisch-romanischen Stilgeschichte des Mittelalters," in *Studia philologica: Homenaje ofrecido a Dámaso Alonso por sus amigos y discípulos con ocasión de su 60° aniversario*, 3 vols. (Madrid: Editorial Gredos, 1961), 1:215–32; Claudia Villa, *La "Lectura Terentii"* (Padova: Antenore, 1984), 39–42.

4. *De vulgari eloquentia* 2.4.5. See the edition by Pier Vincenzo Mengaldo (Milano: Ricciardi, 1979).

5. See Judson Boyce Allen, *The Ethical Poetic of the Later Middle Ages* (Toronto: University of Toronto Press, 1982).

6. *Convivio* 2.1.3. See the edition by Cesare Vasoli and Domenico De Robertis (Milano: Ricciardi, 1988).

7. See, for instance, Ruth Morse, *Truth and Convention in the Middle Ages* (Cambridge: Cambridge University Press, 1991), 15–84.

8. See, in particular, Erich Auerbach, *"Sacrae Scripturae sermo humilis,"* in *Studi su Dante* (Milano: Feltrinelli, 1978), 165–73, in which the great German scholar examines the metaliterary significance of Beatrice's "dire soave e piano" (*Inferno* 2.56). The lexical and connotative similarities between the *Fiore*'s "E dicendo parole umili e piane" and the *Commedia*'s "e cominciommi a dir soave e piana" are obviously suggestive. All quotations from the *Commedia* are taken from Dante Alighieri, *La Commedia secondo l'antica vulgata*, ed. Giorgio Petrocchi, 4 vols. (Milano: Mondadori, 1966–67; rev. ed., Firenze: Le Lettere, 1994). Elsewhere in the *Fiore*, Durante employs the binomial "umile e piano" to describe a particular moral condition: "Com' i' v'ò detto, in cuore umile e piano / Santa religïon grana e fiorisce" (*Fiore* 91.1).

9. See Gianfranco Contini, "Un nodo della cultura medievale: La serie *Roman de la Rose-Fiore-Divina Commedia*," in *Un'idea di Dante* (Torino: Einaudi,

1976), 245–83, especially 272; also Contini, "Introduzione," in *"Il Fiore" e "Il Detto d'Amore,"* xix–cl, especially lxi.

10. Zygmunt G. Barański, "Lettura dei sonetti I–XXX," in *Lettura del "Fiore,"* ed. Zygmunt G. Barański, Patrick Boyde, and Lino Pertile, Letture Classensi 22 (Ravenna: Longo, 1993), 13–35.

11. Jerome, *Epistolae* 57.5 (emphasis in original). See the edition by I. Hilberg, 3 vols., Corpus scriptorum ecclesiasticorum latinorum 54–56 (Wein: F. Tempsky, 1910–18).

12. Jerome, *Epistolae* 57.6.

13. See Joannes Scotus, *Versus de ambiguis S. Maximi* 2.1–4, in vol. 122 of *Patrologia latina,* 1235–36.

14. "Un altro episodio singolare e altamente significativo [in medieval translation theory] è quello dantesco: anche per la terminologia relativa al tradurre Dante fa parte per se stesso" (Gianfranco Folena, *Volgarizzare e tradurre* [Torino: Einaudi, 1991], 36; see also 30, 36–39, 80–81).

15. *Convivio* 1.7.15; this passage is heavily dependent on Jerome, *Epistolae* 57.5. See also *Convivio* 1.5.8, 1.10.10, 2.14.6–7.

16. On Dante's activity as a translator, see Felicina Groppi, *Dante traduttore,* rev. ed. (Roma: Tipografia Vaticana, 1962); Mario Marti, "Aspetti stilistici di Dante traduttore," in *Realismo dantesco e altri studi* (Milano: Ricciardi, 1961), 108–25.

17. See Alastair J. Minnis and Tim William Machan, "The *Boece* as Late-Medieval Translation," in *Chaucer's "Boece" and the Medieval Tradition of Boethius,* ed. Alastair J. Minnis (Cambridge: D. S. Brewer, 1993), 167–88, especially 187–88.

18. For a useful survey of the critical debate on the *Fiore*—which, however, does not take into consideration recent studies, such as those collected in *Lettura del "Fiore"* (but now see the contributions by Barnes and Boyde, elsewhere in this volume)—see Peter Armour, "The *Roman de la Rose* and the *Fiore*: Aspects of a Literary Transplantation," *Journal of the Institute of Romance Studies* 2 (1993): 63–81. See also Peter Wunderli, *"Mortuus redivivus*: Die *Fiore*-Frage," *Deutsches Dante Jahrbuch* 61 (1986): 35–50.

19. See Contini's comparison of the text of the *Rose* with that of the *Fiore* in his notes to individual sonnets in *"Il Fiore" e "Il Detto d'Amore."* See also Barański, "Lettura," 32–33.

20. Contini, "Introduzione," lxv, lxix, lxxxi, xcvii; Carlo Dionisotti, *Geografia e storia della letteratura italiana* (Turin: Einaudi, 1967), 135.

21. Barański, "Lettura."

22. On the sonnet and its history, see Leandro Biadene, "Morfologia del sonetto nei secoli XIII–XIV," *Studj di filologia romanza* 4 (1889): 1–234; Pietro G. Beltrami, *La metrica italiana* (Bologna: il Mulino, 1991), sections 66, 200–209 (pp. 84–85, 236–48); Marco Santagata, *Dal sonetto al canzoniere* (Padova:

Liviana, 1979), 115–66. On the implications of the use of the sonnet in the *Fiore*, see Luigi Vanossi, *Dante e il "Roman de la Rose": Saggio sul "Fiore"* (Firenze: Olschki, 1979), 149–221; Barański, "Lettura," 31–32.

23. See Folena, *Volgarizzare*, 33; Cesare Segre, *Lingua, stile e società*, rev. ed. (Milano: Feltrinelli, 1976), 30, 59.

24. See Zygmunt G. Barański, " 'Primo tra cotanto senno': Dante and the Latin Comic Tradition," *Italian Studies* 46 (1991): 1–36, especially 6–7.

25. On *verba soluta* and prose in general, see Isidore of Seville, *Etymologiarum* 1.38 (ed. W. M. Lindsay, 2 vols. [Oxford: Clarendon Press, 1985]).

26. Although Durante would have been able to find inspiration for his narrative poetry both in the Latin epic and in the *Rose*, the fact remains that the *Fiore* marginalizes both these traditions, thereby ensuring that the attention remains focused on its relationship to storytelling in prose.

27. On relations between Italy and France, and in particular between Tuscan and French culture, see Dionisotti, *Geografia*, 134–39; Paul Meyer, "De l'expansion de la langue française en Italie pendant le Moyen Age," in *Atti del Congresso internazionale di scienze storiche. IV: Sezione storia delle letterature*, 12 vols. (Roma: Tipografia della R. Accademia dei Lincei, 1904), 4:61–104; Earl Jeffrey Richards, *Dante and the "Roman de la Rose": An Investigation into the Vernacular Narrative Context of the "Commedia"* (Tübingen: Max Niemeyer Verlag, 1981), a study that should be consulted with considerable caution; Segre, *Lingua*, 22–36, 49–51, 58–60; John Took, "Dante and the *Roman de la Rose*," *Italian Studies* 37 (1982): 1–25.

28. It is for this reason that I remain unpersuaded by the idea that the author of the *Fiore* should be sought among Brunetto's immediate entourage; see, for instance, Armour, "The *Roman*," 77–80. See also Barański, "Lettura," 26–28.

29. For examples of heavily gallicized *volgarizzamenti*, see the Italian versions of the *Livre dou gouvernement des rois*, of the *Tresor*, and of the *Conti morali* (a version of *contes dévots* contained in the *Vie des anciens Pères*). Selections from these works may be found in Cesare Segre and Mario Marti, eds., *La prosa del Duecento* (Milano: Ricciardi, 1959).

30. Vanossi, *Dante*, 237–40.

31. The terms with no Italian synonyms elsewhere in the *Fiore* are: *san' dottanza* (1.12), *presente* (2.4), *presto* (2.9), *aresto* (2.13), *fermò* (4.1), *Disposat'* (5.4), *chitamente* (6.10), *m'alleg[g]iasse* (8.14), *'lungiato* (9.2), *tratto* (100.8), *prinze* (101.4), *volpaggio* (101.8), *dighisamenti* (102.3), *ringioire* (104.5), *farsito* (104.14), *necessitate* (106.8), *truanti* (107.1), *m'intramettesse* (107.12), *convio* (108.7).

32. I have based this part of my survey on Contini's annotations regarding the textual relationship between the *Fiore* and the *Rose* in *"Il Fiore" e "Il Detto d'Amore."*

33. Segre, *Lingua*, 30.

34. On medieval plurilingual literature, see Zygmunt G. Barański, " 'Significar *per verba*': Notes on Dante and Plurilingualism," *Italianist* 6 (1986): 5–18; Furio Brugnolo, *Plurilinguismo e lirica medievale* (Roma: Bulzoni, 1983); W. Theodor Elwert, "L'Emploi des langues étrangères comme procédé stylistique," *Revue de littérature comparée* 34 (1960): 409–37; Michael Richter, "Monolingualism and Multilingualism in the Fourteenth Century," in *Studies in Mediaeval Linguistics Dedicated to G. L. Bursill-Hall*, ed. Konrad Koerner et al. (Amsterdam: Benjamins, 1980), 231–40; Elisabeth Schulze-Busacker, "French Conceptions of Foreigners and Foreign Languages in the Twelfth and Thirteenth Centuries," *Romance Philology* 41 (1987): 24–47; Giuseppe Tavani, *Bilinguismo e plurilinguismo romanzo dal XII al XVI secolo* (Roma: E. De Santis, 1969); Paul Zumthor, "Un Problème d'esthétique médiévale: L'utilisation poétique du bilinguisme," *Moyen âge* 66 (1960): 301–36, 561–94.

35. On the *arte del gallicismo* in the *Fiore*, see Contini, "Introduzione," lxvii, xcvii–ciii; Vanossi, *Dante*, 224, 230–32, 236–54. See also note 23 above. For a different view, see Arnaldo Moroldo, "Emprunts et réseaux lexicaux dans le *Fiore*," *Revue des langues romanes* 92 (1988): 127–51; Luigi Peirone, *Tra Dante e "Il Fiore"* (Genova: Tilgher, 1982), 31–58. A further problem arises in connection with Durante's assimilation and reworking of French forms: was it necessary for him, as some have suggested, to have gone to France to be able to translate the *Rose* as he did? My view is that such a journey was quite unnecessary, first, given the proximity, already noted by Segre, between Italian and French, and second, given the wide circulation of French works and of *volgarizzamenti* of these in northern and central Italy during the Duecento. In addition, and more generally, it was not necessary for the poets of the Sicilian school to have gone to Provence in order to compose their verse.

36. Segre, *Lingua*, 53.

37. See Morse, *Truth and Convention*, 30, 179–230.

38. See, for example, Remo Fasani, *Il poeta del "Fiore"* (Milano: Scheiwiller, 1971).

39. Barański, "Lettura," 23. Another reason why Durante may have decided not to reveal his source was to suggest that he was drawing on the whole corpus of writing on love (see below for a fuller discussion of the *Fiore's* links with the Ovidian tradition of erotic literature). For a similar suppression of the direct source of a text, this time in the tradition of writing on Troy, see Morse, *Truth and Convention*, 235–36.

40. Barański, "Lettura," 19.

41. Probably the most striking instance of the *Fiore's* attempt to present itself as a text both with and without precedents may be seen in how it bends a traditional metrical form, the sonnet, to new, narrative ends.

42. Since the single manuscript in which the *Fiore* has survived lacks the

title rubric, we cannot be certain that mention was not made there of the *Rose* and its authors. In the light of my interpretation of the *poemetto*, however, I believe that this would have been most unlikely.

43. On Ovid's *fortuna* in the Middle Ages, see Ernest H. Alton and Donald E. W. Wormell, "Ovid in the Medieval School Room," *Hermathena* 94 (1960): 21–38, and 95 (1961): 67–82; Fausto Ghisalberti, "Medieval Biographies of Ovid," *Journal of the Warburg and Courtauld Institutes* 9 (1946): 10–59; Ralph J. Hexter, *Ovid and Medieval Schooling: Studies in Medieval School Commentaries on Ovid's "Ars Amatoria," "Epistulae ex Ponto," and "Epistulae Heroidum"* (München: Bei der Arbeo-Gesellschaft, 1986); James H. McGregor, "Ovid at School: From the Ninth to the Fifteenth Century," *Classical Folia* 32 (1978): 29–51; Birger Munk Olsen, *I classici nel canone scolastico altomedievale* (Spoleto: Centro di Studi sull'Alto Medioevo, 1991); Elisabeth Pellegrin, "Les *Remedia amoris* d'Ovide, texte scolaire médiévale," *Bibliothèque de l'Ecole des Chartes* 115 (1957): 172–79.

44. Brunetto Latini, *Tesoretto* 2359–62. See the edition by Gianfranco Contini in *Poeti del duecento*, 2 vols. (Milano: Ricciardi, 1960).

45. See Barański, "Lettura," 23–24.

46. See C. Marchesi, "I volgarizzamenti dell'*Ars Amatoria* nei secoli XIII e XIV," *Memorie del R. Istituto Lombardo di Scienze e Lettere–Classe di Lettere: Scienze Morali e Storiche* 23 (1914–17): 313–42. See also *I volgarizzamenti trecenteschi dell'"Ars amatoria" e dei "Remedia amoris,"* ed. Vanna Lippi Bigazzi, 2 vols. (Firenze: Accademia della Crusca, 1987).

47. See *Medieval Literary Theory and Criticism c. 1100–c. 1375*, ed. Alastair J. Minnis and A. B. Scott (Oxford: Clarendon Press, 1988), pages listed in the index entry for *utilitas*; Joachim Suchomski, *"Delectatio" und "utilitas": Ein Beitrag zum Verständnis mittelalterlicher komischer Literatur* (Bern: Francke Verlag, 1975). But see also Glending Olson, *Literature as Recreation in the Later Middle Ages* (Ithaca: Cornell University Press, 1982), whose interesting book ultimately does little to break the key bond between literature and ethics in the Middle Ages.

48. I use the term in its technical medieval sense, namely, relating to "moral" allegoresis.

49. Two other scholars in recent years have argued that the *Fiore* is a work with serious moral intent. See John C. Barnes, "Lettura dei sonetti CXXI–CL," in *Lettura del "Fiore,"* ed. Barański, Boyde, and Pertile, 91–108; John Took, "Towards an Interpretation of the *Fiore*," *Speculum* 54 (1979): 500–527; and Took, "Lettura dei sonetti XXXI–LX," in *Lettura del "Fiore,"* ed. Barański, Boyde, and Pertile, 37–51.

50. See, in particular, Ann W. Astell, *The Song of Songs in the Middle Ages* (Ithaca: Cornell University Press, 1990); Ann E. Matter, *"The Voice of My Beloved": The Song of Songs in Western Medieval Christianity* (Philadelphia: Uni-

versity of Pennsylvania Press, 1990). See also Marguerite Chiarenza, "Dante's Lady Poverty," *Dante Studies* 111 (1993): 153–75.

51. See note 43 above.

52. *Ovide moralisé* 1.2–7. See the edition by D. De Boer, *Ovide moralisé: Poème du commencement du quatorzième siècle*, 5 vols. (Amsterdam: Johannes Müller, 1915–38).

53. *Ovide moralisé* 15.2525–37.

54. Michelangelo Picone has made some important observations about the relationship between the *Fiore* and the *Vita nuova*. See "Il *Fiore*: Struttura profonda e problemi attributivi," *Vox romanica* 33 (1974): 145–56, especially 151–53.

55. See, in particular, Rita Copeland, *Rhetoric, Hermeneutics, and Translation in the Middle Ages* (Cambridge: Cambridge University Press, 1991).

56. Claude Buridant, "*Translatio medievalis*: Théorie et pratique de la traduction médiévale," *Travaux de linguistique et de littérature* 20 (1983): 81–136; Rita Copeland, "Rhetoric and Vernacular Translation in the Middle Ages," *Studies in the Age of Chaucer* 9 (1987): 44–57; Copeland, *Rhetoric, Hermeneutics, and Translation*; Dionisotti, *Geografia*, 125–78; Folena, *Volgarizzare*; J. Monfrin, "Humanisme et traductions au Moyen Age," *Journal des savants* 148 (1963): 161–90; Monfrin, "Les Translations vernaculaires de Virgile au Moyen Age," in *Lectures médiévales de Virgile* (Roma: Ecole Française de Rome, 1985), 189–249; Roger Ellis and R. Evans, eds., *The Medieval Translator* (Exeter: Exeter University Press, 1993); Morse, *Truth and Convention*, 179–230; W. Schwarz, "The Meaning of *Fidus Interpres* in Medieval Translation," *Journal of Theological Studies* 45 (1944): 73–78; Segre, *Lingua*, 13–78, 214–26, 271–300; Roger Ellis, ed., *The Medieval Translator: The Theory and Practice of Translation in the Middle Ages* (Cambridge: D. S. Brewer, 1989); Geneviève Contamine, ed., *Traduction et traducteurs au Moyen Age* (Paris: Editions du CNRS, 1989).

57. On *divisio textus*, see Alastair J. Minnis, *Medieval Theory of Authorship*, rev. ed. (Aldershot: Scolar Press, 1988), 118, 145, 149, 151, 154, 158, 162, 171. On the "division" of the *Rose* by its first readers, see Sylvia Huot, *The "Romance of the Rose" and Its Medieval Readers* (Cambridge: Cambridge University Press, 1993), as well as Huot's contribution, elsewhere in this volume.

58. See Barański, "Lettura," 23–26, 31–33.

59. Douglas Kelly, "*Translatio Studii*: Translation, Adaptation, and Allegory in Medieval French Literature," *Philological Quarterly* 57 (1978): 287–310; M. F. Nims, "*Translatio*: 'Difficult Statement' in Medieval Poetic Theory," *University of Toronto Quarterly* 43 (1974): 215–30.

60. See Barański, " 'Primo tra cotanto senno': Dante and the Latin Comic Tradition," which includes a full bibliography.

61. Dante similarly criticizes the conventional forms of comedy during the course of the *Commedia* in general and of the *Inferno* in particular; see ibid.

62. See Copeland, *Rhetoric, Hermeneutics, and Translation*, 179–220.

63. Aurelio Roncaglia, "*De quibusdam provincialibus translatis in lingua nostra*," in *Letteratura e critica: Studi in onore di Natalino Sapegno*, 5 vols. (Roma: Bulzoni, 1975), 2:1–36.

64. Jerome, *Epistolae* 57.5.

65. Ibid. 57.6.

66. The question of the *Fiore's* moral perspective, as I hope I have made clear, is one that requires a major study.

QUESTIONS

Peter Dronke: Ci sono echi diretti del *Pamphilus* nel *Fiore* o soltanto attraverso Jean de Meun?

Zygmunt Barański: Solo attraverso Jean, direi. Inoltre, ho provato qualche anno fa a vedere se trovavo degli echi del *Pamphilus* nella *Commedia*, ma non ho trovato niente.

Lino Pertile: Forse posso fare un paio di osservazioni, più che di domande. La prima è un'osservazione generale. Mi pare che andando di questo passo si finisca con il caricare le spalle dell'autore del *Fiore* di un peso sufficiente a schiacciarlo.

Domenico De Robertis: Sono buone spalle!

Pertile: Come? "Sono buone le spalle". Se lo dice lei, professore, io sono d'accordo. Lei probabilmente le conosce meglio di me. Io semplicemente volevo dire che c'è il pericolo che assegnando un progetto di questo genere, che riguarda addirittura il destino della letteratura e della cultura italiana, a un giovane poco più che ventenne, mi pare che si corrano certi rischi.

Passo però ad un'osservazione molto più concreta, rifacendomi proprio al punto di partenza di Barański, alle parole "umili e piane". Ecco, secondo me, "umili e piane" viene caricato di un peso indebito. Come si può dire che questa dittologia sinonimica dimostra ambizioni "metaletterarie"? A quanto mi risulta questa è una dittologia comunissima nell'italiano del Duecento. Certo, io ne ho trovato esempi proprio anche l'altro ieri leggendo le *Laudi Fiorentine*. Si trovano esempi di questo genere in Dante da Maiano. Ce ne sono a bizzeffe di esempi di *umile e piano*. Quindi bisogna stare attenti. Come possiamo investire di una coscienza, o di un'ambizione metaletteraria, un verso che in realtà potrebbe benissimo essere una zeppa? Perché? Perché esiste a tutti i livelli: esiste sia a livello del popolaresco che a livelli più alti. Perché poi proprio in quel punto Durante non traduce più, quelle due terzine sono un rifacimento della *Rose*. Questo era la domanda che volevo fare al collega Barański. Come dicevo,

il problema è decidere, insomma, se e come caricare di una intenzione metaletteraria ciò che in realtà è comune nell'uso dei verseggiatori del tempo. Non
so, forse qui i colleghi che hanno maggiore esperienza di me dei testi di questo
periodo, forse possono confermare o no, ma questa è la mia impressione, che
umile e piano sia una zeppa.

Barański: Comincio dalla fine. Una precisazione: l'"umili e piane" che appare al verso 10 del sonetto 103 non c'è al punto corrispondente della *Rose*.
Che sia poi un cliché, io sono il primo ad ammetterlo. Ma è proprio perché è
un cliché che indica una particolare direzione nel campo letterario; e questo
mi sembra interessante.

Pertile: Scusami, mi dimenticavo di dire che questo cliché è seguito poi da
un verso, chiamiamolo dantesco, perché quello—"Ma molt'è il fatto mio a·dir
diverso"—tutti sanno che ricorda da vicino "sì che dal fatto il dir non sia diverso" [*Inf.* 32.12].

Barański: Sì. Però in questo momento non vorrei che la discussione si con-
fondesse ulteriormente . . . Il fatto che *umile e piano* sia un cliché è molto utile
per la mia tesi, siccome indica di preciso certe aree di pensiero, di pratica culturale. Quello che è interessante è che *umile e piano* si ritrovi varie altre volte
nel corso del poema. Quello che mi colpisce è proprio il fatto che negli altri
casi *umile e piano* non si riferisce a questioni letterarie, ma al comportamento
morale, cioè agli umili in senso cristiano. Nel caso del sonetto 103 abbiamo
un uso diverso, e quindi marcato in qualche modo. E da questo fatto che sviluppo quella che, io sono il primo ad ammetterlo, è un'ipotesi. Poi se avessi
trovato unicamente "umili e piane" non avrei proceduto con il tipo di discorso
che ho provato a fare qui. Ma mi pare suggestivo che, in questo sonetto, abbiamo tutta una serie di altri riscontri che si legano ai tecnicismi del discorso
metaletterario del tempo e proprio a quelli del discorso sulla traduzione.

L'altra cosa che hai suggerito è forse più interessante, cioè la questione se il
mio approccio in qualche modo rischia di soffocare il testo. Ora, se il *Fiore* appartiene al periodo 1287–89, è ugualmente importante ricordarsi che la *Vita
nuova* è di solo pochi anni dopo (1292–94); e che, nella *Vita nuova*, Dante
svolge un discorso complicatissimo sulla letteratura, e non solo sulla letteratura
in volgare, in modo molto più sofisticato di quello dell'autore del *Fiore*. Basta
pensare al capitolo 25 del "libello". Quindi, tra i giovani fiorentini dell'epoca,
c'erano quelli che miravano molto in alto coi loro scritti.

Lucia Lazzerini: Una minima cosa formale. Ho sentito una cinquantina di
volte dire delle parole "ùmili e piane". Posso testimoniare che Contini, nel suo
seminario del 1974 sul *Fiore*, era assolutamente certo di una lettura "ùmili".
Segnalo per il computer, perché evidentemente è una questione che coinvolge
gli accenti, e quindi può cambiare lo schema.

Il *Fiore*, il *Roman de la Rose* e la tradizione lirica italiana prima di Dante

Il *Fiore* come iperbole

È di Contini, in un capitolo tra i meno frequentati dell'introduzione all'edizione nazionale, la definizione del *Fiore* e del *Detto d'Amore* come "iperboli" rispetto ad un "modello guittoniano".[1] Questa indicazione, come anche più in generale i rapporti col retroterra del Duecento lirico italiano, quello per cronologia tagliato fuori dal discorso sull'attribuzione, sono fra gli argomenti rimasti un po' in ombra nella monotematica bibliografia sul *Fiore*. Essendomi trovato di recente ad ipotizzare la consistenza, nell'opera di Guittone, di una macrostruttura in sonetti più ampia dei numerosi "cicli" di cui fin qui si discorreva, e per di più d'impianto decisamente narrativo, e di narrazione per così dire erotica,[2] mi è parso opportuno tentare un aggiornamento della suddetta questione, che riguarda—sia detto subito—solo indirettamente il problema attributivo, ma che non è per questo meno importante per comprendere le finalità e il significato di un testo anomalo come il *Fiore*.

Non v'è dubbio infatti—e lo ha ricordato di recente Barański[3]—che tra i moventi del *Fiore* la volontà di tradurre, di diffondere in terra italiana il testo del *Roman de la Rose* non sia assolutamente primaria, bensì in qualche modo subordinata ad una operazione interna alla tradizione lirica italiana. Si potrebbe anzi addirittura ipotizzare che il *Fiore* sia destinato a chi abbia letto o possa comunque leggere l'originale francese, e sia quindi in grado di apprezzare la profonda opera di rifacimento condotta nella versione in sonetti. Nella Toscana del Duecento del resto la conoscenza della lingua e della letteratura d'*oïl* è diffusissima, dalla Firenze di Brunetto alla Pisa di Rustichello, per non citare che gli autori: e le arturiane "ambages pulcerrime" ricordate nel *De vulgari* proprio come esempio di testi in lingua, sono diffusamente copiate, oltre che tradotte, in area appunto pisana.[4] Certo, a questa altezza non si ha notizia di manoscritti italiani—nonché toscani—della *Rose*, e l'arrivo a Firenze di codici francesi del romanzo di Guillaume per il tramite di Brunetto, per quanto probabile, è destinato a rimanere ipotetico.[5] Tuttavia la trasmissione di opere francesi segue numerosi canali, e non è limitata solo alle prose di romanzi, coinvolgendo sicuramente anche la precedente tradizione in *couplets*. È notevole che anche per questa via ci si imbatta in Guittone, che nella sua lettera a Orlando da Chiusi cita esplicitamente il *Roman de Troie* e il *Cligès* di Chrétien,[6] e che certo fu a diretto contatto con gli ambienti delle trascrizioni pisane, visto che la scrittura principale—se non proprio la mano—del Laurenziano Redi 9, il manoscritto a lui più vicino, prodotto all'interno della nutrita sequela guittoniana di stanza a Pisa (forse ancor vivo Guittone), è stata riconosciuta anche nel frammento della più antica traduzione pisana del *Roman de Tristan*.[7]

Il presumibile ruolo di Guittone in questo ambito ci è nei fatti del tutto ignoto, salvo l'accenno di apprezzamento per la "francesca lingua" in parallelo con il "provenzal labore" nel pianto in morte di Giacomo da Lèona;[8] ma forse anche alla sua competenza e al suo interesse per la letteratura francese sarà dovuto il suo abbinamento a Brunetto quale esibito modello di riferimento per l'impianto formale del *Detto d'Amore*. Se infatti, anche a prescindere dalla questione della pulzelletta,[9] il magistero brunettiano è evidente nel metro settenario del poemetto, non minore è notoriamente il coinvolgimento dell'autorità guittoniana, a partire dal meccanismo dell'equivocità—e della frazione—in rima; e a più riprese[10] si sono sottolineate le citazioni eclatanti proprio dalla canzone appunto in settenari, e a rime appunto equivoche, *Tuttor, s'eo veglio o dormo* (11), che aveva avuto già notevole fortuna in ambienti per l'appunto pisani;[11] di qui è ripreso non solo l'incipit (*Detto* 259), ma anche e soprattutto il congedo, sede di proclamazione poetica, cui allude l'attacco del *Detto* (si ricorderà che il percorso si conclude nel finale di *Purg.* 11.139 "scuro so che parlo"):[12]

Amor sì vuole, e *par-li*,
ch'i' 'n ogni guisa parli
e ched i' faccia un *detto*,
che sia per tutto detto,
ch'i' l'aggia ben servito.

(*Detto* 1–5)

Scuro saccio che *par lo*
mio *detto*, ma' che *parlo*
a chi s'entend' ed ame:
ché lo 'ngegno mio dàme
ch'i' me pur provi *d'onne*
mainera, e talento ònne.

(GuAr 11.61–66)

È su questi dati che si fonda, a partire dal *Detto*, la qualifica continiana di iperbole, quasi un'esagerazione che trasforma l'omaggio in superamento, in confronto vittorioso (congruo, all'interno della prospettiva dantesca, con l'affossamento in coppia di Brunetto e Guittone operato nel *De vulgari*).[13] Un'iperbole dunque, un confronto che parrebbe svolto esclusivamente sul piano formale (metro, rime), e verificabile sul versante guittoniano anche per la strutturazione del *Fiore*, nella scelta del sistema in sonetti. Nella formulazione continiana, qui l'iperbole avviene essenzialmente sul piano quantitativo, con l'imponenza dei 232 sonetti del *Fiore* rispetto all'esiguità dei modelli guittoniani, non superiori—nelle misure allora note—ai cinquanta del maggior "ciclo" d'impianto narrativo;[14] più pregnante, ma solo accennata, la vicinanza di argomento e d'impostazione con la corona minore, in cui Guittone costruisce la sua "licenziosa" *ars amandi*.

La nuova ipotesi circa l'opera di Guittone,[15] una costruzione unitaria in ottantasei sonetti che percorre la vicenda di una conquista amorosa, anzi copertamente sessuale, viene a spostare di poco i raffronti numerici, anche se quel poco è sufficiente a farne prima del *Fiore* la maggior serie continua del Duecento italiano, oltre le sessantuno unità della corona dell'Amico di Dante. Ma soprattutto permette di ipotizzare una diversa natura del confronto dell'autore del *Fiore* con Guittone, che al di là della dimensione puramente formale (metrica e strutturale) investa anche fatti—diciamo così—di contenuto, meglio di riflessione sulla tenuta del linguaggio poetico e di rapporto con la tradizione lirica, tanto da toccare le ragioni stesse del poema.

Il modello offerto dal "canzoniere" in sonetti di Guittone

Per comprendere l'importanza ai nostri fini di questo "canzoniere" in sonetti (d'ora in poi con questo termine, pur leggermente improprio, definiremo la maggiore corona di Guittone), occorre aver presente in estrema sintesi lo spaccato di lirica duecentesca su cui si trova ad intervenire il poeta fiorentino che, appena finito di leggere il nuovo monumentale romanzo francese, decide di rielaborarlo in lingua di sì. Premetto che per la datazione del *Fiore,* anche volendo prescindere da Dante, mi pare decisivo l'argomento-Sigieri, per cui difficilmente si potrà scendere oltre gli anni immediatamente seguenti il 1283–84. A questa altezza, schematicamente, è assai probabile che ancora non esista la corona in sonetti dell'Amico di Dante, verosimilmente posteriore alla *Vita nuova,* viste se non altro le congruenze tra i due sonetti esordiali;[16] è sicuramente già aperto il filone della sonetteria comica, almeno con Rustico, che sarà di importanza fondamentale per il linguaggio del *Fiore*[17] (ma d'altra parte vi sono forti indizi che l'esperienza di Cecco Angiolieri sia almeno in parte posteriore al poema);[18] è presente la novità di Cavalcanti, Dante non è molto oltre i suoi inizi; con ogni probabilità, è questo esattamente il periodo di massima autorità del verbo guittoniano: anche se da vent'anni il "mastro Guittone" è diventato Frate Guittone, l'eco della sua poesia amorosa è ancora grande, e non meno a Firenze che altrove, se si pensa a Chiaro Davanzati e soprattutto a Monte Andrea, il "Montuccio" che nel celebre scambio di sonetti rifiutava di aderire alle abiure del maestro. Tale linea è del resto testimoniata dalla prospettiva storiografica che informa il grande canzoniere Vaticano 3793,[19] massimo documento del gusto lirico prestilnovista della Firenze sullo scorcio del secolo, che nell'organica sequenza delle canzoni dispone Guittone (con un corpus nettamente sbilanciato a favore del primo Guittone) nei due fascicoli centrali, a precedere i poeti fiorentini dominati appunto da Chiaro e Monte. (Si ricorderà, in parentesi, che il Vaticano è l'unico a trasmettere per intero i sonetti dell'*ars amandi* guittoniana; e che Dante ha sicuramente presente una raccolta analoga al Vaticano.)

Sia Monte sia Chiaro, e anche Rustico nella sua versione cortese, hanno composto più o meno brevi serie di sonetti, in genere costituite da dialoghi fittizi con la donna, o con Amore. L'archetipo di questo filone, riecheggiato puntualmente dai tre fiorentini,[20] è appunto il "canzoniere" in sonetti di Guittone, che pone in due luoghi decisivi (il centro e la fine) due tenzoni appunto dell'autore-protagonista con la donna, e che presenta nella sua esilissima linea più d'un'analogia con—diciamo—la trama ideale della *Rose*: è infatti la storia, rappresentata più che narrata, in prima persona, di una *quête* amorosa, i cui attori principali sono l'amante, identificato con l'*auctor* Guittone (nominato due volte nel corso del testo),[21] la donna e Amore; personaggio secondario è un amico—anch'egli nominato, ma con un nome, Bandino, che non lo identifica con alcun personaggio storico noto—che interviene a consigliare l'amante in un momento di *impasse*; il tutto si svolge in un linguaggio che riproduce minuziosamente tutti i motivi e le situazioni del codice tradizionale cortese, dove però sono sottolineate volutamente continue ambiguità, riassunte nel ricorrente termine *sembiante*, e poi nell'attributo *falso*; finché in conclusione si svela chiaramente lo scopo puramente e brutalmente sessuale del corteggiamento, attraverso la trasparente metafora del *passaggio* attraverso la *porta*; scopo che però non viene raggiunto, dando luogo ad uno scontro finale di insulti reciproci tra l'amante e la donna, anche lei comunque pienamente partecipe del gioco d'inganni consumato nel procedere dei sonetti, soprattutto nei suoi interventi dialogati. È qui che i protagonisti del canzoniere seguono alla lettera le raccomandazioni dell'*ars amandi* guittoniana, quella che Avalle ha definito un "manuale di un libertino" *ante litteram*,[22] costituendo così un dittico narrativo-didascalico che rivela la precisa intenzione di demistificare il linguaggio lirico tradizionale, dai provenzali ai siciliani, mostrandone ironicamente l'inconsistenza e l'inattualità.

Questa breve descrizione è sufficiente a mostrare le analogie di fondo che avvicinano il canzoniere di Guittone ad almeno uno dei filoni portanti dell'architettura del *Roman de la Rose*, analogie che è difficile pensare sfuggissero negli anni attorno al 1285 ad un poeta fiorentino (che dunque conosce certo bene il canzoniere di Guittone) al momento della lettura del romanzo francese—anche se per ipotesi si trovasse a viaggiare in Francia. Sono analogie da intendere ovviamente come poligenetiche, per motivi se non altro cronologici, visto che Guittone, scrivendo prima del 1265, poteva semmai conoscere solo la *Rose* di Guillaume;[23] ma non per questo sono meno significative—e tali dovevano sembrare agli occhi del nostro lettore del romanzo completo—anche perché caratterizzano i due testi (*si parva licet*) come tentativi di revisione critica della tradizione lirica cortese condotti per via narrativa, su piani molto diversi, ma secondo un modulo non isolato in questo momento di bilanci dell'esperienza poetica in tutta l'area romanza (basti pensare all'altro *Roman de la Rose*, quello di Jean Renart, o poi, per il mondo occitanico, a un testo come *Flamenca*).

Il confronto con Guittone: impostazione e struttura del *Fiore*

Se questo è il contesto in cui matura la decisione di comporre il *Fiore*, è lecito supporre che l'adozione del metro in sonetti non costituisca solo

un'adesione (o un confronto) sul piano della forma al dettato guittoniano; essa è solo il segno più macroscopico di un'adesione (o un confronto) che investe il rapporto stesso con il linguaggio poetico e con
tutta la tradizione cortese. Non v'è dubbio infatti che nel *Fiore* è presente—anche se certo non è l'unica, e forse neanche la principale
chiave di lettura del testo—una intenzione ironica o anzi sarcastica nei
confronti delle convenzioni ormai ampiamente sclerotizzatesi nella
lirica italiana duecentesca, concretizzata in modo vistoso mediante l'effetto "caricaturale" che Contini ha rilevato nella lingua del poemetto,[24]
ma anche attraverso un più indiretto sistema di allusioni più o meno
precise a testi precedenti. È questa una dimensione meno esibita rispetto
alla valenza propriamente "comica" del testo, e non sempre a quella so-
vrapponibile; ed è su questo piano, sul piano dell'ironia e della demistificazione dei moduli cortesi tradizionali,[25] che Durante ha un precedente in Guittone, anzi gareggia con lui, forte del suo nuovo modello
francese, superandolo in termini—diciamo pure—iperbolici. Anzi, a
ben guardare, la conoscenza del canzoniere di Guittone può aver favorito, se non determinato, l'interpretazione ironica che l'autore del
Fiore dà della *Rose*; perché se in tempi moderni si è potuta avanzare
un'interpretazione del romanzo di Jean de Meun che mette in primo
piano l'intenzione parodica ed ironica—ma in prospettiva chartriana—
nei confronti del contesto lirico cortese galloromanzo,[26] una lettura
estremizzata in direzione comica non è affatto scontata nella prima ricezione dell'opera, che viceversa in più d'un rimaneggiamento subisce una
rivisitazione che si potrebbe definire moraleggiante, o per altri versi
cortese, comunque tendenzialmente purgata della dimensione più apertamente scatologica e sessuale che sottostà alla vicenda; in tal senso per
l'appunto, secondo le analisi della Huot,[27] sembrano andare anche le
versioni che contraddistinguono il ramo siglato *B* nella tradizione della
Rose, quello cui incontestabilmente attinge Durante.[28]

Il canzoniere di Guittone trova allora posto non tanto nella preistoria del *Fiore*, bensì tra le ragioni stesse della sua ideazione e composizione. La volontà di confrontarsi con quel modello può spiegare, ad
esempio, la riduzione della materia della *Rose* alle sue essenziali linee
narrative, e insieme il mantenimento, tra tutti i lunghi monologhi, dei
due speculari dal taglio spregiudicatamente didascalico (l'Amico e la
Vecchia), come in Guittone una serie narrativa (il canzoniere) si
giustapponeva agli anticortesi "Insegnamenti d'amore" (l'*ars amandi*).
Per altro verso, la stessa volontà di confrontarsi con Guittone spiega

l'adozione di un metro come il sonetto, proprio della tradizione lirica, di contro ai settenari baciati pur attestati in Italia (e infatti impiegati nel tentativo del *Detto*);[29] sonetto che per di più—si potrebbe forse aggiungere—è evidenziato come tale dalle regolari didascalie apposte a ciascun testo, che sebbene siano comuni nei manoscritti della *Rose*,[30] e mantengano nel *Fiore* una dimensione diegetica (non "Durante", ma "L'Amante"),[31] risultano qui di per sé ridondanti, visto che la voce narrante già identifica di volta in volta i locutori: collocandosi nel luogo deputato convenzionalmente alla menzione dell'autore, esse svolgono di fatto la funzione—anche se non fossero originarie—di conservare ai sonetti il normale valore autonomo che spetterebbe loro in quanto unità liriche. Sempre sul piano metrico, è vero che rispetto a Guittone è diverso lo schema di sonetto adottato, e per di più con regolarità assoluta;[32] ma la scelta delle quartine a rime incrociate (ABBA ABBA; attestate del resto già nel Guittone morale, sonetti 230 e 245) ha una sua probabile ragione esterna, nel proposito di avere a disposizione un metro che permettesse la riproduzione delle rime baciate della *Rose*, o più genericamente dell'andamento sintattico per distici baciati tipico del *couplet* francese. Si tratta ovviamente di una scelta fatta a priori, e meno importa che poi nel corso della composizione la possibilità di riprodurre le coppie rimiche dell'originale non sia stata sfruttata sistematicamente;[33] frequente è invece, in contrasto con la partizione in quartine normale per il sonetto duecentesco, la frattura sintattica in corrispondenza dei versi dispari, segno del valore unitario attribuito alle coppie baciate.[34]

Dal punto di vista macrostrutturale, inoltre, ci si limiterà a ricordare il fatto ormai assodato, che i meccanismi connettivi, tanto metrici quanto rimici o semplicemente lessicali, che collegano i sonetti del *Fiore* si trovano già adottati da Guittone nel canzoniere;[35] e anche il particolare artificio per cui la fine del poema riprende circolarmente un fenomeno rimico presente al suo inizio (rima equivoca di *grado* nei sonetti X e CCXXXI) ha un analogo—meno dissimulato—precedente guittoniano.[36]

Ancora, congrua alla liricità del modello guittoniano—che è sì in prima persona, ma senza la dimensione diegetica propria della *Rose*—risulta la predilezione del *Fiore* per il discorso diretto, per la "rappresentazione mimetica" cui è spesso piegata la narrazione della fonte francese, e che corrisponde ad una netta diminuzione dell'intervento esplicito dell'*auctor*.[37] Viceversa, in qualche caso Durante inserisce ad apertura di sonetto—e di verso—un breve richiamo (assente nella

Rose), del tipo "com'io v'ò detto" (XCI.1, CXLVII.2, CCI.1), reso necessario dalla sopravvenuta frammentazione del metro, e già utilizzato con la medesima funzione nel canzoniere guittoniano ("com'eo già dissi" 18.2).

Infine, per individuare un fatto strutturale che ancor più precisamente dipenda da Guittone, e che sia dunque funzionale a richiamarne il modello, si veda solo il primo e più evidente fra i numerosi e vistosi tagli effettuati dal *Fiore* sulla *Rose*, quello che comporta l'omissione dei primi 1600 versi di Guillaume, con conseguente caduta, tra l'altro, della cornice onirica: l'attacco del poema italiano presenta così direttamente Amore che crudelmente prende possesso dell'amante ("Lo Dio d'Amor con su' arco mi trasse" I.1), venendo a combaciare con l'apertura del canzoniere in sonetti di Guittone ("Amor m'à priso e incarnato tutto" 1.1). La concomitanza esordiale non è supportata da forti segnali allusivi sul piano formale—del tipo ad esempio che notoriamente lega questo primo sonetto a Cavalcanti—[38] ma si registreranno comunque le due rime comuni ai due sonetti incipitari (in *anza* e in *ore*), e la formula in rima che Durante ripete a scanso di equivoci nelle quartine del primo sonetto ("E disse [sogg. Amore]: 'I' sì ti tengo in mia balìa'" I.6) e in quelle del terzo ([parla l'amante] "E ch'i' mi misi al tutto in sua baglìa" III.3), e che Guittone aveva nelle quartine del suo secondo ([l'amante a Amore] "Perché lo fai, poi ch'eo so' 'n tua bailia?" 2.6); qui *balia* rima con *signoria*, come nel terzo sonetto del *Fiore*,[39] mentre *signore* è ripetuto in rima nei due primi sonetti di Guittone, e compare nell'iterazione della solita formula nel quarto del *Fiore* ("E po' mi disse: 'I' sì son tu' signore'" IV.5).[40] Certo il valore di simili riscontri sarebbe minimo in un contesto che non fosse già così fortemente connotato per il genere metrico dal modello guittoniano, e in cui quindi essi dovevano solo servire ad evocare puntualmente quell'inizio, senza d'altra parte dar troppo nell'occhio, come sarà poi normale abitudine nell'arte allusiva del poeta che Curtius ebbe a definire—e lo ricorda Contini proprio nel saggio sul *Fiore*[41]—"un grande mistificatore". Non sembri indebito quest'ultimo slittamento nella questione attributiva, visto che occorrerà a questo punto ricordare, sulla scorta di Picone,[42] l'analogo avvio della *Vita nuova* ("Ego dominus tuus" 3.3), nell'episodio onirico da cui scaturisce il primo sonetto, *A ciascun' alma presa e gentil core*; e anche in quest'incipit, come si è cercato di dimostrare altrove, accanto a Guinizzelli risuona Guittone.[43] Insomma quasi si intravede, in sordina dietro la maggiore "serie" *Rose-Fiore-Commedia*, una serie minore e ancora non libera dall'orizzonte lirico, Guittone-*Fiore*-*Vita nuova*, con la *Rose* sullo sfondo. Due serie per di più comunicanti, se è vero che il primo abbozzo dell'incatenatura rimica che sarà propria del metro della *Commedia* Dante lo trovava, già applicato con funzioni di connessione e continuità, nella seriazione dei sonetti guittoniani.[44]

Il confronto con Guittone: arte allusiva e ironia

Analoghe dissimulate allusioni al dettato del modello guittoniano sono rintracciabili lungo il procedere del *Fiore*, e in questo contesto possono comunque essere riletti alcuni riscontri già addotti, in particolare da Vanossi. Le corrispondenze che si troveranno qui esposte—solo una parte di quelle rintracciabili—sono da intendere ovviamente alla luce di quanto detto fin qui, come tenui segnali che precisano uno sfondo già in partenza guittoniano, e che quindi non saranno risultati trascurabili per un pubblico specializzato e abituato alle pratiche allusive di cui vive tutta la lirica romanza.

Alcune tracce si dànno ancora nei primissimi sonetti, a rinforzo delle corrispondenze appena segnalate: nei sonetti II e IV colpisce il ripetuto modulo sintattico usato ad inizio verso nel discorso di Amore ("*E pensa di* portar in pacïenza" IV.9, e già "E disse: '*Pensa di* farmi lealtate'" II.14), che ricalca un uso attestato nel Duecento solo da Guittone, due volte nelle parole della donna nel canzoniere ("*Or pensa di* tener altro vïaggio" 48.12;[45] "*e pensa di* cherer sicuramente" 59.10), e poi in un sonetto satirico ("*pensa pur di* trovar loc'alto e cupo" 224.14), unico sinora citato accanto a *Fiore* II.4 per il verso cinque di *I' mi senti' svegliar* "dicendo: '*Or pensa pur di* farmi onore'" (*Vita nuova* 24.7).[46] Nel sonetto V l'esortazione a credere al dio d'Amore e non agli evangelisti, "empia novità rispetto alla *Rose*",[47] è disposta in modo da avere in rima *Matteo* (*meo* 9 : *deo* 11 : *Matteo* 13), come accade prima soltanto nel sonetto 70 del canzoniere di Guittone, ("ne girea loco ov'è santo Mateo" 70.14, con *meo* 10 : *Deo* 12, all'interno di un analogo confronto tra la donna e Dio) e significativamente, anche se in locuzione particolare, nel contrasto cosiddetto di Cielo d'Alcamo ("Segnomi in Patre e 'n Filio ed i[n] santo Mateo" 126). Nel sonetto VI un'altra novità rispetto al modello francese, il tentativo immediato di cogliere il fiore ("E dissi: 'Chi mi tien, ched i' no 'l *prendo*?'" 8), sùbito sventato dallo Schifo, ha ancora in rima un termine che con connotazione specificamente sessuale è attestato nel sonetto 22 del canzoniere di Guittone, con forte rilievo (rima identica), e in un contesto opposto rispetto al *Fiore,* con l'amante che autocensura i propri desideri contro chi lo inviterebbe a soddisfarli:

> Or dirà l'om ch'eo son fol, se non *prendo*
> poi c'aver posso, e che perd'e' diritto
> prima ch'e' falla. E *prender* me defendo:
> è che 'n me non potrebbe aver deletto
> ben di lei, s'avant'eo di lei non *prendo*
> en cortesia: donque fo ben s'aspetto.
>
> (GuAr 22.9–14)

Procedendo oltre i primi sonetti, poco si ricava da uno dei luoghi per solito deputati a questo tipo di richiami, ovvero i versi incipitari; ma d'altronde è proprio il *continuum* dei sonetti che tende a indebolire la pregnanza degli attacchi, tanto che nel *Fiore*—a parte la questione del passaggio tra le due ultime unità—si registrano ben sedici casi di *E* (congiunzione *e*) iniziale, secondo un modulo che è inaugurato in Italia appunto da Guittone, con un caso nel canzoniere e tre nell'*ars amandi*.[48] Si veda comunque, tra gli incipit, anche la formula d'avvio del sonetto CCXXVII, che apre la fase conclusiva del poema: la decisiva richiesta di Cortesia a Bellaccoglienza alla fine della battaglia è introdotta da un'invocazione ("Figl[i]uola mia, per Dio e per merzede" 1), che Contini glossa come "singolare riproduzione di 'pour Deu merci'" dell'originale (21311),[49] ma che in realtà applica una procedura di approccio raccomandata da Guittone nell'*ars amandi* ("... e pregando per Deo e per merzene / ritegnalo basciando infra sue braccia" 99.12–13). È da precisare che anche in questo caso—e tale controllo, come per i precedenti, sarà eseguito per tutti i fenomeni citati più oltre, onde verificarne la potenzialità allusiva—non esistono altre attestazioni di tale invocazione nel Duecento lirico prestilnovista, come risulta dalla consultazione del corpus delle CLPIO di Avalle.[50]

Per rimanere nel medesimo sonetto del *Fiore,* anche la risposta di Bellaccoglienza adotta uno stilema guittoniano, modificando l'originale francese:[51]

Bellacoglienza disse: "I' gli abandono
E me e 'l fiore e ciò ch'i' ò 'n podere,
E ched e' prenda tutto quanto in *dono.*
(F. CCXXVII.9–11)

E me e 'l mio *e·cciò ch'i'* poss'e vaglio
dono voi, cui fedel star più mi piace.
(GuAr 37.9–10)

Questa volta l'allusione è al canzoniere, precisamente ad una dichiarazione dell'amante nel sonetto 37 che dà avvio al dialogo con la donna, dichiarazione sottolineata dalla donna stessa nella risposta ("*E te e 'l tuo voli me fedel dare*" 38.9).[52] Qui, si noti, il protagonista-Guittone è in perfetta sintonia con quanto previsto nello stesso luogo dell'*ars amandi* qui sopra citato ("com'è *suo tutto* in far ciò che le piaccia; / e pregando . . . " 99.11–12); e anche nel *Fiore* si registra una analoga corrispondenza, se già Amico nel sonetto L aveva consigliato l'Amante con formula analoga ("*Di te e del tuo* gli sie largo offerente" L.5, contro *Rose* 7349 "Ofrez leur tout"). Salvo che quell'offerta non viene alla fine da parte dell'Amante, ma di Bellaccoglienza, e su questa differenza si misura il diverso esito, positivo, della vicenda del *Fiore* rispetto al corteggiamento dell'amante-Guittone.

Si prendano ancora, nel solito sonetto, le rime delle quartine. Per quanto comunissima (nel *Fiore* anche a XXII, LX, CXXXV, CCII e con ulteriori congruenze LXXVI: CM, 457), la rima tra *merzede : fede : crede* è notevole, visto che in un altro luogo del *Fiore*, e precisamente nelle terzine del sonetto LX, a metà del discorso di Amico, è accompagnata da un'eco evidente sempre dal canzoniere guittoniano, sonetto 33 (assente la *Rose*):[53]

E quando tu·ssarai co·llei soletto,
Prendila tra·lle braccia e fa 'l sicuro,
Mostrando allor se·ttu·sse' forte e duro,
E 'mantenente le metti il gambetto.

Né no·lla respittar già per su' detto:
S'ella chiede merzé, cheg[g]ala al muro.
Tu·lle dirai: 'Madonna, i' m'assicuro
A questo far, c[h]'Amor m'à·ssì distretto

Di vo', ched i' non posso aver
    sog[g]iorno;
Per ch'e' convien che vo' ag[g]iate
    merzede

Di me, che tanto vi son ito intorno;
Ché·ssiate certa ched i' v'amo a fede,
Né d'amar voi giamai no·mmi ritorno,
Ché per voi il me' cor salvar si crede'.

(F. LX [Amico])

Gioi amorosa, amor, grazi' e mercede
. . .

per che 'n voi l'alma mia *salvar si crede*
e 'l corpo viver mai senpre a onore,
c'omo no è già sì fermo 'n sua fede,
non fallisse ant'eo ver' vostro amore.

(GuAr 33.1 e 5–8)

Il sonetto LX è quello del *gambetto* (4), *forte e duro* (3), che l'Amico nelle quartine consiglia di esibire pronunciando appunto quella dichiarazione, aggiunta rispetto alla *Rose*, dalla chiusa guittoniana: Durante sembra così mostrare e sottolineare di aver ben compreso la doppiezza dell'io-Guittone nel suo canzoniere, e di voler identificare con quel personaggio il proprio io-Amante.

L'immagine dell'amante che rivendica di esser "tanto . . . ito intorno" alla donna, chiedendole "merzede" (10–11), senza riscontro s'è detto nel brano della *Rose*, corrisponde del resto bene alla confessione resa anche dall'amante-Guittone nel sonetto 19, quello in cui per la prima volta appare la sua falsità:

> Sì como ciascun, quasi enfingitore,
> e ora maggiormente assai c'amante,
> so' stato ver' di lei, di beltà fiore;
> *e tanto giuto ei so' dietro e davante*
>   con prego e *con mercé* e con clamore,
> *faccendo di perfetto amor* senbrante,
> che me promise loco en su' dolzore,
> adesso che lei fusse benestante.
>
> (GuAr 19.1–8)

In questo caso non si rilevano riprese lessicali, ma si noti la rima a contrasto tra *amante* (2) e *senbrante* (6), che nella serie di Guittone è un segnale forte di questo momento cruciale della vicenda, ribadita com'è nei seguenti sonetti 21 e 22; essa torna nel *Fiore* appunto nel sonetto CCXXVII da cui siamo partiti, quello che apre l'ultima scena senza veli.[54] E si noti anche nel sonetto guittoniano il sintagma che definisce l'*enfingitore* (1), *far sembiante di* ("faccendo di perfetto amor senbrante" 6), che, pur nella sua formularità già trobadorica, sarà còlto e riutilizzato come allusione guittoniana da Cavalcanti nel sonetto a Dante contro Lapo/Lippo (*Se vedi Amore* 8: " . . . suol per gravezza d'amor far sembiante" : *amante*), e che tornerà più volte nel *Fiore*, quale *Leitmotif* dell'inganno;[55] in due casi, si aggiungerà, nella forma *gran sembiante*, che nel corpus lirico precedente allo Stilnovo ricorre solo una volta, appunto nel canzoniere di Guittone:[56]

Di pianger vo' che faccie *gran* *semb[i]anti*, Dicendo che non può' viver sanz'essa. (F. LIII.7–8 [Amico])	. . . ma tegnol deservente assai crudele, ché *gran senbrante* à 'n sé de traditore. (GuAr 40.5–6 [la donna])

Sì dé la donna, s'ell' è ben sentita,
Quando ricever dovrà quell'amante,
Mostralli di paura *gran sembiante*.
              (F. CLXXX.1–3 [Vecchia]; cfr.
                 Rose 13796 "faire semblant
                       d'estre coarde")

Più d'una delle corrispondenze accennate investe lemmi esposti in
sede rimica; e in effetti è questa una posizione che offre maggiori garan-
zie per l'intenzionalità del riscontro, essendo l'esito di precise e presumibilmente non involontarie scelte compositive, segno quindi di per sé
meno rilevante sul piano dell'attribuzione, quanto significativo della dimensione allusiva del testo; per di più, la presenza finora accertata di
Guittone nel Dante sicuro è in gran parte in posizione clausolare. In
particolare tocca il nostro assunto il fatto che diversi termini in clausola
che rientrano nel lessico mediamente cortese, al di fuori delle rarità
d'impronta diciamo comica che sono le punte più appariscenti del linguaggio del *Fiore,* compaiano altrimenti soltanto nel canzoniere di
Guittone, costituendo una fragile ma insistita trama di segnali variae-
mente allusivi a quel modello. Così ad esempio *viziata*—detto della
donna abile nell'inganno e nel mercimonio—sempre nel discorso di
Amico, che Guittone usa nel contrasto finale del suo canzoniere, sonetto 85 (e il sonetto del *Fiore* al verso 5 ha un'ulteriore impronta dal-
l'*ars amandi* guittoniana, sonetto 101):

Ma guarda non s'aveg[g]a che·tt'infinghe ...	Similemente vole ch'om s'enfeggia che cagion possa aver che non s'aveggia (GuAr 101.1 e 7 [*ars*])
Chéd e' n'è ben alcuna sì *viziata* Che non crede già mai ta' favolelle (F. LXV.5 e 9–10 [Amico])	Ai Deo, chi vidde donna *viziata* di reo parlar, ritratto da mal' arte. (GuAr 85.1–2)

Ancora nel discorso di Amico, nell'ultimo sonetto del suo intervento,
si registra in rima *malivoglienza,* effetto scongiurato dagli insegnamenti
tattici forniti all'Amante ("Così l'amor di lor guadagneria, / Sanz'aver
mai tra·llor malivoglienza" LXXII.3–4, assente la *Rose*), attestato prima
solo in due luoghi del canzoniere guittoniano: "e con orgoglio mostrate
malvoglienza" 7.6, detto dall'amante alla donna prima di aver ricevuto
i consigli dell'amico Bandino, e "ogn'altra cosa / odio ver' voi di coral

malvoglienza" 37.5–6, nel sonetto che apre la tenzone con la donna; nel *Fiore* la rima torna poi nel discorso di Falsembiante, "E 'n ciasc[hed]uno i' ò malivogl[i]enza" CXXIV.12, accostabile alla seconda occorrenza di Guittone ("ogn'altra cosa" ~ "ciascheduno"), e in rima con *credenza*, come in entrambi i luoghi guittoniani. Del resto tutto il discorso di Amico si configura come un *consiglio*, essendo così definito al suo inizio e alla sua fine (". . . che ritornasse / Amico a me per darmi il su' *consiglio*" XLVII.9–10; "Quand'eb[b]i inteso Amico che *leale* / Consiglio mi d[on]ava" LXVIII.1–2); qui soccorre un luogo della *Rose* (7279–80, cfr. CM, 97), e il motivo è ben attestato nella casistica trobadorica, ma non sarà inutile ricordare che da ultimo è definito precisamente *consiglio* l'intervento dell'amico Bandino nel canzoniere guittoniano ("*leanza* senbra el *consil* che mi cheri" 29.3), con un modulo variato di poco nella ripresa insistita della tenzone con la donna, dove ritorna l'attributo *leale*, assente nella *Rose* ("*Consigliame, com om *leale* e saggio / . . . ché de *leal consiglio* non partraggio" 38.12–14, ecc.).[57]

Consiglio è inoltre definito anche il contributo della Vecchia (CXLIV.10, in un luogo ove la *Rose* tace), e qui il lemma rima con *asottiglio* ("Chéd i', quanto più vivo, più asottiglio" 14), usato in clausola solo in due luoghi di Guittone (canzoniere 27.11, e Frate Guittone 228.4); unica altra attestazione di questa rima d'origine guittoniana è poi in un sonetto di Monte Andrea (93), e sarà forse questo il luogo cui Durante vuole più precisamente alludere, visto il contesto (tenzone tra Amante e Amore che lo "consiglia"), la formulazione sintattica ("Amor, *quanto* in saver *più* m'asotiglio, / *più* certo sono" 1–2), la rima con *consiglio* (3). Poco più avanti, sempre nel discorso della Vecchia si trovano altri due luoghi di probabili allusioni al canzoniere guittoniano, nel sonetto CLVI ("Figl[i]uola mia, chi vuol gioir d'Amore, / Convien ch'e' sap[p]ia . . ." 1–2), dove la traduzione qui letterale della *Rose* ("Beaus fiz, qui veaut joïr d'amer" 13011) tiene conto di una coincidenza guittoniana ("Donque, *chi vol d'amor* senpre *gioire* / *conven che* 'ntenda . . ." 18.12–13); e nel sonetto CLXI ("Che mise tanta pena in lui servire" 5, detto di Didone), che ricalca un verso del sonetto precedente di Guittone ("*che metta* opera e fede *in lei servire*" 17.2, dell'amante).[58]

Anche nel terzo lungo discorso, quello di Falsembiante, il più lontano dalla dimensione cortese, vi è un tratto che può valere come riferimento al canzoniere guittoniano. Una lunga trafila iniziale di sonetti (LXXXVIII–XCVII) ripete e varia il motivo dell'*abito* strumento d'inganno,[59] reso esplicito nel sonetto XCVII dal ricorso alla nota immagine evangelica dei falsi profeti come lupi travestiti da agnelli ("Chi della pelle del monton fasciasse . . . ", cfr. *Mt* 7:15), e ripreso specularmente nella conclusione del discorso, nel sonetto in cui Falsembiante si dichiara appunto "de' valletti d'Antecristo" (CXXIII.1; cfr. 5–8). Tutto ciò è naturalmente nella *Rose*, nei cui confronti si registra però una evidente insistenza del *Fiore* sugli abiti colorati, simbolo dei laici, nominati una sola volta da Jean de Meun (11096) e ribaditi in successione da Durante nei tre sonetti prima della citazione neotestamentaria (XCIV.11 "drappo di colore", XCV.4 "robe di color" e 14 "cotte e sorcotte di colori manti", XCVI.3 e 7 "roba di color"): un'insistenza che può richiamare al lettore il passo del canzoniere guittoniano (sonetto 40) in cui la donna smaschera la doppiezza dell'amante, e citando lo stesso passo di Matteo ripete in poliptoto il lemma *colore/colorare*, usato da Guittone anche in un passo parallelo dell'*ars amandi* (ancora una volta il sonetto 101):

> Reo è per lo pastor, ch'è senza fele,
> lupo che pò d'agnel prender *colore*.
>   Ma non te pòi ver' me sì *colorare*
> ch'e' ben non te conosca apertamente
>
>   (GuAr 40.7–10)

> e cheggia suo voler sì *colorato*
> che cagion possa aver che non s'aveggia.
>
>   (GuAr 101.6–7)

Giungendo verso la fine del poema, il sonetto CCV, subito prima della battaglia conclusiva, presenta l'Amante attaccato a morte dai portieri: "E disson: 'Sopra te cadran le sorte'. / Allor credetti ben ricever morte . . . " (6–7). L'espressione del verso 6, "senza equivalente in R.",[60] ha un unico precedente nel corpus CLPIO, nel sonetto 76 del canzoniere di Guittone, che anche lì subito precede lo scioglimento erotico del sonetto 77 (" . . . che·dde *morte* verria sovra me *sorte*" : *morte*, 76.8). Nelle terzine dello stesso sonetto CCV Durante ha posto in clausola un'altra locuzione, ("Ciascun sì mi era *più amar che fele*" 12 : *crudele* 10; "del pari senza equivalente in R."),[61] che nonostante il valore comunemente proverbiale compare nella lirica precedente solo in due luoghi, tra cui il canzoniere guittoniano ("che tacer mi fa 'l core *più amar che fele*" 35.13),[62] precisamente nel sonetto che ospita il primo esplicito riferimento all'approdo sessuale della vicenda (" . . . como

porto o riva / prender potesse intra le vostre menbra" 35.5–6, con metafora comune al *Fiore*, che peraltro la trovava nella *Rose*),[63] e che per
di più vede nelle terzine la rima *fele : crudele* accoppiata con la rima
morte : sorte (di cui sopra).

Ancora nella zona conclusiva del *Fiore* si registra il caso di *mala ventura*, che compare anch'esso in clausola una prima volta al sonetto
XXV, in diverso contesto e soprattutto in dipendenza qui dalla *Rose*,[64]
ma una seconda volta al sonetto CCXXVI, in apertura della scena cul-
mine, in una formulazione di malaugurio ("La Gelosia ag[g]i' or *mala
ventura*" 10 : *Paura* 12), esattamente come accade anche in Guittone
(e mai altrove nella lirica prestilnovista) nell'incipit del terzultimo sonetto del canzoniere, in bocca alla donna ("Così ti doni Dio *mala ventura*" 84.1 : *paura* 3). E si veda infine il lemma *passaggio* (di scontata connotazione sessuale, come *porta* e simili), che il *Fiore* usa solo
due volte, eliminandolo dall'azione conclusiva, dove pure è il preferito
nell'originale francese,[65] e ponendolo invece nel sonetto che dà avvio
all'uccisione di Malabocca, il CXXXI (assente la *Rose*), nella stessa
iunctura attestata dal sonetto 69 del canzoniere di Guittone (e mai altrove nel Duecento italiano), in cui si parla del parente che ostacola
l'incontro—anche qui puramente fisico—tra l'amante e la donna:

Ver' Mala-Bocca ten[n]er lor camino,   ché, s'ello pur *guardar* vòl lo *passaggio*
Che troppo ben *guardava* su' *passag[g]io*.   e l'om de gir soffrir non pò, follia
                          (F. CXXXI.3–4)   li cresce sì che i monta ont'e dannaggio.
                                                                (GuAr 69.12–14)

Interrompiamo qui, anche per motivi di spazio, la serie dei riscontri,
ormai sufficiente a dar conto di un rapporto sottile ma continuo. Non
si tratta infatti, in questi come in altri possibili esempi, di calchi eclatanti, e neanche di lievi corrispondenze ritmico-sintattiche quali spesso
si incontrano percorrendo la bibliografia sul *Fiore*, dove ogni riscontro
tende a essere considerato in chiave attributiva. Sono invece segnali
credo significativi di una volontà allusiva dell'autore al precedente guittoniano, che ha un suo ruolo nella logica del poema in sonetti: per un
verso come modello già italiano, e non solo formale, di una possibile
rappresentazione narrativa della vicenda amorosa, che risulti ironica nei
confronti del codice cortese; per l'altro come punto di partenza su
questa strada, da superare e portare ad oltranza sulla base della novità
e della complessità del romanzo francese.

Altri spunti: il *Fiore* e Frate Guittone

L'indagine su questo rapporto con Guittone e più in generale con la lirica italiana precedente andrebbe ampliata in due direzioni, che qui per motivi di spazio si potranno solo accennare. In primo luogo, le allusioni di Durante all'opera di "Frate Guittone". Negli anni '80 la produzione guittoniana era già da tempo concentrata su temi moral-religiosi, e l'autore del *Fiore,* pur rifacendosi in primo luogo al Guittone amoroso (del resto, s'è detto, ancora preponderante a Firenze nel canzoniere Vaticano), sembra tener presente il voltafaccia esibito da Frate Guittone nei confronti della lirica amorosa. In effetti, la lunga tirata di Falsembiante sull'ipocrisia degli ordini religiosi—il terzo discorso conservato dalla *Rose,* e il più massiccio inserto extra-erotico accolto nel *Fiore*—doveva suonare irriverente anche nei confronti del vecchio poeta, entrato a far parte dei "Milites Beatae Virginis Mariae".

Già per il Guittone "morale" che precede la conversione, e che capita di ritrovare pressoché inalterato nella seconda maniera, Contini ha indicato un'allusione, più di sostanza che di forma,[66] nella polemica sul nome di Amore richiamata da Ragione nel sonetto XXXVII, senza il riscontro della *Rose* (qui tutto il discorso di Raison è drasticamente tagliato): la sconfessione del nome Amore a vantaggio del "sornome dritto" (11), Dolore, ha come punto di riferimento fondamentale la seconda stanza della canzone guittoniana *Ahi Deo, che dolorosa* (7), dove appunto ad Amore si contrappone un "diritto nome" negativo (25), che si apre con la qualifica di "Venenoso dolore" (21, in rima con *Amore,* come nel *Fiore*), e si chiude con l'etimologia per cui "amore quanto a morte vale a dire" (28), da cui la conclusione "Ahi, com'è morto bene / qual ha, sì come me, in podestate" (31–32; nel *Fiore* "Or ti parti da·llui, o tu se' morto" 12).[67] Il motivo ha avuto poi una sua diffusione, ma si ritrova inalterato in Frate Guittone nel sonetto 242, all'interno del cosiddetto "Trattato d'Amore" che segue le rime di Dante nell'Escorialense (incipit *Amor dogliosa morte si pò dire* . . .). Ragione dunque, ovvero il punto di vista perdente e irriso nel *Fiore*—e assai ridimensionato rispetto al ruolo dialettico che pur svolgeva nella *Rose*[68]—parla con le parole del Guittone più autorevole.

Ma si veda qualche altro esempio, ancora di rima. Il lemma *promessione* (ovviamente fraudolenta) è nel *Fiore* tre volte in clausola (assente sempre la *Rose*), e forse non sarà un caso che l'unica attestazione precedente sia nella canzone di Frate Guittone in difesa delle donne, *Altra fiata aggio già, donne, parlato* (49), in un contesto palinodico verso il personaggio-Guittone del canzoniere:

Molto m'attende ben sua *promessione*.
                (F. XXXIV.8 [Amante])

Ch'e' pur convien ch'i' soccorra
    Durante,
Chéd i' gli vo' tener sua *promessione*,
Ché troppo l'ò trovato fin amante.
      (F. LXXXII.9–11 [Dio d'Amore])

D'Amico mi sovenne, che mi disse
Ched i' facesse larga *promessione*.
(F. CXCVIII.9–10 [Amante e Vecchia])

Merzé, merzé de voi, donne, merzede!
Non *sembrante* d'amor, non *promessione*
ni cordogliosa altrui lamentagione
vi commova, poi voi tanto decede.
Ché bene vi poria giurare in fede
che qual più dice ch'ama è 'nfingitore.
           (GuAr 49.115–120)

Nella stessa, lunga canzone morale è sottolineata con forza la rima (identica) di *carne*, tanto rara quanto pregnante per la virtù della castità ("Vivere in *carne* for voler *carnale* / è vita angelicale. / Angeli castitate hanno for *carne*, / ma chi l'àve con *carne* / in tant'è via maggior ch'angel, dicendo . . ." 77–81), e anche questa si ritrova nel *Fiore* ("Che no·lle dimorrà sopr'osso carne" LV.13: assente la *Rose*), in un passo del discorso di Amico in cui si descrive lo struggimento della donna che commette la *follia* (14) di non accettare le proposte di *mercato* (2) avanzate dall'Amante: la contrapposizione tra le due figure femminili è affidata a un debole, ma non indifferente indizio.[69]

Si possono poi citare ancora due casi che si rintracciano proprio nelle parole di Falsembiante, a contrasto con le probabili allusioni al canzoniere viste sopra. Il sonetto CXV è tra quelli che più strettamente traducono l'originale francese, in particolare nelle terzine, che riportano la risposta di Falsembiante alla fine della polemica contro la povertà e l'elemosina, definite contrarie alla volontà celeste (da *Rose* 11375–82); l'unico verso aggiunto qui da Durante è il conclusivo del sonetto, "C[h]'uon forte in truandar l'anima *grieva*", con una parola in rima che si ritrova solo in un sonetto di Frate Guittone, dove precisamente si stigmatizza il peccatore che per superbia "in ciò che deveria servire offende", e quindi "credendo allegerire, pur *agreva*" (166.9 e 12). È questo un probabile segno della volontà di sovrapporre sarcasticamente la figura di Falsembiante a quella dell'austero Frate Guittone; del resto già poco prima il pezzo sopra ricordato sulla religiosità dei laici offriva un altro indizio nel sonetto XCIV, dove si avvia la risposta di Falsembiante alla domanda del Dio d'Amore, se si trovi "religïone in gente seculare" (XCIV.6). Anche qui il testo è molto vicino alla *Rose*, ma con l'aggiunta di qualche particolare, ad esempio nel distico conclusivo "Ché 'n ogne roba porta *frutto* e fiore / Religïon, ma' che 'l *cuor* le si desse" (*Rose* 11096–97 "Bien peut en robes de couleurs / sainte religion *flourir*"): il fruttificare (già anticipato in rima al verso 8 *fruttava*) e la conversione del cuore sono tratti presenti e ribaditi da Frate Guittone in una delle sue lettere in versi, tutta dedicata allo stesso argomento—del resto comune al dibattito contemporaneo—appunto alla possibilità, anzi alla preferibilità di una scelta per cui "om che non secular nel secul stae / e religïoso hae / e *core* e vita, e Dio nel secul sente" (*Lett.* 15.18–20; cfr. anche 9–11 "ché, se 'l corpo tuo veste / *abito* seculare, / religïoso *el cor* veste vertute", e 36–37 "Ma per neente labora / chi non labore segue fine a *frutto*"). ·

Lo spazio impone di limitarci a questi esempi, che tuttavia credo sufficienti ad indicare il possibile ruolo di una presenza guittoniana anche sul versante non propriamente cortese (o anti-cortese) del *Fiore*, quello che in misura pur ridottissima accoglie le istanze didascaliche, e in particolare religiose e filosofiche, presenti nella *Rose*.

Altri spunti: dal Notaio a Monte Andrea

Con la seconda direzione di ricerca che si apre a partire dal nostro assunto torniamo invece all'ambito cortese della lirica precedente il *Fiore*. Accanto infatti alla presenza di Guittone, vi sono dati per sviluppare l'ipotesi che l'autore del *Fiore* abbia inserito nel suo testo, con la medesima funzione ironizzante, allusioni anche ad altri autori italiani prestilnovisti. L'ipotesi cioè che Durante abbia inteso riprodurre in ambito italiano un meccanismo parodico che trovava utilizzato dalla *Rose* nei confronti della tradizione lirica provenzale e francese,[70] ma che già conosceva in quanto applicato anche da Guittone nel suo canzoniere, nei confronti dei Siciliani e delle loro fonti trobadoriche.[71] Andando oltre ai riscontri già repertoriati dalla critica,[72] che almeno in parte potrebbero ben essere riletti in quest'ottica, si presenterà qui solo un campione esemplificativo, prendendo sempre come riferimento le giaciture rimiche.

In primo luogo, i Siciliani. Nei sonetti iniziali, dove si sono viste tracce di allusioni guittoniane, non manca almeno una scelta in rima che può esser letta come evocazione della tradizione siciliana: nel contesto del sonetto III (per cui vedi già sopra, nota 39 e testo relativo), dopo la cessione del cuore dell'Amante "in gaggio" al Dio d'Amore, questi lo esorta a ben sperare, introducendo rispetto alla *Rose* una rara parola-rima che ricorre, nella stessa situazione, in Rinaldo d'Aquino (e solo altre due volte nel corpus CLPIO):[73]

E per più sicurtà *gli diedi* in gaggio
Il cor . . .
'Ma chi mi serve, per certo ti dico
Ch'a la mia grazia non può già fallire,
E di buona speranza il *mi notrico*
Infin ch'i' gli fornisca su' disire'.
                        (F. III.5–6, 11–14)

Lo mio core nonn-è co·meco
ched io tuto lo *v'ò dato*
ed io ne sono rimaso im pene;
di sospiri *mi notrico,*
membrando da voi sono errato.
                        (RiAq 5.34.25–29)

Lo scarto è evidente (in Rinaldo l'amante nutrisce se stesso di sospiri, nel *Fiore* Amore nutrisce l'amante di speranza),[74] e viene come a sottolineare per contrasto, in apertura del poemetto, la positività e quasi la garanzia di risultati concreti di questo Amore rispetto a quello della tradizione siciliana.[75]

Funzione simile, con un di più d'ironia, sembra avere l'evocazione del Notaio nel primo momento di snodo della vicenda in direzione "libertina", l'intervento di Amico. Nel sonetto LXVIII, quando l'Amante riprende la parola alla fine della tirata di Amico (XLIX–LXVII), Durante traduce alla lettera la formula della *Rose* ("Sofrez au meins que je deffie / Male Bouche, qui si m'espie" 7808–9: "Ma sòffera ch'i' avante *disfidi* / E Mala-Bocca e tutta sua masnada, / Sì che neuno i·mme giamai si fidi" LXVIII.9–11), esibendo così in rima, e sottolineandolo per suo conto nel gioco con *si fidi* (e al seguente LXIX.1 con *disfidaglia* in rima) il lemma *disfidi,* che si ritrova in precedenza solo all'inizio di una canzone del Notaio, "Donna, eo languisco e no so qua·speranza / mi dà fidanza - ch'io non mi disfidi" (1–2, gioco con *fidanza*). Il fatto meriterebbe di essere attribuito a semplice coincidenza (tra l'altro vi è uno scarto semantico), se non soccorresse un altro richiamo ben più esplicito al Notaio nella sede speculare del sonetto XLVIII, che ospita le parole di Amante ad Amico subito prima dell'inizio del suo discorso (analoga posizione simmetrica si è sopra registrata per il lemma *consiglio*): qui l'Amante si descrive ad Amico usando la formula di un incipit lentiniano, dalla canzone dell'*amor lontano* (3), "S'io doglio non è meraviglia" ("Ira e pensier' m'ànno sì vinto e lasso / Ch'e' *non è maraviglia s'i' mi doglio*" XLVIII.5–6).[76] Le incertezze e le ambasce di un Amante ancora non pienamente convinto dalla prospettiva pragmatica e fraudolenta delineata da Amico sono così identificate con il modello siciliano, che dal contrasto riesce umiliato e irriso nella sua tradizionale fissità e astrattezza; tanto più che quell'incipit faceva parte di un sistema intertestuale, in cui valeva come affermazione di incertezza e pessimismo nei confronti del celebre attacco di Bernart de Ventadorn, *Non es meravelha s'eu chan*, e in cui era stato già contraddetto proprio da Guittone nell'incipit della sua prima canzone, "Se de voi, donna gente, / m'ha preso amor, no è già meraviglia" (1.1–2).[77]

A riprova, non mancano del resto nel *Fiore* (come non mancano nel canzoniere di Guittone) ricordi ben visibili da quel *contre-texte* parodico, interno all'esperienza siciliana, che è *Rosa fresca aulentissima*. A quelli registrati da Vanossi[78] si aggiungerà l'iterata formula in clausola "da sera e da mattina", due volte a breve distanza nel discorso della Vecchia (CLII.6 e CLXV.9; mai nella *Rose*), e già tre volte ripetuta nel contrasto siciliano (26, 54 e 85).[79] Il valore del riscontro, vista la diffusione del binomio nel Duecento lirico italiano,[80] è dato dal suo ricorrere nella ballata di Cavalcanti, anch'essa come il contrasto dedicata ad una "rosa", *Fresca rosa novella* ("e cantin[n]e gli auselli / ciascuno in suo latino / da sera e da matino" 10–12: cfr. CM, 333), inviata per di più a Dante secondo il Chigiano, e da Dante comunque richiamata nel capitolo 24 della *Vita nuova*.[81]

C'è spazio ancora per due casi tra i molti possibili,[82] sempre nel discorso della Vecchia, ma questa volta a segnalare un analogo rapporto anche con gli immediati precedenti—o contemporanei—fiorentini (si ricordi il già citato *asottiglio* in Monte). Nel sonetto CLXXXIV, la Vecchia dà a Bellaccoglienza istruzioni sul comportamento da tenersi dopo aver ipotizzato l'esistenza di una concorrente in amore (sonetto CLXXXI), suggerendo di adottare una tattica di cruccio e di biasimo, ovviamente tutto esteriore; compare qui in rima—ribadito dal seguente *crucciasse* 5—il lemma *crucciosa* (: *amorosa*), assente nella *Rose* ("ainz die, pour li metre en ire" 14204), e usato in clausola solo da Chiaro Davanzati, all'interno di una lunga tenzone in sonetti (di stampo esplicitamente guittoniano, uno di quei testi che fanno il retroterra della struttura del *Fiore*) in cui la donna respinge a parole il "frutto" (71.8, 77.5) del "folle amore" (67.11) con l'uomo ormai sposato, salvo alla fine fargli intendere che basterà d'ora in poi celare i loro rapporti (77.13–14):

E se quell'uon desdir non si degnasse,   E' no mi piace, sire, la partenza
Anzi dirà, per farla più *crucciosa*,   da vostra fina donna ed *amorosa*,
Che·nn'à un'altra, ch'è·ssì *amorosa*   ma piacemi le stiate ad ubidenza
Di lui che per null'altro no 'l cambiasse,   sì come buon segnor de' far a sposa . . .
    Guardisi quella che non si crucciasse.   e di questo mi fate gran pracenza,
Con tutto ciò se ne mostri dogliosa   e s'altro fosse, ne saria *crucciosa*.
Di fuor, ma dentr'al cuor ne sia gioiosa.   (ChDa 69.1–4, 7–8 [Madonna])
           (F. CLXXXIV.1–7)

Non più d'un ammicco dunque, ma quanto basta per segnalare che gli
espliciti insegnamenti della Vecchia estremizzano, fino a teorizzarle, posizioni che solo in forme velate e dissimulate erano presenti nella lirica
cortese fiorentina (l'aggancio a Chiaro può essere confermato dalla rima
baciata *dogliosa : gioiosa* 6–7, che nel corpus pre-stilnovo compare solo
nel distico finale della prima stanza della canzone 42 di Chiaro, con
analoga funzione: "quel ca dentro ho, *di fore* / a nullo altro non pare: /
. . . e tal mi pregia c'ho vita *gioiosa*, / che, se 'l savesse, diceria *dogliosa*"
11–12, 17–18).
    A brevissima distanza, il sonetto CLXXXII si chiudeva con la rara
rima *propia : Atïopia : aritropia* (10–14), che Bassermann aveva regi-
strato nel Dante di Malebolge (*Inf.* 24.89–93 *Etïopia : copia : elitropia*)
e Contini anche nel Dante petroso di *Io sono venuto* (*Etïopia : copia* 14–
17).[83] Nel sonetto del *Fiore* la Vecchia descrive il "folle" che crede di
poter comprare i favori femminili con le ricchezze del "suo avere" (9–
12), e tale contesto rende assai probabile un'allusione polemico-ironica
al sonetto 107 di Monte Andrea, in cui ricorre l'unica attestazione pre-
stilnovista di quella rima, e che è tutto dedicato al valore della ricchezza, da cui discende la possibilità di godere dei piaceri della vita ("Ma
dico che ricor dell'uommo è copia, / s'e' vuol valere co non-vita-scem-
pia. / Ornat'è poi deli diletti vaghi; / e' volglio creder ched è più-ritropia" 13–16).[84] In quest'ottica anche l'occorrenza della *Commedia*
sembra congrua alla matrice montiana, posta com'è nella descrizione
della bolgia dei ladri; e si aggiunga che lo stesso sonetto di Monte porta
anche—lo segnalò il Torraca—un'altra rima chioccia, *scroscio : stoscio*
(2–4), che Dante notoriamente porrà sul limitare di Malebolge, nell'e-
pisodio di Gerione, dopo la descrizione degli usurai (*Inf.* 17.119–23).[85]

Traspare insomma una rete di citazioni—che si potrà facilmente infit-
tire—attraverso la quale il testo del *Fiore* in forma dissimulata, per via

allusiva, in primo luogo indica e insieme oltrepassa il modello guittoniano, e inoltre instaura anche sull'esempio di quel tramite, già ironico verso la lirica precedente, un ironico confronto con la tradizione cortese in lingua di sì, inserendola nel contesto comico derivato dalla più recente operazione letteraria (e metaletteraria) conclusa in terra d'*oïl*. Non saprei dire se tutto ciò sia primario per la comprensione del *Fiore*, che coinvolge beninteso altri piani di lettura, non assimilabili all'esperienza guittoniana. Durante si dimostra a più riprese consapevole di questo spessore diverso della *Rose*, ma di fatto rielabora il romanzo in funzione prevalentemente narrativa, e anche linguisticamente comico-ironica.

In quest'ottica, il precedente costituito dal canzoniere di Guittone può aver contribuito in parte non piccola a configurare la traduzione della *Rose* come un contro-bilancio sarcasticamente impietoso del mondo cortese tradizionale, tale che lo stesso bilancio guittoniano risultasse quasi ingenuo e veramente "municipalis". Il *Fiore* dunque come tentativo di portare alle ultime conseguenze la poesia d'amore di Guittone, già fortemente avvertita della crisi del codice cortese, e insieme come estrema e divertita *pars destruens*—quasi sbrigata in fretta, ma su tale scala da lasciare un segno potente—subito prima del nuovo stile, della *Vita nuova*: pur se non era mia intenzione legare questo discorso al "discorso attributivo", riconosco volentieri che questa posizione del *Fiore* all'interno del panorama lirico italiano ben si adatta, se non contribuisce, all'identificazione del suo autore col giovane Dante.

POST SCRIPTUM

Queste pagine erano già consegnate all'editore quando è uscito il fascicolo degli *Studi danteschi* relativo al 1989—diffuso in realtà solo nei primi mesi del 1995—con il saggio di Nievo Del Sal, "Guittone (e i guittoniani) nella Commedia", *Studi danteschi* 61 (1989, ma "dicembre 1994"):109–52. Il rapporto Guittone-*Fiore* vi è menzionato solo *en passant*, per singoli riscontri, tra cui figurano alcuni di quelli qui addotti. Più importa una considerazione generale, che individua la rima come il luogo privilegiato dei riscontri allusivi lungo tutta l'opera dantesca. Quanto poi alla valutazione complessiva e finale, che i riscontri con Guittone in Dante "rimangono inevitabilmente esclusi da quel circuito di fitte ed estese rammemorazioni che vede coinvolti, in ambito volgare, gli stilnovisti" (152), la si direbbe scontata, quasi a sfondare una porta già aperta. Così è almeno per me, nonostante egli mi attribuisca una presunta "baldanzosità" (110 nota 4) nel sostenere—con altri—quello che lui definisce "un sostanziale . . . guittonismo" dantesco, e che viceversa non è altro che il riconoscimento del ricorrere di Dante (anche dopo le indubbie guittonerie da esordiente), in particolari momenti, dalle liriche petrose e morali ai canti di Malebolge, *anche* all'esperienza di Guittone, di quel Guittone primo naturale bersaglio—in quanto indiscusso *leader* della scena poetica—della nuova generazione, e in quanto tale irriso da Guido e—più tendenziosamente appunto—da Dante. Idea che ha argomentato con precisione Contini, che lo stesso Del Sal mi sembra dimostrare con abbondanza di particolari, e che forse anche queste pagine potranno contribuire a confermare.

NOTE

1. CM, lxiii-lxvii.

2. Mi permetto di rimandare al mio "Guittone cortese?", *Medioevo romanzo* 13 (1988): 421–55, e ora all'edizione del corpus in Guittone d'Arezzo, *Canzoniere. I sonetti d'amore del codice Laurenziano*, a cura di Lino Leonardi (Torino: Einaudi, 1994).

3. Zygmunt G. Barański, "Lettura dei sonetti I–XXX", in *Letture Classensi 22: Lettura del "Fiore"*, a cura di Zygmunt G. Barański, Patrick Boyde e Lino Pertile (Ravenna: Longo, 1993): 13–35 (20).

4. Si vedano da ultimo le panoramiche di Daniela Delcorno Branca, "Tradizione italiana dei testi arturiani. Note sul *Lancelot*", *Medioevo romanzo* 17 (1992): 215–50, e di Fabrizio Cigni, "Manoscritti di prose cortesi compilati in Italia (secc. XIII–XIV): stato della questione e prospettive di ricerca", in *La filologia romanza e i codici. Atti del Convegno (Messina, 19–22 dicembre 1991)*, 2 voll. (Messina: Sicania, 1993), 2:419–41.

5. Come è noto fin dal Langlois, sussistono solo due testimonianze della tradizione della *Rose* prima della continuazione di Jean, anche se questo non è necessariamente sintomo di scarsa diffusione (il successo del romanzo compiuto può ben aver favorito la dispersione del precedente): i termini della questione da ultimo in David F. Hult, *Self-fulfilling Prophecies. Readership and Authority in the First "Roman de la Rose"* (Cambridge: Cambridge University Press, 1986), 21–25. Per una responsabilità di Brunetto anche negli anni successivi al suo rientro cfr. Francesco Mazzoni, "Brunetto in Dante", premessa a Brunetto Latini, *Il Tesoretto, il Favolello* (Torino: Tallone, 1967), xi–lx, specialmente xxxi–xxxii; cfr. poi anche Gianfranco Contini, "Un nodo della cultura

medievale: la serie *Roman de la Rose-Fiore-Divina Commedia*" [1973], in *Un'idea di Dante. Saggi danteschi* (Torino: Einaudi, 1976), 245–83 (255–56).

6. Lettera 21.16 e 19. Per *Troie* Guittone fa riferimento ad un manoscritto posseduto da Orlando ("che spessamente leggete nel libro vostro"), che potrebbe anche non coincidere con quello da cui Guittone traduce la sua citazione; Margueron ha rilevato nel testo tradotto una variante propria di una parte della tradizione del *Roman de Troie*, tra gli altri del Parigino fr. 2181 (cfr. Guittone d'Arezzo, *Lettere*, a cura di Claude Margueron [Bologna: Commissione per i testi di lingua, 1990], 237); l'apparato parziale di Constans la segnala anche nel celebre Parigino fr. 794 (ms. Guiot), uno dei tre codici compilati in Francia che tramandano *Troie* insieme ad opere di Chrétien (quella consultata da Guittone potrebbe essere una raccolta analoga, vista la vicinanza delle due citazioni da Chrétien e da *Troie* nella stessa lettera); una verifica andrà fatta sul testo dei quattro testimoni di *Troie* copiati in Italia (sui codici citati cfr. Arianna Punzi, "La circolazione della materia troiana nell'Europa del '200: da Darete Frigio al *Roman de Troie en prose*", *Messana* 6 [1991]: 69–108 [part. 98–100], e già L. Walters, "Le rôle du scribe dans l'organisation des manuscrits des romans de Chrétien de Troyes", *Romania* 106 [1985]: 303–25 [307]).

7. Cfr. Giancarlo Savino, "Ignoti frammenti di un Tristano dugentesco", *Studi di filologia italiana* 37 (1979): 5–17.

8. Su questo passo come su tutto il problema cfr. ora Luciano Rossi, "Guittone, i trovatori e i trovieri", in *Guittone d'Arezzo nel settimo centenario della morte. Atti del Convegno di Arezzo (22–24 aprile 1994)*, a cura di Michelangelo Picone (Firenze: Cesati, 1995), 11–31.

9. Risolta convincentemente da Guglielmo Gorni, "Una proposta per messer Brunetto" [1979], in *Il nodo della lingua e il verbo d'amore. Studi su Dante e altri duecentisti* (Firenze: Olschki, 1981), 49–69.

10. Gianfranco Contini, "Stilemi siciliani nel *Detto d'Amore*" [1966], in *Un'idea di Dante*, 237–43 (239–40); Luigi Vanossi, *La teologia poetica del "Detto d'Amore" dantesco* (Firenze: Olschki, 1974), 56 e sgg.; Michelangelo Picone, "Glosse al *Detto d'Amore*", *Medioevo romanzo* 3 (1976): 394–409 (396–402); CM, lxiii e 485.

11. Cfr. Contini, "Stilemi siciliani", 240; un'appendice in Lino Leonardi, "Guittone nel Laurenziano. Struttura del canzoniere e tradizione testuale", in *La filologia romanza e i codici*, 2: 443–80, nota 55.

12. Per questa trafila (e altre ramificazioni) cfr. Guittone d'Arezzo, *Canzoniere*, xix–xxi. Oltre ai riscontri già rilevati dalla critica, si possono segnalare altri tratti guittoniani presenti nel *Detto*, come ad esempio il calco *cors* "corpo" (165), già presente nel sonetto guittoniano 31.6, o come la rima *salmo : sa' 'l mo'* (343–44) analoga a Guittone 220.9–13 *sal mo' : asal mo' : salmo* (poi notoriamente nel *Fiore* XLV.4 *salmi*, con *Inf.* 31.69).

13. CM, lxiii–lxiv; si aggiunga che nel passo in questione (*DVE* 1.13.1)

la serie che si apre con Guittone e si chiude con Brunetto comprende anche tra gli altri quel "Gallum pisanum" che è autore di una delle canzoni che hanno per modello la guittoniana *Tuttor, s'eo veglio o dormo*, e costituiscono quindi il retroterra del *Detto* (cfr. sopra nota 11).

14. In realtà Contini (CM, lxiv), forse per un refuso, limita ulteriormente l'estensione del ciclo ai sonetti 31–52, quando già Adolf Gaspary, *La scuola poetica siciliana del secolo XIII* (Livorno: Vigo, 1882, trad. it. aggiornata dell'orig. tedesco, 1878), 123 e poi Leandro Biadene, "Morfologia del sonetto nei sec. XIII e XIV", *Studi di filologia romanza* 4 (1889): 1–234 (122) (citato da Contini) parlavano della serie 31–62 (per la loro numerazione, che risaliva al Valeriani: 54–85), e poi Achille Pellizzari, *La vita e le opere di Guittone d'Arezzo* (Pisa: Nistri, 1906), 35–55 aveva allargato l'estensione a 31–80.

15. Rinvio essenzialmente ai contributi citati alla nota 2, cui si aggiunge ora l'intervento su "Tradizione e ironia nel primo Guittone: il confronto con i Siciliani", in *Guittone d'Arezzo nel settimo centenario*, 125–64.

16. Cfr. Gorni, *Il nodo della lingua*, 93 e 112–13, e già *Poeti del Duecento*, a cura di Gianfranco Contini, 2 voll. (Milano-Napoli: Ricciardi, 1960), 2:718.

17. Cfr. ora Silvia Buzzetti Gallarati, "La memoria di Rustico nel *Fiore*", in corso di stampa.

18. CM, 321.

19. Cfr. da ultimo Roberto Antonelli, "Canzoniere Vaticano Latino 3793", in *Letteratura italiana. Opere*, a cura di Alberto Asor Rosa (Torino: Einaudi, 1992), 1:27–44; in particolare per la posizione di Guittone cfr. ora anche Leonardi, "Guittone nel Laurenziano".

20. Lo rilevava già il Gaspary, e si veda ora il commento ai sonetti guittoniani in Guittone d'Arezzo, *Canzoniere*.

21. In uno dei due luoghi si fa riferimento al comune doppio senso (ingiurioso) del nome *Guittone* ("Leal Guittone, nome non verteri" 29.1). Credo che abbia ragione Lino Pertile, "Lettura dei sonetti CLXXXI–CCX", in *Lettura del "Fiore"*, 131–53 (149–53) nell'interpretare anche il *Durante*, due volte menzionato nel *Fiore*, secondo la logica dell'*interpretatio nominis* in chiave "parodica, ovvero comico-burlesca", e a rivelarne la connotazione sessuale; ma il gioco vale appunto se di *nomen* si tratta (anzi, giustificherebbe lo stiracchiamento di *Dante* nella forma non ipocoristica), e più che smentire mi sembra rafforzare gli argomenti a favore di un *Durante* quale effettivo autore dell'opera.

22. Cfr. d'Arco Silvio Avalle, *Ai luoghi di delizia pieni. Saggio sulla lirica italiana del XIII secolo* (Milano-Napoli: Ricciardi, 1977), 56–86.

23. Cfr. sopra nota 5.

24. Cfr. già Gianfranco Contini, "Fiore", in *Enciclopedia dantesca* (Roma: Istituto della Enciclopedia Italiana, 1970–78), 2:895–901 (896), e da ultimo CM, lxviii–lxix, xcviii (in CR, 562 Contini parla di "oltranza parodica"). Si segnala che alcuni dei gallicismi non direttamente dipendenti dalla *Rose* sono

già attestati nel canzoniere guittoniano: *giuggiamento* in rima a XXXIV.11 è frutto di certa congettura a 76.6; *laidura* sempre in rima a LXXXI.13 ha un precedente in *ladore* in rima a 81.4; *aggio* 'età' (in rima con *oltraggio*) di CLII.9 è già in 26.14; l'intera formula di CLIX.11 "per la fé ched i' dô a san Germano" (più volte variata nella *Rose*, e presente anche nel *Detto* 466 "fé che dô a san Giusto") si trova già—salvo errore—soltanto in 46.13 "fé che deo [ms. *do*] a Deo".

25. Si veda quanto dice circa i discorsi di Amico e della Vecchia Luigi Vanossi, *Dante e il "Roman de la Rose". Saggio sul "Fiore"* (Firenze: Olschki, 1979), 127–29 e 139–40; da ultimo John C. Barnes, "Lettura dei sonetti CXXI–CL", in *Lettura del "Fiore"*, 91–108 (107), e Pertile, "Lettura", 148.

26. Mi riferisco alla linea cosiddetta Robertsoniana (da ultimo John V. Fleming, *Reason and the Lover* [Princeton: Princeton University Press, 1984]), ripresa circa il *Fiore* da John Took, "Towards an Interpretation of the *Fiore*", *Speculum* 54 (1979): 500–527.

27. Sylvia Huot, "Authors, Scribes, Remanieurs: A Note on the Textual History of the *Romance of the Rose*", in *Rethinking the "Romance of the Rose": Text, Image, Reception* (Philadelphia: University of Pennsylvania Press, 1992), 203–33; poi riveduto in *The "Romance of the Rose" and Its Medieval Readers: Interpretation, Reception, Manuscript Transmission* (Cambridge: Cambridge University Press, 1993), part. 136–37: "the B remanieur sought both to reduce the disgressiveness of Jean's text and to delete passages of questionable morality".

28. CM, cxv–cxxxvi, e già Langlois ivi citato; come è noto, Contini rileva l'impossibilità di una identificazione precisa della fonte, essendo troppo ridotta la versione per altri versi più vicina, quella del ms. siglato *Bi* (su cui cfr. poi lo studio della Huot cit. alla nota precedente). Si veda ora anche l'intervento della Huot in questi Atti.

29. Oltre ai rilievi di Contini citati alla nota 1, cfr. Barański, "Lettura", 33.

30. Cfr. Contini, "Un nodo", 273–74; si veda ora anche quanto dice la Huot nella sua relazione in questi Atti.

31. Cfr. Peter Armour, "Lettura dei sonetti LXI–XC", in *Lettura del "Fiore"*, 53–74 (67); e si ricordino le pur rare didascalie non strettamente "personali", tipo "L'armata dei Baroni" (CXXVIII), o "Com'Astinenza andò a Mala-Boc[c]a" (CXXIX), ecc.

32. Guittone usa come schema base quello alternato, ABABABAB, CDCDCD, interrompendo la serie regolare con singole eccezioni, variando lo schema delle terzine: cfr. Lino Leonardi, "Sonetto e terza rima (da Guittone a Dante)", in *Omaggio a Gianfranco Folena* (Padova: Programma, 1993), 337–51 (341–42), e poi Guittone d'Arezzo, *Canzoniere*, xxix.

33. Cfr. comunque i casi registrati da Vanossi, *Dante e il "Roman de la Rose"*, 227–28.

34. L'argomento, di complessa definizione, andrà approfondito, anche per

quanto riguarda più in generale lo sviluppo del sonetto duecentesco. Si segnala intanto approssimativamente che corrispondono ad una partizione "dispari" cinquantanove sonetti, e precisamente VIII, XV, XXI, XXX, XXXIV, XLIII, XLV, XLVII, XLIX, LXI, LXIV, LXV, LXXI, LXXV, LXXVII, LXXXIII, XCI, XCV, XCIX, CI, CIII, CIV, CIX, CX, CXXI, CXXV, CXXIX, CXXXVI, CXXXVII, CXLIV, CXLVI, CLVI, CLVII, CLXXI, CLXXII, CLXXV, CLXXVI, CLXXX, CLXXXI, CLXXXII, CLXXXIV, CLXXXV, CLXXXVIII, CXCIII, CXCV, CXCVI, CXCVIII, CXCIX, CC, CCVIII, CCIX, CCXIII, CCXIV, CCXVII, CCXVIII, CCXIX, CCXX, CCXXV, CCXXIX.

35. Cfr. CM, cv–cviii, e più in generale già Marco Santagata, *Dal sonetto al canzoniere. Ricerche sulla preistoria e la costituzione di un genere* (Padova: Liviana, 1979, 1989²); ora Guittone d'Arezzo, *Canzoniere*, xxix–xxx, e più diffusamente il commento.

36. Cfr. per il *Fiore*, Vanossi, *Dante e il "Roman de la Rose"*, 163–64; per Guittone Guittone d'Arezzo, *Canzoniere*, xxxii e note ai sonetti 1 e 86.

37. Pertile, "Lettura", 139–41 (la citazione a p. 141); già Vanossi, *Dante e il "Roman de la Rose"*, 110–12.

38. Cfr. Gianfranco Contini, "La questione del *Fiore*", *Cultura e scuola* 4 (1965): 768–73 (773), e poi "Cavalcanti in Dante" (1968), in *Un'idea di Dante*, 143–57 (153–54).

39. Si aggiunga che l'altra rima delle quartine di III, in *aggio*, è nel primo sonetto di Guittone, e che una delle terzine, in *ire*, è nel secondo (parola-rima comune: *servire*); per l'ultima rima, in *ico*, vedi oltre, nota 73 e testo relativo.

40. Il lemma *signore* ricorre in rima solo altre tre volte nel *Fiore* (XXXVII.13, XLII.14, CLXXIII.5). Per i legami che stringono i primi sonetti del *Fiore* cfr. da ultimo Barański, *Lettura*, 30–31.

41. Contini, "Un nodo", 260.

42. Michelangelo Picone, "Il *Fiore*: struttura profonda e problemi attributivi", *Vox romanica* 33 (1974): 145–56 (152).

43. Guittone d'Arezzo, *Canzoniere*, lvii–lviii.

44. Cfr. Leonardi, "Sonetto e terza rima".

45. All'inizio della *Commedia* è ricalcato notoriamente il secondo emistichio di questo verso, pur formulare fra i trovatori: "A te convien tenere altro vïaggio" *Inf*. 1.91 (cfr. Guittone d'Arezzo, *Canzoniere*, 143 e 145). Anche nella forma *tener via* il sintagma passa dall'*ars amandi* guittoniana (95.7) al *Fiore* LXXII.6 e al *Detto* 100.

46. Per Guittone cfr. Kenelm Foster and Patrick Boyde, *Dante's Lyric Poetry*, 2 voll. (Oxford: Clarendon Press, 1967), 2:122; il riscontro tra *Fiore* e *Vita nuova* si deve a Domenico De Robertis, *Il libro della "Vita Nuova"* (Firenze: Sansoni, 1961, 1970²), 61.

47. CR, 569.

48. Cfr. Guittone d'Arezzo, *Canzoniere*, 60, nota a 20.1 (cui si aggiungano almeno due sonetti dei peccati capitali—quindi di diretta ascendenza guittoniana, da Frate Guittone—di Fazio degli Uberti).

49. CR, 793. Il binomio ricorreva anche, ma scisso, nell'incipit di LXXVI, dove l'Amante si rivolge a Ricchezza ("Per Dio, gentil madonna, e per merzede", anche qui senza corrispondente nella *Rose*).

50. *Concordanze della lingua poetica italiana delle origini (CLPIO)*, vol. 1, a cura di d'Arco Silvio Avalle (Milano-Napoli: Ricciardi, 1992), d'ora in poi CLPIO (a questa edizione si attinge per i testi qui di seguito indicati con la sola sigla del codice: V per il Vat. lat. 3793, L per il Laurenziano Redi 9); ringrazio Avalle per la possibilità che ho avuto di consultare le concordanze informatiche, durante il lavoro di lemmatizzazione in corso presso l'Accademia della Crusca.

51. Vanossi, *Dante e il "Roman de la Rose"*, 266.

52. Lo stilema è ripreso ancora da Guittone in 56.3–4 ("Ché *me e 'l mio* disamo, e amo quella / che nel mio mal poder mett'e talento") e parallelamente, ma fuori dal canzoniere, in 7.41 ("E *me e 'l meo* in disamore ho, lasso"), e torna anche in Frate Guittone, 226.6–7 ("se me mettete onni cosa a lausore / che *de me e del mio* deame sortire . . . "). Unico altro esempio nelle CLPIO è nel sonetto di Siribuono L 346.2 ("*me e 'l mio*, ché me piace, t'assegna", emendato da Contini in base appunto a Guittone: *Poeti del Duecento*, 1:333).

53. Vanossi, *Dante e il "Roman de la Rose"*, 265.

54. Per Guittone cfr. Guittone d'Arezzo, *Canzoniere*, 38. La coppia rimica è nel *Fiore* anche tra le raccomandazioni fraudolente nel discorso della Vecchia, a CLXXX.2–3 (su cui vedi subito oltre), e nella forma *-anti* nel sonetto della prima comparsa di Venùs, a XVII.1–5.

55. Cfr. John Took, "Lettura dei sonetti XXXI–LX", in *Lettura del "Fiore"*, 37–52 (48).

56. L'unica altra attestazione nel corpus CLPIO è frutto di congettura editoriale, nel sonetto di corrispondenza *Sò bene, amico* di Monte Andrea (109.12: "e di ciò fai gran vista e [*gran*] sembianti" : *amanti*).

57. Per gli altri luoghi guittoniani, e per ulteriori attestazioni duecentesche, rimando a Guittone d'Arezzo, *Canzoniere*, 115, nota a 38.12–14.

58. Tra i due luoghi citati si trova un terzo diverso richiamo nel sonetto CLVIII, dove le raccomandazioni della Vecchia sull'opportunità di amare più uomini contemporaneamente ("I' lodo ben, se·ttu vuo' far amico / ... / Che·ttu sì·ll'ami; ma tuttor ti dico / Che tu no·ll'*ami* troppo ferma*mente*" 1,5–6) ricalcano l'impostazione sintattica di uno degli ultimi sonetti del canzoniere, in cui la donna rifiuta sdegnata di amare Guittone (" . . . m'è dolore / crudel di morte il dimando che fai, / cioè ch'io t'ami: or, come *amar* poria / cosa che di tutto è dispia*cente* . . . ?" 82.7–10).

59. Cfr. Picone, "Il *Fiore*: struttura profonda", 154, che ricorda come

Raimondi abbia segnalato il collegamento di questa sezione del *Fiore* con gli
ipocriti della *Commedia* (*Inf.* 23: cfr. Ezio Raimondi, "I canti bolognesi dell'*Inferno* dantesco" [1967], ora in *I sentieri del lettore*, 3 voll. (Bologna: il Mulino,
1994), 1: 47–71, da cui si cita); lo stesso Raimondi rileva inoltre nell'incontro
coi frati gaudenti una "intenzione antiguittoniana" (65).

60. CM, 413. L'espressione si ritrova in un solo altro luogo del *Fiore*,
XXXII.8, dove è però frutto di congettura già del D'Ancona, escogitata sulla
base del nostro passo (unica altra attestazione della rima in *orte*, come ricorda
Contini, CM, 67 *ad loc.*).

61. CM, 413.

62. L'altra occorrenza è in Cecco Angiolieri *Così potre' i' viver* 12 "e sed e'
fosse amaro più che fele"; si ricordi il dubbio circa l'anteriorità di Cecco (cfr.
sopra nota 18).

63. Per i riferimenti rimando al commento in Guittone d'Arezzo, *Canzoniere, ad loc.*, e 104.

64. Cfr. XXV.10 "Quando tu, per la tua malaventura . . . ", con *Rose* 3679
"par male aventure".

65. Contro una occorrenza di *porte* (21623), *veie* (21634), *sentele* (21637)
e *senteret* (21765), se ne registrano tre di *passage* (21639, 21652, 21687) più
due di *pas* (21654, 21655), oltre all'insistente verbo *passer* (21635, 21646,
21647, *tres-* 21654, 21656, 21657, 21687, 21689), questo ripreso una sola volta
nel *Fiore* (CCXXX.8).

66. CR, 601.

67. Nel contesto evidentemente guittoniano, anche questa conclusione (assente la *Rose*) ricalca un modulo usato dal personaggio femminile nel canzoniere dell'aretino (come qui da Ragione) nella stessa posizione d'attacco dell'ultima terzina ("*Ora te parte* ormai d'esta novella" 42.12).

68. Su questo punto, pur con qualche discutibile generalizzazione, cfr.
Leonardo Sebastio, *Strutture narrative e dinamiche culturali in Dante e nel "Fiore"*
(Firenze: Olschki, 1990), 165–71.

69. La rima con *carne* ricorre altrimenti solo nell'Amico di Dante (38.9:
contesto simile a quello del *Fiore*), in Monte (45.1 e 58.5, sempre nella locuzione *figura di carne*), e nel Dante della tenzone con Forese (*Ben ti faranno* 4).

70. La ricerca sul retroterra lirico ha privilegiato prevedibilmente Guillaume
(si citerà solo il classico Leslie T. Topsfield, "The *Roman de la Rose* of Guillaume
de Lorris and the Love Lyric of the Early Troubadours", *Reading Medieval Studies*
1 [1975]: 30–54), ma sarebbe possibile estenderla con buon esito anche a Jean,
se non altro in quanto continua e insieme stravolge il piano di partenza del
primo *Roman*; si menzionerà solo, a titolo d'esempio, un caso tra i più eclatanti
(ignoro se già segnalato), ovvero l'allusione della Vieille, nell'*excursus* sulla libertà erotica come diritto di Natura per la donna (*Rose* 14027–28 "Toute creature / veaut retourner a sa nature"; tutto il passo è omesso nel *Fiore*, cfr. CM,

371) al celebre distico della pastorella di Marcabru *L'autrier jost'una sebissa*, dove il significato è esattamente l'opposto (71–72 "Toza, tota creatura / revertis a ssa natura").

71. Rimando alla sintesi di Guittone d'Arezzo, *Canzoniere*, xlii–lii.

72. In particolare si raccomanda il capitolo di Vanossi, *Dante e il "Roman de la Rose"*, 259 e sgg., oltre naturalmente alle note continiane in CR e CM. Per il *Detto* vale in primo luogo Contini, "Stilemi siciliani".

73. Si tratta di una canzone di Chiaro Davanzati, *Chi 'mprima disse* V 218.20 (ed. Menichetti XIX), e di un sonetto di Orlanduccio, *Al paragone dell'oro* V 525.6, entrambi con contesti diversi. Il verso del *Fiore* ha poi due echi in Cino, per cui cfr. CM, 7 e già Vanossi, *Dante e il "Roman de la Rose"*, 281 nota 61, dove sono registrate anche varie occorrenze del motivo "nutrire di speranza" (Notaio, Chiaro, Monte, Amico di Dante). Altre realizzazioni se ne vedano nel mio *"Langue" poetica e stile dantesco nel "Fiore": per una verifica degli "argomenti interni"*, in corso di stampa nel volume miscellaneo in onore di d'Arco Silvio Avalle, presso l'editore Ricciardi di Milano (n. [15]).

74. Si ricorda che il luogo fornisce uno degli argomenti interni continiani, per il confronto con *Inf.* 8.107 "conforta e ciba di speranza buona" (Contini, "La questione", 771).

75. Segnalo per brevità in nota solo un altro caso che tocca Rinaldo, nel sonetto CXIV, concluso da Falsembiante con l'immagine del cavaliere che è finanziariamente in grado di "condursi nella *terra d'oltremare*" (14), con la ripresa di un emistichio che in clausola è rintracciabile solo (e ripetuto) all'inizio e alla fine della canzone di crociata *Giamai non mi comfortto* V 32.6 e 63, a sottolineare la disperazione della donna per la lontananza del suo cavaliere.

76. Vanossi, *Dante e il "Roman de la Rose"*, 260 rileva un altro richiamo a questa canzone del Notaio nel sonetto CXLVI.

77. Per questo intreccio di allusioni tra Bernart, Giacomo e Guittone cfr. Guittone d'Arezzo, *Canzoniere*, xxii–xxiii. Lo stilema ha una sua fortuna duecentesca, che nella sua variabilità rende ancor più precisa l'allusione del *Fiore* al Notaio: "S'io vivo disperato, / nonn-è già meravilglia" (Neri, V 295.65–66); "già nonn-è maraviglia s'io scomfortto" (Bonagiunta, V 182.4); "Se mi distringe dogla, / non certo è meravigla, / ma crudeltà somigla / a cui non prende dogla e pena monta" (Panuccio, L 95.81–84, rifatto sull'incipit di Guittone, avendone colto il precedente lentiniano); "e, s'io parto dogliosa, / nonn-è già meravilglia" (Chiaro, V 207.51–52); "ché non m'è meravilglia s'io morisse" (Chiaro, V 598.9).

78. Vanossi, *Dante e il "Roman de la Rose"*, 261–62.

79. Significativo l'ultimo contesto: "di quaci non mi mòs[s]era se non ai' de lo frutto / lo quale stäo ne lo tuo jardino: / disïolo la sera e lo matino" (83–85).

80. Si vedano i dati in Leonardi, *"Langue" poetica e stile dantesco*, n. [20].

81. Rispetto a questo, "meno stringente" risulta anche a Contini il riscontro con il dantesco "da sera e da mane", già avanzato nella voce "Fiore", 899.

82. In ambito siculo-toscano si segnalano in nota almeno due esempi: la menzione di Giasone e Medea tra gli emblemi dell'infedeltà maschile ("El[l]a 'l sep[p]e *di morte guarentire*, [: servire] / E po' sì la lasciò, quel disleale" CLXI.7–8), dove la traduzione dalla *Rose* ("puis qu'el l'ot de mort garanti" 13232) con lieve variazione viene a coincidere con la protesta di fedeltà di Tiberto Galiziani *Già lungiamente Amore* ("perch'io voglio *di morte guarentire*, / k'è più per suo *servire*" 42–43); e nel sonetto del bacio del fiore la parola rima *aulia* ("quel prezïoso fior, che tanto aulia" XXI.2), che è segnalata poi in *Purg.* 28.6 (CR, 45), ma che prima si trova soltanto nel contesto altrimenti floreale di Galletto Pisano, *In alta donna* ("Una rosa mandao per simigliansa: / più ch'altro fiore aulia" 40–41).

83. Cfr. Contini, "La questione", 770–71.

84. Testo da Monte Andrea da Fiorenza, *Le rime*, a cura di Francesco Filippo Minetti (Firenze: Accademia della Crusca, 1979), rivisto sull'edizione CLPIO, dove il lemma *più-ritropia* è glossato "panacea universale" (p. cxlvi–a).

85. Per la questione cfr. ora la voce di Emilio Pasquini in *Enciclopedia dantesca*, 5: 452–53. Un altro possibile riferimento a Monte nel *Fiore* è almeno il francesismo in rima *abelisce* nella tirata di Falsembiante contro i religiosi ("Ché vita di nessun no·mm'abelisce / Se non inganna e baratta e tradisce" XCI.6–7), registrabile prima solo in un contesto opposto nella canzone montiana *Ai misero tapino* ("E qual cosa, sengnor', più n'abelisce? / Vivere orrato l'om che dorme e veghia" 49–50).

DIBATTITO

Guglielmo Gorni: La mia è una domanda molto semplice: nel manoscritto originale del *Fiore* abbiamo, almeno per gran parte (e comunque per la parte dove non ci sono, si suppone, lacune) delle didascalie, che sono didascalie— come dire—"di personaggio" e quindi non molto significative sul piano della costruzione narrativa del discorso. Ecco, volevo chiederti una riflessione ulteriore sul problema di questa didascalia che si interpone tra individuo e individuo in una corona, in una collana di sonetti. È una domanda che pongo anche a me stesso senza trovare una risposta. Forse per lanciare un discorso su questo che è in qualche modo una specie di piccolo gancio tra un sonetto e l'altro, e nello stesso tempo un piccolo iato che viene interposto appunto tra individuo e individuo.

Lino Leonardi: Innanzitutto occorrerebbe esaminare bene la corrispondenza di quelle che nel *Fiore* risultano come didascalie di ciascun sonetto con analoghe o non analoghe didascalie che si trovino nei manoscritti della *Rose* (ne ha parlato stamani Sylvia Huot, e già Contini nel 1973 [*Un'idea di Dante*, Torino: Einaudi, 1976, 273–74]). In alcuni casi, anche se molto limitati, le didascalie del *Fiore* non identificano soltanto il parlante, o comunque il personaggio centrale del sonetto, ma sono quasi descrittive. Quelle sulla battaglia, per esempio [sonetti 128, 129, 130, 136]. Per me è chiaro d'altra parte che la didascalia contraddistingue il testo lirico: in tutti i manoscritti di poesia lirica (non solo italiana), o, se non in tutti, almeno normalmente, è presente la didascalia dell'autore. Le didascalie potrebbero anche essere interpretate come un segnale—in questa successione che si conclude con due sonetti senza soluzione di continuità, e che in ben sedici casi si permette di iniziare un sonetto con la congiunzione *e*—come un modo di segnalare che comunque ogni unità mantiene la sua identità di sonetto, e che si è in una tradizione pienamente lirica. Non so però se più di così si possa dire.

Lucia Lazzerini: Forse per mia disattenzione, non mi è proprio chiarissima la tua posizione nei riguardi della eventuale parodia del *Fiore* nei confronti della *Rose*, di cui c'è tutta l'interpretazione che conosciamo, in chiave parodica; e a sua volta il *Fiore* sarebbe parodia di una concezione cortese, se ho capito bene.

Leonardi: Sì, più o meno.

Lazzerini: Ecco, mi sembra più o meno così. Poi alla fine tu vedevi un po' il *Fiore* sulla linea guittoniana, almeno per sommi capi. Ecco, tutto questo mi sembra proprio in contraddizione flagrante con quello che dicevi. Se ci fosse una parodia, cioè, se ci fosse una contrapposizione polemica tra la concezione cortese e quella propugnata dal *Fiore*—perché questo si intende per parodia—mi pare che il discorso risulterebbe un po' contraddittorio. Cioè, è parodia, è in contraddizione con una concezione cortese, oppure è sulla stessa linea?

Leonardi: Non capisco se la contraddizione tu la vedi nel fatto che il *Fiore* sia da una parte interpretabile in senso parodico e dall'altra interpretabile in senso guittoniano.

Lazzerini: A me pare di sì, che questo sia contraddittorio.

Leonardi: Questo mi sento in grado di discuterlo—nel senso che sono abbastanza convinto che, almeno nei sonetti, la parodia non contraddice la "guittonianità", perché Guittone a sua volta è parodico. In questo senso le due cose vengono a non essere contraddittorie.

Lazzerini: È quello che a me non sembra acclarato, cioè che Guittone sia parodico; come non sono d'accordo sul fatto che sia parodica la *Rose*.

Leonardi: Naturalmente non pretendo di convincere. Però vorrei precisare che all'interno del mio discorso non mi sembra che si possa registrare una contraddizione. Quello che *non* credo è che il *Fiore* sia una parodia della *Rose*, questo no. L'autore del *Fiore*—almeno così mi sembra di poter pensare e ipotizzare—coglie il valore ironico o parodico di un testo come la *Rose*, e a sua volta ha presente Guittone come il precedente italiano di un analogo atteggiamento critico in senso più ironico che parodico (anche se su fondamento e di sviluppo molto più ridotto e municipale), e quindi fonde, se possiamo dir così, questi due atteggiamenti in un testo che traduce la *Rose* e usa i sonetti di Guittone, ponendo in qualche modo a contrasto la pochezza dell'aretino con la grandiosità del modello francese.

Lazzerini: Stringiamo un po' dal punto di vista ideologico. Allora che cosa fa il *Fiore* in realtà? Sponsorizza la dissacrazione della cortesia?

Leonardi: Sponsorizza la dissacrazione dell'utilizzo corrente ormai anche in Italia dei modi cortesi in forme stereotipe e convenzionali; sponsorizza una svalutazione, una demistificazione divertita della vulgata cortese.

Lazzerini: Quasi un pre-stilnovista, diciamo. E allora perché Dante se ne sarebbe pentito? Dice Domenico De Robertis che c'è una *damnatio memoriae* di questa esperienza, evidentemente rinnegata, in senso cortese. O hai torto tu, o ha torto Domenico De Robertis, *tertium non datur.*

Leonardi: Forse non mi sono fatto capire. Non sostengo che il *Fiore* sia un'opera stilnovista, ma che incarni un atteggiamento sarcastico e divertito nei confronti del codice cortese, non certo proponendo soluzioni stilnovistiche, ma anzi esagerando nella direzione opposta, verso il basso, dove il realismo si fa scatologia; una sorta di esagerata e ridanciana *pars destruens.*

Domenico De Robertis: A Dante non bastava mica, dalla *Vita nuova* in poi, e soprattutto quando poi le prese di posizione erano diventate anche molto esplicite, cioè, dal *De vulgari eloquentia*, e soprattutto nella *Commedia*—avendo sulle spalle, o sul gobbo o, come dir si voglia, sulla coscienza, un lavoro come quello del *Fiore*—non gli bastava mica dire, "In fondo avevo partecipato ad una demistificazione". Altroché! Ha fatto ben altro. Aveva tradotto in lingua di sì tutta l'operazione di seduzione e di assalto ad un bellissimo personaggio letterario, del quale ha fatto quello che ha fatto. E qui non si tratta più di ironia, perché non stava demistificando nulla nel momento in cui, aderendo a Jean de Meun, traducendo da Jean de Meun, faceva tutto quello che ha fatto.

Lazzerini: Secondo te, lui condivideva . . .?

De Robertis: Condivideva? Lui può benissimo aver non condiviso, io non posso mica sapere. Forse è anche un'operazione culturale importante, ma può essere anche un grande divertimento.

Lazzerini: Io sono del parere che sia anche un grande divertimento.

De Robertis: Certo, ma è un *grande* divertimento—un grande divertimento che costituisce un grosso impegno. A questo punto, nella *Commedia*, diciamo, ad un ipotetico giudizio erogato non so se da Beatrice o da chiunque, non gli basta mica più dire, "ma in fondo era un divertimento". Finiva dritto dritto in qualche posto dell'inferno. Non credo che ci sia contraddizione, no. Credo che l'avesse fatta franca perché aderiva ad una certa critica dell'ideologia e del linguaggio cortese, che era quella poi di Jean de Meun e che trovava appiglio in

Guittone, che gli forniva perfino il modello per tradurre quest'operazione in terra italiana e in lingua italiana. E no! È come certe rime che spariscono di circolazione, e Dante non ne parla più; però sono attestate.

Patrick Boyde: Io avrei una domanda molto diversa. Si è insistito sul sonetto come genere "lirico", opponendolo ai generi drammatici o narrativi. Ma nella gerarchia dantesca dei generi metrici il sonetto è al terzo posto, così come nella tradizione poetica delle origini è la forma riservata per esempio alle tenzoni, no?, alle cose modeste, al linguaggio prosaico o colloquiale. E vorrei perciò un tuo commento sul fatto che il sonetto si prestava benissimo ad essere adoperato nel genere narrativo, come strofe narrativa.

Poi un'altra osservazione, più che una domanda, che riguarda da vicino la *authorship*. Nel tuo saggio sui sonetti di Guittone ["Sonetto e terza rima (da Guittone a Dante)", in *Omaggio a Gianfranco Folena*, 3 voll. (Padova: Editoriale Programma, 1993), I, 337–51] hai rilevato nella "corona" lo schema "floreale" delle rime, cioè ABBA, ABBA, CDCDCD, uno schema che si vuole considerare come una novità, una cosa compatibilissima con la paternità dantesca. Ma il fatto che già Guittone avesse adoperato questo schema per me sarebbe un indizio che l'autore del *Fiore* sia un guittoniano anziché un pre-stilnovista o addirittura uno stilnovista. Rilevare la presenza di questo schema in Guittone, cioè, ci offre un autore del *Fiore* meno originale, meno aggiornato, e rende meno probabile, o meno necessario, che sia Dante. Ci hai mostrato stasera nel *Fiore* molte formule guittoniane: e anch'io ho notato certe cadenze, una certa particolare sintassi floreale che mi fa venir voglia di collocare questo autore misterioso—che per me non si può sicuramente identificare con Dante—in un contesto letterario antecedente, anni '70, diciamo, primissimi anni '80.

Le domande, dunque, un po' confuse, sono due o tre e riguardano lo status del sonetto, un genere "lirico" solo per modo di dire, e poi la questione della originalità o meno di questo autore, che ha già in Guittone un illustre precedente, famoso già prima del '65.

Leonardi: Cominciando dalla fine, nella sua prima produzione lirica sicuramente Dante è non poco influenzato da Guittone. Non credo che vedere nell'autore del *Fiore* un autore che tiene presente Guittone—anche se non come massimo modello, ma certo come punto di partenza per la sua "iperbole"—sia contraddittorio con il Dante attorno all'anno '85.

Boyde: Il tuo Dante è molto guittoniano . . .

Leonardi: No, non mi sembra molto guittoniano, anzi allude a Guittone per mostrarne la piccolezza. Tiene presente, gareggiando con lui, che il grande autore, quando lui comincia a scrivere, c'è poco da fare, è Guittone d'Arezzo, se non più direttamente (ma Guittone muore nel 1294), certo nella memoria e nella pratica dei poeti della sua generazione, o poco più vecchi di lui.

L'altra cosa è il sonetto. Tra le varie ipotesi sulle origini del sonetto, c'è quella che derivi dalla *cobla* di canzone, quindi che sia per sua natura destinato e di-

sposto a collegarsi in serie di più unità. Non a caso è appunto utilizzato fin dalla
scuola siciliana per i dibattiti tra poeti, per le tenzoni. Però, quando mi riferisco
al sonetto come genere lirico, intendo dire che nella tradizione poetica italiana,
dal Notaio in giù, canzone e sonetto sono i due generi del repertorio lirico, a
cui poi si aggiungerà la ballata (i due generi nei manoscritti che ci tramandano
questa tradizione sono normalmente accolti entrambi, separati appunto a di-
mostrarne la differenza, ma nello stesso tempo l'appartenenza ad un unico
canone). Si può dire giustamente, e il *De vulgari* sta a dimostrarlo se ce ne fosse
bisogno, che il sonetto è il meno lirico—se vogliamo usare questa formula—tra
i generi lirici. Da qui a farne un metro naturalmente narrativo, dubito che il
passaggio sia proprio scontato.

Peter Dronke: Ho una domanda sull'intenzione parodica. Mi pare che la *Rose*
abbia una corrente idealistica molto forte, cioè una filosofia più seria—allude
per esempio ad un'età dell'oro quando non c'era proprietà privata—e che tutto
questo sia trascurato dall'autore del *Fiore:* per lui, come si è detto poco fa, la
cosa è molto più "divertimento". Come si spiega questa divergenza? Perché ha
trascurato questa dimensione della *Rose?*

Leonardi: Non so se posso dare una risposta a questa domanda. Comunque
vorrei sottolineare che la parte del mio discorso che riguarda Guittone non pre-
tende di identificare l'unico motivo, l'unica valenza o l'unico movente del *Fiore.*
Assolutamente no. La *Rose* ha più dimensioni e linee di interpretazione, fra cui
non sono certo secondarie quelle a cui lei accennava, il *Fiore* in parte tiene
conto anche di queste.

Certo, l'idea che ho provato ad argomentare è che la lettura che il poeta
del *Fiore* fa della *Rose,* privilegiando un aspetto tra altri, possa essere stata fa-
cilitata da Guittone, essere stata indotta anche dall'esistenza di quell'esperimento prima di Dante in Italia. Non dico che il taglio narrativo-dissacratorio
sia nel *Fiore* l'unico motivo. Ma questo mi sembra un motivo che è quasi portato
con sé dall'adozione del metro in sonetti. In fondo non era l'unico metro che
si poteva utilizzare: c'erano le coppie di settenari, come nel *Detto.* Quindi questa
dipendenza formale, che attesta il modello guittoniano, può aver portato con
sé anche suggerimenti su altri piani che non siano quello semplicemente formale.

De Robertis: È soltanto forse un aiuto all'ultima questione. La corona di sonetti di Guittone, diciamo, è più vicina alla funzione che ha avuto il sonetto.
Pur essendo una "corona" di sonetti, tutto sommato, se emerge qualcosa è caso
mai ancora la tenzone. Infatti ci sono dei momenti di tenzone, cioè delle parti.
Il fatto veramente nuovo è che nel *Fiore* abbiamo un testo che è continuamente
narrativo per 232 sonetti. E qui veramente conta la *Rose,* come punto di
partenza, non conta più Guittone. Qui si sommano due esperienze, evidentemente. D'altra parte Guittone è presente nel primo Dante: ha scritto perfino
dei sonetti rinterzati.

Peter Armour: Una domanda molto breve. Sono incuriosito proprio da questo rapporto tra il *Fiore* e Guittone d'Arezzo. Che ci sia anche un collegamento tra Brunetto Latini e il *Detto*, su questo quasi tutti sono d'accordo. Che cosa pensa di un possibile rapporto fra il *Fiore* e eventuali discepoli o successori di Brunetto che avrebbero reagito contro Guittone?

Leonardi: Posso rispondere solo molto parzialmente. Nel *Detto*—non sono certo io a dirlo—è evidente questa doppia ascendenza: da una parte Brunetto e dall'altra Guittone. Ciò non indica naturalmente soltanto Dante, perché in questi anni il punto di riferimento principale della lirica toscana è senz'altro ancora Guittone; e Brunetto, soprattutto a Firenze, ha l'importanza che sappiamo. D'altra parte, dal punto di vista strettamente formale, mentre il *Detto* riprende la catena di distici usata da Brunetto, nel *Fiore* si usa il sonetto: per questo verso nel *Fiore* Brunetto scompare, lasciando Guittone come unico modello.

PART V

The *Fiore* and the *Commedia*

Fiore Inferno in fieri:
Schede di letture in parallelo

Il titolo scelto annuncia il duplice progetto euristico che sarà perseguito nella lettura del *Fiore* qui proposta. Suggerisce che il poemetto precorre moduli, immagini, temi, strutture o contrapassi dell'*Inferno* dantesco e insieme sintetizza la prassi esegetica che è alla base dell'analisi contrastiva. Il gioco etimologico e allitterante del titolo è infatti modellato su una retorica prettamente medievale e, direi anche, dantesca; gioco che consiste nel considerare le potenzialità combinatorie della parola, latrice di pluralità semantiche, e nell'indagare tutti i possibili legami tra *res* e *verba*; gioco che è appannaggio di ogni buon "autore" medievale, la cui professione, stando all'etimo fornito nel *Convivio* (4.6.3), consiste nel "legare parole". Le implicazioni "infernali" della parola "fiore" sono messe a nudo nella stessa *Commedia* in un passo riferito al nome di "Fiorenza": la città è definita pianta satanica che "produce e spande il maladetto *fiore*" (*Par.* 9.130), ossia il fiorino che, emblema di cupidigia, ha disviato la chiesa. Pure all'inferno e alla cupidigia è associata l'*interpretatio nominis* di Fiorenza nell'invettiva che fa da corollario alla bolgia dei ladri: "Godi, Fiorenza, poi che se' sì grande, / che per mare e per terra batti l'ali / e per lo 'nferno tuo nome si spande!" (*Inf.* 26.1–3). Si spande, va oltre, perché "Fiorenza" oltrepassa il numero sillabico di *inferno* ed è quasi anagramma perfetto di quest'ultimo che contiene in

ipogramma "fiore".[1] Per ricordare quanto Dante sia ghiotto di queste vi-
vande mi limito a segnalare passi già in parte noti ai dantisti: Pier delle
Vigne è colui che tenne "ambo le chiavi" (*Inf.* 13.58), ed è normale
che il nome di un esperto di retorica, per chi i *nomina sunt consequentia
rerum*, sia interpretato non senza allusione al sommo Pietro. *Malacoda*
è rietimologizzato come chi "*mal contava* la bisogna" (*Inf.* 23.140); la
Giudecca, che ospita *Giuda,* è definita, con gioco di anagramma, come
il luogo in cui Lucifero "*cadde giù*" (*Inf.* 34.121); la semantica della parola è insomma continuamente potenziata dall'euristica e viceversa.

La lettura testuale che seguirà toccherà inevitabilmente, sebbene in
maniera solo indiretta, anche il problema attributivo. Non importa precisare per ora se i legami, tra le due opere, che mi accingo a segnalare
siano di tipo intratestuale o intertestuale. Per me, sia detto senza riserve,
l'invenzione dell'*Inferno* dantesco è di necessità preceduta dalla lettura
o dalla scrittura del *Fiore,* anello di transizione tra il *Roman* e la *Commedia,* tra la tradizione lirica francese e quella fiorentina. Vari indizi
mi inducono a credere che il *Fiore* sia non una semplice lettura ma
un'opera di Dante. Oltre ai contatti formali che legano il *Fiore* a Dante,
voluti dall'autore o presenti "sotto la . . . soglia della coscienza", nota
e felice formula continiana, che diventano probanti solo quando sono
combinati con legami semantici in genere o di tipo macrostrutturali
(viaggio-conquista, ostacoli, intercessione di forze favorevoli all'andare
del pellegrino . . .),[2] mi sembra di non comune rilievo che, nel tradurre
il *Roman,* il *Fiore* opti, talvolta, per soluzioni di stampo dantesco estra-
nee al *Roman:*[3] anticipando parole e sintagmi, o accogliendo francesismi, che confluiscono poi nella *Commedia.* Si confronti per esempio
l'intervento di Schifo contro Amante (6.11–14 e sgg.) con quello di
Dangier nel *Roman* (2920–50).[4] La prolissità delle parole di Dangier è
concentrata in uno spazio inferiore a una terzina: "Or ti ste' a mente /
Ch' i' son lo Schifo, e sì son ortolano / D'esto giardin; i' ti farò *dolente*"
(6.12–14). L'ultimo emistichio, iterato anche nel sonetto 210 ("Vergogna disse: 'I' *vi farò dolenti*' " 14 in rima con "denti" 10) ricorda naturalmente *Inf.* 34.57 "sì che tre ne *facea* così *dolenti*", in rima con "denti"
55, riferito al supplizio che Lucifero infligge a Bruto, a Cassio e a Giuda.
Quel che preme sottolineare è che il sintagma "far dolente", comune
al poemetto e all'*Inferno,* non è nel *Roman.* Qui infatti, la concisa
minaccia di Schifo è dilatata come segue: "Fuiez, vassaus, fuiez de ci, /
par poi que je ne vos oci"; "E li vilains crole la teste, / et dit se jamais
i retor / il me fera prendre un mal tor" (2935–36 e sgg.; 2948–50). Altra

frase che non ha corrispondenza nel *Roman*: "Ch'uon ch'è truante *col diavol s'aferra*" (112.8)[5] svela il suo marchio dantesco se confrontata con "fino a Minòs *che ciascheduno afferra*" (*Inf.* 20.36). Emblema dantesco, pure estraneo al *Roman*, nasconde la parola "groppone":[6] "Ch'i' non ti metta fuoco nel *groppone*" (221.11) presente in *Inf.* 21.101. Nel *Roman* Venere (20719 e sgg.), irata contro Vergogna, minaccia di incendiare il recinto, i pilastri, le natiche di Vergogna e varie altre cose, ma non accenna alla schiena o al groppone! La presenza nel *Fiore* di stilemi danteschi estranei al testo tradotto mi invoglia naturalmente a credere che il poemetto non sia, come ho detto, solo una lettura di Dante, ma una scrittura che precorre l'*Inferno*. Dantismi del *Fiore* anteriori alla *Commedia* e innovativi rispetto al *Roman* non possono che essere opera di Dante.

Altri particolari tipi di riscontri tra *Fiore* e *Inferno*, generati da meccanismi associativi che rispondono a una coerenza logica che fa sistema, mi orientano su questa strada. Fornisco qualche esempio. A proposito della convergenza tra *Fiore* 88.11 e *Inf.* 21.53–54: "*Ch'a me* [Falsembiante] *convien giucar troppo coperto*" e "[i Malebranche] Disser: '*coverto convien che qui balli*' ", Vanossi segnala che l'espressione metaforica è trasformata in *Inferno* in "concretissima condizione penale".[7] Picone, parlando della "memoria che opera all'interno di campi semantici similari", sostiene che il supplizio di Caifàs che "*attraversato è, nudo, ne la via*" (*Inf.* 23.118) è una pena che funge da contrapasso alle parole di Falsembiante "*No·mi terrian ch'i' non gisse traverso*" (103.13), riferite al suo procedere morale obliquo. Aggiungo che anche un aspetto del contrapasso degli ipocriti acquista pieno senso se confrontato a un verso di Falsembiante: "*Con questi due argomenti* ("abito" e "dolze predicazione", usati entrambi con ipocrisia) *il mondo abaglia*" (103.8), resta abbagliato, cioè ingannato. Sia Parodi che Contini rinviavano alle cappe degli "incarcati" che "*di fuor dorate son, sì ch'elli abbaglia*" (*Inf.* 23.64; in rima, come nel *Fiore*, con "paglia"); per Contini il verso dell'*Inferno* è "luogo per altro meno evidente di questo"; l'evidenza del verso è chiarita invece proprio dal *Fiore* che è all'origine del supplizio: come in vita gli ipocriti hanno abbagliato/ingannato il mondo così in *Inferno* sono essi stessi abbagliati. La presenza in Dante di questo tipo di *pattern* è suggerita anche da Leo Spitzer in una nota di "Gli elementi farseschi nei canti XXI–XXII dell'*Inferno*": "Non è forse troppo azzardato ritenere che l'idea della baruffa fosse suggerita a Dante da un'associazione verbale tra *baratta*, 'rissa' (la parola è usata da Virgilio, al verso 63 del canto XXI) e *barattieri*, 'barattatori'. La pedanteria (nella ricerca dei nessi) così spesso stimolata dalla legge del *contrappasso* non è certo ridotta in questo caso dal suggerimento di un'origine verbale. Nella formula che deve essere balenata nella mente di Dante ('i barattieri devono essere puniti nella cornice di una baratta!') si può forse ravvisare una traccia dell'odio innato in lui verso questo peccato".[8]

La mia analisi contrastiva tra *Fiore* e *Inferno* avrà come filo conduttore questo tipo di riflessioni le quali, se pur possono sembrare poco pertinenti o rigorose a prima vista, si rivelano, commisurate ai testi, valide perché capaci di iscriversi in un preciso sistema organico che non può essere ignoto, in maniera cosciente o inconscia, all'ideatore dei testi esaminati. La lettura proposta mirerà a selezionare i tasselli del poemetto e del *Roman* che precorrono la *Commedia* e sarà limitata, in maniera quasi esclusiva, alla prima cantica. L'esegesi è scandita in tre punti. Isolerò i reperti utilizzati per l'invenzione dei contrapassi di *Inferno* 28, 21 e 22, e alcune matrici, che l'*Inferno* eredita dal *Fiore* o dal *Roman* e riutilizza, per esempio, nella descrizione delle numerose figure diaboliche. Nell'ambito di questa lettura attirerò inoltre l'attenzione su un *hapax* del *Fiore*, "bolle", citato nel sonetto 53.14: "e così vo' che ciascheduna bolle". Il neologismo, coniato sul francese "bouler", equivalente a ingannare, è un verbo molto frequente nel *Roman*. Allargando il campo delle indagini su "bouler" ad altre fonti francesi, proporrò una nuova ipotesi sulle ragioni che determinano il supplizio inflitto ai barattieri. Il *Fiore* sarà quindi considerato come l'*arzanà* nella quale sono ordite alcune tra le più dure punizioni infernali. Ciò non contraddice, sia chiaro, il fatto che il poemetto abbia legami con l'intera *Commedia* a livello, per esempio, macrostrutturale e di legami inter/intratestuali, di vario genere. Le critiche di Falsembiante contro i falsi religiosi istaurano un dialogo privilegiato con alcuni canti del *Paradiso*. La conquista della rosa mistica può essere letta, è noto, come una riscrittura di ammenda della conquista profana del "fiore" (non si potrebbe però ridurre la *Commedia* a una palinodia del *Fiore*!). Dico tuttavia che il *Fiore* è un "*Inferno in fieri*" perché è un'opera posta sotto il segno della trasgressione: trasgressivo è l'amore di Amante per il fiore, trasgressivi sono i mezzi che rendono possibile l'approdo a "un porto non buono" e le metafore oscene degli ultimi sonetti. L'uso perverso della parola, la legittimazione dell'inganno come principio etico, sono elementi che pervadono l'intero poemetto e si materializzano, in maniera più specifica, nei personaggi di Malabocca e di Falsembiante. Per queste ragioni, il poemetto precorre e prepara l'*Inferno* dantesco.

La morte di Mala-Bocca e il contrapasso di *Inferno* 28

Il primo fatto rilevante del *Fiore* che precorre l'*Inferno* è l'applicazione, quasi eretta a sistema, della legge del taglione. Nella psicomachia si affrontano le forze antitetiche, Schifo e Franchezza, Paura e Ardimento; è la pena per contrario. C'è poi la punizione per analogia, per la quale chi inganna sarà neutralizzato con l'inganno; enunciata nel *Roman de la Rose* da Amis: "De ceus bouler n'est pas pechiez / qui de boule sont entechiez"; "Traïtres est, . . . / si rest dreiz que l'en le traïsse!",[9] è più volte iterata nel *Fiore*, come, per esempio, nei consigli di Amico e nel discorso della Vecchia: "Mala-Bocca / È traditor: chi 'l tradisce non erra; / Chi con falsi sembianti no·ll'aferra, / Il su' buon gioco mette a ripentaglia" (69.5–8). "La giomenta / Che·ttu ti sai, mi credette ingannare / Ingannar mi credette, i' l'ò 'ngannata!" (179.7–9), versi che rinviano, com'è noto, alle strategie fraudolente di Giasone e di Isifile (*Inf.* 18.92–93). Il contrapasso per analogia trova la sua piena realizzazione nelle strategie messe in atto per neutralizzare Malabocca. La morte destinata a quest'ultimo precorre, come vedremo, i moduli di un preciso contrapasso dell'*Inferno*. Malabocca è la personificazione dei *lausengiers*. La maldicenza traspare infatti a chiare lettere ed è all'origine del nome di Malabocca che è rietimologizzato da Jean con giochi di parola che vertono su ingannatore/traditore-ladro = *boulierres* (scomposto in "*bou*" + *lierres* = ladro 7353 e sgg.);[10] è ladro, come ha già visto Vanossi, perché ruba alle persone la loro buona rinomanza. Questo gioco etimologico permette di chiarire perché nel *Fiore* Malabocca è detto "*ladro* normando" (21.5) e "mal tranello" (51.7). Negli altri casi l'*interpretatio nominis* del personaggio, sia nel *Roman* che nel *Fiore*, resta molto vicina alla lettera e insiste sulla "mala gola", sulla "lingua fiera", sulla maldicenza e sulla menzogna insite in lui. Cito qualche passo emblematico, praticando un'economia di esempi: "Mala-Bo[c]ca, que' c[h]'ogne mal sampogna" (19.14); "Mala-Bocca maldicente, / . . . che tal gola / Avëa de dir male d'ogne gente" (130.12–14); "ma una lingua fiera, / . . . / E·cciò è Mala-Bocca maldicente, / Che [con]truova ogne dì nuovi misfatti, / Né non riguarda amico né parente" (139.7–11). È illuminante constatare, sia detto per inciso e in funzione del discorso attributivo, che nel passo del *Roman* corrispondente (12450 e sgg.) non vi sia traccia del sintagma "amico e parente". Non mi sembra arbitrario vedere una *climax* ascendente di stampo dantesco, tra chi tradisce *ogne gente* e chi tradisce *amico e parente*. Il primo infrange "pur lo vinco d'amor che fa natura" (*Inf.* 11.56) per il quale "ciascun uomo a ciascun uomo naturalmente è amico" (*Conv.* 1.1.8); il secondo spezza il legame supplementare, in virtù del quale "la fede spezïal si cria" (*Inf.* 11.63): "frode" opposta a "tradimento".

Malabocca è responsabile della seconda espulsione di Amante dal giardino, e della separazione di questi dal fiore, ostacolo quindi all'andare di Amante: "Que' fu 'l nemico che più mi v'afese, / Ma sopra lui ricad[d]or poi le *sorte*" (32.7–8). Malabocca è quindi, al pari di coloro che "scommettendo acquistan carco", un seminatore di discordie.

Interessa a questo punto ripercorrere diacronicamente le bozze preliminari che concorrono alla creazione del contrapasso della nona bolgia, emergenti dal *Roman* e dal *Fiore*, soffermandoci, a tal fine, sulla morte di Malabocca. L'avversario di Amante è neutralizzato, su consiglio di Amico (cfr. 69; vedi anche 50, ecc.), con l'ipocrisia: personificata da Falsembiante e, in secondo luogo, da Costretta-Astinenza.[11] Nel tendere i lacci a Malabocca, Astinenza, che in questo caso parla senza "costrizioni", lo ammonisce per il suo uso smodato della lingua, preannunciandogli che è sulla strada della dannazione: "La vertude più sovrana / Che possa aver la criatura umana, / Sì è della sua *lingua rifrenare*. / . . . / . . . esto peccato in voi fiorisce e grana; / Se no 'l lasciate, . . . / . . . *nello 'nferno vi conviene* andare" (133.2–8). Anche nell'*Inferno* dantesco la lingua mal frenata va incontro a severe punizioni che invitano Dante a ben moderare la sua. Nel viaggio agli inferi, la cognizione dei peccati e delle pene inflitte ai dannati di ogni girone, spronano il "pellegrino" a non cadere nelle stesse colpe; oppure, se già ne è stato irretito, a liberarsene, per potersi degnamente innalzare verso il "sommo bene". A livello strutturale, accade spesso che il poeta anticipi, nella parte iniziale del canto, il senso degli ammaestramenti desunti dall'esplorazione di alcuni peccati. Questo tipo di procedimento è presente, come ha sottolineato Maria Corti, nel canto dei consiglieri fraudolenti, prigionieri delle lingue di fuoco. I versi: "Allor mi dolsi, e ora mi ridoglio / quando drizzo la mente a ciò ch'io vidi, / e più lo 'ngegno affreno ch'i' non soglio, / perché non corra che virtù nol guidi" (*Inf.* 26.19–22), segnalano che il successivo narrato è un *exemplum* della distinzione, preannunciata nei versi citati, tra "ingegno solo e

ingegno guidato da virtù".[12] Struttura analoga potrebbe avere il canto
dei seminatori di scismi e di discordie, suggellato in apertura da una
lunga figura di preterizione:

> Chi poria mai pur con parole sciolte
> *dicer* del sangue e de le piaghe a pieno
> ch' i' ora vidi, per narrar più volte?
> *Ogne lingua per certo verria meno*
> per lo nostro *sermone* e per la mente
> c' hanno a tanto comprender poco seno.
>
> (*Inf*. 28.1–6)

All'impossibilità topica di "significar *per verba*" subentra poi, quasi a
chiudere il canto, la paura di dire:

> e vidi cosa ch'*io avrei paura,*
> sanza più prova, *di contarla solo;*
> se non che cosc̈ïenza m'assicura,
> la buona compagnia che l'uom francheggia
> sotto l'asbergo del sentirsi pura.
>
> (*Inf*. 28.113–17)

Non è da escludere, a mio avviso, che la figura di preterizione che apre
il canto, si presti a una lettura di tipo metatestuale, fungendo, anche
in questo caso, da *exemplum*. L'ammonizione che questa bolgia rivolge
a Dante è insomma di rifrenare la lingua e di non lasciarla senza la guida
della verità ("la buona compagnia"). Il contrapasso dei seminatori di
discordia colpisce infatti gli organi dell'oralità.

La morte di Malabocca

Prima di passare ai rapporti tra *Fiore*, *Roman* e *Inferno* 28, esaminerò
le convergenze e le divergenze esistenti tra la morte di Malabocca descritta nel *Roman* e quella descritta nel *Fiore*:

> Male Bouche tantost s'abaisse,
> si s'agenoille et se confesse,
> car verais repentanz ja ert;
> *e cil par la gorge l'aert,*
> *a deus poinz l'estreint, si l'estrangle,*
> *si li a tolue la jangle;*

> *la langue a son rasoir li oste.*
> Ainsinc chevirent de leur oste,
> ne l'ont autrement *enossé*,
> puis le *tombent en un fossé*.

$$(12361-70)^{13}$$

Male Bouche muore quindi, nel *Roman*, per soffocamento, e gli si taglia poi la lingua; lo scopo delle due operazioni è sopprimere la "jangle", cioè, come traduce A. Lanly,[14] il "caquet", che è quanto dire "bavardage indiscret ou intempestif", la maldicenza. Nel *Fiore*, la descrizione della morte di Malabocca è molto più succinta e alquanto divergente dall'originale:

> Astinenza-Costretta il prese allora,
> Che·ss' era molto ben sobarcolata,
> E Falsembiante col rasoio lavora:
>   *A Mala-Bocca la gola à tagliata*.

$$(136.9-12)$$

> Certanamente noi gli ab[b]iàn *segata*
> *La gola*, e giace morto nel fossato:
> E' nonn-à guar' che noi l'ab[b]iàn gittato,
> E 'l diavol sì n' à l'anima portata.

$$(140.1-4)$$

A quest'ultima citazione vanno poi affiancati i versi del *Roman*, solo parzialmente corrispondenti:

> *morz gist la fors, en leu de biere*
> *en ces fossez, gueule baee*,
> Sachiez, s'il n'est chose faee,
> jamais d'aus deus *ne janglera*,
> car ja ne resoucitera;
> se *deables* n'i font miracles
> par venins et par tiriacles,
> jamais ne les peut encuser.

$$(12464-71)$$

L'allusione al diavolo che porta via l'anima, tema molto diffuso nel medioevo e che troverà varie applicazioni nella *Commedia*, recupera invece il verso 12622 ("or l'en ont deable porté").[15] I testi messi a confronto rivelano l'esistenza, tra il *Roman* e il *Fiore*, di varianti notevoli, già segnalate.

Nel *Fiore* Costretta-Astinenza prende parte attiva all'uccisione di Malabocca. Nel *Roman*, invece, è Falsembiante che soffoca Malabocca e poi gli taglia la lingua; tuttavia il verso 12369 "ne l'*ont* autrement enossé", in cui il soggetto è la terza persona plurale, suggerisce che anche Astinenza ha partecipato al misfatto. Anche il particolare di Astinenza che si rimbocca le maniche è estraneo al *Roman*. È bene ricordare, ai fini del discorso attributivo, che il verbo "sobarcolarsi" ricorre in *Purgatorio* 6.135 e nel mottetto di Cavalcanti (10).[16]

L'"estrangler" a due mani del testo francese (12335), equivalente a "soffocare", è tradotto nel *Fiore* con "strangolare". Sennonché, il senso reale del termine, determinato dal toponimo "Tagliagola", è, come si deduce già dai passi citati, tagliare o segare la gola, cioè scannare o sgozzare:

> [Falsembiante] . . . in seno avea *rasoio tagli[e]nte*,
> Ch' el fece fab[b]ricare a Tagliagola,
>   *Di che* quel *Mala-Bocca* maldicente
> *Fu poï strangolato*, che tal gola
> Avëa de dir male d'ogne gente.
>
>   (130.10–14; i primi due versi corrispondono,
>   nel *Roman*, a 12093–96)

Ricordo in margine che il sintagma "segata / la gola" (vedi 140.1–2), è riproposto con lieve *variatio* in *Inf*. 32.119–20: "quel di Beccheria / di cui segò Fiorenza la gorgiera", e "gorgiera" è coniato su "gorge". Nel *Fiore*, contrariamente al *Roman*, non si accenna né al soffocamento né al taglio della lingua; si riserva a Malabocca una morte più sanguigna sgozzandolo. Con questa modalità si suggerisce, qui come già nel *Roman*, la relazione diretta tra il tipo di morte inflitto e il peccato del condannato. Correggerei, perciò, la lezione continiana del verso 13 optando per un "che" causale anziché relativo: "Fu poï strangolato, *ché* tal gola / Avëa de dir male d'ogne gente". Soluzione basata inoltre sull'explicit di 48.12–14, affine per sintassi e contenuto: "Allor foss' egli stato i·Normandia, / nel su' paese ove fu strangolato, / *ché* sì gli piacque dir ribalderia!".[17] Si può quindi dire, dantescamente, che Malabocca ha la gola segata perché ebbe gola di dir mal d'ogne gente, con che si osserva in lui "lo contrapasso".

Gli ultimi versi citati del *Fiore* pongono difficoltà esegetiche, di di-

verso tipo. Mi soffermerò perciò sulla semantica del termine "strangolare" nel *Fiore* e nel *Roman*, abbozzando un breve *status questionis* sul-
l'interpretazione della morte di Malabocca. Vanossi osserva, concor-
dando col Parodi, che, nel sonetto 48, "il poeta sembra alludere a una
precedente esecuzione di Malabocca" e che "per non correggere, convien intendere 'strangolato' in modo blando; pare cioè che Durante immagini che Malabocca fosse già stato condannato a un qualche supplizio nel suo stesso screditato paese di Normandia".[18] La maggiore aporia,
sottolineata da Contini e recentemente da J. Barnes,[19] riguarda però
l'apparente contraddizione della morte di Malabocca, che nel sonetto
48 muore per soffocamento, mentre nei sonetti 136 e 140 muore sgoz-
zato. Vanossi ha chiarito,[20] è doveroso ricordarlo, che il termine "strangolare", all'altezza cronologica del *Fiore*, vale anche per "sgozzare" o
"scannare" come attesta il dizionario Tommaseo-Bellini.[21] Nel *Roman*
"estrangler" è probabilmente usato anche in senso generico per "uccidere": al verso 12379 Falsembiante e Astinenza, oltrepassata la porta,
"estranglent" tutti i soldati normanni, ubriachi e addormentati. In
questo caso è da supporre, se non altro per una questione di celerità,
che i membri della guarnigione siano stati sgozzati anziché strangolati,
oppure intendere "estrangler" nel senso di "uccidere". Pure col significato generico di "uccidere" è interpretato, nel *Fiore*, l'"estrangler" del
verso 13259 del *Roman*: mentre infatti nel testo francese Medea "estrangle" i suoi figli, nel *Fiore* "gli mise a morte" (161.11). D'altra parte,
l'ipotesi che "estrangler" valga sia per uccidere che per strangolare può
trovare una conferma nel fatto che il verbo affine "enosser" (vedi nota
ai versi 12361–70), presente nella descrizione dell'uccisione di Mala-
bocca, adombra la doppia semantica di "uccidere" e "strangolare"
(Godefroy, *Dictionnaire*). Altre possibili contaminazioni semantiche tra
"uccidere" e "strangolare/sgozzare", possono derivare dai significati del
termine latino "jugulare" equivalente a "sgozzare", "farsi ammazzare/uc-
cidere" (nell'espressione: "jugulum dare/ porrigere alicui"), o anche a
"rovinare" (es. "jugulari sua confessione", rovinarsi con la propria confessione). Insomma, intorno a "strangolare" gravita una ricca e complessa nebulosa semantica che l'autore del *Fiore* probabilmente non
ignorava. La difficoltà di capire le modalità della morte di Malabocca,
descritte nel *Fiore*, e di superare le contraddizioni apparenti tra il sonetto 48 e i sonetti 136 e 140, derivano quindi dalla tendenza eccessiva
a interpretare in maniera restrittiva il significato di "strangolare". Stando
all'indagine qui proposta il termine equivale a: "sgozzare", "soffocare",

"uccidere" e forse anche a "rovinare". Tornando all'ultima problematica esegesi della terzina del sonetto 48, e al significato che qui ha il verbo "strangolare", mi sembra che sia possibile tentare di superare i rimanenti problemi, sottolineati da Vanossi e Parodi, considerando i due ultimi versi come una prolessi semantica, anziché un'analessi, preceduta da un'ottativa: "Allor fos[s]' egli stato i·Normandia, / Nel su' paese ove *fu strangolato*, / *Ché sì gli pia[c]que dir ribalderia!*" (12–14): se solo Malabocca allora (quando cioè ostacolava la conquista di Amante), si fosse potuto trovare in Normandia (evocato come luogo lontano), nel suo paese dove fu (poi) [prolessi] sgozzato/ucciso, perché tanto gli piacque dir ribalderia.[22] Un altro esempio di prolessi, affine anche per il contenuto, che conferma la mia lettura, è d'altra parte presente nell'ultima terzina del sonetto 130: "Di che [rasoio] quel Mala-Bocca maldicente / *Fu poï strangolato, che tal gola* / *Avëa de dir male d'ogne gente*". Non è però del tutto chiaro se l'autore della prolessi sia Amico, Amante o il narratore onnisciente.[23] Nel *Roman* (7380 e sgg.), nel luogo solo parzialmente speculare all'ultima terzina del sonetto 48, parla Amico e non Amante. Tuttavia, ciò ha un peso relativo nel nostro discorso perché l'autore del *Fiore* qui, come altrove, può non aver tenuto conto dell'originale e aver trasferito le parole di Amico al narratore o ad Amante.

*Le influenze sul ventottesimo canto dell'*Inferno

Passiamo ora a considerare più da vicino le influenze dei passi citati e di altri luoghi del *Fiore* e del *Roman* sul ventottesimo canto dell'*Inferno*. Si noti, a livello puramente formale, che la rima "*Tagliagola : gola*" (130.11 : 13) è il modello generativo dal quale scaturisce la rima "*Tagliа*cozzo : mozzo" (*Inf.* 28.17 : 19):

> a Ceperan, là dove fu bugiardo
> ciascun Pugliese e là da *Tagliacozzo*
> dove sanz'arme vinse il vecchio Alardo;
> e qual forato suo membro e qual *mozzo*.
>
> (*Inf.* 28.16–19)

Infatti, in entrambi i casi, i toponimi, malgrado l'inciso "sanz'arme", includono una pericolosa arma di offesa, che è, come in Malabocca, prefisso e "venenosa forca" della parola. Tagliagola e Tagliacozzo sono portatori di mutilazioni, come sottolineano i giochi etimologici innestati sui loro nomi e evidenziati dalle rime. È stata già segnalata, dal D'An-

cona e dal Contini, la convergenza tra i versi 16–17 e *Fiore* 49.3 dove
"il buon Amico, che non fu di Puglia" vale per "non fu bugiardo". È
stato invece trascurato un possibile legame tra il poemetto e la semantica dell'inciso "senz'armi". Il commento del Buti al verso 18 è alquanto
generico: "Carlo fu vincitore per consiglio di messer Alardo . . . lo quale
essendo già sì vecchio, che non potea più portare l'armi, diede per consiglio al re che facesse tre schiere; . . . *sanz'arme vinse* . . . però che
vinse col savio consiglio, essend'elli disarmato per ch'era vecchio".[24] Mi
pare poco probabile che il consiglio di Alardo potesse apparire saggio
a Dante. Più convincente e consona alle simpatie politiche di Dante è
l'interpretazione di Garavelli: "Dante sottolinea come entrambe le vit-
torie angioine siano state ottenute con l'inganno o comunque senza
merito (*fu bugiardo / ciascun Pugliese; sanz'arme*, cioè per mezzo di
un'abile manovra strategica)".[25] L'interpretazione della Garavelli è per
altro confermata da *Purg.* 20.73–74: "*Sanz'arme* n'esce e solo con la lan-
cia / con la qual giostrò Giuda", riferito a Carlo d'Angiò, che aveva
usato, come arma, il tradimento. Preme soffermarsi sui debiti dell'inciso
"senz'arme" con il sonetto 128 del *Fiore*, in cui è descritta l'armata dei
baroni. Nel *Roman* (12016 e sgg.) si precisa solo che ciascuno si armò
come a lui conveniva, con allusione al carattere allegorico delle singole
armature che è sviluppato molto più tardi nella descrizione della battaglia; si descrive poi la spedizione punitiva di Falsembiante e Costretta-
Astinenza contro Mala-Bocca. Il *Fiore*, con incremento realistico, smi-
nuendo l'allegoria, aggiunge che i Baroni presero "scudo, pavese, ispade
e lance"; precisa però un'informazione che nel *Roman* non è esplicitata,
e che risulta affine all'inciso di *Inferno* 28: Falsembiante e Costretta-
Astinenza "E' no·mmenâr co·llor già gente armata, / Ma come gente di
gran penitenza / Si mosser per fornir ben lor giornata" (128.12–14). Il
verso 12, "no·mmenâr . . . gente armata", può apparire in opposizione
all'incipit dello stesso sonetto ("À l'armadure *ciaschedun* sì prese"), ma
è solo un espediente per chiarire che le armi dei due avversari di Mala-
Bocca sono d'altra natura: falsità, ladroneccio, tradigione e, quel ch'è
più grave, abiti clericali e una bibbia (130). "L'abito" (religioso) e la
"dolze predicazione" sono le armi reali e sleali, preannunciate nel sonetto 103, con le quali Falsembiante "abaglia" il suo avversario e lo con-
duce alla capitolazione. La maldicenza di Malabocca è neutralizzata con
la falsificazione segnica per antonomasia che è l'uso perverso della sacra
scrittura, attuata da Falsembiante in maniera quasi sistematica nel suo
lungo discorso rivolto al Dio d'Amore e alla baronia, nonché nei sonetti
contigui alla morte di Mala-Bocca (vedi, per es., 132).[26] L'uccisione,

che interviene nel momento in cui il maldicente, dopo essersi pentito (136.1), s'inginocchia davanti a coloro che crede essere due "mastri divini" (131.7, 132.5) per confessarsi, non è meno sacrilega di quella di Arrigo, ucciso in una chiesa mentre si celebrava l'eucarestia, atto ricordato da Dante in *Inf.* 12.118 e sgg.

Continuando l'analisi contrastiva, è anche interessante segnalare alcuni parallelismi sintattici e lessicali, oltre a quelli tematici, tra il *Fiore* e *Inferno* 28: i dannati della nona bolgia sono "accismati" periodicamente, in diversi modi, da un diavolo "al taglio de la spada" (38); il verso rieccheggia le parole di Amante "Po' penserò di metterli ["Mala-Bocca e tutta sua masnada"] a la spada" (68.12). L'acconciatura di Alì, "*fesso* nel volto dal mento al ciuffetto" (33), e di "un altro che . . . avea . . . / . . . tronco 'l naso *infin* sotto le ciglia" (65), non sembra immemore dei colpi di Vergogna contro Diletto: "E sì l'avreb[b]e *fesso insino* a' denti" (210.10). L'ultimo passo citato del *Fiore* è inoltre alquanto vicino a due delle varianti dei versi 33 e 65 segnalate da Petrocchi: "*fesso* dal mento *insino* al c." e "e tronco 'l naso *infino alle* ciglia". Tra i seminatori di discordie Dante incontra Pier da Medicina e Caio Curione. Le informazioni storiche fornite dai commenti sulla vita del primo sono alquanto scarne: nobile bolognese, fu seminatore di scandalo tra i cittadini bolognesi e i tiranni di Romagna. Curio, tribuno della plebe, fu partigiano di Pompeo; vendutosi poi a Cesare, istigò quest'ultimo, con una sola frase ("semper nocuit differre paratis" Lucano, *Phars.* 1.281), a scatenare la guerra civile. Due affermazioni di Lucano sembrano incitare Dante a collocare Curio nella nona bolgia: "et gener atque socer bello concurrere iussi" (4.802) e, soprattutto, "audax venali comitatur Curio lingua" (1.269); frase questa in stretto rapporto col contrapasso dantesco, come sottolineava già il Buti (e, più di recente, Sapegno, E. Paratore, ecc.): "Curione . . . fu grandissimo legista e molto eloquente, e questa eloquenzia adoperava per chi gli dava prezzo e pagamento, non guardando ad alcuna dirittura; e per tanto finge l'autore convenientemente che in vendetta di ciò li fosse tagliata la lingua".[27] Il Buti sostiene inoltre che alle mutilazioni di Curio bisogna assommare quelle già menzionate, nel canto, di Medicina: "imperò che avea tagliata la lingua, oltre all'altre tagliature che elli avea come lo detto Piero", vale a dire la gola forata, il naso e l'orecchio mozzo. Pier da Medicina e Curio sono raffigurati e puniti da Dante, rispettivamente, come segue:

> Un altro, che forata avea la *gola*
> e tronco 'l naso infin sotto le ciglia,

e non avea mai ch'una orecchia sola,
. . . aprí la *canna*,
ch'era di fuor d'ogni parte vermiglia,
e *disse* . . .

(*Inf*. 28.64–70; "gola" è in rima con "parola" 62)

[P. da Medicina] Allor puose la mano a la *mascella*
d'un suo compagno e la *bocca* li aperse,
gridando: "Questi è desso, e *non favella*".

(*Inf*. 28.94–96)

Oh quanto mi pareva sbigottito
con la lingua tagliata ne la strozza
Curïo, ch'a *dir* fu così *ardito*!

(*Inf*. 28.100–102)

Tra i due macabri ritratti danteschi e la descrizione della morte di Malabocca, fornita dal *Roman* (cfr. 12361–70 e 12464–71; versi che ricito parzialmente in nota per facilitare la lettura),[28] si stabiliscono una serie di simmetrie tematiche e di affinità nella tecnica descrittiva: in effetti, come le mutilazioni inflitte a Male Bouche sopprimono e allo stesso tempo puniscono "la jangle", ossia il "bavardage indiscret", così la "lingua tagliata nella strozza", sopprimendo "la favella", condanna il "dir ardito" di Curione. Il taglio della lingua, elemento del *Roman* soppresso, come si è visto, nel *Fiore*, è quindi recuperato nella *Commedia*. In quest'ultima, come nel *Roman*, la relazione diretta tra la punizione e la colpa è evidenziata anche attraverso espedienti formali: nel testo francese (cfr. 12361 e sgg.) "estrangle" è in rima con "a tolue la *jangle*"; è poi notevole la martellante insistenza sugli organi dell'oralità, concentrati in tre righe (*gorge, jangle, langue*); "gueule baee" e "ne Janglera", in fine di verso, rinviano a "bocca li aperse" e "non favella", anche in fine di verso. Nel canto dei seminatori di scismi "gola" è in rima con "parola" (62), "mascella", con "non *favella*" e in pochi versi sono addensati lessemi quali: *canna, disse, bocca, gridando, lingua* tagliata, *strozza, dir* ardito. La bocca di Curio aperta in vano, senza che le sia concesso favellare ("questi è desso, e non favella"), ricorda quella di Malebouche morto, anch'essa aperta ma incapace di parlare: "morz gist . . . / en ces fossez, gueule baee / . . . ja mes d'aus deus ne janglera" (12464–67). Si tratta, anche in questo caso, di un particolare espulso dal *Fiore*, e riutilizzato nella *Commedia*. La frase con la quale Dante congeda il tribuno, "Curïo, *ch'a dir fu così ardito*" (102), ricorda per costrutto sintattico e allitterazione i due explicit per Malabocca "Ché sì gli piacque dir ribalderia!" e "che tal gola / Avëa de dir male d'ogne gente" (48.14 e 130.14).[29] Poco importa sapere se Curio abbia, come Pier, anche la gola forata: quel che conta è che i ritratti di questi due seminatori di discordia assommano tratti semantici e strutture formali ereditate dal *Roman* e dal *Fiore* e da quest'ultimo, in particolare, per quel che riguarda il tipo di mutilazione, con incremento sanguigno, inflitta ai maldicenti (gola segata di Mala-Bocca vs soffocamento di Malebouche). La traduzione del *Roman* permette quindi a Dante di appropriarsi di elementi che concorreranno alla creazione della *Commedia*, e lo invita allo sviluppo di nuovi frammenti o immagini, che preannunciano l'opera di maturità. Tra *Roman*, *Fiore* e *Inferno* si stabilisce un complesso gioco di chiaroscuri in virtù del quale porzioni di testo francese adombrate nel *Fiore* (taglio della lingua), o elementi di quest'ultimo, assenti nel *Roman* (sgozzamento), si integrano e ritornano alla ribalta nella prima cantica (gola forata + taglio della lingua).

Il personaggio di Malabocca, emblema dell'uso smodato della parola, annuncia temi cruciali nelle sfere infernali più profonde. È sintomatico che il quadro di Malebolge si chiuda con i falsatari di parole e che la bolgia sia detta, in un caso, "gola fiera" (24.123). La frode che "è de l'uom proprio male" (*Inf.* 11.25) ha come mezzo per eccellenza la parola che "fra tutte le creature al solo uomo fu data . . . essendo a lui solo necessaria" (*DVE* 1.2.1). Col progressivo scendere verso il "fondo che divora", la "parola", segno peculiare dell'uomo, sostituita dai suoni indistinti di Nembrot (*Inf.* 31), rifà apparizione nella Caina, nell'Antenore e nella Tolomea, per poi svanire del tutto nella Giudecca, dove le ombre sono interamente coperte (*Inf.* 34.11), e Bruto "si torce, e *non fa motto!*" (*Inf.* 34.66).

L'arte di "bouler" e il contrapasso dei barattieri

La serie di legami tra il *Fiore* e l'*Inferno* è particolarmente fitta nella sezione dei canti dei barattieri e in quella degli ipocriti (21, 22 e 23). L'impressionante lavoro di schedatura di Vanossi o la lettura di Raimondi dei canti bolognesi[30] forniscono, a questo proposito, prove ragguardevoli. Un rapido sguardo all'albero genealogico di Falsembiante facilita la comprensione delle ragioni che legano il *Fiore* a questa sezione specifica dell'*Inferno* e, in maniera più generale, al regno delle Malebolge. Nel *Roman* si dichiara (10467 e sgg. e 10982) che Falsembiante è stato generato e nutrito da "Barat" e "Ypocrisie"/da "barat" e "tricherie"; il Dio d'Amore sentenzia che i due scomodi genitori hanno procreato "le deable" (10986). La madre di Falsembiante incarna un tipo di ipocrisia ben specifico, di ascendenza biblica, che è quello dei falsi religiosi, infatti "traïst mainte region / par abit de religion" (10473–74). La lunga tirata di Falsembiante, nel *Roman* come nel *Fiore*, sottolinea in maniera evidente la parentela tra Falsembiante e gli scribi e i farisei, detentori della legge ma falsi interpreti della Parola e falsi giudici; falsificatori segnici per antonomasia e responsabili della morte del vero profeta. La singolare foto familiare è completata dal braccio destro di Falsembiante "Costretta-Astinenza", che porta il "manto di Papalardia" (80.7).

A livello macroscopico ci sono poi almeno due chiari legami, già noti, tra il *Fiore* e i canti dei barattieri: il primo riguarda il ritratto del "ribaldo", padre del navarrese (*Inf.* 22.50–51)[31] "distruggitor di sé e di sue cose", che ricorda il "ribaldo" amato dalla Vecchia in gioventù, che "tutto dispendea in ribalderia" col bere e col giocare (192–93); a lui sono riferite le ultime parole della lezione della Vecchia: "e me e sé di gran ricchezza trasse" (93.14). Il secondo concerne il titolo di *re de' barattier/della baratteria* che è riproposto in *Inf.* 22.87, riferito a Frate Gomita di Gallura, "barattier . . . non picciol ma sovran". Il titolo *re de' barattier/della baratteria*, imposto a Falsembiante dal Dio d'Amore, è ribadito nel *Fiore* due volte, iscritto, con fine simmetria retorica, nei due sonetti che delimitano la lunga tirata di Falsembiante (87.6 e 127.4). È altresì noto che in Francia e a Lucca esisteva una carica di *rex ribaldorum e baracteriorum*[32] che conferiva, a chi ne era investito, l'autorità di indagare sui delitti commessi da ribaldi, buffoni e giullari, sul gioco e sulla prostituzione. Nell'approfondita inchiesta "sull'entroterra 'poetologico' della baratteria dantesca", Picone ha sottolineato "la prossimità socio-culturale" tra i termini "barattiere" e "ribaldo"; quest'ultimo, "molto più tecnicizzato rispetto al primo", è spesso associato o equivalente a giullare, buffone, *comicus*. Il critico perviene ad ampliare i limiti troppo spesso angusti della tradizionale definizione della baratteria in Dante, affermando che questo peccato "caratterizza quei chierici e letterati che, avendo accesso alla parola la manipolano . . . alterando per utilità personale il legame sacro che corre tra significanti e significati".[33] La definizione data riassume in maniera appropriata i tratti di Falsembiante che veste abiti religiosi, ha capacità di tra-

sformismo superiori a quelle di "Proteusso" (100.2). Non accorda mai
il dire al fare (103.11), inganna "ingannatori e ingannati" (118.14),
si definisce "mastro divino" (105.6, 126.6, 131.7). Si vanta di aver "af-
fondato", cioè ingannato e rovinato, col suo baratto, "gran litterati"
come mastro Sighier e Mastro Guglielmo di Sant'Amore (92). "Pesa",
cioè giudica, "tutto 'l mondo a *sua* bilancia" (105.8) ed è indubbio che
lo faccia con i pesi del falso mercatante.[34] Egli infatti è disposto a fal-
sificare il suo giudizio in due modi perversi: graziando, in cambio di salmoni, cavretti e altre leccornie, o sacchetti di fiorini (124, 125 e 126)
chi infrange la legge, e condannando, a torto, gli innocenti non disposti
a soddisfare la cupidigia del loro giudice: "Né non si fidi già in escritture,
/ Ché . . . co' mie' mastri divini / I' proverò ched e' son paterini / E farò
lor sentir le gran calure" (126.5–8). Sono, nell'ordine inverso, i due
modi di far baratteria ai quali fa riferimento il Buti nel commento a
Inf. 21: "si vende o si compra quel che si deve fare secondo debito di
ragione . . . si vende o compera quello che è contra ragione" (*Commento
di Francesco da Buti,* 544). Ma l'inganno, come si è già accennato, nel
Fiore non è solo appannaggio di Falsembiante, è fondamento etico generale, presente anche nelle lezioni impartite da Amico a Amante e
dalla Vecchia a Bellacoglienza. *Fiore* e *Roman* sono un inno all'arte del-
l'inganno o del "bouler", termine, quest'ultimo, trasposto nei consigli
di Amico: "E così vo' che ciascheduna *bolle*" (= inganni; 53.14).

I barattieri e Falsembiante

Passo ora a definire, senza più indugi, i rapporti tra il contrapasso inflitto da Dante ai barattieri e il personaggio di Falsembiante nel *Fiore,*
con qualche breve riferimento al *Roman* ed ad altri testi francesi. È mia
intenzione chiarire in che modo i due testi abbiano potuto agire sulla
fantasia di Dante e come la pena dei barattieri funga da contrapasso
ai principi etici e ad alcune espressioni di Falsembiante. Metterò l'accento su tre aspetti che caratterizzano la punizione dei dannati della
quinta bolgia: l'essere arruncigliati, attuffati, bolliti.
   Uno dei motivi che ha concorso a munire i Malebranche di uncini,
raffi, runcigli, unghioni è l'iconografia della cupidigia, "Convoitise",
raffigurata sul muro che circonda il verziere. Nel *Roman,* Guillaume
(169–95) la descrive infatti con le mani curve e uncinate, desiderosa
di usurpare e arruncigliare i beni altrui: "Recorbelees e *crochues* / *avoit
les mains* icele image: / si fu droiz, que toz jorz enrage / Convoitise de

l'autrui prendre; / Convoitise ne set entendre / fors que a l'autrui *acro-chier*" (188–93).[35] L'associazione tra cupidigia, uncino, arruncigliare/afferrare, doveva essere alquanto diffusa in Francia come in Italia. Già il Buti chiosava il supplizio dei barattieri come segue: "e come . . . sono stati rapaci con le *mani uncinute* a tirare a sé, così sieno guardati dai demoni, chiamati Malebranche con li graffi e raffi che li graffino . . . in vendetta della loro rapina" (*Commento di Francesco da Buti*, 545). In un testo di Gautier de Coinci, anteriore al *Roman*, si denuncia la cupidità dei giudici barattieri (= "provost"): "*provost* qui tout *acrapent*, / qui tot vendengent, qui tout *crappent*" (63–64);[36] essi saranno puniti in inferno con uncini di ferro "a *cros de fer* seront tuit trait" (454). Il giudice Estene, figura centrale della storia, è anche detto "grant provost" (101). Non è forse irrelato da questa fonte il fatto che gli "anzïan di Santa Zita" (*Inf.* 21.38), giudici barattieri, siano arruncigliati, per contrapasso, da una decina di diavoli diretta da un "gran proposto" (22.94). Il titolo conferito a Barbariccia alluderà quindi, con senso affine all'uso francese di "provost", a un' "alta carica della magistratura". Le interpretazioni più vulgate leggono invece "proposto" come "superiore gerarchico militare". È tuttavia da osservare che quest'ultima interpretazione trova una coerenza semantica nella similitudine pseudobellica che apre il canto 22, e nel titolo di "decurio", conferito allo stesso Barbariccia (22.74).

Consideriamo ora più da vicino le ragioni che inducono Dante a "attuffare" i barattieri. Sebbene il nuotare in uno stagno bollente e vischioso sia già un'impresa disagevole e bastevole a infliggere sofferenze a chi sia costretto, senza averne l'abitudine, a muoversi in siffatte acque ("qui si nuota altrimenti che nel Serchio!" *Inf.* 21.49), la pena dei barattieri è aggravata dall'obbligo di restare totalmente immersi nei bollori. Infatti il compito dei Malebranche consiste proprio nell'assicurarsi che i dannati siano completamente "attuffati" per "non far sopra la pegola soverchio" o sciorinarsi per alleviare la tortura (21.51 e 116); il verbo "attuffare" è inserito due volte in una similitudine e compare in tutto tre volte: "Quel s'*attuffò* e tornò sù convolto" (46); "Non altrimenti i cuoci a' lor vassalli / fanno *attuffare* in mezzo la caldaia / la carne con li uncin, perché non galli" (55–57); "non altrimenti l'anitra di botto, / quando 'l falcon s'appressa, giù s'*attuffa*" (22.130–31). L'obbligo di immersione al quale sono sottoposti i barattieri è poi ribadito con una serie di coppie di lessemi antitetici, o di singole parole appartenenti a un'area semantica circoscritta, che ribadiscono l'idea di chiusura e di stare giù:

"sotto vs fuori/suso", "giù/giuso vs sù", "chiuso", "coperto", "dentro/entro".[37] Quel che preme sottolineare è che l'idea di attuffare i barattieri potrebbe scaturire dal *Fiore* e fungere da contrapasso alle parole di Falsembiante; il re dei barattieri si vanta infatti di essere un abile "affondatore": "Con mio baratto ciaschedun *affondo*"; "affondo" equivale a "tolgo di mezzo", "mando in rovina".[38] Egli afferma inoltre di "affondarsi" a sua volta e navigare con sommo piacere nelle ricchezze materiali del mondo secolare, facendo però credere alla gente di condurre una vita ascetica:

> E vo dicendo ch' i' vo fuor del mondo,
> Per ch' i' mi giuochi in sale e in palagi;
> Ma chi vuol dire vero, *i' mi v'afondo.*
>
> (121.9–11)

"Mi v'affondo" ossia "mi ci tuffo dentro"[39] e anche, come precisa in maniera più estesa il *Roman*, nel passo corrispondente, "godo, mi ci bagno e nuoto come un pesce nell'acqua con le sue branchie":

> *e di que je sui hors dou monde,*
> *mais je m'i plonge et m'i afonde,*
> *et m'i aaise e baigne et noe*
> *meauz que nus poissons de sa noe.*
>
> (11709–12)

Il verbo ricorre poi nel *Paradiso*, sempre in senso metaforico, per indicare come la cupidigia conduca alla perdizione:

> Oh cupidigia, che i mortali *affonde*
> sì sotto te, che nessuno ha podere
> di trarre li occhi fuor de le tue onde!
>
> (*Par.* 27.121–23)

I meccanismi soggiacenti all'invenzione di questo aspetto del contrapasso dei barattieri sono quelli già notati nella parte proemiale della lettura qui proposta: l'uso metaforico del lessema "affondare", ereditato dal *Fiore* e dal *Roman*, dov'è riferito all'ingannare, rovinando economicamente o moralmente, e alla cupidigia di Falsembiante, acquista concretezza reale nel canto dei barattieri; qui infatti, chi fu spinto dalla cupidigia a barattare il prossimo e a far mercato delle cose pubbliche e si immerse con piacere nelle ricchezze materiali, è ora "attuffato" in un "bogliente stagno". In questa bolgia il martirio maggiore consiste forse, come sottolinea sarcasticamente l'inciso dei diavoli, più che nel caldo, nell'impossibilità di continuare a "bouler" e a "accaffare" ricchezze, a causa del vischio della pece: " . . . 'Coverto convien che qui balli / sì che, *se puoi*, nascosamente accaffi' " (21.53–54). "Nascosamente", con i suoi sinonimi, era già avverbio caro a Falsembiante e ai membri della sua confraternita: "*nascosamente* noi facciàn tagliate" "e ciò facciamo noi sì *tracelato*" (116.7 e 9). La copertura, che in vita era stato il mezzo prediletto da Falsembiante e dai suoi simili per ingannare, diventa, in *Inferno*, il mezzo col quale la giustizia divina punisce i barattieri. Il verso "coverto convien che qui balli" ha però anche altri motivi di interesse che mi permettono di introdurre il terzo punto preannunciato della mia analisi: perché i barattieri sono bolliti.

Il bollire, che per un lieve trapassar di "a" diventa un sarcastico "ballare", invita infatti il lettore ad aguzzar l'ingegno e a scrutare le implicazioni polisemiche dei segni e come diavoli, barattieri e poeta giochino con essi. La dimensione ludica dei due canti infernali, l'atmosfera da mondo giullaresco, che è stata già largamente sottolineata dalla critica, ma giustamente ridimensionata all'interno di una lettura globale della cantica,[40] investe infatti anche la forma stessa del testo. Malebranche e "arruncigliati" si sfidano e "affondano (/ ingannano)" reciprocamente, a fasi alterne, in maniera reale o verbale, asservendo la parola al sarcasmo o al tender lacci; la pece, strumento della giustizia divina, inghiotte il Navarrese e i diavoli. La gara di inganni ordita da Dante è organizzata secondo un preciso gioco delle parti:

- I diavoli "attuffano" concretamente i dannati e li scherniscono con parole di beffa (21.43–57), e ingannano Dante e Virgilio con l'abile menzogna dei ponti rotti.
- Ciampòlo sfida e "affonda" (= rovina/inganna) prima verbalmente poi concretamente due diavoli, giocando astutamente sulla polisemia dei segni:

> . . . [Cagnazzo] disse: "Odi *malizia*
> ch'elli ha pensata per gittarsi giuso!"
>   Ond'ei [Ciampòlo], ch'avea lacciuoli a gran divizia,
> rispuose: "*Malizioso* son io troppo,
> quand'io procuro a' mia maggior trestizia".
>
> (*Inf.* 22.107–11)

Com'è stato già sottolineato, la "malizia" alla quale allude Cagnazzo, equivale a "astuzia a fine di ingannare", mentre Ciampòlo finge di interpretare malizioso nel senso di "malvagio". È poi a mio avviso più che probabile che il verso 111 racchiuda un ulteriore "lacciuolo", teso dal "barattiere-ribaldo". Penso infatti che il complemento indiretto di "procuro" sia, anziché "a' mia", "a' mia maggior". L'ipotesi, non esclusa da De Robertis,[41] era già nei commentatori antichi. Così il Buti, che identifica però nei "maggior" i coinquilini di Ciampòlo "i quali finge esser maggior di sé, per farne più desiderosi li demoni i quali sono più vaghi di schernire e di straziare li grandi spiriti".[42] Comunque anche argomenti ritmici, come l'accento di ottava e la cesura tra "maggior" e "tristizia", sono favorevoli alla lettura da me proposta. Ciampòlo si definisce quindi malizioso perché capace di procurare "tristizia" ai diavoli, suoi superiori gerarchici. L'astuzia del Navarrese consiste anche nel promettere ai degni avidi guardiani dei barattieri di veder moltiplicate le loro vittime per sette: "per *un* ch'io son, ne farò venir *sette*" (103). Formula probabilmente molto nota per adescare le persone cupide, che trova conferma in un passo del *Roman*, dove sono severamente criticati medici e avvocati: "Avocat e fisiciens / . . . tant ont le gaaing douz e sade / que cist voudrait, pour *un* malade / qu'il a, qu'il en eüst *seissante*, / e cil pour une cause *trente*, / veire *deus cenz*, veire *deus mile*, / tant les art couveitise e guile" (5091–100).

Infine, la pece punisce Ciampòlo e i diavoli. Tuttavia, se ben si guarda, sotto il velame dei versi, la pece punisce soprattutto i diavoli, visto che il Navarrese, rituffandosi nella pece, non fa che sottomettersi alla sua pena eterna. La "pegola spessa" è però supplizio inferiore a quello inflittogli dalle unghiate dei Malebranche, come precisano le sue parole: "così foss'io ancor con lui coperto / ch'i' non temerei unghia né uncino!" (22.68–69). La vittoria di Ciampòlo sui diavoli consiste in realtà solo nell'aver scelto il male minore. Il vero vincitore è quindi, come ha già visto Picone, Dante-pellegrino, responsabile, con Virgilio, dello schernimento dei Malebranche: "questi *per noi* / sono scherniti con danno e con beffa" (23.13–14). Gli unici a lasciare, indenni, la quinta bolgia sono Dante e Virgilio. Un primo suggerimento che ha potuto indurre Dante-poeta a bollire i barattieri è dovuto probabilmente al *Roman*, dove questo supplizio è incluso nella lista delle pene infernali, fornita a Amante da Natura: "ou sera *bouliz en chaudieres*" (19245). Si tratta però

di un legame troppo generico, tanto più che qui non si parla
di barattieri. La descrizione della quinta bolgia si apre sotto il
segno della parola "bolla-bollore", iterata con i suoi derivati,
che sigilla anche le sezioni finali dei canti dei barattieri: "bolle"
(21.8 e 20); "bollor/i" (21.20 e 22.30); "boglienti/e" (21.124
e 22.141); "bollia" (21.17). Il lessema "bolle" è quindi una delle
parole chiave dei due canti, in grado perciò, probabilmente,
di fornire informazioni utili per decifrare il senso del contrapasso della quinta bolgia. A condizione però di oltrepassare la
"scorza" letterale e accedere nel mondo segreto delle "bolle";[43]
tale passaggio è iscritto, come ho già alluso, nel verso 53 del
ventunesimo canto, nel sarcastico "coverto convien che qui
balli", spia dei giochi verbali che costellano i due canti. Per
quanto la mia interpretazione possa parere apodittica, anche i
"bollori" inflitti ai barattieri sono stati ideati con il procedimento ormai noto, consistente nella speculazione sulla polisemia di una parola o espressione, utilizzata nel poemetto e nel
Roman in maniera astratta, nell'*Inferno* in maniera concreta.
L'idea di far bollire i barattieri funge da contrapasso al consiglio
di Amico: "E così vo' che ciascheduna *bolle*" (53.14). L'*hapax*
è coniato su "bouler",[44] che in francese antico vale, nella morfologia di alcune coniugazioni, sia per "bollire" che per "ingannare", ("rouler"). Nel *Roman* infatti, la Vecchia sostiene che
tutti gli uomini ingannano e tradiscono le donne ("tuit les *boulent* [= ingannano; indic. pres.] e trichent" 13265), mentre le
Furie infernali "neient, ardent, greïllent, *boulent*" (= bollono;
indic. pres., 19842) i dannati. Nel *Fiore* l'infinito dell'*hapax*
"bolle" dovrebbe essere "bollire" o, al limite, "bollere".

La presenza mnemonica in Dante dell'explicit del sonetto 53.14, in
cui "bolle" è in rima con "molle" (12) e con CIpOLLE (10), può poi
trovare una conferma fonica, irrelata però da ogni connessione semantica, in un passo della *Commedia* in cui "bolle" rima con "C'ImmOLLE"
e "folle" ("La riviera del sangue in la qual *bolle* / . . . e ne l'etterna poi
sì mal C'ImmOLLE" (*Inf.* 12.47 e 51).
I bollori, escogitati da Dante contro i dannati della quinta bolgia,
sono un sarcastico contrapasso al "bouler" di cui i barattieri non furono
"mai stucchi", autorizzato dall'uso di "bollire/bollere", sperimentato nel
Fiore. Cosicché il vincitore della gara ludica, inscenata nei due canti

dei barattieri, è senza dubbio, oltre a Dante-pellegrino, Dante-poeta
che, col suo potere di "invischiare" *res* e *verba*, impania eternamente e
mette in "malebolle" "bouleurs e boulés" (= ingannatori e ingannati).
In questa chiara vittoria di Dante, contro diavoli e dannati, sono da
vedere, sia detto per inciso, i limiti, sottolineati dallo stesso Spitzer, del-
l'applicabilità del genere "farsa" ai canti dei barattieri, perché "in una
farsa autentica a chiunque è precluso sfuggire dai vortici della volgarità".
Ciò che definisce la farsa è la "situazione non-eroica che tende a de-
gradare anche il personaggio più nobile". Tutto sommato l'inganno di
Malacoda non ha nessun serio peso sul "fatale andare" di Dante. Anche
Virgilio, pur paragonato a una mamma che corre via nuda nella notte
per scampare sé e il figlio dall'incendio, non perde la sua credibilità.
Inoltre, stando alla lettura proposta, bisognerà convenire, col Picone,[45]
che le analogie chiaramente sottolineate da Dante (*Inf.* 23.4–9) tra gli
"attori" della zuffa e quelli della "favola d'Isopo" (*Inf.* 23.1 e sgg.) ob-
bligano a vedere nell'omologo del nibbio non la pece, o almeno non solo
la pece, come sostengono in pratica tutti i commentatori, ma Dante-
poeta. In questo modo, per chi è giusto interprete e non falsificatore
dei segni, si pareggia realmente "mo e issa" (*Inf.* 23.7), ossia le figure
dei due canti protagoniste della zuffa e quelle della favola. La "rana" è
il navarrese, come confermano anche le due similitudini che parago-
nano i barattieri a dei "ranocchi" e Ciampòlo a una "rana" (22.26 e
33). Il topo è Alichino e il suo doppio Calcabrina. Il nibbio è Dante-
pellegrino e poeta. Non so se altri abbia già notato che, in *Inferno* 21,
il verso 7 "che più non si pareggia 'mo' e 'issa' " richiama, per antitesi,
il verso 42: "del *no*, per li denar, vi si fa *ita*", chiudendo circolarmente
l'episodio dei barattieri. Alla perversione segnica operata dai giuristi-
barattieri lucchesi Dante contrappone un'interscambiabilità possibile
solo tra segni realmente sinonimi: "mo e issa" vs "no e ita". "Issa", che
come "mo' " e "ita" deriva dal latino, ma è anche voce dialettale luc-
chese e lombarda,[46] può essere un ultimo sarcastico *clin d'oeil* di Dante
ai barattieri lucchesi di Santa Zita (*Inf.* 21.38).
    La debita prudenza, che io stessa mi sforzo di esercitare sull'inter-
pretazione proposta del contrapasso dei barattieri, mi ha indotta a una
serie di investigazioni sul termine "bouler". Non ho trovato nel *Roman* un gioco di parole tra "barattare" e "bollire", né notizia di barattieri bolliti in inferno. Allargando però i confini delle relazioni tra il
Fiore e la lirica francese, ho trovato un passo favorevole alla mia lettura
nei *Miracles de Notre Dame* di Gautier de Coinci (benedettino vissuto

tra il 1177/8 e il 1236 e noto, probabilmente, sia all'autore del *Fiore* che a Dante).[47] Il miracolo *De deus freres, Perron et Estene*, ambientato a Roma, critica severamente i giudici corrotti: "Fauz avocat, faus plaideür / chi pour deniers et por metail / leur langues vendent a detail / et pervertissent verité" (340–43); che ingannano le persone umili a tal punto "que C ou A li font dou B" (356), verso credo non estraneo, anche per costrutto sintattico, a *Inf*. 21.42: "del no, per li denar, vi si fa ita". Quel che più interessa è che, nei versi conclusivi del testo, Gautier condanna quelli che ingannano a essere bolliti in un calderone, con Giuda. Nel testo francese, sigillato dalla rima equivoca "boulent", è chiaramente esplicitato il gioco di parole sulla polisemia del termine "bouler", equivalente a "ingannare" e a "bollire": "En la chaudiere ou Judas bout / jeté seront trestuit debout. / Pour ce que tout guillent et *boulent*, / en enfer ardent tuit et *boulent*" (471–74). È a mio avviso probabile che questo testo sia una fonte diretta dei canti dei barattieri. Inoltre, il testo di Gautier corrobora l'ipotesi che i Barattieri siano bolliti, per contrapasso, perché hanno "boulé"/ingannato. Senza il neologismo "bolle", sperimentato nel *Fiore*, l'ipotesi avanzata resterebbe però arbitraria.

Patterns descrittivi dei diavoli danteschi

Prima di chiudere la serie di esempi raccolti sotto la rubrica *Fiore Inferno in fieri*, attirerò l'attenzione su alcune reminiscenze formali e tematiche del *Roman* e del *Fiore*, nelle raffigurazioni dei diavoli danteschi. Lo scopo dell'analisi contrastiva che segue è, ancora una volta, sottolineare l'importanza che questi due testi hanno avuto nella preparazione del grande affresco dell'*Inferno*.

Dante eredita dai due testi dei *patterns*, dei *prêt-à-porter*, atti ad essere inseriti nella macchina della prima cantica. Dico macchina, perché a ogni dantista non sfugge come l'*Inferno* sia costituito da una serie di "pezzi" che sono riproposti, a distanza, e articolati con meccanismi fissi. Si tratta di una strategia che mira, anzitutto, a segnalare il carattere disumano, e quindi bestiale o inanimato, del regno dei dannati. Siamo però altresì di fronte a una tecnica compositiva: la degradazione dell'uomo, in Dante, si esprime attraverso una serie di campi semantici limitati, e di moduli sintattici e lessicali circoscritti. L'esemplificazione dell'aspetto disumano e meccanico dell'*Inferno* è particolarmente attiva nelle varie figure diaboliche e nei rapporti che esse hanno con Virgilio e Dante. Vediamo qualche esempio.

Virgilio ricorre a una stessa formula prefabbricata per neutralizzare Caronte e Minosse; formula iterata due volte e, peraltro, affine a quella che mette a tacere Flegiàs: "*vuolsi così colà dove* si puote / ciò che si vuole, e più non dimandare" (3.95–96 e 5.23–24); "*vuolsi* ne l'alto, *là dove* Michele" (7.11). Posto di fronte alla schiera dei Centauri e dei Malebranche, Virgilio opta, nei due casi, per un *tête-à-tête*: con "Chirone" (12.65; qui è però presente anche Dante) e con Malacoda (21.76). Il ruolo conferito ai Centauri è simile a quello dei Malebranche: "*Dintorno* al fosso vanno a mille a mille, / saettando qual anima si svelle / del sangue più che sua colpa sortille" (12.73–75); "*cercate 'ntorno* le boglienti pane", "io mando verso là di questi miei / a riguardar s'alcun se ne sciorina" (21.124 e 115–16). I Centauri sorvegliano i "bolliti" (12.102), i Malebranche i "lessi dolenti" (21.135). Gli occhi infiammati di Caronte sono interscambiabili con quelli di Cerbero: "Caron dimonio, con *occhi di bragia*", "che *'ntorno a li occhi avea di fiamme rote*" (3.109 e 99); mentre Cerbero "li occhi ha vermigli" (6.16). Cerbero e Pluto sono entrambi "fiera crudele" (6.13 e 7.15). I diavoli, domati e ridotti a docili strumenti del volere divino, sono i mezzi di locomozione utilizzati da Dante: Caronte e Flegiàs sono "nocchier" (3.98; 8.80); Gerione e Lucifero "scale" (17.82 e 34.82). In Lucifero, che è la degradazione ultima dell'angelo decaduto, la bestia cede il passo all'oggetto inanimato: "molin"/"dificio" (34.6 e 7). L'assenza di "umano", nei guardiani dei "traditori", è peraltro già preannunciata nei Giganti, che sono "alte torri" (31.20).

Il tratto comune ai vari diavoli, che si susseguono nell'*Inferno*, fino ai Malebranche, che qui preme sottolineare, è soprattutto quello di gelosi custodi dei vari gironi. I diavoli descritti da Dante sono dei cani da guardia che cercano di ostacolare, ma invano, il suo fatale andare. Il comune denominatore canidico non solo è chiaramente esplicitato, come vedremo, nell'*Inferno*, ma è un *pattern* ereditato, molto probabilmente, dal *Roman*; le tecniche descrittive con le quali i diavoli entrano in scena nei vari canti dipendono invece dal *Fiore*. Prendo in esame la descrizione dell'irruzione di Dangier, confrontata con quella di Schifo nel *Fiore* e quella di alcuni diavoli nell'*Inferno*. La mia analisi contrastiva tende a rivelare due aspetti: (1) che, negli esempi scelti, il *Fiore* può rappresentare l'anello di transizione tra il *Roman* e la *Commedia*; (2) che il *Roman* è per Dante un testo mediatore delle fonti classiche.

> *Atant saut* Dangiers li vilains
> de la ou il s'estoit muciez;

> *Granz* fu et *noirs* et *hericiez*,
> s'ot *les iauz roges come feus*,
> le nés froncié, le vis hideus,
> e s'escrie con forcenez:
> "Bel Acueil, por quoi amenez
> entor ces rosiers cest vassaut?"
>
> (2920–27 e sgg., fino al verso 2942)

La descrizione fisica di Dangiers e del suo tempestivo intervento, ai danni di Amant e di Bel Acueil, subisce, nel *Fiore*, una riduzione drastica e un'attenuazione delle sue coloriture drammatiche:

> Ed *i' vidi venir* un gran villano
>   Con una maz[z]a, e *disse* "Or ti ste' a mente
> Ch'i' son lo Schifo, e sì son ortolano
> D'esto giardin; I' ti farò dolente !"
>
> (6.11–14)

Colpisce anzitutto, nel *Fiore*, la narrazione fatta in prima persona, assente nel passo del *Roman*; il "gridare" di Dangier è attenuato con "disse". Il ricordo del brusco intervento di Dangier e di quello più pacato di Schifo si integrano e riemergono nella descrizione delle violente irruzioni di alcuni diavoli dell'*Inferno*; qui, infatti, immagini e stilemi lessicali, desunti dal *Roman* e dal *Fiore*, costituiscono le pietre miliari intorno alle quali si articolano le raffigurazioni delle dinamiche apparizioni dei diavoli danteschi. La lettura del *Roman* e l'esperienza della traduzione concorrono insomma all'elaborazione di una serie di "moduli descrittivi" e di costruzioni sintattiche fisse, riutilizzati nella *Commedia*:

> *Ed ecco* verso *noi venir* per nave
> un vecchio [Caronte] . . .
> *gridando*: "Guai a voi, anime prave!"
>
> (*Inf.* 3.82–84)

> Corda non pinse mai da sé saetta
> che sì corresse via per l'aere snella,
> com'*io vidi* una nave piccioletta
>   *venir* per l'acqua verso *noi in quella*
> sotto 'l governo d'un sol galeoto [Flegiàs],
> *che gridava*: "Or se' giunta, anima fella".
>
> (*Inf.* 8.13–18)

Come nel *Fiore*, ritroviamo la narrazione in prima persona e il modulo "vidi venir". All'avventura solitaria di "Amante" si contrappone però un viaggio provvidenziale a due, esplicitato col "noi". La celerità con la quale i diavoli entrano in scena recupera invece il primo verso citato del *Roman* (2920). La marca temporale "atant", trova delle corrispondenze in "ed ecco" e "in quella". Lo stilema d'apertura "ed ecco" mira infatti a riprodurre lo stesso effetto di rapidità-sorpresa attuato, nel *Roman*, con "Atant saut Dangiers". Si ricordi, con l'Auerbach, che lo stilema "ed ecco" "ha funzione d'introdurre un rapido mutamento di scena o l'irrompere improvviso di un nuovo personaggio, di sottolineare la drammaticità dell'evento imprevisto".[48] Trovandoci in presenza di una figura come Caronte, che è desunta dalle fonti classiche e in particolare dall'*Eneide*, è necessario chiederci se l'apparizione di Caronte sia innovativa o meno rispetto a questo tipo di fonti. È confortante ricordare con la Chiavacci Leonardi e il Sapegno che "non c'è traccia in Virgilio" dell'arrivo improvviso ("ed ecco") e violento ("gridando"), descritto da Dante.[49] Il gridare di Dangier diventa un tratto quasi costante nelle figure diaboliche dantesche, comune a Caronte, Minosse, Flegiàs, alle Furie, ai Centauri e ai Malebranche.[50] Le descrizioni di Dangier e di Schifo traspaiono in filigrana anche dal ritratto del primo diavolo dei Malebranche:

> e *vidi* dietro a *noi* un *diavol nero*
> correndo su per lo scoglio *venire.*
>   Ahi quant'elli era ne l'aspetto *fero*!
> e quanto mi parea nell'atto *acerbo*,
>   . . .
>   Del nostro ponte *disse:* . . .
>
> (*Inf.* 21.29–32 e 37)

Benché il colore nero del diavolo sia quasi topico e non raro nella *Commedia* (*Inf.* 23.131; 27.113), si noti che anche Dangiers è "noirs" (2922 e 2944), e che "acerbo" è nel *Fiore* attributo di Schifo ("acerbo e duro"; 11.11). Inoltre, come Dangiers ostacola la venuta nel giardino del valletto, accompagnato momentaneamente da Bel Acueil, così Caronte, Flegiàs, e in pratica tutti i diavoli incontrati da Dante e Virgilio, si oppongono al viaggio di Dante. Notevoli sono poi i tratti ferini di Dangiers: "noirs et hericiez", "le nés froncié", "hideus", "forcenez". La descrizione è senza dubbio quella di un feroce cane da guardia; infatti, "le nés froncié" evoca l'immagine di un cane che digrigna i denti, mentre "noirs et hericiez" ne descrive il pelo; d'altra parte, Dangiers, che ha il compito di guardare il fiore, è apertamente paragonato a un cane: "Ne fu mie seus li *gaignons*" (2833). Parallelamente, nel *Fiore*, anche Schifo è detto "cagnone" (207.10). I tratti diabolici di Dangiers (2920–25), sorta di uomo-cane, non poterono sfuggire a chi, come Dante, conosceva l'*Eneide* "tutta quanta" e aveva letto il sesto libro con una particolare attenzione. Come il Cerbero virgiliano "ingens"/"immania terga" (6.417 e 423), Dangier è infatti "grant"; il viso orrido/brutto ("vis hideus" 2924 e 2944), e forse perciò anche sporco, ereditato probabilmente dal Cerbero di Seneca "sordidum tabo caput" (*Hercules furens* 785), è ripreso da Dante nel sintagma "facce lorde", e nella "barba unta e atra", pure riferiti a Cerbero (*Inf*. 6.31 e 16). "Les ieuz roges come feus" ricordano invece un preciso verso della descrizione virgiliana di Caronte: "stant lumina flamma" (300). L'immagine, che nel *Roman* è sinonimo di ira, ritorna, come si è visto, più volte in *Inferno*: Caronte "che 'ntorno a li occhi avea di fiamme rote"; "Caron dimonio, con *occhi di bragia*" (3.99 e 109); Cerbero "*Li occhi ha vermigli*" (6.16). Dangier è insomma un incrocio *avant la lettre* tra il Caronte e il Cerbero dantesco, o meglio una versione moderna, in chiave pseudoumana, di due figure sataniche classiche. Il ritratto di Dangier, ipostatizzazione dell'"avversario" di Amant, offre a Dante l'esempio di un uomo-bestia, costruito con moduli desunti dai personaggi dell'oltretomba virgiliano. Nella prima cantica i numerosi "avversari/diavoli" che ostacolano il viaggio di Dante ripropongono soluzioni desunte dal *Roman*, veicolo di fonti classiche, e dal *Fiore*. Quel che più interessa, ai fini del nostro discorso, è che, nell'*Inferno, il pattern* uomo-cane-diavolo, trasmesso dal *Roman*, contamina, in vario modo, quasi tutti i diavoli. Caronte, Minosse, Cerbero, Pluto, Flegiàs, Gerione, Malebranche, sono cani da guardia, posti ognuno sulla soglia di una nuova immaginaria porta, custodi dei loro regni o dei loro dannati, capaci di fiutare a distanza che Dante è vivo e "indegno" di penetrare nel loro girone. "Cane" e "diavolo" sono associati in *Inferno* in maniera quasi sistematica, quali emblemi di un umano degradato: diventano tutt'uno nel ritratto di Cerbero e nelle "nere cagne, bramose e correnti" (13.125) che irrompono nella selva dei suicidi, che sono, secondo il Buti, "veri e propri diavoli"; Minosse "ringhia" e "cignesi con la coda" (5.4 e 11); Cerbero "caninamente latra", ed è come il "cane ch'abbaiando agogna" (6.14 e 28); Pluto è "maladetto lupo" (7.8). La "caninità", come emblema di ferocia, è poi particolarmente attiva nei canti dei Malebranche: "non vedi tu ch'e' digrignan li denti" (21.131; vedi anche 21.134; 22.91); "e mai

non fu mastino sciolto / con tanta fretta a seguitar lo furo" (21.44–45);
"con quel furore e con quella tempesta / ch'escono i cani a dosso al
poverello / . . . usciron quei" (21.67–70); "ei ne verranno dietro più
crudeli / che 'l cane a quella lievre ch'elli acceffa" (23.17–18) (gli
"agenti" dei versi citati sono sempre i Malebranche). Si ricordi poi, con
lo Scolari, che "Cagnazzo" (dal muso e dal fiuto di cane) " . . . saprà
invero *fiutare* gli inganni dei dannati".[51] "Cane", è riferito, inoltre, nella
Commedia, anche ai Golosi, agli Iracondi e agli Usurai (*Inf.* 6.19; 8.42;
17.49) e, come ha sottolineato G. Brugnoli, "la *Narratio* relativa a
Caina-Antenore sviluppa particolari e propri campi semantici di stretta
pertinenza 'canidica' o quanto meno 'bestiale' ".[52] Le stesse bolge sono
indirettamente associate alla ferocia del cane: "e questo basti de la prima
valle / sapere e di color che in sé *assanna*" (18.98–99; l'ultimo verso rinvia alle "sanne" di Cerbero: 6.23).

    Un rapido *excursus* delle ricorrenze di "cane", "mastino" e "cagnone"
nel *Fiore*, permette di constatare che i termini appaiono, essenzialmente, in tre tipi di situazioni, spesso affini a quelle dell'*Inferno*, già segnalate, e che mi accingo a citare:

- Come attributi dispregiativi dei due principali avversari di
  Amante, Malabocca e di Schifo:

      Chéd egli è di natura di *mastino*:
      Chi più 'l minaccia, più gli *abaierà*

                                                      (69.10–11)

      Per venir al di su di quel *cagnone*

                                                      (70.4)

      (riferito in entrambi i casi a Malabocca)

      Sì s'aperse per dare a quel *cagnone* [Schifo].

                                                      (207.10)

- Inclusi in descrizioni di zuffe feroci:

      E·mantanente, [Sicurtà] con *ambo le mani*,
      A le tempie a Paura sì s'aferra.

            . . .

      Ciascun si levò suso e sì s'aterra[53]
      A quella zuffa, *com*' e' fosser *cani*.

                                                      (213.10–14)

La lotta tra Sicurtà e Paura rinvia a vari luoghi dell'*Inferno*,
molti dei quali sono già stati segnalati da Contini:

> Allor distese al legno *ambo le mani;*
> per che 'l maestro accorto lo sospinse,
> dicendo: "Via costà con li altri *cani!*"
>
> (*Inf.* 8.40–42)

> Urlar li [i golosi] fa la pioggia come cani: mani.
>
> (*Inf.* 6.19 : 17)[54]

Il tema della "zuffa", associato a tratti canini, ritorna anche nel
canto degli avari e prodighi e in quello dei lusingatori:

> Assai la voce lor chiaro l'*abbaia*
>
> (*Inf.* 7.43)

> Mal dare e mal tener lo mondo pulcro
> ha tolto loro, e posti *a questa zuffa*
>
> (*Inf.* 7.58–59)

> gente che . . . / . . . *col muso scuffa*
>
> (*Inf.* 18.103–4)[55]

> "una muffa, / . . . che con li occhi e col naso facea *zuffa.*
>
> (*Inf.* 18.106–8)

• Come emblemi di ingordigia:

> Ché tutti que' c[h]'og[g]i manùcar *pane*
> No·mi ter[r]ian ch'i' non gisse traverso,
> Ch'i' ne son *ghiotto* più che d'*unto* il *cane*
>
> (103.12–14)

> Di gran follia credo m'intramettesse
> Voler insegnar vender frutta a trec[c]a,
> O ch'i' a·letto del *cane unto* chiedesse.
>
> (107.12–14)[56]

Per quanto gli explicit dei due sonetti del *Fiore* (103 e 107) siano proverbiali, le immagini astratte o metaforiche, come abbiamo già avuto
modo di constatare, sono in Dante facilmente riconvertibili in raffigu-

razioni reali; infatti il cane ingordo e quindi "unto", inserito nel *Fiore* in due similitudini, acquista lineamenti concreti e si materializza nella figura satanica di Cerbero, posto proprio a guardia del cerchio dei golosi: "con tre gole caninamente latra / . . . / *li occhi ha vermigli*, la barba *unta* e atra" (6.14–16); " . . . cotai si fecer quelle *facce lorde*" (31).

Ritroviamo quindi, come nel *Fiore*, l'associazione "cane/unto" ma anche, si è detto, echi del ritratto di Dangiers: "Les iauz roges come feus" e "le vis hideus" (2923 e 2924). La descrizione di Cerbero insiste sulla voracità del mostro (13–33):

> Quando ci scorse Cerbero, il gran vermo
> le *bocche aperse* e mostrocci le *sanne;*
> non avea membro che tenesse fermo.
>
> (*Inf.* 6.22–24)

Sebbene il continuo fremere famelico, come anche la gola triforme, siano congeniali alle fonti classiche,[57] Dante sembra trarre profitto anche dalla minuziosa descrizione del Cerbero di Jean, di cui cito i passi essenziali al mio discorso:

> Cete lasse [Atropos], ceste chaitive,
> qui contre les vies estrive,
> e des morz a le cueur si baut,
> nourrist *Cerberus* le ribaut,
> qui tant desierre leur mourie
> qu'il *en frit touz de lecherie.*
>
> (19805–10)

> . . . ne ne li demande
> estre peüz d'autre viande
> fors seulement de cors et d'ames;
> *e el li giete omes e fames*
> *a monceaus en sa trible gueule*
>
> (19823–27)

> mais el la treuve toujourz vuide.
>
> (19830)

> *De son relief sont en grant peine*
> *les treis ribaudes felonesses,*

des felonies vancherresses,
Alecto et *Thesiphoné*
car de chascune le non ai;
la tierce ra non *Megera*,
qui touz, s'el peut, vous mengera.
Ces treis en enfer vous atendent;
Ceus lient, *batent*, fustent, pendent,
hurtent, hercent, *escorchent*, foulent,
neient, ardent, greïllent, *boulent*
devant les treis prevoz . . .

(19832–43)

Come ha già segnalato Vanossi, è significativo che dall'*Inferno*, come nel *Roman*, sia espunto il particolare classico dei serpenti attorcigliati intorno ai colli di Cerbero.[58] È altresì illuminante, per la famigerata interpretazione di *Inf.* 6.18 "graffia li spirti, *scoia*/[*ingoia*] ed isquatra", constatare che nel *Roman* Cerbero ingoia i morti. Il particolare è deducibile sia dai versi citati, che da una seconda menzione di Cerbero: "que dedenz sa gueule trible / tout vif me *trangloutisse* e me trible" (21105–6).[59] Si noti tuttavia, a sostegno della variante "scoia", che le Furie "escorchent" i dannati; il gesto di Megera ricorda poi quello di Virgilio, di stampo liturgico: "prese la terra . . . / la *gittò* dentro alle bramose canne" (6.26–27). Convergenza rafforzata dalla vicinanza lessicale tra "giete" (19826) e "gettò". Sottolineo, infine, che le Furie, nel *Roman*, come nella *Commedia*, sono menzionate per nome e che in entrambi i casi Tesifone occupa la posizione mediana:

"Guarda" mi disse, "le feroci Erine.
  Quest'è Megera dal sinistro canto;
quella che piange dal destro è Aletto
Tesifón è nel mezzo". . .

(*Inf.* 9.45–48)

Gli atti di violenza praticati da queste sul loro proprio corpo: "Con l'unghie si fendea ciascuna il petto; / *battiensi* a palme, e gridavan sì alto" (49–50) ricordano quelli che le Furie del *Roman* praticano sui dannati: "battent" e "escorchent", anch'essi inseriti in una struttura di tipo paratattico. La difficoltà di stabilire con precisione quanto il Cerbero e gli altri diavoli danteschi ereditino dalle fonti classiche di prima mano, quanto da volgarizzamenti vari e quanto dal *Roman*, invita a conclusioni prudenti. Quel che è sicuro è che il testo francese offre a Dante esempi di rielaborazione e di appropriazione di fonti classiche, inserite in una struttura tematica, vicinissima a quella dell'*Inferno*, e trasposte in lingua "moderna". La lettura del *Roman* trasmette a Dante immagini, situazioni, sintagmi che talvolta passano direttamente nell'*Inferno*, tale altra sono prima mediati dal *Fiore* (per es. irruzione di Dangiers vs quella di Schifo in rapporto con i diavoli); inoltre il *Roman* invita Dante a scoprire o a riscoprire i passi di derivazione classica, che traspaiono dal testo francese.

NOTE

1. Ricordo di una delle tante stimolanti letture dantesche dei seminari del Prof. Guglielmo Gorni. Per l'etimologia di "Fiorenza" si veda ora: Guglielmo Gorni, *Lettera Nome Numero. L'ordine delle cose in Dante* (Bologna: il Mulino, 1990), 197.

2. Rinvio, a questo proposito, alla distinzione tra citazione esterna e interna e struttura profonda e struttura superficiale, in Michelangelo Picone, "Il *Fiore*: struttura profonda e problemi attributivi", *Vox romanica* 33 (1974): 145–56.

3. Mi permetto di rimandare al mio *review article*: Irene Maffia Scariati, "Spigolature sulle Letture Classensi del *Fiore*: il 'salvaggio loco' e il nome di Durante", *Rassegna europea di letteratura italiana* 4 (1995): 35–52, nel quale sottolineo vari elementi dei sonetti 33–34, estranei al *Roman* e comuni invece al *Fiore* e all'*Inferno*; tra questi, è rilevante l'associazione tra "salvaggio loco" e "ninferno". La ricerca dei dantismi del *Fiore* estranei al *Roman* è a mio avviso un aspetto che merita uno spazio importante in ogni discorso attributivo sul *Fiore*; discorso che non può limitarsi, come spesso accade, a una semplice analisi contrastiva centonaria tra *Fiore* e testi sicuri di Dante, tenendo da parte il *Roman*. Non si può rifiutare il discorso metodologico di Contini senza proporre un'alternativa. È necessario, per delineare la fisionomia dell'autore del *Fiore*, isolare le aree del poemetto innovative rispetto al *Roman*; se queste isole testuali, anteriori alla *Commedia*, hanno una forte impronta dantesca, è allora quasi se non del tutto certo che l'autore del *Fiore* è Dante.

4. Il testo del *Roman* qui citato riproduce la lezione di Guillaume de Lorris et Jean de Meun, *Le Roman de la Rose*, a cura di Ernest Langlois, 5 voll. (Paris: Firmin-Didot e Champion, 1914–24).

5. Per questo verso l'edizione continiana rinvia al *Roman* (11304 e 11386), ma solo per il verbo "truander": CM, 227.

6. *"Groppone*, particolarmente usata a indicar la schiena dei polli . . . richiama all'immagine dei *vassalli* che sorvegliano la caldaia, dove cuoce il lesso": Antonio Scolari, "Canto XXI", in *Lectura Danctis Scaligera: Inferno* (Firenze: Le Monnier, 1977), 725–60 (749).

7. Luigi Vanossi, *Dante e il "Roman de la Rose"*. *Saggio sul "Fiore"* (Firenze: Olschki, 1979), 326.

8. Leo Spitzer, "Farcical Elements in *Inferno* Cantos XXI–XXII", *Modern Language Notes* 59 (1944), 83–88, ora tradotto in *Studi italiani*, a cura di Claudio Scarpati (Milano: "Vita e pensiero", 1976), 185–90 (186). Le parentesi e le virgolette sono di Spitzer.

9. "Non è peccato ingannare chi è munito di inganno / chi è ingannatore" (7353–54); "poichè è traditore è giusto tradirlo" (7825–26).

10.   De ceus *bouler* n'est pas pechiez
        qui de *boule* sont entechiez.
        Male Bouche si est *boulierres*.
        Ostez *bou*, si demourr
        a *lierres*:
        lierres est il, sachiez de veir,
        bien le poez aperceveir,
        n' il ne deit aveir autre non,
        qu'il emble aus genz leur bon renon
        n'il n'a jamais poeir dou rendre.

                                            (*Roman*, 7353–61)

11. È da notare che entrambi hanno, come il loro antagonista, nomi doppi e sono quindi modellati sullo stesso *pattern* di alcuni diavoli dei Malebranche: Malacoda, Alichino, Calcabrina, Barbariccia e Graffiacane. La doppiezza, che è l'emblema per eccellenza dell'ipocrisia, è probabilmente anche parodia della doppia natura di Cristo, degradata negli angeli decaduti; l'ipotesi è tanto più convincente se si pensa che Falsembiante si definisce "ipocristo" (104.11 e 123.4) e "antecristo" (123.1). Si veda, a questo proposito, "Parodia e scrittura. L'uno il due e il tre", in Gorni, *Lettera Nome Numero*, 133–54.

12. Maria Corti, "Le metafore della navigazione, del volo e della lingua di fuoco nell'episodio di Ulisse", in *Miscellanea di studi in onore di Aurelio Roncaglia a cinquant'anni dalla sua laurea*, 4 voll. (Modena: Mucchi, 1989), 2:479–91 (490). Sull'uso dell'*exemplum* nell'esordio si veda anche: Domenico De Robertis, "In viaggio coi Demòni: canto XXII dell'*Inferno*", *Studi danteschi* 53 (1981): 1–29 (6–7); Gianfranco Contini, "Sul XXX dell'*Inferno*", in *Letture Dantesche: Inferno*, a cura di Giovanni Getto (Firenze: Sansoni, 1955), 585–87.

13. "Enosser" vale sia per uccidere che per strozzare e si usa, in quest'ultimo caso, soprattutto parlando di un osso che si blocca nella gola, riferibile quindi a un cane (Frédéric E. Godefroy, *Dictionnaire de l'ancienne langue française et*

de tous ses dialectes du IX au XV siècle (Paris: Vieweg-Bouillon, 1880–1902); il verbo non potrebbe essere più appropriato alla morte di Malabocca che nel *Fiore* e nel *Roman* è ingiuriato con l'attributo "cagnone/gaignons" 70.4 e 2833.

14. Si veda la nota corrispondente al verso 12336 in Guillaume de Lorris et Jean de Meun, *Le Roman de la Rose*, a cura di André Lanly (Paris: Champion, 1971–73).

15. Il tema, se non topico, doveva essere frequente nel repertorio ascetico-religioso medievale e nella letteratura comica romanza. Michelangelo Picone, "Giulleria e poesia nella *Commedia*: una lettura intertestuale di *Inferno* XXI–XXII", in *Letture Classensi 18*, a cura di Anthony Oldcorn (Ravenna: Longo, 1989), 11–30, cita, per esempio, in altro contesto, alcuni ritagli del *fabliau* intitolato *De saint Piere e du joungleur*, nel quale si racconta che un giullare, giunto alle soglie della morte, dopo una vita dissipata, riceve la visita di un diavolo che viene a prendere la sua "meritata preda (40–43: "Deable . . . / *vint a la mort por l'ame panre*"), senza che nessuno possa reclamare (44: "*ne li fu mie chalangié*")" (18). È lecito pensare, per associazione antitetica, alla morte di Guido da Montefeltro e alla disputa tra San Francesco e il demonio: "Francesco *venne poi com'io fu' morto, / per me;*" (*Inf.* 27.112–13); si noti che la struttura della frase è alquanto vicina a quella del *fabliau* citata; " . . . ma un d'i neri cherubini / li disse: 'Non portar: non mi far torto. / Venir se ne dee giù tra' miei meschini' " (*Inf.* 27.113–15 e sgg.). Situazione analoga si ha anche nella lite tra "l'angel di Dio . . . e quel d'inferno" che si contendono l'anima di Bonconte da Montefeltro (*Purg.* 5.104–108). Per quest'ultimo canto segnalo una fonte probabile nel miracolo di Gautier de Coinci "Dou soucrestain noyé" (in *Deux Miracles de la Sainte Vierge, par Gautier de Coinci, Les 150 Ave du chevalier amoureux et Le Sacristain noyé*, a cura di Erik Rankka [Uppsala: Almqvist, Wiksells Boktryckeri AB, 1955]): un monaco devoto a Maria ma vinto dal vizio della lussuria, è annegato, di notte, in un fiume, dopo aver peccato, per volere del diavolo. Segue la contesa dell'anima tra angeli e demoni. Nel momento decisivo per la sorte del defunto, interviene Maria che decide che l'anima rientrerà nel corpo del monaco affinché questi possa pentirsi dei suoi peccati. I monaci, trovato il sacrestano morto nel fiume, si preparano a seppellirlo quando egli si rialza in piedi, si fa il segno della croce (381 da collegare a *Purg.* 5.126–27), ringrazia Maria e racconta la sua disavventura. Più che da contatti formali veri e propri i due testi sono legati da parallelismi o da ribaltamenti tematici: identità dello sfondo scenico del fiume, disputa tra diavolo/i e angelo/i, devozione a Maria, decisiva per la salvezza dell'anima; Bonconte fa croce delle braccia nel morire e pronuncia il nome di Maria; il monaco prega e si raccomanda a Maria ogni volta che sta per cadere nel peccato; fa il segno della croce e ringrazia Maria quando la sua anima ritorna nel corpo. I monaci ritrovano il corpo del monaco che, per miracolo, si rianima. Il corpo di Bonconte non sarà mai ritrovato ma alla sua anima, come a quella del monaco, è data la possibilità di

espiare i peccati. Il decisivo e violento intervento di Maria contro i diavoli (251 e sgg.), di cui non parlo per ragioni di spazio, ricorda quello del "Messo" di *Inf.* 9.64 e sgg. Il tema del diavolo che porta via l'anima riappare anche, con lieve *variatio*, per designare la tragica sorte riservata, nella Tolomea, ai traditori degli ospiti: "tosto che l'anima trade / . . . il corpo suo l'è tolto / da un demonio, che poscia il governa" (*Inf.* 33.129–31). Nella stessa *imagerie* gravita anche il verso già citato: "fino a Minòs che ciascheduno *afferra*" (20.36), che rinvia a *Fiore* 112.8, in rima, in entrambi i casi, con "terra" e "guerra" (*Inf.* 20.32 : 34 e *Fiore* 112.1 : 5).

16.　CM, 275. Il critico rinvia anche al madrigale *La dura corda* di Alesso di Guido Donati, 5, e al Simintendi, che "rende regolarmente *sobbarcolata* il *subcinta* ovidiano".

17.　Contini propone altresì in nota "ch'e' " (CM, 98–99).

18.　Si veda la voce "strangolare" di Luigi Vanossi in *Enciclopedia Dantesca*, 5 voll. e Appendice (Roma: Istituto della Enciclopedia Italiana, 1970–76), 5:454–55.

19.　CR, 612 e 702; John C. Barnes, "Lettura dei sonetti CLI-CLXXX", in *Letture Classensi 22: Lettura del "Fiore"*, a cura di Zygmunt G. Barański, Patrick Boyde e Lino Pertile (Ravenna: Longo, 1993), 91–108 (102).

20.　Vanossi, *Dante e il "Roman de la Rose"*, nota 18.

21.　Nicolò Tommaseo e Bernardo Bellini, *Dizionario della lingua italiana*, presentazione di Gianfranco Folena (Milano: Rizzoli, 1977), 18:700–701. Rinvia a un volgarizzamento della Consolazione di Boezio (124. M.) in cui "strangolare" sta per "scannare" ("Il greco Agamennon, . . . Ogni atto pio di padre avendo spento, Prese 'l coltello, e tristo sacerdote La strangolò [la figlia]"). Sempre in Boezio, "strangolare" traduce "jugulare": "Sè infiammare li sacri templi avere voluto, sè sacerdoti con dispietato coltello strangolare/Jugulare". Si cita anche la novella 5.3 (16) di Boccaccio: "La qual tuttavia gli parea vedere o da orso o da lupo strangolare". Si veda inoltre *Decameron* 9.7.13. Esempi in parte identici sono anche nella voce "strangolare" in *Vocabolario universale italiano* (Napoli: Tramater, 1838).

22.　Si può obbiettare che l'assenza nel *Fiore* di riferimenti geografici reali, relativi ai luoghi in cui si svolge la storia, non conferma l'ipotesi che Mala-Bocca sia morto in Normandia. Non mi pare tuttavia un grosso ostacolo visto che la Normandia allude soprattutto a una "geografia morale", ha cioè una valenza allegorica, come luogo reputato per la maldicenza.

23.　Benché rari, gli interventi autoriali non sono assenti dal *Fiore*; Zygmunt G. Barański ha fornito la seguente schedatura dei rinvii metaletterari del poemetto: 8.10, 17.5–8, 21, 34.12, 73.8, 78.13–14, 128.9, 201.1. (vedi *Lettura del "Fiore"*, 21). Una prolessi semantica è presente nel sonetto 21, ma con esplicitazione dell'intervento dell'autore: "E sì vi *conterò* de la fortezza / Dove Bellacoglienza fu 'n pregione, / Ch'Amor abattè poi per su' prodezza; / E come Schifo mi tornò fellone / . . . / E come ritornò a me Ragione" (9–14).

24. *Commento di Francesco da Buti sopra la Divina Commedia di Dante Alighieri*, a cura di Crescentino Giannini, 3 voll. (Pisa: Fratelli Nistri, 1858), 1:717. Il corsivo è dell'originale.

25. Dante Alighieri, *La Commedia, Inferno*, a cura di Bianca Garavelli, con la supervisione di Maria Corti (Milano: Bompiani, 1993), 401.

26. L'arte perversa di Falsembiante, che traspare dal suo lungo discorso, consiste nella continua alternanza tra vero e falso. Esperto "mastro divino", Falsembiante ricicla numerosi passi scritturali, talvolta parodiandoli e dissacrandoli, talaltra atteggiandosi a vero e onesto predicatore. Baso questa mia affermazione su una precisa schedatura da me attuata, dalla quale risulta che le fonti bibliche in genere, e in particolare quelle paoline e di Matteo, riferite agli scribi e ai farisei, sono molto frequenti nel discorso di Falsembiante. Non mi sembra però utile, in questa sede, fornire indicazioni più precise.

27. *Commento di Francesco da Buti*, 1:727. Cfr. Ettore Paratore, "Il canto XXVIII dell'*Inferno*" in *Inferno. Letture degli anni 1973–76* (Roma: Bonacci Editore, 1977), 683–704; per l'interpretazione del contrapasso vedi 696.

28. Male Bouche tantost s'abaisse,
   si s'agenoille et se confesse,
   car verais repentanz ja ert;
   e cil par la gorge l'aert,
   a deus poinz l'estreint, si l'estrangle,
   si li a tolue la jangle;
   la langue a son rasoir li oste.
   Ainsinc chevirent de leur oste,
   ne l'ont autrement *enossé,*
   puis le *tombent en un fossé.*

(Roman, 12361–70)

   morz gist la fors, en leu de biere
   en ces fossez, guele baee,
   sachiez, . . . / jamais d'aus deus *ne janglera.*

(Roman, 12464–67)

29. Torna comodo qui, per il parallelismo tra i due testi, il "che" relativo anziché causale, che risulterebbe avverso alla correzione della lezione continiana, prima proposta.

30. Ezio Raimondi, "I canti bolognesi dell'*Inferno* dantesco", in *Dante e Bologna nei tempi di Dante* (Bologna: Commissione per i Testi di Lingua, 1967,) 229–49. Vanossi, *Dante e il "Roman de la Rose"*, 326–27. Riassumo brevemente i principali riscontri tra il *Fiore* e *Inf.* 21–22 citati dal Vanossi: "Barattier fu non picciol, ma sovrano" (*Inf.* 22.87); "che re de' barattier' tu sì sarai" (*Fiore* 87.6); "c[h]'a barattar son tutti curïosi" (89.8); "che già per barattare ha l'occhio aguzzo!" (*Par.* 16.57); "che non tenni ancor patto" (100.5); "sì ch'io temetti ch'ei TenESSER PATTO" (21.93) (riscontro al quale aggiungerei: "Larghez[z]a

e cortesia TraES[S]ER PATTO" 84.5); "perch'altra volta fui a tal baratta"; "per molte volte fui a quel martire" (21.63; 179.14). Notevoli sono anche le coincidenze segnalate tra le parole di Ciampòlo e il discorso della Vecchia (22.49–51; 192.7; 193.8 e 14); l'uso di "groppone" (21.101; 221.11); di "accroccare" (166.11 come precursore di "arruncigliare", che ritorna poi in *Inf*. 21.75 e 22.35); di "addentare" (21.52; 160.7).

31.   Per i rapporti tra "ribaldo" e "baratteria", trascrivo la nota definizione di Michele Barbi: "*Ribaldo* fu sinonimo di barattiere, e qui potrebbe avere questo significato; barattiere Ciampolo come suo padre. 'Ribaldo' e 'barattiere' erano sinonimi del significato speciale, e quasi direi sociale, di uomini . . . che senza arte onesta vivessero alla giornata di giuoco, di rapina e di mestieri vili e turpi . . . non erano invece sinonimi nel senso di ufficiale infedele, di prestatore frodolento, di operatore di illeciti guadagni. Ciampolo fu barattiere in questo secondo senso; suo padre invece fu ribaldo e se vuolsi anche barattiere, ma nel primo senso. E fu ribaldo, non perché tale di condizione sociale . . . ma perché menava vita da ribaldo in ciò che aveva di meno umiliante ma di più vizioso, cioè giocare, gozzovigliare e stare in bordello" (Michele Barbi, *Problemi di critica dantesca: prima serie [1893–1918]* [Firenze: Sansoni, 1965], 212).

32.   Per la questione rinvio a Luciano Rossi, "Notula sul Re dei ribaldi", *Cultura neolatina* 33 (1973): 217–21; a Picone, "Giulleria", 14; a Barnes, in *Lettura del "Fiore"*, 98–99.

33.   Picone, "Giulleria", 14–16.

34.   Nel sonetto 105 e sgg. Falsembiante si dichiara "mastro divino", che le cose secrete indovina e "tutto il mondo pesa a (sua) bilancia"; afferma inoltre di voler riprendere senza essere ripreso. Quest'uso parziale del giudizio, largamente sviluppato in seguito (vedi per es. i sonetti 124–26), affonda le radici in un entroterra biblico ben noto, riferito, quasi sempre, agli scribi e ai farisei e alla loro interpretazione parziale della Legge, esemplificato spesso proprio con la metafora della bilancia: "*Nolite iudicare, ut non iudicemini; in quo enim iudicio iudicaveritis, iudicabimini, et in qua mensura mensi fueritis*, metietur vobis" (Mt. 7:1–2). "Non habebis in sacculo tuo *diversa pondera, maius et minus;* nec erit in domo tua ephi *maius et minus. Pondus* habebis *iustum et verum* et ephi *iustum et verum erit tibi* . . . " (*Deuter*. 25:13–15). La metafora biblica del pesare, riferita al giudicare, è d'altra parte ripresa da Dante nel *Convivio*, come segnala già il commento di Giovanni Busnelli e Giuseppe Vandelli; qui l'autore equipara il lodare e il biasimare se stessi alla falsa testimonianza perché: "*non è uomo che sia di sè vero e giusto misuratore*, tanto la propria caritate ne 'nganna. Onde avviene che *ciascuno ha nel suo giudicio le misure del falso mercatante, che compera con l'una e vende con l'altra; e ciascuno con ampia misura* cerca lo suo mal fare e con *piccola* cerca lo bene; sì che 'l numero e la quantità e 'l peso del bene li pare più che se con giusta misura fosse saggiato, e quello del male meno. Per che, parlando di sè con loda o col contrario, o dice *falso* per rispetto a la cosa

di che parla; o dice *falso* per rispetto a la sua sentenza, c' ha l'una e l'altra *falsitate*" (*Conv.* 1.2.8–11). Il passo può servire da chiosa ai principi etici di Falsembiante che, come il falso mercante, ha nel suo giudizio due misure diverse: una per giudicare se stesso e una per giudicare gli altri; una per giudicare chi ha i mezzi per comprare le sue indulgenze, una per giudicare chi rifiuta di scendere a compromessi. Falsembiante quindi è come colui che ha i falsi pesi ossia il "falso giudizio". L'espressione "e tutto il mondo peso a mia bilancia" equivale quindi a "giudico tutti con parzialità, servendomi di pesi contraffatti".

35. "De deus Freres, Perron et Estene", in Gautier de Coinci, *Les miracles de Nostre Dame*, a cura di V. Frederic Koenig, Tomo Quarto (Genève: Librairie Droz, 1970). L'immagine della vendemmia è giustificata dal gioco di parole tra "acrapent" e "crappent".

36. Anche nel *Roman* "prevost" equivale a giudice o magistrato; infatti "prevoz" è il titolo conferito al giudice infernale Minosse (19853).

37. Riassumo le antinomie di *Inf.* 21–22 parzialmente riconducibili a quelle molto frequenti nel discorso di Falsembiante: "dentro vs fuori", "coperto vs aperto" (vedi per es. *Fiore* 123.6 e 7, 88.9 e 11):

- Sotto (vs fuori/suso): "Mettetel *sotto*" (21.39); "così si ritraén *sotto* i bollori" : "*fuori*" (22.30 : 26); "*sotto* la pece" (22.66); "quelli andò *sotto*, / e quei drizzò volando *suso* il petto" (22.128–29).
- Giù/giuso (vs sù): "bollia là *giuso*" (21.17); "Là *giù* 'l buttò . . . / quel s'attuffò e tornò *sù* convolto" (21.43 e 46); "e trassel *sù*" (22.36); " . . . gittarsi *giuso*!" (22.108); "*giù* s'attuffa, / ed ei ritorna *sù*" (22.131–32).
- Chiuso: "Ma Barbariccia il *chiuse* con le braccia" (22.59).
- Coperto/coverto: "*Coverto* convien che qui balli" (21.53); "così foss'io ancor con lui *coperto*!" (22.68).
- Dentro (entro, in): "e de la gente ch'*entro* v'era incesa" (22.18); "di ch'io rendo ragione *in* questo caldo" (22.54); "ch'eran già cotti *dentro* da la crosta" (22.150).

Ragioni di spazio mi hanno indotta a citare solo i sintagmi o i versi in stretta contiguità con i lessemi che qui interessa sottolineare, estraniati quindi dal contesto; la rapida schedatura proposta basta comunque a evidenziare la presenza importante di un lessico "del no". Alle due coppie antitetiche, già sperimentate nel *Fiore*, se ne aggiunge una terza costituita da "giù" vs "su"; non stupirà in questo caso constatare che nel regno dei peccatori che hanno perduto "la speranza dell'altezza" (*Inf.* 1.54), "giù" domini numericamente "su". D'altra parte, se Falsembiante giocava in maniera indiscriminata sulle opposizioni tra "dentro/fuori", "aperto/coperto", in *Inferno* la "copertura" e l'*intus* sovrastano e annullano progressivamente il *foris*. Le "coperte vie" (*Inf.* 27.76), di cui si servono i fraudolenti per "affondare", sono pagate in *Inferno* con lo star chiusi dentro.

38. Si veda la voce "Affondare" di Federico Tollemache, in *Enciclopedia Dantesca*, 1:72.

39. Ibid., 72.

40. Il problema della comicità del dittico dei canti dei barattieri è stato, insieme a quello autobiografico, uno dei temi più dibattuti dalla critica (Francesco De Sanctis, Benedetto Croce, Leo Spitzer, Riccardo Bacchelli, ecc.). Sono propensi a ridimensionare la portata comica dell'episodio dei diavoli Pagliaro: "Che esso risponda a intenzioni di 'comicità' si può senz'altro escludere, se si tiene presente quanto la poetica medievale e quella di Dante siano distanti dal principio dell'arte per l'arte, nel cui ambito il comico trova la sua piena legittimazione. . . . C'è da chiedersi se quello che noi avvertiamo per comico tale sia stato per Dante . . . " (Antonino Pagliaro, "La rapsodia dei diavoli", in *Ulisse*, 2 voll. (Messina-Firenze: D'Anna, 1966), 1:311–24 [313–14]); Picone, a proposito del rapporto tra i canti dei barattieri e la tradizione fabliolistica, afferma che "la *Comedìa*, copiata direttamente dal libro divino, diventa la culminazione artistica e l'inveramento poetico di tutta la tradizione comica che l'ha preceduta" (Michelangelo Picone, "Giulleria e poesia nella *Commedia*", 21); Domenico De Robertis: "Mi pare . . . sempre meno sostenibile, a prescindere cioè dal senso più generale che dall'esperienza e dal pericolo di Dante s'esprime, l'ipotesi (che pur si riaffaccia ancora nell'ultimo commento all'*Inferno* appena sfornato, quello di Bosco e Reggio) di un divertimento di Dante, e la riconoscibilità del suo 'sorriso' " (Domenico De Robertis, "In viaggio coi Demòni", 5–6; per una definizione del "comico", si veda anche p. 29). La disputa è in effetti alimentata da un'interpretazione oscillante e non univoca del significato del termine "comico".

41. De Robertis, "In viaggio coi Demòni", 25.

42. *Commento di Francesco da Buti*, 1:579.

43. Applico qui, al nome comune, inteso come segno, i principi esegetici proposti da Guglielmo Gorni per i nomi propri: "Va ricordato che nel testo medievale il nome proprio ha una doppia natura: 'quel d'entro', cioè la parte segreta, materia di speculazione ermeneutica ovvero oggetto di rivelazione, e la 'scorza', l'apparenza fisica della lettera, la cui funzione denotativa entro l'opera non è affatto perentoria. Il rapporto tra queste due qualità è illustrato, com'è noto, nella pratica dell'*interpretatio nominis*, strumento privilegiato dell'euristica medievale" (*Lettera Nome Numero*, 20). Si tratta, nel nostro caso, di chiarire la poliedricità semantica che gravita intorno alla parola "bolle".

44. Il termine "bouler" (= ingannare) è alla base dei principi etici di Malabocca, di Falsembiante e dell'arte di amare impartita da Amico e dalla Vecchia a Amante e a Bellacoglienza. "Bouler" occupa una posizione centrale nell'*interpretatio nominis* di Malabocca; i versi del *Roman* che qui interessano sono citati nella nota 10.

45. Le due citazioni prese da Spitzer, "Gli elementi farseschi" si trovano a 189 e 186. Picone, "Giulleria", 29–38.

46. Che questo uso sia in Dante voluto e non casuale è confermato, nella *Commedia*, rispettivamente da *Purg.* 24.55 e da *Inf.* 27.21. Nel primo caso infatti "issa" è detto da Bonagiunta Orbicciani da Lucca; nel secondo "istra" è pronunciato da Virgilio, lombardo.

47. Vari indizi mi inducono a questa affermazione. Tuttavia, onde evitare di allontanarmi dal mio discorso, ritornerò sui rapporti tra Gautier e Dante e tra Gautier e il *Fiore*, in altra sede.

48. Si veda, a questo proposito, la voce "Caronte" dell'*Enciclopedia Dantesca*, 1:846–50.

49. Dante Alighieri, *Commedia.I.Inferno*, a cura di Anna Maria Chiavacci Leonardi (Milano: Mondadori, 1991), 91.

50. Cito, nell'ordine, i versi principali in cui le figure infernali menzionate gridano: 3.84, 5.21, 8.19, 9.50, 12.61, 21.72, 22.126. Sul grido di Minosse e di Cerbero ha già attirato l'attenzione Giorgio Bárberi Squarotti in "Parodia e dismisura: Minosse e i giganti", in *L'ombra di Argo: studi sulla "Commedia"* (Torino: Genesi Editrice, 1987), 99–118. Squarotti definisce il "grido" come "la parodia della parola", che, col "ringhio di Minosse o la voce chioccia di Pluto e gli occhi di bragia e l'essere lupo", superando la norma e la misura, concorre a creare un "sublime parodiato" (101 e 103).

51. Vedi la voce "Cagnazzo" nell'*Enciclopedia Dantesca*, 1:751.

52. Giorgio Brugnoli, "Le 'cagne conte' ", in *Filologia e critica dantesca: Studi offerti a Aldo Vallone* (Firenze: Olschki, 1989), 95–112 (102).

53. Contini corregge "aferra" con "aterra", onde evitare, si presume, la rima identica del verso 11. Sarei propensa a mantenere "aferra", sia per la coerenza semantica dei versi 13–14, che per la presenza sia pur rara, nel *Fiore*, di rime identiche.

54. Per la clausola "come . . . cane/can", si veda anche *Inf.* 30.20 e *Inf.* 33.78.

55. Si è soliti citare per questo verso, che allude al rumoroso mangiare con ingordigia, il commento del Benvenuto: "sicut facit *porcus* in caeno". Tuttavia, proprio perché nell'*Inferno* l'animale emblema di ingordigia per antonomasia è il cane Cerbero, i versi citati potrebbero implicitamente riferirsi a comportamenti canini.

56. La rima "cane : pane" ritorna anche nell'invettiva contro gli avari di *Doglia mi reca*: "maledetto lo tuo perduto *pane*, / che non si perde al *cane*" (80–81).

57. "*Tenuitque inhians tria* Cerberus *ora*" (*Georgiche* 4.484); "*tria* Cerberus *extulit ora*" (*Metamorfosi* 4.450); "*tria guttura*" (*Eneide* 6.421).

58. Vanossi, *Dante e il "Roman de la Rose"*, 338. La discrepanza tra le fonti classiche e il Cerbero dell'*Inferno*, per il particolare dei serpenti, è segnalata anche da Giorgio Padoan nella voce "Cerbero" dell'*Enciclopedia dantesca*, 1:912–13.

59. Già in Vanossi, *Dante e il "Roman de la Rose"*.

The *Fiore* Revisited in the *Inferno*

In a well-known phrase in his summary of the arguments in favor of Dante's authorship of the *Fiore,* Gianfranco Contini referred to "la regina delle prove," which "si tocca quando alla ripetizione di elementi semantici si accompagna quella di dati fonici in analoghe congiunture ritmiche o sintattiche." In such cases, he argued, "non si tratta più di una semplice somma d'indizi, ma di un organismo mnemonico che è insieme verbale, concettuale (o sinonimico), fonico e ritmico, del tutto assimilabile alla memoria che il Dante della *Commedia* ha di se stesso . . . una memoria non centonaria e grezzamente imitativa, ma profonda sotto la stessa soglia della coscienza."[1] In the face of such a confident and authoritative assertion, it may seem rash to declare onself less than wholly convinced by some of these "regine," but many of the echoes identified by Contini that are primarily phonic, with only a minimal semantic element and with little reference to the context in which they appear, nonetheless seem rather arbitrary.[2] In this essay, I attempt to estimate the force of those parallels where verbal echoes coincide with common themes and images in the *Fiore* and the *Inferno.* Although I will suggest some links between the two texts that have not been noted by Contini or others, my efforts are mainly concerned with restoring to their context some of the parallels that have already been pointed out.

There is clearly an extensive area of thematic overlap between the *Fiore* and the *Inferno*. The *Fiore* depicts a world where relations between the sexes are based on deceit, venality, and exploitation; the central erotic theme is explicitly broadened in the discourse of Falsembiante, where the greed and hypocrisy revealed in sexual behavior are extended to society at large. Similarly in the *Inferno*, Dante's analysis of human moral failure begins with personal morality—the first sin he encounters being precisely that of lust—and is progressively extended to take in the whole of society. *Inganno* and *ingannare* are among the most frequently recurring words in the *Fiore*, and the *Inferno*, especially in the Malebolge cantos, depicts a society dominated by the pervasive presence of *inganno*.[3]

Moreover, the two texts also reveal a common concern with language as an indicator of moral values. One of the *Fiore*'s most conspicuous features is its flagrant linguistic hybridism—what Ernesto Parodi famously called its "orgia di sfacciati francesismi"[4]—and the poem's bastardized language, notably in La Vecchia's instructions to Bellacoglienza, reflects the moral duplicity and corruption the work expresses.[5] In the *Inferno*, too, both individuals and communities are defined by their speech. Not only does Dante-character's speech repeatedly identify him as a Tuscan, but also he is commended for his "parlare onesto" (*Inf.* 10.23) and his "chiara favella" (*Inf.* 18.53), in contrast to the variously persuasive but nonetheless deceptive speeches he hears from the souls whom he meets. The sinners' final loss of any form of community in the circle of the *traditori* is epitomized in Nembrotte's loss of the power of coherent speech.

If, then, the *Commedia* embodies a progression from the analysis of corrupt and divided communities in the *Inferno* to the description of Dante's ideal community in the Cacciaguida cantos of the *Paradiso*, it is possible to see the beginning of this process, even before the *Inferno*, in the *Fiore*: the society depicted there is the complete antithesis of the Florence of the "buon tempo antico," with its simplicity, lack of ostentation in dress and behavior, and linguistic continuity and homogeneity. So it is not surprising that there should be echoes and parallels between the *Fiore* and the *Inferno*. The question is whether these are fortuitous (given that two texts on similar subjects written in the same city in the space of a generation will almost inevitably have many linguistic features in common); whether they are echoes, more or less conscious, by Dante of a text he had read, comparable to the well-documented echoes in the *Commedia* of Brunetto Latini or Cavalcanti[6] (and if the *Fiore* was written in Florence between 1285 and 1290, Dante could hardly have failed to have known of it); or whether, finally, we are dealing with self-quotations of the kind described by Contini, either deliberate or "profond[e] sotto la stessa soglia della coscienza" (in which case the relationship may well be complicated by Dante's tendency to reject aspects of his own past that he considers he has outgrown).[7]

A suitable starting point for considering this question is provided by three cantos of the *Inferno* whose themes are directly related to those of the *Fiore* and in which, indeed, one could easily imagine encountering the main protagonists of the earlier poem: canto 5, an appropriate setting for Amante; canto 18, where Amico and La Vecchia correspond to the male and female types of panders and flatterers, respectively; and 23, the canto of the hypocrites, where it would be entirely appropriate to find Falsembiante.

There is an immediate similarity between the discourse of La Vecchia and that of Francesca in *Inferno* 5, in that both are based on the knowing use of conventional courtly vocabulary, which is undermined by the context in which it is set. But there are also clear differences: while Francesca gives every sign of believing the conventional sentiments she expresses, La Vecchia reveals her cynicism by her repeated lapses into vulgarity. In sonnet 158, for instance, she encourages Bellacoglienza to reciprocate the love of a "bel valletto, che tant'è piacente" (an astutely chosen adjective with an immaculate literary pedigree),[8] with a series of five consecutive lines all containing a form of the verb *amare*:

> E àtti amata di gran tempo antico,
> Che·ttu sì·ll'ami; ma tuttor ti dico
> Che·ttu no·ll'ami troppo fermamente,
> Ma fa che degli altr' ami saggiamente,
> Ché 'l cuor che·nn'ama un sol, non val un fico.
>
> (*Fiore* 158.4–8)

One might think of Francesca's "Amor, ch'a nullo amato amar perdona," but to make the comparison only underlines the difference. In the sonnet, the sequence, far from building to a climax, consists of a series of contradictions: she is not to love one man "troppo fermamente" but should take other lovers as well, "saggiamente," and the last line brings the contradiction into the open with the dismissive, and distinctly unliterary, "non val un fico."

In sonnet 172 La Vecchia teaches her pupil the proper formula to use in order to encourage her lover: "Tu gli dirai tuttor che·ttu sie presta / A fargli tutta quanta cortesia, / E dì che 'l su' amor forte ti molesta" (*Fiore* 172.10–12). Apart from the clearly euphemistic use of the elevated term *cortesia*, it is the verb *molesta* that strikes a false note here. That it is a deliberate choice in the *Fiore* is shown by the line it translates from the *Rose* (13671), which has an entirely conventional verb: "s'amour, qui si forment l'enlace." The Italian lyric tradition, too, had no lack of suitable verbs for the irresistible power of love: "como l'amor m'ha priso," "di tal guisa Amor m'ha vinto" (both Giacomo da Lentino), "Donna, l'amor mi sforza" (Guinizelli), "ché solo Amor mi sforza" (Cavalcanti), "Amor m'assale" (Guinizelli), and so on.[9] Indeed, Francesca herself remains entirely within this tradition when she reads "di Lancialotto come amor lo strinse" (*Inf.* 5.128). But it would be difficult to find other examples of *molesta*, unless one counts *Inf.* 5.33, of the *bufera infernal*: "voltando e percotendo li molesta." Could Dante here be recalling, as part of the infernal setting for Francesca's story, the "oltranza parodica"[10] of the *Fiore?*

Francesca's speech is a good deal more subtle in its use of conventional vocabulary than that of La Vecchia, so that her one serious stylistic lapse is all the more dramatic. It comes, after the well-mannered abstractions of the first part of her narrative ("la bella persona," "del costui piacer"), with the sudden physical explicitness of "esser basciato da cotanto amante / . . . / la bocca mi basciò tutto tremante" (*Inf.* 5.134–36), and it is at this point that she directly echoes the *Fiore*. In sonnet 180, La Vecchia describes the role the woman must adopt when she finally receives her lover:

> Sì dé la donna, s'ell' è ben sentita,
> Quando ricever dovrà quell'amante,
> Mostralli di paura gran sembiante,
> E ch'ella dotta troppo esser udita,
>   E che si mette a rischio de la vita.
> Allor dé esser tutta tremolante.

(Fiore 180.1–6)

The rhyme *quell'amante : tutta tremolante* underlines the evident parallel in the situation described, with the difference that what is mere pretence for the calculating woman of the *Fiore* becomes deadly serious for Francesca and Paolo, who really were "a rischio de la vita." But more than this, the point at which Francesca descends to the level of La Vecchia also underlines the difference between them: for Francesca, the illusoriness of her romantic dream is exposed by the reality of physical desire, while for La Vecchia even the symptoms of physical desire are a carefully constructed illusion, as is clear from her even more explicit instructions in sonnet 187 on how a woman should conduct "quel lavorio."

Canto 18 has three distinct, indeed contrasting episodes, all of which reveal links with passages in the *Fiore*. First, Venedico Caccianemico's reluctant two-line summary of his story reads like an exploit of Amico or La Vecchia:

> . . . Mal volontier lo dico;
> ma sforzami la tua chiara favella,
> che mi fa sovvenir del mondo antico.
>   I' fui colui che la Ghisolabella
> condussi a far la voglia del Marchese,
> come che suoni la sconcia novella.
>
> (*Inf.* 18.52–57)

The significance of the allusion to Dante's "chiara favella" becomes apparent in the course of the canto; its immediate effect is to leave Caccianemico with no alternative but to tell his shameful story, "la sconcia novella." The rhyme echoes *Fiore* 20.1–4, which describes Amante's delight on learning that the way is clear for him to approach Bellacoglienza and kiss the Rose:

> Udendo quella nobile novella
> Che que' genti messaggi m'aportaro,
> Sì fortemente il cuor mi confortaro
> Che di gioia perdé' quasi la favella.

The lines from the *Inferno* read like a sardonic commentary on the vacuous lines of the sonnet, with its trivialization of the word *nobile* and the narrator's premature ecstasy that deprives him of the power of speech: here, far from being "nobile," the pander's story is a "sconcia novella," and it is Dante-character's "chiara favella," his readiness to call a spade a spade, that exposes the fact.

This is followed (*Inf.* 18.82–96) by the very different figure of Jason, who draws Virgil's admiring comment, "quanto aspetto reale ancor ritene!" (*Inf.* 18.85). Jason is not only one of the few classical heroes to

figure in the *Inferno*, he is also one of the very few in the *Fiore*, where
Medea is cited twice by La Vecchia (in sonnets 161 and 190) to illustrate women's powerlessness to escape being exploited and abandoned
by men. Jason's grandeur and "aspetto reale" in the *Inferno* are undermined by the coarseness of those in whose company he appears, but
his presence nonetheless draws attention to the fact that, in the war
between the sexes, women are not always wholly innocent victims:
"Ello passò per l'isola di Lenno, / poi che l'ardite femmine spietate /
tutti li maschi loro a morte dienno" (*Inf.* 18.88–90).

The *inganno* of which Jason was guilty is part of a larger pattern of
mutual *inganno* practiced by men on women and vice versa: "Isifile in-
gannò, la giovinetta / che prima avea tutte l'altre ingannate" and, four
lines later, "Con lui sen va chi da tal parte inganna" (*Inf.* 18.92–93,
97). The *Fiore* provides a striking series of precedents for these lines.
Two sonnets in the discourse of La Vecchia have a similar repetition
of the key verb, on both occasions making exactly the same point: that
when it comes to *ingannare*, there is little to choose between the two
sexes, and each only gives as good as it gets. In *Fiore* 149.1–4 she recalls
her own youth: "Molti buon' uomini i' ò già 'ngannati, / Quand'i' gli
tenni ne' mie' lacci presi: / Ma prima fu' 'ngannata tanti mesi / Che '
più de' mie' sollazzi eran passati." In *Fiore* 179.7–9 she dramatizes an
imaginary scene in which the treacherous lover boasts cynically of his
conquest: "E dice l'un a l'altro: 'La giomenta / Che·ttu ti sai, mi credette
ingannare; / Ingannar mi credette, i' l'ò 'ngannata.' " But the inspiration for both passages comes from earlier in the *Fiore*, appropriately
enough with that master of deception Falsembiante: "Ma io, che porto
panni devisati, / Fo creder lor che ciascheun sì erra, / E 'nganno ingannatori e ingannati" (*Fiore* 118.12–14). Contini points out that in the
first two of these examples (sonnets 118 and 149) the *Fiore* translates
two different verbs in the *Rose*, thus establishing the pattern that is repeated in sonnet 179 and then in *Inferno* 18.[11] However, it is not necessary to go back to the *Rose* to see that the threefold repetition of
ingannare in the space of six lines in *Inferno* 18 acquires an extra significance with the *Fiore* references in the background.

The final part of canto 18, dealing with the flatterers, is much more
directly comparable to the *Fiore*, with one of the most uncompromising
passages of comic style in the whole of the *Inferno*.[12] The lowering of
the stylistic level is most apparent in the rhymes, beginning appropriately with *inganna* (97) : *assanna* (99), followed by *calle : s'incrocicchia*

: *spalle : nicchia : scuffa : picchia : muffa : s'appasta : zuffa*. Although the stylistic similarity to the *Fiore* is very close, there are no especially striking words in common, although *scuffare* (104), meaning "soffiare violentemente," recalls La Vecchia's "che troppo dolzemente mi scuffiava" in *Fiore* 192.14. Lino Pertile has rightly pointed out the "ossimoro di inaudita violenza e pregnanza espressiva" of this juxtaposition, *dolzemente scuffiava*, "un sintagma che basta da solo a svelare la corrotta ambivalenza della Vecchia."[13] Dante introduces just such a combination of incompatible notes at the end of canto 18, most starkly in the rapid scene with Taïde. Her appearance is described in the most disgusting possible terms—"quella sozza e scapigliata fante / che là si graffia con l'unghie merdose" (*Inf.* 18.130–31)—after which the saying attributed to her as an example of her corruption seems oddly anodyne, nothing more than a casual hyperbole: "Taïde è, la puttana che rispuose / al drudo suo quando disse 'Ho io grazie / grandi apo te?': 'Anzi maravigliose!' "(*Inf.* 18.133–35). But it is surely this very incongruity of the words and their setting that illustrates Taïde's falseness, the way in which her words conceal the squalid nature of the relationship. In the light of the *Fiore* the encounter with Taïde reads like a definitive judgment, in the space of a few lines, on the moral and linguistic corruption that is illustrated at such length in the speech of La Vecchia. The whole of canto 18 illustrates what happens to language when it is systematically subverted by *inganno* in the service of sexual exploitation: it descends into a comic style marked by vulgarity and obscenity, exoticism, and flattery and hyperbole—all of which are amply represented in the *Fiore*, and all of which are contrasted with the "chiara favella" that Dante-character acquires in the course of the *Inferno*.

Sonnets 88–126 of the *Fiore*, the discourse of Falsembiante, are an *excursus* on the theme of hypocrisy in their own right, so it is not surprising to find these sonnets echoed in *Inferno* 23, the canto of the hypocrites. The most immediately striking connection is the visual image of the cloak of hypocrisy, the "manto di papalardia" insistently referred to by Costretta-Astinenza and Falsembiante (*Fiore* 80.7 and 120.12; cf. "quel manto" in *Fiore* 106.13). The word *manto* itself is used only once in *Inferno* 23 ("Oh in etterno faticoso manto!" *Inf.* 23.67), but the image of the hypocrites' heavy leaden cloaks, also referred to as "cappe" (twice, *Inf.* 23.61 and 100) and "la grave stola" (*Inf.* 23.90) still pervades the canto. It is complemented by the equally striking image of the cloaks' dazzling gold exterior, brilliantly expressed in the

rhyme *abbaglia : paglia*, which combines their golden color with a contrasting sense of lightness: "Di fuor dorate son, sì ch'elli abbaglia; / ma
dentro tutte piombo, e gravi tanto, / che Federigo le mettea di paglia"
(*Inf.* 23.64–66). This rhyme too comes from the discourse of Falsembiante, in the same context of showing how the world is dazzled by ap-
pearances: "Ma della religion, sa·nulla faglia, / I' lascio il grano e pren-
done la paglia, / . . . / Con questi due argomenti il mondo abaglia"
(*Fiore* 103.4–5, 8).

Another series of rhymes that passes from Falsembiante to the canto
of the hypocrites is that of *Fiore* 111.3–7, *dispregio : collegio : privile-*
gio. This sonnet shows Falsembiante at his most complacent and legal-
istic, arguing that only those who have ecclesiastical permission ("privilegio") as members of a religious community ("collegio") should be
entitled to beg for alms.[14] So the echo adds an ironic dimension to the
words of the hypocrites in *Inferno* 23:

> "Costui par vivo a l'atto de la gola;
> e s'e' son morti, per qual privilegio
> vanno scoperti de la grave stola?"
> Poi disser me: "O Tosco, ch'al collegio
> de l'ipocriti tristi se' venuto,
> dir chi tu se' non avere in dispregio."
>
> (*Inf.* 23.88–93)

The speakers belong not to a religious community but to the "collegio /
dell'ipocriti tristi," and the "privilegio" granted to Dante is not a status
in canon law but an act of divine providence itself.

The contrast between the juridical provisions of the earthly church
and the inscrutability of divine judgment, with the consequent scope
for fraud and deception in the former, is a theme running through
Falsembiante's discourse that has reverberations in the *Inferno* extending beyond canto 23; one thinks especially of Guido da Montefeltro
in canto 27. There are indeed similarities: Guido's fateful advice to
Boniface, "lunga promessa con l'attender corto / ti farà trïunfar ne l'alto
seggio" (*Inf.* 27.110–11), for instance, recalls that of Amico to Amante,
"Largo prometti a tutte de l'avere, / Ma 'l pagamento il più che puo' lo
tarda" (*Fiore* 52.7–8). But there do not appear to be any other obvious
parallels in canto 27. True, the structure of Falsembiante's speech rests
on the contrast between surface appearance and underlying reality, en-
capsulated in the rhymed opposites *aperto : coperto* in his program-

matic opening sonnet (*Fiore* 88.9–11); similarly, Guido da Montefeltro's account of the condition of Romagna contrasts the reality "ne' cuor de' suoi tiranni" and the appearance " 'n palese" (*Inf.* 27.38–39), as befits one who was famous for his skill in "li accorgimenti e le coperte vie" (*Inf.* 27.76). But it must be admitted that this is no more than a generic resemblance arising from the similarity of the subject matter.

A more fruitful link between the *Fiore* and the later cantos of the *Inferno* is suggested, as it happens, by the phrase used by the hypocrites when they notice that Dante still uses his physical organs of speech: "Costui par vivo a l'atto de la gola" (*Inf.* 23.88). The faculty of speech, the physical means by which it is exercised, and Dante's increasingly gruesome punishments for those who abuse it, are recurring themes from the talking flame of Ulisse to the disfigurement of Curio, and their echoes extend to the later exchanges with Bocca degli Abati and Ugolino. The *Fiore*, too, has a violent scene where Malabocca (a name that would not be out of place in these cantos)[15] is punished by Falsembiante and Costretta-Astinenza for using his power of speech ill-advisedly (*Fiore* 130–36). They first lecture him on the evil of unbridled speech: "Astinenza sì cominciò a parlare, / E disse: 'La vertude più sovrana / Che possa aver la crïatura umana, / Sì è della sua lingua rifrenare' " (*Fiore* 133.1–4). The verb *rifrenare* applied to *lingua* in line 4 recalls the passage in the Epistle of James that is the source of much of the imagery of *Inferno* 26, where the phrase is divided between two separate lines: Virgil's admonition "ma fa che la tua lingua si sostegna" (*Inf.* 26.72) and Dante's earlier comment "e più lo 'ngegno affreno ch'i' non soglio" (*Inf.* 26.21).[16] But the *Fiore* then moves on rapidly to the cutting of Malabocca's throat (136), with parallels to the punishment of Curio in canto 28 that are noted by Irene Scariati Maffia in her contribution, elsewhere in this volume.

But the importance of speech and language is a prominent theme in the *Inferno* long before it is reduced to this physical level in the last six cantos. Canto 23 has obvious echoes of canto 10: one of the souls calls to Dante on hearing his Tuscan speech—"E un che 'ntese la parola tosca, / di retro a noi gridò:" (*Inf.* 23.76–77)—and when they speak to him they address him as "O Tosco" (*Inf.* 23.91), as Farinata did in *Inf.* 10.22. The allusion implicitly extends to Dante's "parlare onesto" (*Inf.* 10.23), which in turn recalls his "chiara favella" of *Inf.* 18.53. The theme is more relevant here than ever; the sonnet from Falsembiante's discourse that contains the *abbaglia : paglia* rhyme (103) also has these lines: "Così vo io mutando e suono e verso / E dicendo parole umili e piane, / Ma molt'è il fatto mio a·dir diverso" (*Fiore* 103.9–11). Falsembiante's speech aims only to be deceptive and misleading. But Dante's increasingly arduous attempt to speak the truth in the *Inferno* culminates in the protestation of inadequacy at the beginning of canto 32, where he invokes the aid of the Muses "sì che dal fatto il dir non sia diverso" (*Inf.* 32.12). The echo of *Fiore* 103.11 is so close that it does not seem implausible to see this as Dante's final insistence that he has overturned the treacherous language of Falsembiante with his own "parlare onesto."

There remains one prominent aspect of these cantos that may or may not be relevant to the *Fiore*. One cannot help noticing that the two cantos in which the presence of the *Fiore* is especially pervasive are those that have strong associations with Bologna.[17] The line "Frati Godenti fummo, e bolognesi" (*Inf.* 23.103) immediately recalls Caccianemico's "e non pur io qui piango bolognese" (*Inf.* 18.58), and the canto ends with the derisive comment, " 'Io udi' già dire a Bologna / del diavol vizi assai, tra' quali udi' / ch'elli è bugiardo e padre di menzogna' " (*Inf.* 23.142–44). It is well known that Bologna is twice mentioned in a similarly facetious context in the *Fiore*, on both occasions in rhyme with *vergogna* (*Fiore* 23.9–11 and 211.6–8).

Both in the *Fiore* and at the end of *Inferno* 23, the references are purely proverbial, and it would be unwise to read too much into them. The chronology, however, is intriguing, for the years 1286–87, which are the most likely dates for the composition of the *Fiore*, if it is by Dante, are also the years in which Dante is generally assumed to have spent some time in Bologna. The visit left its impression on the poet, who evidently formed some negative moral judgments (or prejudices) about the Bolognese at this time. When he came to deal in the *Inferno* with the themes of venality, deception, and hypocrisy, he associated them, rightly or wrongly, with Bologna. But at the same time the visit had a wholly positive effect on Dante's poetic career, for this must have been the occasion of his first encounter with the poetry of Guinizelli "et alii poetantes Bononie," not to mention the favorable impression of Bolognese speech recorded in *DVE* 1.15. I have suggested that the linguistic promiscuity of the *Fiore*, especially in the discourse of La Vecchia, is a symptom of a general moral corruption, and the Cacciaguida episode confirms that the mature Dante saw it in this way. It was from the Bolognese Guinizelli that Dante learned that the language of poety could and should stand apart from the compromises of everyday speech. Is it then fortuitous that Dante should use the Bolognese cantos 18 and 23 to underline the development of his own "chiara favella," "sì che dal fatto il dir non sia diverso"—or is the purification of his language another of the ways in which, in the *Inferno,* Dante emphasizes that he has left the *Fiore* behind?

It seems clear than many of the echoes of the *Fiore* in these cantos cannot be dismissed as merely fortuitous; their very quantity argues against this. There remain the two other possibilities: that Dante knew the *Fiore* and alluded to it, with varying degrees of awareness, in the *Inferno;* or that we are dealing with the poet's internal allusions to his own earlier work. The distinction between these is elusive, and it would be rash to claim equal status for all the examples considered here. But enough of them have that element of deliberate negation or correction so typical of Dante's treatment of earlier stages in his own development that it seems reasonable to conclude that when Dante cites the *Fiore,* he is citing himself.

NOTES

1. G. Contini, "Fiore, Il," in *Enciclopedia Dantesca,* 6 vols. (Roma: Istituto della Enciclopedia Italiana, 1970–78), 2:895–901, especially 899–900; the first part of the quotation is repeated in G. Contini, ed., *"Il Fiore" e "Il Detto d'Amore"* (Milano: Mondadori, 1984), lxxxviii.

2. Exactly this point is made by M. Picone, "Il *Fiore:* Struttura profonda e problemi attributivi," *Vox romanica* 33 (1974): 145–56: "Il grande elemento assente nell'analisi continiana mi sembra che sia proprio questo: Il contesto" (150).

3. The *Fiore* has a combined total of eighteen occurrences for *ingannare* and *ingannatore:* 12.14, 50.7, 61.10, 91.7, 97.6, 111.5, 118.14 (3 times), 134.12, 149.1, 149.3, 160.14, 163.2, 168.5, 179.8–9 (3 times). In the *Inferno,* it may be that the fourfold repetition of *inganno, ingannare* in the space of six lines in the opening canto of Malebolge (*Inf.* 18.92–93, 97)—itself one of the most striking examples of a chain of references linking the *Inferno* to the *Fiore*— is programmatic, establishing the common element in the various manifestations of deception in Malebolge; indeed, the passage could be seen as a recapitulation, with variation, of the analogous repetition of *frode, frodolente* in *Inf.* 11.24–25, 27. See below.

4. Ernesto Giacomo Parodi, ed., *Il "Fiore" e "Il Detto d'Amore"* (Firenze: Bemporad, 1922), xi.

5. For example, in sonnet 169, where in the course of advising her pupil to entertain only wealthy suitors, La Vecchia combines gross vulgarity ("Non t'intrametter di cotal merdaglia," 169.7) with glaring gallicisms ("Ma se·tti donan, non sie rifusante; / E fa co·llui infinte druderie," 169.13–14), or in sonnet 171 where, encouraging Bellacoglienza to keep her lovers as long as possible in suspense, she indulges in what Contini calls one of the text's "segni-limite di espressività caricaturale" (*"Il Fiore" e "Il Detto d'Amore,"* xcviii): "Ma non sì tosto: atendi un petitto, / Sì ch'egli un poco stea in sospezzone" (171.13–14). See Mark Davie, "Lettura dei sonetti CLI–CLXXX," in *Lettura del "Fiore,"* ed. Zygmunt G. Barański, Patrick Boyde, and Lino Pertile, Letture Classensi 22 (Ravenna: Longo, 1993), 109–30, especially 123–24.

6. See Francesco Mazzoni, "Brunetto in Dante," in Brunetto Latini, *Il Tesoretto, Il Favolello* (Torino: Tallone, 1967), xi–lx; and Gianfranco Contini, "Cavalcanti in Dante," in *Varianti e altra linguistica* (Torino: Einaudi, 1970), 433–45.

7. See Contini's comment on Dante's treatment of Guittone d'Arezzo and Brunetto Latini: "qualche volta il rifiuto serve a mimetizzare, ad ammantare di una connotazione deprezzativa un debito, un debito che dà fastidio all'autore: ricordiamo la citazione o le citazioni di Guittone e dello stesso Brunetto" (G. Contini, "Un nodo della cultura medievale: La serie *Roman de la Rose-Fiore-Divina commedia,"* *Lettere italiane* 25 [1973]: 162–89, quotation on 173).

8. See Bruno Panvini, *Le rime della Scuola siciliana,* 2 vols. (Firenze: Olschki, 1964), 2:s.v. *glossario* (total of twelve examples).

9. For references, in the order listed, see Gianfranco Contini, ed., *Poeti del duecento,* 2 vols. (Milano: Ricciardi, 1960), 1:51, 53 (Giacomo da Lentino), 2:457 (Guinizelli), 2:492 (Cavalcanti), 2:468, 470 (Guinizelli).

10. The phrase is Contini's; G. Contini, ed., *"Il Fiore" e "Il Detto d'Amore"* (Milano: Ricciardi, 1985), 562.

11. Contini, "Un nodo," 178–79. *Fiore* 118.14 corresponds to *Rose* 11551 (not 11531 as given by Contini), and *Fiore* 149.1–4 corresponds to *Rose* 12827 (not 12327).

12. On the significance of this canto for establishing Dante's "comic" poetic in the *Commedia,* see Zygmunt G. Barański, " 'Primo tra cotanto senno': Dante and the Latin Comic Tradition," *Italian Studies* 46 (1991): 1–36, especially 26–28.

13. Lino Pertile, "Lettura dei sonetti CLXXXI–CCX," in *Lettura del "Fiore,"* ed. Barański, Boyde, and Pertile, 131–52, especially 147.

14. Aniello Fratta proposes another legal phrase as an emendation of the crux in line 5 (on which see Contini, *"Il Fiore" e "Il Detto d'Amore,"* 224), to read: "E s'alcun n'è *sine facto,* ingannato / È 'l papa che li dié il su' collegio,"

which he paraphrases as follows: "E se vi è (tra i privilegiati) qualcuno che non ne ha il diritto (propriamente, che non si trovi nelle condizioni che producono il diritto al privilegio), ingannato . . . ," with the comment, "Un tocco da perito giuresconsulto, ci sembra, che rivela una conoscenza non proprio superficiale del diritto nell'autore di F." (Aniello Fratta, "La lingua del *Fiore* [e del *Detto d'amore*] e le opere di Francesco da Barberino," *Misure critiche* 14 [1984]: 45–62, especially 50).

15. It is, of course, directly translated from the *Rose* (Malebouche), but, as Contini has suggested (*"Il Fiore" e "Il Detto d'Amore,"* xci n.1), it is likely that this provided the stimulus for the invention of Malebolge, Malebranche, and Malacoda in the *Inferno*.

16. "Si quis in verbo non offendit, hic perfectus est vir: potest eniam freno circumducere totum corpus. Si autem equis frena in ora mittimus ad consentiendum nobis, et omne corpus illorum circumferimus . . . Ita et lingua modicum quidem membrum est, et magna exaltat" (James 3.2–5). See John A. Scott, "*Inferno* XXVI: Dante's Ulysses," *Lettere italiane* 23 (1971): 145–86, especially 173–74; reprinted in Scott, *Dante Magnanimo: Studi sulla "Commedia"* (Firenze: Olschki, 1977), 117–93.

17. See Ezio Raimondi, "I canti bolognesi dell'*Inferno* dantesco," in *Dante e Bologna nei tempi di Dante* (Bologna: Commissione per i Testi de Lingua, 1967), 229–49, especially 242.

PART VI

The Question of Attribution II

Uno, nessuno e tanti: il *Fiore* attribuibile a chi?

Una delle poche cose che sappiamo di certo riguardo al *Fiore* è questa: che la sua composizione non può precedere l'assassinio di Sigieri di Brabante, avvenuto, a quanto pare, tra il 1281 e il 1284 e che viene ricordato nel poemetto (92.9–11). Tuttavia, se il *terminus a quo* è un dato fermo, l'altro *terminus, ad quem*, non lo è affatto. Vedremo, però, nel corso di questo contributo che il *terminus ad quem* non dovrebbe superare di molto la fine del Duecento, sicché abbiamo uno spazio di circa quindici anni in cui situare il nostro testo. Anzi, la critica recente tende a circoscriverne la composizione agli anni 1285–95, e in particolar modo al periodo 1285–90.

Situar geograficamente il *Fiore* non è agevole, anche se è probabile che sia stato scritto a Firenze. In passato si congetturava che il testo fosse stato composto oltralpe, forse addirittura da un francofono, giacché l'unico codice superstite contenente il *Fiore* si trova da almeno cinque secoli e mezzo in Francia; ora, però, non solo la sua fiorentinità è accettata più o meno universalmente in base a criteri linguistici,[1] ma l'ipotesi che esso sia stato scritto proprio a Firenze sembra convalidata da argomentazioni di carattere culturale (anche queste verranno esplicitate più avanti).

Dunque l'*ubi* e il *quando* pongono pochi problemi; ma è assai più ar-

duo stabilire con certezza il *quale* e il *quare*—vale a dire di che tipo di
opera si tratti e perché essa sia stata composta. Eppure queste sono domande che conviene affrontare almeno provvisoriamente prima di passare al problema ancor più scabroso dell'attribuibilità.

A mio avviso gli spunti migliori per rispondere a tali quesiti sono offerti, allo stato attuale degli studi, dalle ricerche di Zygmunt Barański.
In questo stesso volume il Barański si dichiara favorevole ad una lettura
etica del *Fiore*, sostenendo che l'anonimo poeta difende, razionalmente,
un tipo di moralità che è contraddetto dal comportamento del protagonista, e ravvisa pertanto in quest'ultimo un *exemplum* di un comportamento che i lettori devono evitare, o almeno quei lettori che siano
in grado di contestualizzare le superficiali "fallacie" (36.2) della letteratura e perciò di interpretarla "moralmente" (*Purg.* 33.72).[2] Intanto
va subito riconosciuta, per dirla con Mark Davie, "l'appartenenza del
Fiore al filone centrale della tradizione comico-realistica toscana",[3] o,
con Vittore Branca, la sua posizione "al centro della esperienza della
ricca poesia satirico-burlesca, deformante e infamante—dal Cavalcanti
e dall'Angiolieri ai sonetti danteschi con Forese".[4] È utile ricordare,
tuttavia, quanto asserito da Peter Hainsworth e da Isabelle Abramé-
Battesti:[5] che l'oggetto della burla non sembra essere il *Roman de la Rose*
(il quale, nelle mani di Jean de Meun, era già burlesco di per sé), bensì,
nelle parole di Lino Leonardi, "le convenzioni ormai ampiamente sclerotizzatesi nella lirica italiana duecentesca".[6] Va rilevato inoltre che il
poemetto è la prima opera narrativa italiana organizzata in sonetti:
anzi, secondo il Barański, "la grande trovata di Durante, maggiore persino della sua invenzione linguistica, è di riconoscere le possibilità narrative del sonetto".[7] Ciò consente, soprattutto al Leonardi, di situare
il *Fiore* in un noto contesto poetico: "È fuori dubbio . . . che la scelta
di 'tradurre' la *Rose* in una serie di sonetti si colloca in una precisa sequela guittoniana".[8] La scelta dello schema ABBA.ABBA per le quartine indicherebbe il momento del *dolce stil novo*,[9] anche se per il Davie
il nostro misterioso autore è "un poeta la cui tecnica è ancor immune
dalla sensibilità stilnovistica".[10] Peter Armour, invece, è più propenso
a identificare l'*humus* da cui il testo nasce nella zona che fa capo a
Brunetto Latini.[11] Secondo il Barański, "abbandonando il passatismo
ideologico del primo autore della *Rose* e modificando quello più 'moderno' del secondo, il poeta creava un testo adatto per la nuova società
dei comuni".[12]

Lo Hainsworth ha commentato "la notevole seppur discontinua cultura retorica dell'autore" e la sua destrezza nel maneggio del sonetto, definendolo "uno scrittore che, tutto sommato, sa bene il suo mestiere e che, entro certi limiti, ha voluto sperimentare una varietà di possibilità espressive".[13] D'altro canto la sapienza scrittoria del poeta è stata illustrata più ampiamente (e più decisivamente) dal Barański, secondo il quale, ad esempio, "le connessioni intratestuali che organizzano il nostro testo lo spingono verso le posizioni più avanzate dell'arte sonettistica del Duecento".[14] Inoltre questo studioso vede la comicità del poemetto come un fenomeno singolare, estremo e volto ad un sincretismo stilistico che potrebbe prefigurare quello della Commedia di Dante.[15]

Fin qui mi sembrano più o meno accettabili i pareri dei vari studiosi citati: e ciò significa che trovo meno convincente un filone critico che va dal Parodi, a detta del quale il Maestro del Fiore "ha non di rado l'aria di uno dei più solenni scansafatiche che si conoscano tra i poeti",[16] a Lino Pertile, che vede nel poeta un "indisciplinato" caratterizzato da "impazienza e pigrizia", e soprattutto dalla "mancanza di un meditato programma di ricostruzione radicale delle strutture narrative, straripanti e sconnesse, del suo modello".[17]

Ma ci sono anche alcune tesi del Barański che non trovo pienamente convincenti. In primo luogo quest'ultimo, dopo aver affermato che "l'uso programmatico ed altamente marcato dei francesismi . . . stabilisce dei contatti tra il poema e la letteratura contemporanea di stampo bilingue e plurilingue, la quale rappresentava uno dei pilastri del genere 'comico' ", sostiene che "lo scopo principale dei testi bilingui era quello di fissare, per esiti umoristici e dissacranti o per ragioni di politica culturale più impegnata, una gerarchia tra le lingue messe in raffronto".[18] Ora, a parte il fatto che spesso i termini bilinguismo e plurilinguismo si riferiscono a "quel particolare procedimento consistente nell'impiego simultaneo di due o più idiomi differenti, in successione o alternanza prestabilita",[19] la seconda di queste affermazioni, riguardante "lo scopo principale dei testi bilingui", mi sembra troppo rigida,[20] specialmente se il critico vuole far intendere che nel caso del Fiore entrino necessariamente in gioco le "ragioni di politica culturale più impegnata". È facile constatare, pur senza ricorrere alle generalizzazioni, che i francesismi del Fiore (o alcuni di essi) hanno un effetto comico, ma per me è molto più arduo affermare perché essi debbano rappresentare un programmatico ordinamento gerarchico del francese e del toscano.

Più in generale, rimango un po' perplesso leggendo che il Fiore "si erge come bastione contro il dilagare di tale imperialismo culturale [francese]".[21] Pare che una siffatta caratterizzazione battagliera del poemetto si basi su un brevissimo cenno del Dionisotti ("di influsso francese e di repulsione italiana"),[22] suffragato da quanto scrive Dante, forse vent'anni dopo la composizione del *Fiore*, nel *De vulgari eloquentia* a proposito della letteratura francese: "Allegat . . . pro se lingua *oïl* quod propter sui faciliorem ac delectabiliorem vulgaritatem quicquid redactum est sive inventum ad vulgare prosaycum, suum est: videlicet Biblia cum Troianorum Romanorumque gestibus compilata et Arturi regis ambages pulcerrime et quamplures alie ystorie ac doctrine" (1.10.2). Qui Dante restringe il campo della letteratura francese alla produzione in prosa, mentre per il Barański "il *Roman de la Rose*, parlando dell'amore in poesia, sembrava volere estendere l'egemonia francese oltre il campo della prosa, e proprio su quello spazio (certo all'ombra dei provenzali) che i poeti italiani avevano pian piano conquistato come proprio".[23] Ma appunto questo elemento di territorialismo nel rapporto *Rose-Fiore* sembra difficile da dimostrare. È ben vero che il Mengaldo sancisce una lettura del passo del *De vulgari eloquentia* "sullo sfondo e in prosecuzione della battaglia sostenuta nel I libro del *Convivio* contro l'egemonia potenziale delle culture d'Oltralpe";[24] ma lo stesso Mengaldo è del parere che se "il Dante maturo esibisce, o almeno lascia intravvedere, un atteggiamento senz'altro definibile come anti-francese, in politica ma anche e coerentemente per il rispetto culturale", "tale atteggiamento, se il *Fiore* è di Dante, comporta una cospicua, sostanziale revisione da parte sua delle proprie stesse posizioni culturali".[25] Con buona pace del Dionisotti e del Barański, è forse anacronistico pensare a "repulsione italiana" (o almeno fiorentina) nei confronti dell'"influsso francese" prima degli albori del nuovo secolo. Purtroppo, però, occorre scavare più in profondità per quanto riguarda la questione del rapporto culturale fra Toscana e Francia negli ultimi decenni del Duecento.

Una considerazione a parte (ma non troppo) merita forse quella che il Parodi definì, notoriamente, un'"orgia di sfacciati francesismi" (per l'Armour "francesismi davvero raccapriccianti ai puristi"), che secondo lo studioso ligure "non servono che a facilitare alla pigrizia del poeta una rima pur che sia".[26] La critica recenziore è sostanzialmente concorde nel vedere questa messe di "vocaboli di provenienza transalpina" (Luigi Vanossi ne ha contati circa 350)[27] in una luce più positiva, proponendo fra l'altro che il loro uso sia più selettivo di quanto si sia creduto in altri tempi. Guglielmo Gorni, per esempio, nota che "anche quando ha a disposizione più sinonimi fiorentini o pantoscani—perfet-

tamente congrui per metro, semantica, livello stilistico, tradizione di
genere e di linguaggio poetico—non di rado il nostro autore sorprende
il lettore con un crudo, inaudito gallicismo: lieto di ostentare un tratto
estremo di lingua, un'espressività violenta e come efferata".[28] Il Davie
osserva: "Se è una delle caratteristiche determinanti dello stile comico
trasgredire le regole del decoro stilistico con bruschi cambiamenti di registro, gran parte dell'effetto di tanti dei gallicismi è dovuto alla loro
stessa invadenza"; e, commentando il terzo e ultimo grande monologo
del poemetto, crede di intravedere la possibilità di "uno scopo parodi-
stico più preciso; e cioè l'identificazione dei più flagranti gallicismi con
gli aspetti più infidi e ipocriti del discorso della Vecchia".[29] D'altro canto
lo Hainsworth individua una "regola generale" secondo cui "più il testo
italiano s'allontana dal contenuto specifico del testo francese, più si libera da incrostazioni linguistiche francesi. E a questa regola si potrebbe
aggiungere un corollario—che i francesismi del *Fiore* sono fortemente
testuali, nel senso che sono radicati in precisi contesti e quindi non sono
generalizzabili".[30] Anche per il Barański questo "creolo" del *Fiore* "non
è il segno di un volgarizzatore pigro ed inesperto, ma la prova della sensibilità linguistica del nostro".[31] Egli osserva inoltre che la pur elevata
quantità di francesismi del *Fiore* è assai inferiore a quella che si trova
in altri volgarizzamenti dal francese, e che molti dei francesismi del
Fiore non hanno un preciso equivalente verbale nel brano della *Rose* che
traducono (anche se la forma francese che ricalcano è a volte presente
altrove nel *Roman*). Ciò fa pensare che la loro presenza nel poemetto
derivi da una scelta stilistica consapevole piuttosto che da una pedissequa necessità, specialmente ove si consideri che, in varie parti del
Fiore, il poeta utilizza dei sinonimi italiani per quanto riguarda una significativa percentuale dei suoi francesismi.[32]

    Un altro settore della critica, rappresentato da Remo Fasani e da
Aniello Fratta, ha sottolineato non tanto i francesismi del *Fiore* quanto
gli elementi linguistici che sembrano assai vicini alla lingua dei cantari:
per scrupolo cronologico, il Fasani ci assicura che "è quasi certo che i
cantari esistevano già all'inizio del Trecento, se non alla fine del Duecento" (al che forse Joseph Bédier avrebbe alzato il grido: "Mais où sont
les textes?"). La patina cantaresca del *Fiore* consiste, secondo il Fasani,
in

    certi fatti semantici—e insieme certe immagini— . . . che non ricorrono nel
    Roman de la Rose, . . . le rime generalmente facili e talvolta magari identiche,

i versi ripetuti uguali o quasi uguali, le massicce riprese da un sonetto all'altro
(come nei cantari da un'ottava all'altra), gli emistichi prefabbricati, gli endecasillabi di tipo non canonico, la sbrigativa mescolanza di discorso diretto
e indiretto, la frequenza di vocaboli e sintagmi come *immantenente* e *incon-*
tanente . . . , *tosto* . . . e *san dimora*, che stanno a dire il farsi veloce, senza
indugi psicologici, dell'azione, esattamente come nei cantari; e altri fenomeni ancora, che si dovrebbero analizzare in modo sistematico per definire
una volta tanto la maniera del *Fiore*.[33]

Credo che il Fasani abbia ragione, anche se è difficile immaginare come
si possa riuscire a scandagliare quel buco nero rappresentato dalle origini della tradizione canterina.

  Concluderei questa prima parte del mio contributo sottolineando le
capacità intellettuali e letterarie del Maestro del *Fiore*. È chiaro che egli
aveva un'ottima padronanza della lingua francese e che conosceva
"tutta quanta" la *Rose*, data la libertà con cui sposta elementi del modello a nuove collocazioni nel proprio testo. Inoltre, la critica è più o
meno unanime nel riconoscergli: una presa di posizione e una voce co-
erenti, lontane dal cortese Guillaume de Lorris e più vicine ai segmenti
satirici e anticortesi dell'opera di Jean de Meun; un'efficace messa a
fuoco della componente narrativa ottenuta mediante la soppressione di
elementi allegorici dell'originale e di tutte le lezioni dottrinali di Jean;
e una notevole abilità nell'*abbreviatio*, nell'*amplificatio*, nell'uso del sonetto come strofe narrativa e nel collegare il singolo sonetto con quello
che lo precede e quello che lo segue. Sembra poi che il poeta abbia una
buona competenza in fatto di procedimenti retorici e teoria della letteratura.[34] Generalmente si è portati a considerare il suo "creolo fio-
rentino-oitanico o franco-toscano"[35] come ricco, audace e ben riuscito.
Egli dimostra una maggiore concretezza e una più sicura maestria nella
rappresentazione drammatica sia rispetto a Guillaume che a Jean. Il suo
poemetto è fortemente unitario, altamente strutturato e profondamente
originale. Forse non è eccessivo definire il *Fiore* un capolavoro del genere
comico: il Fasani, non a caso quindi, descrive il suo autore come "un
artista consumato".[36]

Chi dunque può essere quell'artista?

  L'elenco dei padri putativi, che è diventato piuttosto lungo, consiste
nei seguenti: Brunetto Latini;[37] Rustico Filippi;[38] Dante da Maiano;[39]

Dante Alighieri;[40] Lippo Pasci de' Bardi;[41] Dante degli Abati;[42] Durante di Giovanni;[43] Folgore da San Gimignano;[44] Antonio Pucci.[45] Non è difficile, però, sfittire questa giungla di attribuzioni: le ultime due sono state respinte dai loro stessi propugnatori (che in realtà si riducono ad un unico critico, il Fasani);[46] non "risulta che l'Abati verseggiasse";[47] Durante di Giovanni, autore di quattro sonetti "molto brutti", sembra essere vissuto in un periodo piuttosto basso (scrisse due sonetti per corrispondenza in rima con Paolo dell'Abbaco, morto verso il 1373);[48] pare che Brunetto Latini avesse più di sessant'anni al *terminus post quem* del poemetto, ed è lecito dubitare che quest'ultimo sia opera di una persona talmente veneranda. La candidatura di Rustico non trova nuovi fautori da più di ottant'anni a questa parte, anche se il cerchio raggiunto dall'influsso brunettiano (che includerebbe anche l'Alighieri) non sembra inverosimile come matrice del *Fiore*. Di Dante da Maiano e di Lippo Pasci de' Bardi (identificato dal Gorni con l'"Amico di Dante")[49] si dice che le opere da sempre attribuite loro siano troppo poco numerose e/o troppo dissimili dal *Fiore* per consentire un'attribuzione sicura.[50]

Quindi rimane la possibilità di attribuzione a Dante Alighieri, sebbene ciò non risolva il problema: bisogna anche valutare le probabilità di tale ipotesi.

Punto di partenza più o meno obbligato per chi consideri la paternità del *Fiore* è la cosiddetta firma interna, "Durante" (82.9), anzi "ser Durante" (202.14) (donde la preponderanza di fiorentini di nome Durante o Dante nella rosa dei candidati a tale paternità). Innanzitutto fra questo ser Durante e Dante Alighieri potrebbe non esserci alcuna affinità giacché non è assodato che Durante sia effettivamente una versione del nome dell'Alighieri (che non era peraltro un *sere*);[51] né è da escludere che si possa trattare almeno di Dante da Maiano; inoltre non è necessario che l'autore del *Fiore* ci sia già conosciuto come autore di altre opere.[52] Ammesse e non concesse tutte queste circostanze, rimane il problema fondamentale del ruolo da assegnare a ser Durante stesso, certamente protagonista dell'intreccio ma forse non identificabile con l'autore del poemetto.

La maggior parte dei critici recenti ha respinto l'identificazione Durante-autore. Già il Parodi, pur notando che il *ser* "può avere, come ebbe, significato scherzoso", aveva avvertito che il nome Durante "mette in sospetto con la sua aria di pseudonimo simbolico";[53] mentre il Fasani giudica ovvio il fatto che *Durante* abbia un senso figurato, fatto che "risulta senz'altro, all'interno, dalla coerenza coi nomi degli altri personaggi".[54] Per Mario Muner, appassionato difensore della paternità brunettiana, l'uso del termine *ser* convalida l'identificazione di Durante-autore con *ser* Brunetto![55] (Ma lo stesso travestimento potrebbe arguirsi per qualunque altro notaio—Lippo Pasci, ad esempio—o per una certa categoria di prete.) Secondo Roger Dragonetti, "difficile sarà . . . per noi di vedere nel nome *Durante* altra cosa che uno pseudonimo, perfettamente accordato alla *durata* e alla *durezza* dell'opera".[56] Il Fasani osserva che nel contesto della prima attestazione del nome (82.9), a differenza del punto corrispondente della *Rose*, "nessun accenno . . . si fa nel *Fiore* all'opera che il poeta viene scrivendo", per cui "mancando il libro, anche il nome vero (o dell'autore) non ha più ragione di essere e rimane quello del personaggio, il quale si chiama *Durante* perché, come dice la rima e il solito modo ripetitivo del *Fiore*, è *fermo e stante*".[57] Peter Armour, sottoscrivendo la tendenza ad intendere *Durante*, mediante l'*interpretatio nominis*, come "sopportatore con pazienza",[58] precisa che, in un'opera allegorica piena di sofferenze e di ostacoli all'amore, per definirsi "sopportatore con pazienza" un amante non ha certo bisogno di chiamarsi Dante.[59] Abbiamo poi la proposta del Pertile, secondo cui il nome Durante si riferirebbe alla "durezza di quel bordone in cui il desiderio di Amante si concentra fino ad esplodere nella semina finale": *Durante* appunto, in quanto ce l'ha "forte e duro" (60.3).[60] (Ma non mi risulta che la letteratura medievale offra altri esempi dell'aggettivo *duro* utilizzato in quel modo.) Sennonché il filo logico viene elegantemente capovolto dal Leonardi:

> Credo che abbia ragione Lino Pertile . . . nell'interpretare anche il *Durante*, due volte menzionato nel *Fiore*, secondo la logica dell'*interpretatio nominis* in chiave "parodica, ovvero comico-burlesca", e a rivelarne la connotazione sessuale; ma il gioco vale appunto se di *nomen* si tratta (anzi, giustificherebbe lo stiracchiamento di *Dante* nella forma non ipocoristica), e più che smentire mi sembra rafforzare gli argomenti a favore di un *Durante* quale effettivo autore dell'opera.[61]

Insomma, anche se ci sono buone ragioni per dubitare che la "firma" sia letteralmente tale, non vi sono elementi sufficienti per escludere quella possibilità, la quale, anzi, è stata promossa a certezza, o quasi, da altri studiosi. Infatti, secondo il Vanossi, "vanamente gli avversari hanno cercato . . . di interpretarlo [il nome Durante] come un semplice appellativo simbolico (il che è contraddetto già dal fatto che nel passo

del *Roman* corrispondente alla prima citazione si nomini Guillaume)".[62]
Già Guido Mazzoni si era chiesto:

> Come mai, soltanto a opera inoltrata, nei sonetti LXXXII e CCII, due volte
> sole, per incidenza, l'autore porrebbe un nome al protagonista? Quel nome,
> per essere allegorico, dovrebbe trovarsi invece messo in evidenza fin dal so-
> netto II. . . . E già . . . nel sonetto LXXXII, la menzione di Durante corri-
> sponde a quella che Guglielmo di Lorris fa di sé medesimo.[63] Là il poeta
> francese, qui l'italiano: è lecito, direi doveroso, concludere che, come il
> francese si chiamò Guglielmo, l'italiano si chiamò Durante.[64]

Questi sembrano rimanere gli argomenti più persuasivi in proposito. Ad
essi Gianfranco Contini ne aggiunge uno: che "insipido e irrazionale
sarebbe che al nome vero venisse surrogato 'un [*sic*] pseudonimo' ".[65]
Il Barański ha "pochi dubbi . . . che Durante sia il nome del Nostro,
dato il calco su Guillaume nel primo esempio di autonominazione, e
dato l'uso ben stabilito di tale procedimento proprio nella tradizione
dei *romans*" (ma non sono convinto che i dati a disposizione bastino
per estendere la generalizzazione riguardante la "tradizione dei *romans*"
ad un fiorentino del tardo Duecento).[66] Nessun dubbio al riguardo esprime Lucia Lazzerini, per cui "*Fiore*, LXXXII. 5 offre un'indiscutibile
(per la perfetta corrispondenza col luogo della *Rose* ove compare, nella
citazione di Jean de Meun, il nome del protagonista-autore Guillaume)
firma interna, *Durante*, replicata in CCII. 14".[67]

È dunque almeno probabile che il poeta del *Fiore* si chiamasse Durante
(il che non escluderebbe un'intenzione allusiva contenuta nel suo
nome), ma anche in tale caso non sarebbe per nulla ovvio che questo
fosse uno pseudonimo proprio dell'Alighieri. Peter Wunderli, avendo insistito sul fatto che (per quanto se ne sappia) Dante non fu mai chiamato Durante né in vita sua né negli antichi commenti alla *Commedia*,
osserva che, come *interpretatio* del nome Dante, molto più credibile di
durante sembrerebbe *dans* ("datore").[68] Anche Antonio Lanza ha considerato questo punto:

> A parte il fatto che il nome Durante era comune, quel *ser*, per quanti sforzi
> si possano fare per dimostrare il contrario, qualifica immediatamente il no-
> stro Durante come notaio. È troppo comodo affermare che il *ser* è burlesco
> sulla scorta di esempi completamente diversi come gli scherzosi *ser Baratto*
> e *ser Malacoda* del *Fiore* o il *ser Martino* e, peggio, il *ser costui* di Dante. È

assente qualsiasi tono burlesco nelle due autocitazioni del *Fiore*, come è assente in quella della *Rose* (l'autore si firma Guillaume).[69]

Quindi si può dire che la cosiddetta firma interna, perlomeno se presa
isolatamente, chiarisce ben poco rispetto alla paternità del testo, soprattutto se si ammette la possibilità che sia esistito davvero un Durante
poeta, sparito senza lasciare tracce documentarie.

La discussione sulla presunta firma interna fu avviata dal primo curatore del testo del poemetto, Ferdinand Castets, per il quale essa co-
stituiva uno dei pochi supporti per l'attribuzione a Dante Alighieri.[70]
Un altro supporto parve al Castets che fosse costituito dalla tradizione
manoscritta "stravagante" dei primi versi del sonetto 97 del *Fiore*, attribuiti a Dante sia nel commento alla *Commedia* del falso Boccaccio
sia in un codice di "rime antiche di diversi" (ma non in quattro altri
codici simili, uno dei quali attribuisce una versione rimaneggiata del
sonetto a Bindo Bonichi, vissuto dal 1260 circa fino al 1338).[71] Sennonché siffatte attribuzioni sono poco affidabili, come osserva il Wunderli,[72] e lo stesso Contini, pur convinto della paternità dantesca, riconobbe che "il problema rimane aperto".[73]

Altrettanto inconcludente, almeno per ora, sembra la discussione,
pure inaugurata dal Castets, intorno al sonetto dantesco "Messer
Brunetto, questa pulzelletta", il quale—come il *Fiore* (88.13 e 130.4)
ma a differenza del *Roman de la Rose*—utilizza in modo emblematico
la locuzione *frate Alberto*, che in entrambi i casi si riferisce probabilmente ad Alberto Magno.[74] Per il Castets il messer Brunetto in questione era Brunetto Latini, mentre la "pulzelletta" offertagli era il *Fiore*;
ma secondo la critica recenziore, anziché Brunetto Latini il destinatario
è un Brunelleschi, mentre il *Fiore* è troppo sostanzioso per essere definito "pulzelletta",[75] sicché non ci sarebbe più ragione di ravvisare il
Fiore nel componimento accompagnato dal sonetto. È vero che il Gorni
ha rilanciato l'idea che il messer Brunetto del sonetto e il Latini siano
la stessa persona; ma nella sua ipotesi la "pulzelletta" non è più il *Fiore*
bensì il *Detto d'Amore*. Il Vanossi, invece, identifica la "pulzelletta" con
il *Fiore* ma "messer Brunetto" con Betto Brunelleschi.[76]

Una quarta considerazione che condusse il Castets a riconoscere la
mano di Dante nel *Fiore* riguarda la prima terzina del sonetto 92, sulla
morte di Sigieri di Brabante—versi che non hanno riscontro nel *Roman
de la Rose* e che per certi lettori sembrano simpatizzare per il brabantino
(ma tale simpatia non è ovvia). Il Castets vide una singolare congruenza

tra questi versi e le terzine del *Paradiso* (10.133–38) dove Dante parla
bene di Sigieri. Per quanto ci è dato sapere, nessuno scrittore a parte
Dante vide Sigieri in una luce altrettanto favorevole.[77] Il Wunderli,
però, fa notare che l'atteggiamento nei riguardi di quest'ultimo testi-
moniato sia dal *Fiore* sia dal *Paradiso* poteva essere più diffuso di quanto
le nostre conoscenze ci rivelino.[78] Inoltre, il riferimento a Sigieri nel
Fiore si accompagna ad una menzione parallela di Guillaume de Saint-
Amour, già presente nel *Roman de la Rose* (11505–8), quale vittima
esemplare della persecuzione fratesca; si può immaginare che l'autore
del *Fiore* abbia voluto dare un secondo esempio, più moderno e più accessibile al lettore italiano (visto che l'ultima parte della vicenda di
Sigieri si svolse in Italia) e che in tali circostanze la scelta di Sigieri fosse
addirittura ovvia.[79] Tuttavia, mancano le prove che potrebbero suffragare l'ipotesi del Wunderli, che rimane perciò molto astratta. E bisogna
considerare il fatto che esprimere simpatia per un uomo come Sigieri,
rappresentante del cosiddetto "averroismo latino" e assertore di quella
che veniva chiamata "doppia verità", non era certo privo di pericolosità.
Per cui mi pare che la coincidenza *Fiore*-Dante a proposito di Sigieri
mantenga una sua (lieve) suggestività.

Dopo il Castets una sola nuova argomentazione fu addotta prima del-
l'avvento del Contini. Il duo Mazzoni-D'Ovidio escogitò il ragionamento del "*Cristo* in rima", secondo cui i quattro luoghi del *Paradiso*
in cui *Cristo* fa rima con se stesso e il fatto che nella *Commedia Cristo*
non rima con altre parole, rappresenterebbero una espiazione da parte
di Dante per i quattro casi di *Cristo* in rima irriverente nel *Fiore* e nella
tenzone con Forese sommati di cui l'Alighieri sarebbe responsabile.[80]
Tale disposizione speculare degli otto usi in rima del nome sacro può
far pensare ad altre palinodie dantesche; ma mi sembra assai precario
un siffatto modo di argomentare, che preferirei perciò prendere in considerazione solo dopo una eventuale solida attribuzione del *Fiore* a Dante.

Anche prima della scesa in lizza del Contini, non mancarono contributi di studiosi stranieri, tra cui i più sostanziosi furono quelli di Mary
Dominic Ramacciotti e di Bernhard Langheinrich: ambedue, in base
ad analisi statistiche della lingua del *Fiore* e di quella di opere di sicura
paternità dantesca, conclusero che il poemetto non era di Dante.[81] Il
Contini, pur definendo questi interventi come "tentativi rispettabili",
respinse le loro conclusioni, poiché riteneva che i due studiosi avessero
sottovalutato le profonde differenze di genere letterario tra il *Fiore* e le
opere sicuramente dantesche.[82] In ciò—qualunque opinione si abbia

sulla paternità del poemetto—egli aveva senz'altro ragione: per non parlare del lasso di tempo che sembra intercorrere tra la composizione del *Fiore* e quella delle opere canoniche di Dante. Succintamente in proposito il Gorni: "Neppure lingua e stile, parametri capitali di giudizio, di per sé bastano: 1) sono variabili nel tempo presso uno stesso autore; 2) sono strettamente collegati al genere letterario a cui sono adibiti, con forte funzione connotativa interna".[83]

Ho passato in rassegna alcuni dei più importanti contributi precontiniani per dare una dimensione diacronica al mio tema e per abbozzare lo sfondo su cui il Contini, "il pernio dell'azione", preceduto da Domenico De Robertis, fece i suoi interventi.[84] Ma per lo più vi ho accennato molto rapidamente perché, quantunque le proposte fatte prima del 1965 vengano tuttora discusse e in certi casi sviluppate, il Contini stesso diede loro poca importanza, negando addirittura il valore di alcune considerazioni preesistenti che avrebbero potuto portare acqua al suo mulino. Il Contini costruì il suo edificio forense utilizzando quasi esclusivamente quelli che gli piacque chiamare "argomenti interni". Ma ad una disamina dei suoi argomenti interni non passiamo ancora: consideriamo prima alcune altre questioni che sembrano avere un diritto di precedenza, fra cui due ultimi elementi esterni di vecchio stampo ma venuti a galla assai recentemente. Mi riferisco in primo luogo ai distici elegiaci di Federigo da Porto che attestano la presenza nella casa veneziana di Marin Sanudo, probabilmente intorno al 1530, di un libro il quale, "licet insanos Veneris tractaret amores, / Dantis erat", ma che era "vix cognitus ulli". "Come non pensare al *Fiore?*" esclama il Contini.[85] La domanda è certamente lecita, in quanto è difficilissimo conciliare l'aggettivo "insanos" con il libro della *Vita nuova* (forse "vix cognitus ulli" a Venezia intorno al 1530) o con qualunque altra opera canonica di Dante. Ma ci sono anche delle complicazioni. Forse, per esempio, l'attribuzione del da Porto, o di chi prima di lui, si fondava unicamente sulla cosiddetta firma interna, "Durante", nel quale caso ci ritroveremmo al nostro punto di partenza. È vero che di solito gli *incipit* dei manoscritti e dei primi libri stampati nominavano senza ambagi l'autore dell'opera riprodotta, per cui è possibilissimo che il libro visto dal da Porto sia stato una copia del *Fiore* con esplicita attribuzione a Dante (ma forse ancora in base alla "firma interna"). Per il resto, si aspetta—da più di un decennio—uno studio più circostanziato sull'argomento da parte dello scopritore dei distici, Peter Meller.

In secondo luogo, un nuovo argomento esterno fa capolino in questo stesso volume: il Gorni indica un possibile accenno di Cecco Angiolieri a Dante quale autore del *Fiore*, nel sonetto *Dante Allaghier, Cecco, 'l tu' servo e amico*, risposta all'ultimo componimento della *Vita nuova*, *Oltre la spera che più larga gira*. Nella risposta Cecco afferma che "lo Dio d'Amore . . . è stato un tu' signor antico". Secondo il Gorni l'unico possibile punto di riferimento, in cui " 'lo Dio d'Amore'—e non, si badi, semplicemente 'Amore'—" sarebbe stato "signor antico" di Dante, è il *Fiore* (esplicitamente i tre sonetti d'apertura). Considerata la necessità che, nel sonetto di Cecco, l'allusione abbia un valore preciso, e data la rarità della formula "Dio d'Amore" (assente nella *Vita nuova*) nella lirica duecentesca all'infuori del *Fiore*, si direbbe che l'acuta osservazione del Gorni abbia un certo peso per quanto riguarda l'attribuzione del poemetto a Dante.[86]

Su un altro fronte si è cercato di dimostrare che l'"ingranamento delle terzine" dei sonetti del *Fiore* (CDC.DCD) fosse uno degli "ingredienti capitali (senza scordare il serventese enumerativo)" del metro della *Commedia*, ossia della terza rima, con il corollario che il creatore della terza rima debba perciò identificarsi con l'autore del *Fiore*.[87] La proposta fu corroborata dal Vanossi, il quale notò che nel sonetto 211, "rompendo lo schema rimico della sirma, il poeta inserisce nel mezzo della seconda terzina una rima irregolare che anticipa la prima serie di rime del sonetto successivo" (CDC.DXD; XYYX . . .).[88] Anche secondo il Wunderli questo ragionamento avrebbe una sua validità;[89] ma mi sembra oltremodo forzato il corollario, che presume come necessaria l'identità dei due poeti. Perché Dante non avrebbe potuto forgiare la terza rima ispirandosi alle esperienze di altri poeti? Il Fasani si espresse eloquentemente in proposito. A prescindere dal fatto che (con l'eccezione dei sonetti 211–12) "le terzine del sonetto . . . non sono ingranate, come quelle della *Commedia*, ma sempre, in un modo o nell'altro, simmetriche", egli si chiese: "Possibile che Dante, con tutto quello che ha trovato, non era capace, alla fine—o da principio—di trovare il metro del suo poema?"[90] Il Leonardi poi ha argomentato come "un precedente decisivo non solo per il *Fiore*, ma per lo stesso metro della *Commedia*, traspaia nella produzione amorosa in sonetti di Guittone d'Arezzo": soltanto dieci degli ottantasei sonetti del "macrotesto" guittoniano hanno uno schema rimico nelle terzine diverso da CDC.DCD.[91] Chiaramente non si possono identificare Dante e Guittone . . . .

Alcuni critici hanno cercato di postulare un'identità Durante-Dante Alighieri su basi ideologiche o culturali. Guido Mazzoni, prendendo

spunto dal sonetto 118.4–11, osservò che "Durante si rivela animato
di spiriti aristocratici là proprio dove Giovanni di Meun ostenta spiriti
democratici", e che egli "si sdegna . . . sarcastico contro i 'borghesi' che
sormontano e opprimono con le ricchezze, e con l'orgoglio loro da nuovi
ricchi, i 'cavalieri' "; per cui Durante, come l'Alighieri, fu "partigiano
di quella nobiltà fiorentina che allora si trovava alle prese, e quali prese!
con gli iscritti delle Arti del commercio e del lavoro". Lo stesso studioso
vide inoltre un

> fondamentale accordo tra l'animo di chi scrisse *Il fiore* e quello di chi scrisse
> le acerbe invettive contro il clero corrotto, là nella *Commedia* dove gl'ipo-
> criti tristi allogò in Malebolge, vestendoli, se non della roba di Frate Alberto,
> delle cappe con cappucci bassi fatte come quelle de' frati; di Colonia, di
> Cologna, di Cluny, poco importa; a ogni modo, frati![92]

A detta del Vanossi, "anche in altri punti del discorso di Falsembiante
[90.5–8, 108.1–6, 122.3–8] filtra la preoccupazione per la decadenza
delle antiche casate, . . . vista nelle sue immediate implicazioni econo-
miche e giuridiche".[93] Claire Cabaillot parla addirittura di una *difesa*
dei "cavalieri" nel sonetto 118, giacché sostiene che "de toutes les caté-
gories sociales, la catégorie des 'parvenus' en tous genres est sa cible pré-
férée", e constata inoltre che "de là à dire que Durante défend l'ordre
en place, qu'il refuse la marche de l'histoire bref que politiquement par-
lant c'est un conservateur, il n'y a qu'un pas".[94] Sennonché quest'ultima
affermazione può sembrare poco convincente. Secondo Aldo Vallone
infatti "si parla contro la borghesia ma da posizione borghese . . . e
senza nostalgia di altra classe sociale".[95] Anche per lo Hainsworth
"la morale delle buone opere e del lavoro predicata da Falsembiante
nella fase centrale è una morale borghese, direi piccolo borghese, che
male si conforma con la mentalità antiborghese di Dante".[96] Mentre
l'Armour, commentando a sua volta lo stesso sonetto 118, trova che
da esso si evince una maggiore solidarietà con l'aristocrazia a dispetto
di Giano della Bella e della borghesia—perfino una concezione della
società più vecchia, ghibellina—di quella che sembra proponibile per
Dante negli anni in questione.[97] Fino a che punto, tuttavia, possiamo
esser certi degli atteggiamenti socio-politici di Dante prima del 1295?
Non va inoltre trascurato il fatto che tutte queste proposte ruotano attorno al discorso di Falsembiante, che logicamente potrebbe non rappresentare l'ideologia del poeta.

   Leonardo Sebastio si è impegnato più di tutti nell'analisi di certi aspetti ideologici e culturali del *Fiore*. Mettendo a fuoco principalmente il personaggio allegorico Ragione, il quale (ben diverso dalla Reson di Jean de Meun) svolge "il ruolo . . . conservatore della morale clericale", egli ha concluso che l'orizzonte culturale del poemetto "è grosso modo inquadrabile nella cultura della predicazione", mentre "la semplificazione del *Fiore* nella direzione retorica in fatto di filosofia risulta assai più spinta di quella di ser Brunetto". Nel *Fiore* non c'è "una linea ideologica sufficientemente netta e precisa"; "traspare qui quell'atteggiamento dilettantesco di chi s'avvalga d'una cultura da formulari ed epitomi"; anzi, la lirica volgare "costituisce la parte più considerevole, se non l'esclusiva, del suo bagaglio culturale". Per quanto il Sebastio si guardi bene dal pronunciarsi sulla paternità del testo, ciò non gli impedisce di ravvisare una notevole distanza tra il Maestro del *Fiore* e il Dante a noi noto: "la distanza maggiore dal Dante del *Convivio*, e della stessa *Vita nuova* e delle *Rime* del tempo dello stil nuovo" è rappresentata dalla "sostanziale emarginazione della ragione dalle implicazioni della vita quotidiana"; "si trae netta l'impressione che lo scrittore avverta (o si trovi a) una grande distanza dalla produzione lirica contemporanea", anche se "l'autore del *Fiore* appare portatore di quella triade . . . amore-ragione-religione che in qualche modo è peculiare dell'area di Chiaro Davanzati e di Monte Andrea". Il *Fiore* sembra situarsi insomma all'infuori del "variegato programma didattico che 'il triunvirato fiorentino predantesco', Brunetto Latini, Bono Giamboni, Zucchero Bencivenni, poneva in atto affiancandosi all'ideale culturale, più latamente, toscano bandito da Guittone d'Arezzo e dai guittoniani".[98] Tutto questo tende a mettere in crisi l'attribuzione del poemetto a Dante, o almeno esige una risposta dai fautori di quell'attribuzione; anche se le caratteristiche del *Fiore* identificate dal Sebastio potrebbero essere compatibili con un Dante giovanissimo (e comico-realistico) che ci rimane sostanzialmente ignoto.

Ma veniamo finalmente agli "argomenti interni" del Contini. Essenzialmente, mi sembra che i più importanti di questi argomenti si dividano in due gruppi: quelli volti a dimostrare che il poeta del *Fiore* è tanto abile da potersi identificare unicamente con il sommo poeta del Duecento toscano; e quelli che tendono ad avvalorare la tesi che il *Fiore* e le opere di sicura paternità dantesca siano frutti di un'unica personalità poetica. Del primo gruppo abbiamo già visto una campionatura, non solo continiana; e abbiamo visto che gran parte della critica è ormai sostanzialmente concorde nel riconoscere nel Maestro del *Fiore*

almeno—per dirla con Patrick Boyde—"un artigiano dalla mano sicura".[99] Per molti interpreti, però, può rimanere quantico il salto dal riconoscimento dei pregi artistici del *Fiore* all'identificazione dell'artista
con l'Alighieri. Nel mondo postcontiniano, direi, solo il Barański
(ironicamente, in quanto egli non si pone il problema della paternità)
sembra motivare adeguatamente un'attribuzione del *Fiore* a Dante fon-
dandosi su ragioni di complessità e di raffinatezza artistica. All'estremo
opposto, nel giudizio del Fasani, "Mai che questo poeta assurga a certi
risultati che si trovano già nel primissimo Dante".[100]

Il secondo gruppo di prove continiane si collega con il lavoro ben
più esteso dell'insigne critico sulla "memoria poetica" dell'Alighieri.[101]
Sembrava al Contini che Dante si ricordasse di ogni singola parola
che aveva scritto, che utilizzando un singolo lessema (persino un vocabolo in apparenza di scarso interesse) sapesse precisamente dove e
come l'aveva adoperato precedentemente, e che a volte alludesse anche
ai modi in cui l'aveva già utilizzato. Inoltre, il Contini identificò delle
abitudini poetiche—forse inconsce—di Dante evidenti nelle opere di
sicura attribuzione: per esempio, certe scelte stilistiche e lessicali; ma
non solo: il critico individuò delle coppie o dei gruppetti di parole ri-
manti che Dante abitualmente scegliva come rime, ricorrenti combinazioni di vocaboli in frasette, piccoli gruppi di parole che più di una
volta Dante collocò in fine di verso, nonché elementi metrici, combinazioni foniche che si ripetono abitualmente anche se le parole cam-
biano, e così via. Ma forse più essenzialmente tipica del Contini è la
sua ricerca di una specie di impronta digitale genetica costituita da dati
fonici in combinazioni ritmiche o sintattiche analoghe.

Il terzo apparato dell'edizione critica del *Fiore* curata dal Contini
(CM) consiste in parte di presunti echi o anticipazioni di elementi stilistici delle opere dantesche canoniche. Il Contini ordinò i suoi riscontri
in quattro categorie, ciascuna, per lui, più probante di quella precedente:
in primo luogo, "i lessemi . . . relativamente eccezionali per sé, come
vernare 'soggiornare disagiatamente' ", che compare due volte nel *Fiore*,
una volta in uno dei sonetti a Forese e una volta nell'*Inferno*; in secondo
luogo, i lessemi altrettanto fuori del comune "nella posizione di rima",
come "dà di piglio", o che sono hapax nel *Fiore* ma ricorrono due o più
volte nella *Commedia*, come "casso" nel senso di "rovinato"; in terzo
luogo, quelli che egli chiama gli "stilemi associativi" o "coaguli contestuali", come per esempio "fred[d]o e caldo" in rima sia nel *Fiore* sia nel
Paradiso; e in quarto luogo, la famosa "regina delle prove" che "si tocca

quando alla ripetizione di elementi semantici si accompagna quella di dati fonici in analoghe congiunture ritmiche e sintattiche", come nel primo verso del *Fiore*, dove "con su' arco mi trasse" sarebbe inscindibile da "ogni suo atto mi trae a ferire" nell'undecimo verso del sonetto *Onde venite voi così pensose?*.[102] In tutte e quattro le categorie gli elenchi di somiglianze sono piuttosto lunghi, e il valore complessivo di coincidenze come quelle testè illustrate, condusse il Contini alla certezza che il *Fiore* e le opere sicuramente dantesche fossero prodotti di un unico DNA poetico. Dopo il Contini altri studiosi, altrettanto convinti della paternità dantesca del poemetto—Davie, De Robertis, Gorni, Maffia Scariati—hanno aggiunto ulteriori riscontri *Fiore*-Dante agli elenchi già consistenti del Contini, e il Boyde ne ha riconosciuti alcuni come nuove "regine".[103]

Ma anche chi non ha le vaste e profonde conoscenze del Contini o del De Robertis può chiedersi se un tale ammassarsi di affinità renda davvero inevitabile la paternità dantesca del *Fiore*. Da un lato ci si chiede se il concetto di memoria poetica o di DNA artistico sia legittimo—per esempio si sospetta che la memoria dell'individuo sia indistinguibile dalla memoria collettiva (e sembra probabilissimo che Dante, anche se non ne è l'autore, abbia almeno conosciuto il *Fiore*);[104] dall'altro ci si domanda se i peraltro lunghi elenchi di somiglianze siano in effetti sufficientemente lunghi. A tale proposito ho fatto un piccolo esperimento. Utilizzando il terzo apparato dell'edizione critica del Contini, ho trovato nei primi cinquanta sonetti del *Fiore* ventinove luoghi che il curatore paragona ad altrettanti luoghi delle opere sicuramente dantesche—in media più o meno uno ogni due sonetti. Alcuni di questi collegamenti poi sembrano poco convincenti: per esempio nel sonetto 23 del *Fiore* "Bologna" fa rima con "Catalogna", il che induce il Contini a osservare che nel ventitreesimo dell'*Inferno* "Bologna" compare in rima (ma non con *Catalogna*), mentre nel canto ottavo del *Paradiso* compare in rima "Catalogna" (ma non con *Bologna*). Secondo esempio: l'ultimo verso del sonetto 50 ("insin ch'e' sia condotto al passo stretto") è messo in relazione con il verso 114 del canto di Francesca ("menò costoro al doloroso passo"). Mi chiedo davvero se la qualità e la quantità di tali dati siano sufficienti per stabilire una parentela genetica.

Non sono il primo ad esprimere tali dubbi. La reazione del Lanza fu caustica: "Beh, se questa è 'la regina delle prove', è una regina alquanto decaduta".[105] E non dimentichiamo l'autorevole monito di Mario Marti (enunciato, però, in un altro contesto):

Gli elementi stilistici, di per sé soli, non possono costituire prova decisiva della paternità di un contestato componimento poetico, là dove il linguaggio è unificato e cristallizzato dalle norme retoriche e da una specifica tradizione di genere; . . . i tratti stilistici possono suffragare e corroborare, ma non decidere da soli; possono al più far prospettare ipotesi e dubbi, mai dare delle certezze.[106]

Un altro modo di esternare i dubbi in questione è di impossessarsi della metodologia continiana per poi volgerla a fini sovversivi, cercando di dimostrare—sia pure in modo prettamente ipotetico e sperimentale—che lo stesso approccio può suggerire con altrettanta plausibilità l'appartenenza del *Fiore* ad un altro poeta anziché a Dante. Fin dal 1967 il Fasani credette di poter dimostrare che in base al metodo continiano il *Fiore* poteva appartenere a Folgore da San Gimignano; nel 1971, e ancora nel '73 e nel '75, lo stesso studioso ripeté l'esperimento attribuendo il poemetto ad Antonio Pucci, nato circa quarantacinque anni dopo Dante; e nel 1989 egli tornò un'altra volta alla carica con un'attribuzione (puramente ipotetica) a colui che il Contini aveva battezzato Amico di Dante, autore di cinque canzoni e sessantun sonetti contenuti nel grande canzoniere Vaticano 3793.[107] Intanto il tentativo del Muner, già menzionato, di attribuire il *Fiore* a Brunetto Latini si era basato in parte su metodi affini, non diversamente da quanto accadde col Fratta che avvicinò il poemetto alle opere di Francesco da Barberino.[108]

Lasciare intendere, però, che tutti questi studiosi si siano attenuti esclusivamente ai metodi sviluppati dal Contini per primo sarebbe ingiusto, almeno nel senso che si può notare (nei contributi del Fasani e del Fratta) una maggiore sistematicità nelle analisi linguistiche e metriche. C'è da augurarsi che tale tendenza al rigore continui nel futuro, anche se essa non costituisce precisamente un'innovazione metodologica. Una vera novità metodologica traspare invece nella risposta di Michelangelo Picone alle "prove interne" del Contini, le quali il Picone giudica insufficienti in quanto riguardano solo le strutture superficiali (le cui somiglianze possono rivelare citazioni da altri autori) dei testi in questione, a scapito delle loro strutture profonde, di cui le strutture superficiali sono "un necessario modo di realizzazione", e dove "la coincidenza è involontaria e inconscia ed è dovuta alla similarità situazionale delle spinte provenienti dalla materia, della tensione poetica". "Il difetto quindi delle analisi tipo quella del Contini (o dello stesso Fasani nella sua *pars construens*) mi sembra risiedere nella loro limitazione all'esempio staccato dimenticando il campo semantico che è di supporto a quell'esempio; al particolare mancando di inserirlo nella sua struttura generale dentro la quale soltanto potrà assumere senso e valore". Così l'iniziativa del Picone consiste in un tentativo di cogliere rispondenze di struttura profonda, da una parte fra l'inizio del *Fiore* e i primi capitoli della *Vita nuova*, dall'altra fra la "diceria" di Falsembiante e alcuni passi della *Commedia*. E lo studioso trova che tali rispondenze non mancano: la *Vita nuova*, per esempio, "non nega minimamente la struttura profonda del *Fiore*, nel senso che, se la *Vita nuova* è il romanzo dell'Io alla ricerca della propria affermazione attraverso la conquista del mondo circostante, esemplificato dalla donna, sarà esattamente negli stessi termini che si porrà il problema esistenziale del poeta-personaggio del *Fiore*". Per il Picone queste "prove contestuali . . . con la loro compattezza e solidità" affermano "perentoriamente la paternità dantesca del poemetto".[109]

Dato che il *Fiore* è generalmente considerato un'opera risalente agli anni 1285–95, era forse giunto il momento che esso, nonostante le ovvie differenze tra i due testi narrativi, fosse messo in rapporto con la *Vita nuova* e/o con le coeve composizioni liriche di Dante piuttosto che con opere posteriori. O quasi: già il De Robertis, riaprendo la questione della paternità del *Fiore* dopo decenni di relativo torpore, aveva identificato quattro sonetti danteschi (di cui due inclusi nel "libello") che gli parevano evidenziare "la lezione (se non l'esperienza) del poeta del *Fiore*, di quel suo allegorismo, sì, tutto terrestre e mondano, tutto versato in 'persone' e in 'scene' . . . , ma soprattutto di quella misura narrativa e rappresentativa, che nei primi sonetti, prima delle 'dicerie' di Falsembiante e della Vecchia, si determina in modi nettissimi".[110] E il Picone riconobbe all'autore di queste "finissime pagine"—come non lo riconobbe al Contini—il merito di essersi "preoccupato di trovare rispondenze individuate dentro un campo semantico più vasto".[111] Il De Robertis tornò sull'argomento nel 1978, applicando la sua tecnica a certi sonetti di corrispondenza indirizzati non solo da Dante a Guido Cavalcanti bensì particolarmente da quest'ultimo all'autore della *Vita nuova*.[112] Ma prima del convegno di Cambridge di cui il presente volume raccoglie gli atti,[113] l'insigne studioso non si dichiarò mai a favore della paternità dantesca del *Fiore*. Intanto Carlo Paolazzi, convinto, egli sì, di quella paternità, aveva esplorato coincidenze di struttura profonda tra il *Fiore*, la canzone *Donna pietosa e di novella etade* (VN 23) e i primi due canti dell'*Inferno*.[114] Ma nonostante la motivata ricerca di analogie di struttura profonda da parte di tutti questi studiosi, il discorso rimane molto astratto, e ci si chiede se il concetto di "struttura profonda", mutuato dalla grammatica generativa, sia senz'altro riciclabile nel campo della creatività poetica (non sorprenderebbe se venisse adoperato per dimostrare paternità alternative, come già gli "argomenti interni" continiani). Perfino il Paolazzi si dichiara poco convinto dai risultati ottenuti dal Picone.[115]

L'altra vera novità metodologica della fase postcontiniana—anch'essa, si può dire, focalizzata su strutture profonde—è rappresentata, a mio avviso, dal lavoro di Joseph Barber, che nel suo approccio statistico alla lingua del *Fiore* e di altri testi riesuma, sì, alcuni presupposti del Langheinrich e della Ramacciotti, ma li applica al livello "inconscio" dell'uso linguistico, puntando sulle sue caratteristiche più banali, quali la lunghezza media delle parole utilizzate o la frequenza di certe preposizioni, dei verbi *avere*, *essere*, *fare* e *potere*, e di certi altri vocaboli comunissimi.[116] Ma anche qui occorre cautela, in quanto siffatti elementi linguistici, al pari di quelli più "consci", potrebbero mutare nel corso dell'evoluzione di un singolo poeta e con la sua oscillazione tra diversi generi letterari.

Purtroppo le metodologie statistiche sono diventate estremamente complesse e tecniche: penso alle esperienze nel campo dell'anglistica di studiosi come Ellegård, Mosteller e Wallace, Kjellmer, Morton, Holmes, nonché ai contributori al volume *The Computer and Literary Style* curato nel 1966 da Jacob Leed, e così via.[117] Il tecnicismo è diventato tale che è quasi una necessità che le indagini statistico-letterarie siano condotte a quattro mani, di cui due appartengano a uno statistico di professione—come nel caso dello studio intrapreso da Cooper e Pearsall sulla parentela dei poemi attribuiti all'autore del *Gawain*.[118] Il Barber non ha una tale preparazione—e gli mancano anche altri attributi, come per esempio una salda conoscenza dell'italiano antico e del contesto letterario del *Fiore*. Ciò nonostante, alcuni dei risultati che egli presenta (ma certo non tutti) mi sembrano molto significativi: tra cui, a mo' d'esempio, il fatto che, in media, dei due vocaboli più o meno sinonimici *poi* e *allora*, il poeta del *Fiore* utilizza quasi sempre l'uno mentre Dante utilizza quasi sempre l'altro.[119] Allo stato attuale delle ricerche la conclusione del Barber—che Dante non è l'autore del *Fiore*—abbisogna di ulteriori verifiche. Ma a me sembra che le migliori possibilità per il futuro della questione attributiva risiedano in analisi sistematiche, a livello "inconscio", della lingua e della metrica del *Fiore* e di quelle delle opere di tutti i suoi padri putativi, condotte con metodi statistici pienamente aggiornati.

Chi si *sobarcolerà* a un tale lavoro?[120]

Nel frattempo l'enigma della paternità del *Fiore* rimane tanto "forte" quanto è sempre stato; allo stesso modo permane quell'altro enigma della presunta mancanza di diffusione del poemetto, testimoniata dalla sua sopravvivenza in un unico manoscritto, di ubicazione non italiana. Si può essere sicuri che il *Fiore* fu composto per un pubblico di lettori, anche se ristretto (ma per il Barański il testo era in parte diretto a un pubblico "di massa" con l'intento di sostituirsi al *Roman de la Rose* nella biblioteca del lettore italiano);[121] e sembra probabile che ne abbiano fatto parte—ove uno di essi non ne sia stato l'autore—Dante, Guido Cavalcanti e Cecco Angiolieri.[122] Ad ogni modo un pubblico che sarà stato fiorentino o toscano (pure la circolazione "stravagante" di una parte del sonetto 97 del *Fiore,* contenuta in cinque manoscritti lirici e in diversi manoscritti del falso Boccaccio, sembrerebbe attestare una diffusione del poemetto in Toscana), anche se non va trascurato il fatto che gli indizi rimangono scarsi a questo proposito. E ciò si collega ad un terzo enigma: perché pare che nessuno degli scrittori contemporanei o di poco posteriori menzioni più o meno esplicitamente il *Fiore* ("pare che" in quanto presumibilmente non siamo in possesso del vero titolo dell'opera anepigrafa)? Anche a questa domanda non sono mancati tentativi di risposta, che per lo più però sembrano poco convincenti.[123]

Per quanto riguarda Dante Alighieri, possiamo riconoscere la validità relativa di alcune pezze d'appoggio alle argomentazioni che gli attribuiscono il poemetto: la presunta firma interna, a cui, nonostante le sue riserve, anche il Wunderli accorda un certo peso;[124] la possibile coincidenza di atteggiamenti (ossia la indubbia coincidenza di informazione e di interesse) tra *Fiore* e *Paradiso* nei riguardi di Sigieri di Brabante; l'apparente testimonianza di Cecco Angiolieri nel sonetto *Dante Allaghier, Cecco, 'l tu' servo e amico.* Pure le numerose somiglianze verbali e stilistiche del *Fiore* con opere canoniche di Dante hanno la loro ovvia suggestività, sebbene esse non siano probanti. Ma d'altra parte ci sono, allo stato attuale della questione, grossi ostacoli per quanto riguarda l'attribuzione a Dante: la lontananza ideologica e culturale del *Fiore* da tutte le opere di sicura paternità dantesca, messa in evidenza dal Sebastio; le differenze di certe abitudini linguistiche, presumibilmente a livello inconscio, indicate dal Barber; il problema dell'ottima conoscenza del francese che il Maestro del *Fiore* indubbiamente possedeva.[125] Non si sa infatti se Dante avesse o meno una tale padronanza del francese, mentre i due scrittori fiorentini che certamente si trovarono in Francia per un periodo più o meno esteso furono Brunetto Latini e Guido Cavalcanti (ed è forse un fatto puramente casuale che il *Fiore*

non sia mai stato attribuito a quest'ultimo).[126] Ci troviamo a brancolare
nel buio molto più di quanto a volte non siamo propensi ad ammettere.
E benché sia vero che "poëtae non sunt multiplicandi praeter necessitatem",[127] sono tentato di credere che, almeno per ora, l'ipotesi più economica sia quella secondo cui il poemetto sarebbe attribuibile non a
Dante bensì ad un altro scrittore di cui si è persa da tempo ogni traccia.[128]

NOTE

Ringrazio Edoardo Crisafulli per l'aiuto che mi ha dato nell'uso della sua lingua
madre.

1. "Toscano indubitabilmente fiorentino" (CM, xcvii). Luigi Peirone, *Tra
Dante e "Il fiore": lingua e parola* (Genova: Tilgher, 1982), 57–65, aveva creduto di poter identificare nella lingua del poemetto un costante elemento se-
nese, ma le sue osservazioni sono rimaste praticamente senza eco. Anzi, Arrigo
Castellani, "Le *cruces* del *Fiore*", *Studi linguistici italiani* 15 (1989): 100–105,
tende a rinviare i tratti sicuramente non fiorentini al Valdarno superiore (101,
n. 3). Lucia Lazzerini riporta nel presente volume (84–85) stralci di conver-
sazione sia con Gianfranco Contini, che "era orientato ad attribuire al copista
stesso e non al suo antigrafo" i tratti non fiorentini (cfr. CR, 563), sia con il
Castellani, secondo cui gli elementi non fiorentini rappresenterebbero invece
"un pianerottolo intermedio" tra l'originale "sicuramente fiorentino" e un
copista fiorentino (cfr. Castellani, "Le *cruces* del *Fiore*", 101, n. 3). Commenta
infine Guglielmo Gorni, "Sul *Fiore*: punti critici del testo", nel presente volume,
87–107: "Fuori del *Fiore*, la lingua del *Fiore* non esiste: è un *pastiche* tutto di
testa, non una lingua d'uso scritto entro un qualsivoglia genere" (88).

2. Zygmunt G. Barański, "The Ethics of Literature: The *Fiore* and Medieval Traditions of Rewriting", nel presente volume, 207–31 (220).

3. Mark Davie, "Lettura dei sonetti CLI–CLXXX", in *Letture Classensi
22: Lettura del "Fiore"*, a cura di Zygmunt G. Barański, Patrick Boyde e Lino
Pertile (Ravenna: Longo, 1993), 109–30 (123).

4. Vittore Branca, "Dante, non Dante: sfogliando il *Fiore*", *Il sole 24 ore*,
16 gennaio 1994: 27.

5. Isabelle Abramé-Battesti, "La Trivialisation du *Roman de la Rose* dans
Le Fiore", *Arzanà: Cahiers de littérature médiévale italienne* 1 (settembre 1992):
43–69: "Le *Fiore* ne se donne qu'accidentellement comme parodie du *Roman
de la Rose*" (68); Peter Hainsworth, "Lettura dei sonetti XCI–CXX", in *Letture
classensi 22*, 75–89: "Non vedo . . . perché un rifacitore avrebbe voluto creare
una parodia di un testo già parodico di per sé" (87).

6. Lino Leonardi, "Il *Fiore*, il *Roman de la Rose* e la tradizione lirica italiana

prima di Dante", nel presente volume, 233–64 (238). A pagina 251 lo studioso torna sull'ipotesi "che Durante abbia inteso riprodurre in ambito italiano un meccanismo parodico che trovava utilizzato dalla *Rose* nei confronti della tradizione lirica provenzale e francese".

7. Zygmunt G. Barański, "Lettura dei sonetti I–XXX", in *Letture Classensi* 22, 13–35 (31).

8. Lino Leonardi, "Sonetto e terza rima (da Guittone a Dante)", in *Omaggio a Gianfranco Folena*, 3 voll. (Padova: Programma, 1993), 1: 337–51 (349). Sulla scia di Marco Santagata, *Dal sonetto al canzoniere: ricerche sulla preistoria e la costituzione di un genere* (Padova: Liviana, 1979), 118–19, il Leonardi, "Guittone cortese?", *Medioevo romanzo* 13 (1988): 421–55, aveva prima riconosciuto come macrotesto "gli 86 sonetti di quello che bisognerà chiamare il canzoniere di Guittone" (453), il quale canzoniere "è il precedente formale di un'opera come il *Fiore*" (454).

9. Barański, "Lettura dei sonetti I–XXX", 17.

10. Davie, "Lettura dei sonetti CLI–CLXXX", 121.

11. Peter Armour, "The *Roman de la Rose* and the *Fiore*: Aspects of a Literary Transplantation", *Journal of the Institute of Romance Studies* 2 (1993): 63–81 (77–81); Peter Armour, "Lettura dei sonetti LXI–XC", in *Letture Classensi* 22, 53–74 (59).

12. Barański, "Lettura dei sonetti I–XXX", 27.

13. Hainsworth, "Lettura dei sonetti XCI–CXX", 80–83.

14. Barański, "Lettura dei sonetti I–XXX", 14 e sgg.; citazione da pagina 17.

15. Barański, "The Ethics of Literature", 208, 222–23.

16. *Il "Fiore" e il "Detto d'Amore"*, a cura di Ernesto Giacomo Parodi (Firenze: Bemporad, 1922), vi.

17. Lino Pertile, "Lettura dei sonetti CLXXXI–CCX", in *Letture classensi* 22, 131–53 (136, 153).

18. Barański, "Lettura dei sonetti I–XXX", 29; cfr. Barański, "The Ethics of Literature", 216–17, dove la questione è forse impostata in modo da dare maggior rilievo al fattore *translatio*, a scapito del fattore "testo plurilingue".

19. Furio Brugnolo, *Plurilinguismo e lirica medievale: da Raimbaut de Vaqueiras a Dante* (Roma: Bulzoni, 1983), 5 (corsivo mio). In nota (alla stessa pagina), il Brugnolo aggiunge che tale definizione è "l'unica che trovi perfetta rispondenza nelle concezioni proprie agli stessi teorici e metricologi medievali".

20. Cfr. Paul Zumthor, *Langue et techniques poétiques à l'époque romane* (XIᵉ–XIIIᵉ siècles) (Paris: Klincksieck, 1963), 83–84.

21. Barański, "Lettura dei sonetti I–XXX", 27–28; cfr. Barański, "The Ethics of Literature", 212–14.

22. Carlo Dionisotti, "Tradizione classica e volgarizzamenti", nella sua *Geografia e storia della letteratura italiana* (Torino: Einaudi, 1967), 125–78 (135).

23. Barański, "Lettura dei sonetti I–XXX", 27.

24. Pier Vincenzo Mengaldo, "*oïl*", in *Enciclopedia dantesca*, 6 voll. (Roma:

Istituto della Enciclopedia Italiana), 4: 130–33 (131, col. 2), ristampato con lievi ritocchi come "La letteratura d'oïl nel *De vulgari eloquentia*" nella sua *Linguistica e retorica di Dante* (Pisa: Nistri-Lischi, 1978), 294–303 (297).

25. Mengaldo, *"oïl"*, 131, col. 1; Mengaldo, *Linguistica e retorica*, 296. Pure Luigi Vanossi, *Dante e il "Roman de la Rose". Saggio sul "Fiore"* (Firenze: Olschki, 1979), per cui il poemetto è opera dantesca, è del parere che Dante sia diventato anti-francese dopo la composizione del *Fiore* (256). È vero che Aldo Vallone, "Il *Fiore* come opera di Dante", *Studi danteschi* 56 (1984): 141–67 (148), e il Barański, "The Ethics of Literature", 214, hanno creduto di cogliere esplicite sfumature anti-francesi nel *Fiore*, e precisamente nei seguenti punti: 19.13, 48.12–13, 51.12, 92, 105.4, 105.6, 106.6, 112. Ora, prescindendo dal fatto che i due riferimenti al "re di Francia" (105.4, 106.6), discussi da Vallone, sono calchi dalla *Rose*, a me sembra che il re, *exemplum* di enorme ricchezza, sia visto da Falsembiante in modo del tutto neutro, ovvero imperscrutabile. Le allusioni alle lotte verificatesi in seno all'università parigina tra mendicanti e secolari e tra neo-averroisti e ortodossi (92.9–14, 112.5–8)—altri prestiti della *Rose* tranne l'aggiunta del caso Sigieri—non costituiscono di necessità un'emblematica critica alla Francia. Ed è da chiedersi se un'eventuale polemica contro la Normandia, regione di nascita di Mala-Bocca (19.13, 48.12–13, 51.12), costituisca anche una polemica contro la Francia. Casuale se non specioso poi può parere il fatto che "greater emphasis is placed . . . on . . . these particulars . . . in the *Fiore* than in the *Rose*" (cfr. CM, 39–40).

26. *Il "Fiore"*, a cura di Parodi, xi; Armour, "Lettura dei sonetti LXI–XC", 58.

27. Vanossi, *Dante e il "Roman de la Rose"*, 236.

28. Gorni, "Sul *Fiore*", 88.

29. Davie, "Lettura dei sonetti CLI–CLXXX", 123–24.

30. Hainsworth, "Lettura dei sonetti XCI–CXX", 87. Invece Claire Cabaillot, "Un Exemple de 'naturalisation': le *Fiore*", *Arzanà: Cahiers de littérature médiévale italienne* 1 (settembre 1992): 15–42, attribuisce all'autore "une volonté de conserver au texte italien la saveur originale de son modèle, de sauvegarder en dépit des remaniements la 'couleur locale' " (27).

31. Barański, "Lettura dei sonetti I–XXX", 28. Anche il Peirone vide i francesismi come "elementi costitutivi e portanti" del registro linguistico del testo (*Tra Dante e il "Fiore"*, 48).

32. Barański, "The Ethics of Literature", 214–17. Il Leonardi aggiunge che "alcuni dei gallicismi non direttamente dipendenti dalla *Rose* sono già attestati nel canzoniere guittoniano" ("Il *Fiore*, il *Roman de la Rose*", 258–59, n. 24).

33. Remo Fasani, "L'attribuzione del *Fiore*", *Studi e problemi di critica testuale* 39 (1989): 5–40 (35–37), ristampato in appendice al suo *Le parole che si chiamano: i metodi dell'officina dantesca* (Ravenna: Longo, 1994), 245–79 (274–77); cfr. inoltre Remo Fasani, *Il poeta del "Fiore"* (Milano: Scheiwiller, 1971);

Remo Fasani, "Ancora per l'attribuzione del *Fiore* al Pucci", *Studi e problemi di critica testuale* 6 (1973): 22–68; Remo Fasani, "Il *Fiore* e la poesia del Pucci", *Deutsches Dante-Jahrbuch* 49–50 (1974–75): 82–141; Aniello Fratta, "La lingua del *Fiore* (e del *Detto d'Amore*) e le opere di Francesco da Barberino", *Misure critiche* 14 (1984): 45–62 (57–59).

34. Il Barański punta particolarmente su questi aspetti in "Lettura dei sonetti I–XXX" e "The Ethics of Literature".

35. CM, lxvii.

36. Fasani, "L'attribuzione del *Fiore*", 33 (1989)/273 (1994).

37. Mario Muner, "Perché il *Fiore* non può essere di Dante (e a chi invece potrebbe attribuirsi)", *Motivi per la difesa della cultura* 7 (novembre 1968–novembre 1969): 88–105; Mario Muner, "La paternità brunettiana del *Fiore* e del *Detto d'Amore*", *Motivi per la difesa della cultura* 9 (dicembre 1971): 274–320; Earl Jeffrey Richards, *Dante and the "Roman de la Rose": An Investigation into the Vernacular Narrative Context of the "Commedia"* (Tübingen: Niemeyer, 1981). Già Gaston Paris, "Siger de Brabant", nel suo *La Poésie du Moyen Age: leçons et lectures, 2ᵉ série* (Paris: Hachette, 1895), 165–83, aveva pensato a qualche amico di Brunetto; e Armour, "The *Roman de la Rose* and the *Fiore*", 77–81 e "Lettura dei sonetti LXI–XC", 59, torna all'idea dell'ambiente brunettiano.

38. Erasmo Pèrcopo, "Il *Fiore* è di Rustico di Filippo?", *Rassegna critica della letteratura italiana* 12 (1907): 49–59.

39. Alessandro D'Ancona, "Il *Romanzo della rosa* in italiano" [1881], nelle sue *Varietà storiche e letterarie, serie II* (Milano: Treves, 1885), 1–31.

40. Molti sono i sostenitori della paternità dantesca. Come campionatura degli anni recenti, oltre al Contini, si possono ricordare Aldo Vallone, "Il fiore", capitolo 12 del suo *Dante* (Milano: Vallardi, 1971), 503–27; Michelangelo Picone, "Il *Fiore*: struttura profonda e problemi attributivi", *Vox romanica* 33 (1974): 145–56; Vanossi, *Dante e il "Roman de la Rose"*; Vallone, "Il *Fiore* come opera di Dante"; Gorni, "Sul *Fiore*"; Domenico De Robertis, "La traccia del *Fiore*", nel presente volume, 187–204.

41. *Poemetti allegorico-didattici del secolo XIII*, a cura di Luigi Di Benedetto (Bari: Laterza, 1941), 372–76.

42. Francesco Filippini, "Un possibile autore del *Fiore*", *Studi danteschi* 4 (1921): 109–19; Francesco Filippini, "Dante degli Abati probabile autore del *Fiore*", *Giornale dantesco* 26 (1923): 35–43.

43. Adolfo Borgognoni, "Il *Fiore*", *Rassegna settimanale di politica, scienze, lettere ed arti* 198 (16 ottobre 1881): 247–49.

44. Remo Fasani, *La lezione del "Fiore"* (Milano: All'Insegna del Pesce d'Oro, 1967).

45. Fasani, *Il poeta del "Fiore"*, "Ancora per l'attribuzione del *Fiore*" e "Il *Fiore* e la poesia del Pucci". Si è anche pensato, come potenziale candidato alla

paternità, a Durante da San Miniato: cfr. *Il fiore*, a cura di Ferdinand Castets (Montpellier: Maisonneuve, 1881), xiv; Guido Mazzoni, "Se possa *Il fiore* essere di Dante Alighieri", in *Raccolta di studi critici dedicata ad Alessandro D'Ancona* (Firenze: Barbèra, 1901), 657–92 (670). Il saggio del Mazzoni fu ristampato con ritocchi e aggiunte come "Il *Fiore* di Durante", in AA. VV., *Dante: la vita e le opere, le grandi città dantesche, Dante e l'Europa* (Milano: Treves, 1921); ma qui lo si cita secondo la sua prima edizione.

46. Fasani, *Il poeta del "Fiore"* e "L'attribuzione del *Fiore*".

47. CM, xxxi; cfr. Santorre Debenedetti, recensione a Filippini, "Dante degli Abati" *et al.*, *Studi danteschi* 8 (1924): 140–50 (142–44).

48. Mazzoni, "Se possa *Il fiore* essere di Dante Alighieri", 670.

49. Guglielmo Gorni, "Lippo amico", *Studi di filologia italiana* 34 (1976): 27–44, riproposto con tenui ritocchi nel suo *Il nodo della lingua e il verbo d'amore: studi su Dante e altri duecentisti* (Firenze: Olschki, 1981), 71–98.

50. Contro l'attribuzione a Dante da Maiano: *Il fiore*, a cura di Castets, xviii; Muner, "Perché il *Fiore* non può essere di Dante", 97–98; Vallone, "Il fiore", 508–11; Vanossi, *Dante e il "Roman de la Rose"*, 39n; Lucia Lazzerini, recensione a CM e CR, *Medioevo romanzo* 11 (1986): 133–43 (134); Peter Wunderli, "*Mortuus redivivus*: Die *Fiore*-Frage", *Deutsches Dante-Jahrbuch* 61 (1986): 35–50 (41). L'attribuzione a Lippo fu respinta da Ferdinando Neri in *Giornale storico della letteratura italiana* 121 (1943): 74. Da allora in poi nessuno si è occupato più di tanto di Lippo; ma Fasani, "L'attribuzione del *Fiore*", 18 (1989)/259 (1994), indica alcuni impedimenti all'attribuzione a lui (ovvero all' "Amico di Dante").

51. La qualifica postuma di Dante Alighieri del 1343, "Durante ol. vocatus Dante, cd. Alagherii" (cfr. CM, lxxii), dimostra, se non altro, che un ventennio dopo il decesso del poeta il nome Durante era riconosciuto come forma non ipocoristica del nome di battesimo dell'autore della *Commedia*.

52. L'osservazione è del Wunderli, "*Mortuus redivivus*", 41.

53. Il *"Fiore"*, a cura di Parodi, vi.

54. Fasani, *La lezione del "Fiore"*, 53.

55. Muner, "Perché il *Fiore* non può essere di Dante", 101.

56. Roger Dragonetti, "Specchi d'amore: *Il romanzo della rosa* e *Il fiore*", *Paragone: letteratura* 374 (aprile 1981): 3–22 (20; corsivi nell'originale).

57. Fasani, "L'attribuzione del *Fiore*", 38–39 (1989)/278 (1994); corsivi nell'originale. Cfr. Fasani, *La lezione del "Fiore"*, 51–53.

58. Mazzoni, "Se possa *Il fiore* essere di Dante Alighieri", 667–68; Vanossi, *Dante e il "Roman de la Rose"*, 47; CM, lxxii.

59. Armour, "The *Roman de la Rose* and the *Fiore*", 75.

60. Pertile, "Lettura dei sonetti CLXXXI–CCX", 149–53 (citazione da pagina 153).

61. Leonardi, "Il *Fiore*, il *Roman de la Rose*", 258, n. 21.

62. Vanossi, *Dante e il "Roman de la Rose"*, 39n. Ma bisogna notare che "si

nomina Guillaume" soltanto nel senso che Guillaume viene nominato *quale protagonista* in un discorso pronunciato dal Dio d'Amore nella seconda *Rose* composta da Jean de Meun.

63. Si riveda la precisazione fatta nella nota precedente.

64. Mazzoni, "Se possa *Il fiore* essere di Dante Alighieri", 668.

65. CM, lxxii.

66. Barański, "Lettura dei sonetti I–XXX", 24–25.

67. Lazzerini, recensione a CM e CR, 134. La studiosa torna alla carica nel presente volume, "Il *Fiore*, il *Roman de la Rose* e i precursori d'oc e d'oïl",137–50 (137–38).

68. Wunderli, "*Mortuus redivivus*", 41.

69. Antonio Lanza, recensione a CM, *Rassegna della letteratura italiana* 92 (1988): 408–11 (411, col. 2), ristampato come "Il *Fiore* e il *Detto d'Amore*: ser Durante, non Dante Alighieri: storia di un miraggio" nei suoi *Primi secoli: saggi di letteratura italiana antica* (Roma: Archivio Guido Izzi, 1991), 69–80 (76). Anche qui si riveda la nota 62.

70. *Il fiore*, a cura di Castets, xiv–xv.

71. Si vedano *Il fiore*, a cura di Castets, xv; CM, lxxiv–lxxvii e 475–81; Domenico De Robertis, "Censimento dei manoscritti di rime di Dante (II)", *Studi danteschi* 38 (1961): 167–276 (234–35).

72. Wunderli, "*Mortuus redivivus*", 42. Il Fasani aveva già giudicato "pura favola" l'attribuzione a Dante del sonetto estravagante (*La lezione del "Fiore"*, 48).

73. CM, lxxvii.

74. *Il fiore*, a cura di Castets, xv–xvi; cfr. CM, lxxviii–lxxix.

75. Si vedano *Il "Fiore"*, a cura di Parodi, viii–ix; Dante, *Rime della maturità e dell'esilio*, a cura di Michele Barbi e Vincenzo Pernicone (Firenze: Le Monnier, 1969), 535; Domenico De Robertis in *Rime*, 427–28; Armour, "The *Roman de la Rose* and the *Fiore*", 80.

76. Guglielmo Gorni, "Una proposta per 'messer Brunetto' ", *Studi di filologia italiana* 37 (1979): 19–32, ristampato con lievi ritocchi come "Una 'pulzelletta' per messer Brunetto" nel suo *Il nodo della lingua*, 49–69; Vanossi, *Dante e il "Roman de la Rose"*, 102–3 e n. 69.

77. *Il fiore*, a cura di Castets, xv.

78. Wunderli, "*Mortuus redivivus*", 42. Il Parodi aveva definito le vicende e l'uccisione di Sigieri "avvenimenti senza dubbio tra i più noti della cronaca del tempo" (*Il "Fiore"*, a cura di Parodi, viii).

79. Wunderli, "*Mortuus redivivus*", 42. In modo analogo, il poeta del *Fiore* sostituisce il "frere Seier" del *Roman de la Rose* (12084)—forse un famoso abate del S. Dionigi parigino—con "frate Alberto" (130.4), presumibilmente il domenicano Alberto Magno, morto nel recente 1280. Cfr. Gianfranco Contini, "*Fiore*, Il", in *Enciclopedia dantesca*, 2:895–901 (897, col. 2).

80. Cfr. Mazzoni, "Se possa *Il fiore* essere di Dante Alighieri", 689, n. 1;

Francesco D'Ovidio, "Cristo in rima" [1902], nei suoi *Nuovi studii danteschi,*
2 voll. (Milano: Hoepli, 1906–7), 2:559–65, e "Se possa il *Fiore* essere di Dante
Alighieri" [recensione all'omonimo lavoro del Mazzoni], alle pagine 567–600
dello stesso volume (592).

81. Mary Dominic Ramacciotti, *The Syntax of "Il fiore" and Dante's "In-
ferno" as Evidence in the Question of the Authorship of "Il fiore"* (Washington,
Catholic University of America, 1936); Bernard Langheinrich, "Sprachliche
Untersuchung zur Frage der Verfassenschaft Dantes am *Fiore*", *Deutsches Dante-
Jahrbuch* 19 (1937), 97–196.

82. CM, lxxxi.

83. Guglielmo Gorni, "Metodi vecchi e nuovi nell'attribuzione di testi volgari italiani", in *L'attribuzione: teoria e pratica: storia dell'arte, musicologia, letteratura,* a cura di Ottavio Besomi e Carlo Caruso (Basel-Boston-Berlin: Birkhäuser, 1994), 183–209 (192).

84. Domenico De Robertis, *Il libro della "Vita nuova"* [1961], seconda edizione (Firenze: Sansoni, 1970), *passim* (cfr. Indice s. v. *Fiore*). Del Contini, a
parte gli scritti già citati, i contributi allo studio del *Fiore* sono: "La questione
del *Fiore*", *Cultura e scuola* 13–14 (1965): 768–73; "Un nodo della cultura medievale: la serie *Roman de la Rose-Fiore-Divina Commedia*", *Lettere italiane* 25
(1973): 162–89, ristampato in *Concetto, storia, miti e immagini del Medio Evo,*
a cura di Vittore Branca (Firenze: Sansoni, 1973), 509–42, e poi nel proprio
Un'idea di Dante: saggi danteschi (Torino: Einaudi, 1976), 245–83; "Santorre
Debenedetti, il *Fiore* e il *Detto d'Amore*", *Medioevo romanzo* 5 (1978): 272–80;
"Sul testo del *Fiore*", in *Atti del Convegno internazionale di studi danteschi a cura
del Comune di Ravenna e della Società Dantesca Italiana* (Ravenna: Longo,
1979), 5–23.

85. CM, cix–cx.

86. Cfr. Gorni, "Sul *Fiore*", 92.

87. Contini, "La questione del *Fiore*", 773.

88. Vanossi, *Dante e il "Roman de la Rose"*, 218–21; citazione da pagina 218.

89. Wunderli, "*Mortuus redivivus*", 42.

90. Fasani, *La lezione del "Fiore"*, 116–17.

91. Leonardi, "Sonetto e terza rima"; citazione da pagina 338; cfr. anche
pagina 341.

92. Mazzoni, "Se possa *Il fiore* essere di Dante Alighieri", 686–88. Secondo
il Fasani, la polemica contro gli ordini mendicanti è "indubbiamente la più
grande pagina del *Fiore*" (*Il poeta del "Fiore"*, 50).

93. Vanossi, *Dante e il "Roman de la Rose"*, 56.

94. Cabaillot, "Un Exemple de 'naturalisation' ", 33–38; citazioni dalle pagine 35 e 36.

95. Vallone, "Il *Fiore* come opera di Dante", 149.

96. Hainsworth, "Lettura dei sonetti XCI–CXX", 89.

97. Armour, "The *Roman de la Rose* and the *Fiore*", 75.

98. Leonardo Sebastio, *Strutture narrative e dinamiche culturali in Dante e nel "Fiore"* (Firenze: Olschki, 1990), "Parte seconda" (97–294); citazioni (nell'ordine) dalle pagine 237, 118, 155, 163, 233, 108, 232, 269, 150.

99. Patrick Boyde, "Lettura dei sonetti CCXI–CCXXXII", in *Letture Classensi 22*, 155–78 (178).

100. Fasani, "L'attribuzione del *Fiore*", 33 (1989)/273 (1994).

101. Cfr. specialmente Gianfranco Contini, "Un'interpretazione di Dante", *Paragone: letteratura* 188 (ottobre 1965): 3–42, ristampato nel suo *Un'idea di Dante*, 69–111.

102. CM, lxxxv–xc.

103. Cfr. nel presente volume: Mark Davie, "The *Fiore* Revisited in the *Inferno*", 315–27; De Robertis, "La traccia del *Fiore*"; Gorni, "Sul *Fiore*"; Irene Maffia Scariati, "*Fiore Inferno in fieri*: schede di lettura in parallelo", 273–313; Patrick Boyde citato da pagina 204.

104. Inoltre, il Fasani avverte che le coincidenze verbali possono derivare dalla difficoltà di certe rime (*La lezione del "Fiore"*, 24) o addirittura da "una potenzialità insita nella lingua, nel senso che certe combinazioni riescono finalmente quasi fatali" ("L'attribuzione del *Fiore*", 23 [1989]/264 [1994]).

105. Lanza, recensione a CM, 411, col. 1 (1988)/75 (1991).

106. Mario Marti, recensione a Fasani, *Il poeta del "Fiore"*, *Giornale storico della letteratura italiana* 149 (1972): 631–32 (632).

107. Fasani, *La lezione del "Fiore"*; *Il poeta del "Fiore"*; "Ancora per l'attribuzione del *Fiore*"; "Il *Fiore* e la poesia del Pucci"; e "L'attribuzione del *Fiore*".

108. Muner, "Perché il *Fiore* non può essere di Dante" e "La paternità brunettiana del *Fiore*"; Fratta, "La lingua del *Fiore*".

109. Picone, "Il *Fiore*"; citazioni dalle pagine 149–51.

110. De Robertis, *Il libro della "Vita nuova"*, 59–63; citazione dalle pagine 60–61.

111. Picone, "Il *Fiore*", 151, n. 15.

112. Domenico De Robertis, "Amore e Guido ed io . . . (relazioni poetiche e associazioni di testi)", *Studi di filologia italiana* 36 (1978): 39–65 (48–58).

113. De Robertis, "La traccia del *Fiore*".

114. Carlo Paolazzi, "Il 'comico' tra 'Donna pietosa' e i canti proemiali dell'*Inferno*: scheda per l'attribuzione del *Fiore* a Dante", *Lettere italiane* 28 (1976): 137–59. Le affinità tra *Fiore* e *Vita nuova*/rime dantesche coeve sono studiate anche dal Vanossi, *Dante e il "Roman de la Rose"*, specialmente 289–303.

115. Paolazzi, "Il 'comico' tra 'Donna pietosa' e i canti proemiali dell'*Inferno*", 141, n. 8.

116. Joseph A. Barber, "Prospettive per un'analisi statistica del *Fiore*", *Revue des études italiennes*, n. s. 32 (1985): 5–24; J. A. Barber, "A Statistical Analysis of the *Fiore*", *Lectura Dantis* 6 (primavera 1990): 100–122.

117. Alvar Ellegård, *A Statistical Method for Determining Authorship: The Junius Letters, 1769–1772*, (Göteborg: University of Göteborg, English Department, 1962); Frederick Mosteller e David L. Wallace, *Inference and Disputed Authorship: "The Federalist"* (Reading, Mass.: Addison-Wesley, 1964); *The Computer and Literary Style: Introductory Essays and Studies*, a cura di Jacob Leed (Kent, Ohio: Kent State University Press, 1966); Göran Kjellmer, *Did the "Pearl Poet" Write "Pearl"?* (Göteborg: Acta Universitatis Gothoburgensis, 1975); Andrew Q. Morton, *Literary Detection: How to Prove Authorship and Fraud in Literature and Documents* (New York: Scribner, 1978); David I. Holmes, "Analysis of Literary Style", *Journal of the Royal Statistical Society*, serie A, 148 (1985): 328–41.

118. Ronald A. Cooper e Derek A. Pearsall, "The *Gawain* Poems: A Statistical Approach to the Question of Common Authorship", *Review of English Studies*, n. s. 155 (1988): 365–85.

119. Barber, "Prospettive per un'analisi statistica del *Fiore*", 18–20; Barber, "A Statistical Analysis of the *Fiore*", 115–16.

120. Un primo passo in questa direzione, sul versante metrico, viene fatto da David Robey, "The *Fiore* and the *Comedy*: Some Computerized Comparisons", nel presente volume, 109–31. Né va sottovalutato, in campo sia metrico che linguistico, il lavoro effettivamente preparatorio del Fasani (*La lezione del "Fiore"*, 54–71; *Il poeta del "Fiore"*, 59–72; "Ancora per l'attribuzione del *Fiore*", 28–40) e del Fratta ("La lingua del *Fiore*", 47–60).

121. Barański, "Lettura dei sonetti I–XXX", 28.

122. Dato il contesto, la probabilità di una conoscenza del *Fiore* da parte di Dante non abbisogna di dimostrazioni. Per quanto riguarda il Cavalcanti cfr. De Robertis, "Amore e Guido ed io . . . ", 48–58; De Robertis, "La traccia del *Fiore*", 198–99, che sentenzia: "Il *Fiore* è elemento 'formale' della loro collaborazione" (cioè di Cavalcanti e Dante: 199). Sul *Fiore* e Cecco cfr. CM, 321; Davie, "Lettura dei sonetti CLI–CLXXX", 122–23; Gorni, "Sul *Fiore*", 92. Il Vanossi, *Dante e il "Roman de la Rose"*, 274–88, ammette la probabilità di un influsso del *Fiore* su Cavalcanti, su Lapo Gianni, su Cino da Pistoia, sull'"Amico di Dante" e su Cecco Angiolieri, per concludere: "Considerato per lo più come un'opera subito accantonata, priva di una circolazione effettiva, il *Fiore* mostra quindi di aver esercitato una notevole influenza sulla poesia toscana dell'ultimo Duecento" (287). Lo stesso studioso osserva inoltre che "anche la messe di riscontri, indubbiamente imponente, segnalata dal Fasani con la poesia di Folgore e di Antonio Pucci pare difficilmente esplicabile per vie indirette (comunanza di fonti, ecc.), e andrà interpretata come frutto di tardive letture del poemetto" (288). Similmente il Fratta, "La lingua del *Fiore*", 62, trova una "non casuale e per certi versi straordinaria prossimità linguistica . . . e metrico-ritmica" tra il poeta del *Fiore* e Francesco da Barberino "che solo una prolungata dimestichezza di uno dei due autori con l'opera dell'altro (se si esclude, come pare

prudente in questa fase, la loro identità), ovvero una improponibile osmosi parallela potrebbero idoneamente giustificare. Certo la soluzione più economica sarebbe postulare una dipendenza del Barberino dall'autore del *Fiore*". Infine Guglielmo Gorni, " 'Guido, i' vorrei che tu e Lippo ed io' (sul canone del Dolce Stil Novo)", *Studi di filologia italiana* 36 (1978): 21–37, ristampato con piccole varianti come "Lippo contro Lapo: sul canone del Dolce Stil Novo" nel suo *Il nodo della lingua*, 99–124, crede (pp. 34–36 [1978]/120–23 [*Il nodo della lingua*]) di cogliere un'allusione al *Fiore* in "Amore e monna Lagia e Guido ed io" (Dante, *Rime dubbie*, 1); l'allusione indicherebbe che il *Fiore* e il sonetto fossero composti dallo stesso poeta, che il Gorni identifica come Dante. Ma a parte la questione attributiva, "il ritrovare, vicino o intorno a quel testo, gli amici fiorentini di Dante ci dice qualcosa sulla diffusione del *Fiore* in ambiente fidato ed eletto" (Guido, Lippo: p. 36 [1978]/123 [*Il nodo della lingua*]).

123. Secondo il Mazzoni, "Se possa il *Fiore* essere di Dante Alighieri", 686, la "sagacia" e l' "ardimento" pro-paterini del poemetto potrebbero spiegare una sua diffusione clandestina. Il Wunderli, "*Mortuus redivivus*", 41, attribuisce l'esile tradizione manoscritta del testo a uno scarso valore riconosciutogli dai contemporanei. Per il De Robertis, "La traccia del *Fiore*", 200, "L'unica possibile spiegazione del silenzio di Dante è proprio l'identificazione, cioè l'identità con Durante, la rimozione della propria *authorship* e la *damnatio memoriae* del suo prodotto".

124. Wunderli, "*Mortuus redivivus*", 42.

125. Arnaldo Moroldo, "Emprunts et réseaux lexicaux dans le *Fiore*", *Revue des langues romanes* 92 (1988): 127–51, insiste sull'ottima padronanza del francese posseduta dall'autore del poemetto (133); tanto il Moroldo (127) quanto il Vanossi, *Dante e il "Roman de la Rose"*, 231–32, e il Peirone, *Tra Dante e il "Fiore"*, 55, sono del parere che tale padronanza si estenda anche al francese parlato (e cfr. *Il fiore*, a cura di Parodi, xi–xii); mentre lo stesso Moroldo (141) e il Muner, "Perché il *Fiore* non può essere di Dante", 91, affermano a proposito di Dante che "sa maîtrise de l'ancien français est pour le moins incertaine" (Moroldo) e che "non poteva conoscere il francese, soprattutto nella sua giovinezza ossia nell'età in cui lo si vorrebbe autore del *Fiore*, come lo conosceva l'autore del *Fiore* e del *Detto*" (Muner).

126. Il contatto di Brunetto con la Francia è arcinoto. Per il viaggio del Cavalcanti in Francia intrapreso presumibilmente tra il 1292 ed il 1296 cfr. Isidoro Del Lungo, "Il disdegno di Guido", nel suo *Dal secolo e dal poema di Dante: altri ritratti e studi* (Bologna: Zanichelli, 1898), 1–61 (30–33); P. Toynbee, *A Dictionary of Proper Names and Notable Matters in the Works of Dante*, rivisto da Charles S. Singleton (Oxford: Clarendon Press, 1968), 160, col. 2; Mario Marti, "Cavalcanti, Guido", in *Dizionario biografico degli italiani* (Roma: Istituto della Enciclopedia Italiana, 1960–), 22: 628–36 (630, coll. 1–2).

127. Picone, "Il *Fiore*", 150.

128. A semplice titolo integrativo (anche se *postillae non sunt multiplicandae praeter necessitatem!*), si elencano qui i lemmi bibliografici relativi al *Fiore* che non sono inclusi né nella bibliografia del Contini (CM, xxiii–xxxix) né nelle altre note che accompagnano questo contributo, e che non riguardano altri contributi al presente volume: Friedrich R. Schneider, *Dante: sein Leben und sein Werk*, quinta edizione (Weimar: Böhlau, 1960), 196–210; Leonella Coglievina, "L'attribuzione del *Fiore* a Dante: un problema risolto", in *Dante Alighieri 1985: In Memoriam Hermann Gmelin*, a cura di Richard Baum e Willi Hirdt (Tübingen: Stauffenburg, 1985), 229–42; Letterio Cassata, "Sul testo del *Fiore*", *Studi danteschi* 58 (1986): 187–237; Aldo S. Bernardo, "Sex and Salvation in the Middle Ages: From the *Romance of the Rose* to the *Divine Comedy*", *Italica* 67 (1990): 305–18; John F. Took, *Dante, Lyric Poet and Philosopher: An Introduction to the Minor Works* (Oxford: Clarendon Press, 1990), 29–43; Aldo Vallone, "Noterella su *Il fiore*", *L'Alighieri* 31 (1990): 67–68; nel volume *Arzanà: Cahiers de littérature médiévale italienne* 1 (settembre 1992), Claude Perrus, "Avant-propos" (7–14) e Philippe Guérin, "Un Exemple de 'traduction polyphonique'" (71–85); nel volume *Letture classensi 22*, John F. Took, "Lettura dei sonetti XXXI–LX" (37–51) e John C. Barnes, "Lettura dei sonetti CXXI–CL" (91–108); Irene Maffia Scariati, "Spigolature sulle *Letture Classensi* del *Fiore*: il 'salvaggio loco' e il nome di Durante", *Rassegna europea di letteratura italiana* 4 (1994): 35–52; Leonardo Sebastio, "Amore e verità nel *Fiore*", nel suo *Il poeta e la storia: una dinamica dantesca* (Firenze: Olschki, 1994), 161–218; Cecil Grayson, "Dante and the *Roman de la Rose*", in *Patterns in Dante*, a cura di Cormac Ó Cuilleanáin e Jennifer Petrie (Dublin: Irish Academic Press, di prossima pubblicazione).

Patrick Boyde

The Results of the Poll:
Presentation and Analysis

In the opening pages of this volume I set out thirty-three arguments for and against the attribution of the *Fiore* to Dante. The model and terminology adopted were avowedly that of the scholastic *quaestio*. My task in these closing pages is, as it were, to present the collective *respondemus*, as it emerged from the opinion poll in which the participants at the conference on the *Fiore* were asked to evaluate each of the individual arguments as "very strong," "strong," "weak," or "very weak," using the ballot paper provided. In what follows I assume that readers have worked their way through those materials, and I very much hope that they have made their own personal *respondeo* by completing the model ballot paper. The results will prove fascinating to those who have already committed themselves on paper (or who break off to do so now), while they are bound to seem a little confusing to those who read blindly on.

There are a few necessary preliminaries. My first duty is to record a slight modification to the original voting procedures, to reveal the number of voters, to report the average spread of the answers, to explain the criteria used to put these answers in rank-order, and to comment on the cross-checks that have been applied to ensure that the responses are significant and that the rank-order is acceptable.

At the end of the opening session, we debated whether or not to ad-mit a *fifth* option, and it was resolved that we ought to allow those who believed that a given argument was simply not pertinent to so indicate on the ballot paper. (In what follows, the "not pertinent" replies are given in column X.) It was made explicit that this option was not to be used to express a "don't know" or "can't make up my mind," and it was in fact used very sparingly (4.5% of the total).[1]

The conference was an intimate one, and the numbers were therefore very low: only 24 of the participants believed themselves competent to make a response. On the one hand, therefore, the results may be dis-regarded on the grounds that the sample is too small to be significant, or because they may reflect a freakish predominance of either hawks or doves, or even perhaps (to those who favor a conspiracy theory) be-cause there could have been a malevolent loading of the dice by the organizers through a Machiavellian control of the invitations and se-lective publicity. On the other hand, any reader who has begun to study the critical debate on the problem of attribution will recognize that those who were present at the conference have a wide range of tem-peraments and skills and that, if they were *pochi,* they were also *buoni.*

By referring to table 1, readers may compare their own individual as-sessments with the responses of this small but distinguished collectivity (for convenience, the table retains the order and headings of the origi-nal ballot paper). The average pattern of distribution in the replies was as follows: A, 11.5%; B, 30.5%; C, 38.0%; D, 15.5%; X, 4.5%. But since the participants were so few, it is probably more helpful to know that the average distribution, to the nearest whole number, was as fol-lows:[2] A, 3; B, 7; C, 9; D, 4; X, 1.

As one would expect, options B and C had the highest tally and to-gether accounted for two-thirds of the total. It will also be noted that the respondents were rather cautious, in the sense that the weak (C) outnumber the strong (B) by 9 to 7 and that the very weak (D) out-number the very strong (A) by 4 to 3. On the whole, then, the voting pattern may be considered as conservative, free from obvious bias, and therefore reassuring: one is well disposed to give serious consideration to the differing evaluations of each individual argument.

My own immediate reaction to these results was one of puzzlement and even dismay. Was it really possible that experts could disagree so widely? Would I be able to convince a professional statistician that the replies were significantly different from what might have been obtained

TABLE 1 RESULTS OF POLL

	A	B	C	D	X
Arguments in favor of D as author of F					
1 Internal signature	6	9	5	4	0
2 F 97 (the only 14th-century reference)	3	6	9	5	1
3 Dante, Rime, XCIX	2	8	11	3	0
4 "Claro nomine carus"	0	7	11	6	0
5 Siger of Brabant	5	10	9	0	0
6 Political sympathies	0	4	14	3	3
7 The manuscript	0	6	8	6	4
8 Dating: political or historical pointers to 1285–90	1	10	10	1	2
9 Dating: linguistic and literary pointers to 1285–90	3	9	9	1	2
10 Command of "comic" register	2	8	12	2	0
11 The *Detto d'Amore*	3	5	11	4	1
12 Borrowings from R are different in *Detto*, F, and DC	3	7	8	6	0
13 F was composed before DC	5	8	7	4	0
14 "Making amends": Roses in the two finales	0	4	10	9	1
15 "Making amends": *Christ* as rhyme-word	0	7	11	6	0
16 Significant debts to R in DC, absent from F	1	5	8	9	1
17 Skill in creating a "creole"	4	8	5	7	0
18 Cutting and shaping to point D	2	6	9	7	0
19 Concreteness and dramatic quality of F point to D	2	6	12	4	0
20 Rhyme scheme of tercets	0	4	7	1	12
21 "Handmaids"[a]	1	4	15	2	2
22 "Chambermaids"[a]	0	8	13	1	2
23 "Ladies-in-waiting"[a]	1	12	8	1	2
24 "Queens"[a]	3	9	8	2	2
25 Moral stance of F like that of DC	1	4	11	8	0
Arguments against D as author of F					
26 The "orgy" of gallicisms in F	7	5	9	3	0
27 Incompatible linguistic preferences	6	9	8	1	0
28 Incompatible metrical preferences	3	14	6	1	0
29 Incompatibilities in schemes of the hendecasyllable	3	14	5	2	0
30 Statistical "fingerprints" that do not match	3	7	13	1	0
31 F shuns all Dantean themes in R	6	9	4	4	1
32 Negative proof: silence by D's contemporaries	7	8	6	3	0
33 Negative proof: silence by D himself	8	2	7	7	0
Totals	91	242	299	124	36

[a]Numbers 21–24 are the arguments based on similarities of words and wording.

from a completely aleatory set of returns? Even in that first state of confusion, however, it became clear within a few minutes that my general expectations had not been entirely wrong. I had assumed that some of the arguments for the attribution to Dante would have emerged either as very strong, in the sense that there would be a two-thirds majority of A + B, or as very weak, because there would be a similar majority of C + D. And I felt instantly able to rule from the chair that 17 of the 33 arguments could be excluded from our debate on the grounds that their status was not controversial.[3]

In the event, that first rough-and-ready criterion by which a vote of A or B both counted equally as strong, and a C or D equally as weak, proved to be remarkably trustworthy. But it was clear that we could not make much progress in interpreting the responses until we had found a way of reducing each set of 5 numbers to a single reliable index-figure, so that we would be able to arrange the assessments in a provisional rank-order from the very weakest to the very strongest.

I took advice from mathematicians and social scientists and experimented with 2 weightings. The first was the simplest and most obvious. An A was deemed to be worth 4 points; a B, 3 points; a C, 2 points; a D, 1 point; and an X, 0. By this method the spread of 5 answers to the second item in table 1 (3, 6, 9, 5, 1) could be interpreted as equivalent to 12 + 18 + 18 + 5 + 0, giving a single index-figure of 53. This approach yielded a scale with 41 gradations, ranging from a minimum of 27 to a maximum of 68, which is referred to below as Index I.[4]

The second weighting was a little more complicated in that it used both plus and minus values in an attempt to do justice to the fact that weak was intended to be equivalent to strong (each being worth 1 point) and very weak equivalent to very strong (each being worth 2 points). In other words, an A was counted as +2 and a D as –2, while a B was counted as +1 and a C as –1. (The X still ranked as 0, but it acquired a different place on the scale.) So, to give the same example, the results of the second item (3, 6, 9, 5, 1) were treated as (6 + 6) – (9 + 10) = (12 – 19) = –7. This approach produced a scale, called Index II below, with 36 gradations ranging from a minimum of –24 to a maximum of +11. These were then adjusted to make them all positive by adding 25 to each, so that the scale runs from 1 to 37.

I shall present and discuss the 33 responses in 4 groups, each arranged in rank-order. I shall begin with the weakest (see table 2) and go on to the strongest (table 3), before considering the results that lie between the extremes (tables 4 and 5), which are potentially more interesting in that they may reveal, not neutrality or indifference among the participants, but a diversity of views.

The first figure in tables 2–5, printed in bold-face type and placed before each item, gives the rank-order (where 1 = weakest, and 33 = strongest) as established by Index II. The second figure, in parentheses, indicates the original item number. The figures in the 5 columns following each item repeat the actual distribution of the 24 votes cast (as given in table 1). The figures in the last 2 columns give the index-figures obtained by the 2 methods described above.

Let us now consider table 2, which gives the results for the 10 arguments concerning the attribution that were considered weakest by the participants at the conference.

All are arguments used in favor of the attribution to Dante, but apart from that they are extremely heterogeneous. The provenance or date of the manuscript was not thought to be much more important than a possible reference to a sighting of the MS in the early sixteenth century. The notion that Dante might be making amends in the *Comedy* for having used *Cristo* in rhyme with other words in the *Fiore* and in his *tenzone* with Forese Donati was rated slightly higher than the possibility that he might have chosen to represent the souls of the blessed in a *candida rosa* at the end of *Paradiso*, in order to make amends for the depetaling of the flower at the end of the *Fiore* and of the *Rose*, but there was not a lot to choose between the 2 ratings. Similar lack of enthusiasm was shown for the idea that the *Comedy* makes amends to the *Rose* by taking over certain features from the idealistic, courtly part instead of the satirical and cynical elements that are given such prominence in the *Fiore*. The presumed political sympathies of the authors (or author) did not carry much weight, nor did the appearance of a few unusual individual words in both the *Fiore* and Dante's canonical works.

More interesting is the cool reception given to 3 arguments of a literary-critical kind: Ser Durante's power to select and give shape to the superabundant materials in his sprawling source did not seem more distinctively Dantean than his concreteness of language and his instinctive gift for creating a dramatic scene. As for the suggestion that the *Fiore* is very much like the *Inferno* in that the author's own highly moral stance is evidently different from that of his characters, whom he endows with such convincingly immoral attitudes, sentiments, and values, this was rated very low indeed.

If we now turn our attention to the other end of the scale, the results given in table 3 contain some surprises. Only 2 of the 8 strongest arguments are among those (questionnaire numbers 1–25) that favor attribution to Dante: the so-called internal signature (rank-order 27 in Index II) and the favorable allusion to Siger of Brabant (rank-order 30 in Index II, but highest, and therefore strongest of all, in the order de-

TABLE 2   THE TEN WEAKEST ARGUMENTS (BY INDEX II)

	A	B	C	D	X	Index I	Index II
1 (14) The *candida rosa* or *gran fiore* of the blessed, a symbol of man's supernatural goal in the finale of the *Commedia*, may be a way of "making amends" (*per ammenda*) for the *fiore* (or the *Rose* of the *Roman*), the symbol of a purely sexual goal in the finale of the *Fiore*.	0	4	10	9	1	41	1
2 (25) The moral stance of the author of the *Fiore* is remarkably similar to that of Dante in the *Commedia*. It is quite distinct from the self-centered hedonism of the protagonist and, above all, from the cynicism of the three characters with the longest speaking parts (Amico, Falsembiante, la Vecchia), who are allowed to condemn themselves out of their own mouths, just like the sinners in the *Inferno*.	1	4	11	8	0	46	4
3 (16) There are significant debts to the first, *courtly* part of the *Roman* in the *Commedia* that are not to be found in the *Fiore*. This apparent redressal of the balance may also be a way of "making amends" for their omission in Dante's earlier work.	1	5	8	9	1	44	6
4 (4) An unknown book of erotic poetry, seen in Venice in about 1530 and ascribed by the witness to Dante, may have been the *Fiore*.	0	7	11	6	0	49	9
5 (6) The political attitudes of the author of the *Fiore* seem consistent with those of Dante before his exile.	0	4	14	3	3	43	9
6 (15) *Cristo* is rhymed, irreverently, with other words three times in the *Fiore* and once in Dante's tenzone with Forese, and four times, reverently, with itself in *Paradiso*. This too may be a way of Dante's "making amends" for his youthful *traviamento*.	0	7	11	6	0	49	9
7 (7) The MS, which seems to be close to the autograph, is by a Tuscan hand and can be dated to the early fourteenth century; it is therefore consistent with authorship by Dante.	0	6	8	6	4	40	11
8 (18) The adaptation of the *Roman* is so skillful and coherent, and specifically the cutting, reshaping, and "freedom of movement" with respect to the source are such as to make one think of Dante.	2	6	9	7	0	51	12
9 (21) There are many verbal parallels between the *Fiore* and Dante's works in vernacular verse, and the most economical hypothesis to explain them all is that Dante is the author of the *Fiore*: group (a), single words, here called "Handmaids."	1	4	15	2	2	48	12
10 (19) The author of the *Fiore* is much more concrete and has a greater gift for dramatic representation than the two authors of the *Roman*, and these qualities are such as to make one think of Dante.	2	6	12	4	0	54	15

TABLE 3 THE EIGHT STRONGEST ARGUMENTS (BY INDEX II)

	A	B	C	D	X	Index I	Index II
26 (26) The "orgy" of gallicisms in the *Fiore* is without parallel with Dante's preferences in his canonical works in vernacular verse.	7	5	9	3	0	64	29
27 (1) Internal signature: the poem is "signed" by its author as Durante, the full form of the name Dante. There are no other serious candidates of this name in the relevant period.	6	9	5	4	0	65	33
28 (31) It is implausible that Dante should have shunned the courtly idealism of Guillaume at the time when he was writing the poems and/or the prose of the *Vita nuova* and that he should have turned his back on all the themes in Jean that were to absorb him from c. 1292 onward, finding expression in his philosophical poems, the *Convivio*, and the *Commedia*.	6	9	4	4	1	63	34
29 (32) There is no mention at all among Dante's contemporaries of this vigorous Tuscan version of the most influential French work of its time, and there is no indisputable proof of its having been read and imitated. It seems inconceivable that a work by an author of Dante's fame could have been ignored in this way.	7	8	6	3	0	67	35
30 (5) The *Fiore* and the *Commedia* share an unusual interest in and sympathy for Siger of Brabant.	5	10	9	0	0	68	36
31 (27) There are a significant number of other linguistic preferences in the *Fiore* that are at odds with Dante's preferences in his canonical works in vernacular verse.	6	9	8	1	0	68	36
32 (29) Analysis of rhythm reveals a pattern of preferences and, specifically, a fondness for certain "irregular" accentual patterns in the hendecasyllable, which are at odds with Dante's preferences in his canonical works in vernacular verse.	3	14	5	2	0	66	36
33 (28) There are four metrical preferences in *Fiore* that are at odds with Dante's preferences in his canonical works in vernacular verse.	3	14	6	1	0	67	37

riving from Index I). By contrast, of the 8 arguments cast in negative form (questionnaire numbers 26–33), no fewer than 6 were judged to be strong.

There is not much to be gained from analyzing the rank-order *inside* this last group, since they are all bunched closely together, lying within the narrow confines of 5 points on the 41 graduations of Index I, and within 8 points of each other on the 36 graduations of Index II. But it is remarkable that of all the many difficulties one might encounter in reinterpreting Dante's early development if one came to accept that he was the author of the *Fiore,* the only argument to be regarded as strong was the very generic one that it is implausible that Dante should have shunned the courtly idealism of Guillaume at the time when he was writing the poems and/or the prose of the *Vita nuova* and that he should have turned his back on all the themes in Jean that were to absorb him from c. 1292 onward, finding expression in his philosophical poems, the *Convivio,* and the *Commedia.* And even this was found to have marginally less weight than the external argument based on the fact that there are no explicit references to the *Fiore* in the works of Dante's contemporaries.

The most glaring objection to Dante's authorship—what Ernesto Parodi called "l'orgia dei gallicismi"—was indeed regarded as strong, but it seemed to be marginally less so than a group of 4 arguments that depend on the analysis of linguistic and stylistic details that would never strike the ordinary reader of the *Comedy* and have escaped the notice of almost all his critics and commentators. Most of the respondents must have taken the expert evidence on trust in these items, and it may be that they were unduly reverential, as juries sometimes are. I certainly regard it as remarkable that the strongest argument of all, according to Index II, concerned the accentual patterns of the hendecasyllable, since hardly anyone has shown any interest in this highly technical subject in the years that have elapsed since I dedicated a chapter to it.[5]

I turn now to the 6 arguments grouped in Table 4, where they are described as from middling-weak to average.[6] Here it is necessary to bear in mind that a position near the middle of the scale may be the result of 2 distinct patterns of distribution. On the one hand, there may be a preponderance of votes in columns C + B (to either side of the mean), as in the case of item 22, where the spread of answers runs 0, 8, 13, 1, 2; this would seem to indicate a broad consensus that the argument was indeed neither weak nor strong. On the other hand, the distribution may show a significant number of votes in columns A and D (at the 2 extremes), as in the case of item 11, where the votes run 3, 5, 11, 4, 1; this must indicate a certain divergence of opinion.[7]

With this distinction in mind, it is possible to state with some confidence that the status of the verbal parallels listed in appendix 2 of *"Summus Minimusve Poeta?"* (see p. 40) and metaphorically described as "chambermaids" (item 22) is just what one would expect: neither

TABLE 4 THE SIX ARGUMENTS FROM MIDDLING-WEAK TO AVERAGE (BY INDEX II)

	A	B	C	D	X	Index I	Index II
11 (11) The author of the *Fiore* seems to be the same person as the author of the *Detto d'Amore*, which belongs to the period when Brunetto wrote his *Tesoretto* and *Favolello* (also in *settenari baciati*) and when Guittone d'Arezzo was still the acknowledged arbiter of taste. This too points to a dating in the period 1285–90.	3	5	11	4	1	53	17
12 (2) Sonnet 97 of the *Fiore* was attributed to Dante in the fourteenth century.	3	6	9	5	1	53	18
13 (12) There are several features deriving from the *Roman* in the *Fiore*, *Detto*, and *Commedia*, but none of them is common to all three works. This seems to Dante's having written all three works, since two or three different people would probably have borrowed at least one common feature.	3	7	8	6	0	55	18
14 (22) There are many verbal parallels between the *Fiore* and Dante's works in vernacular verse, and the most economical hypothesis to explain them all is that Dante is the author of the *Fiore*: group (b), prominently placed single words, here called "Chambermaids."	0	8	13	1	2	51	18
15 (3) Dante's sonnet "Messer Brunetto" (XCIX), sent to accompany the gift of a poem, seems to be alluding to the *Detto* and/or the *Fiore*.	2	8	11	3	0	57	20
16 (20) The rhyme scheme of the tercets of the sonnets in the *Fiore* anticipates the meter of the *Commedia*, and the *Fiore* may be the crucial, missing link between Dante's lyric poetry and the *Commedia*.	0	4	7	1	12	27	20

weak nor strong. And there is no controversy about the value of the inferences to be drawn from the possibility that Dante's sonnet "Messer Brunetto" might contain allusions to the *Detto d'Amore* and/or the *Fiore*. But with regard to the argument bearing directly on the *Detto* itself (number 11), the spread of votes shows a sharp disagreement, which is probably due to the fact that the argument posed too many problems at once. (Does one agree that the *Detto* is by the author of the *Fiore*? Does one then deduce that this points to a relatively early date for both works? And does one further accept that this constitutes a significant permissive argument for the attribution to Dante?)[8] Much the same is probably true of the divergent responses to the argument relating to the only passage in the *Fiore* to survive outside the Montpellier MS (item 2). Respondents were probably torn between due recognition of the importance of an explicit attribution to Dante and disbelief in the credibility of a witness who seems to have embellished or even invented the story of the circumstances in which Dante pronounced these lines.

Thus, we come to the 9 arguments listed in table 5 as "from average to middling-strong." Here, too, it will be worth distinguishing between similar index-numbers that are the result of a very different spread of votes. If we look at the 3 permissive arguments in this group—those that tend to show that there is at least no obstacle to Dante's authorship, in that the *Fiore* seems to have been written between 1285 and 1290— it will be seen that the evaluation of all 3 (rank-orders 17, 21, and 24) may be described as consensual, because the majority chose either B or C.[9] Broadly consensual, too, is the rating of the negative argument based on the kind of methodology used in the investigation of attribution problems in other languages, periods, and genres. J. Barber's incompatible fingerprints were not dismissed by any means, but there were 13 C votes to only 7 B votes. It is extremely interesting, also, that there was no significant divergence of opinion in the assessment of the last 2 categories of verbal and stylistic parallels adduced by Gianfranco Contini (numbers 23 and 24, referring to appendixes 3 and 4 of "*Summus Minimusve Poeta?*"; see pp. 41–43). And it is little short of amazing that the parallels to which Contini attached the greatest importance, calling them the "queen of proofs," should have been assessed as marginally less persuasive than those I labeled metaphorically as "ladies-in-waiting."

These evaluations are to be distinguished, then, from those which fall into this group in consequence of a wide divergence of opinion. The very plain negative argument that Dante is not the author of the *Fiore* because he nowhere claims it as his own was judged to be very strong by 8 participants and very weak by 7. A similar spread of views is evident in the responses to Contini's subtle argument (item 13, rank-order 22) based on his deduction that the verbal debts to the *Rose* that occur in both the *Fiore* and the *Comedy* were mediated through the *Fiore* and not the other way around (thus excluding the possibility that the author of the *Fiore* was borrowing from the *Comedy*). Finally—and not sur-

TABLE 5 THE NINE ARGUMENTS FROM AVERAGE TO MIDDLING-STRONG (BY INDEX II)

	A	B	C	D	X	Index I	Index II
17 (10) The author's handling of the "comic" register is consistent with a dating in the period 1285–90.	2	8	12	2	0	58	21
18 (17) The author of the *Fiore* used his command of French to create a parodistic "creole" of such richness and daring as to make one think of a major writer like Dante.	4	8	5	7	0	57	22
19 (33) Dante himself never mentions the *Fiore*, whereas he consistently refers to and quotes his canonical works in later canonical works. The most economical working hypothesis to explain this silence is that Dante was not the author.	8	2	7	7	0	59	22
20 (30) Statistical analyses of various parameters of the *Fiore* consistently reveal patterns of distribution that are difficult to reconcile with those found in Dante's canonical works in vernacular verse.	3	7	13	1	0	60	23
21 (8) The references to historical events and to the political context are consistent with a dating in the period 1285–90, and thus to authorship by Dante when he was in his early twenties.	1	10	10	1	2	55	25
22 (13) Analysis of verbal debts to the *Roman* that are common to the *Fiore* and the *Commedia* seem to show that they are mediated through the *Fiore* to the *Commedia*. Their presence in the *Fiore* cannot be explained as borrowings from the *Commedia*; hence either Dante had read and remembered the *Fiore*, or he is the author.	5	8	7	4	0	62	28
23 (24) There are many verbal parallels between the *Fiore* and Dante's works in vernacular verse, and the most economical hypothesis to explain them all is that Dante is the author of the *Fiore*: group (d), complex parallels, here called "Queens."	3	9	8	2	2	57	28
24 (9) The evidence of language, style, and meter is consistent with a dating in the period 1285–90, and thus to authorship by Dante when he was in his early twenties.	3	9	9	1	2	58	29
25 (23) There are many verbal parallels between the *Fiore* and Dante's works in vernacular verse, and the most economical hypothesis to explain them all is that Dante is the author of the *Fiore*: group (c), *stilemi associativi*, here called "Ladies-in-waiting."	1	12	8	1	2	57	29

prisingly, granted the lowly evaluation of similar arguments requiring complex acts of literary judgment—there was sharp disagreement concerning the suggestion that Durante's creation of a "creole" (Contini's euphemism for the "orgia di Gallicismi") is such a tour de force that it could only have been achieved by someone of Dante's particular kind of genius. Here the voting ran: A, 4; B, 8; C, 5; D, 7.

At the risk of cracking nuts with a sledgehammer, I have presented and analyzed the results of the poll with the same care as if the items had been perfectly chosen and worded and as if the participants had been 240 in number rather than 24. With the wisdom of hindsight, I can now see that, in an ideal world, I should have circulated the materials for the questionnaire fully 3 months earlier and processed the results before the conference began; all the proceedings, moreover, should have been focused on the authorship, and there should have been a second ballot, taken after the final debate, to see how far and in what direction opinions had changed. But since we have to live in the real world, I shall explore as far as possible what kind of conclusions might be drawn from the poll, on the assumption that the responses to a better set of items by a greater number of equally qualified people would in all probability have yielded a similar set of results.

Up to this point, I have been trying to establish the perceived weight of each individual piece of evidence and not to arrive at a general conclusion or to discover what general conclusions the participants in the poll might have reached. I have, of course, been quite alone in this singleness of purpose. The first comment by the first speaker in the final session, Anna Chiavacci Leonardi, was to the effect that the whole enterprise was misconceived, because people do not arrive at important decisions simply by totting up the number of pros and cons. For his part, David Robey brought his pocket calculator along to the session, and he intervened just as soon as he had completed his first rough-and-ready analysis of the implications of the voting. In his view the voting showed that we had been less than enthusiastic, even skeptical, about the proposed attribution of the *Fiore* to Dante, and his first conclusion can be amply confirmed from the evidence set out in the tables. It has already been pointed out that as many as 6 of the 8 arguments cast in *negative* form appear among the 8 strongest (table 3). Conversely, all 16 of the weakest arguments had been advanced in *favor* of the attribution (tables 2 and 4). If we analyze the index-numbers in Index II, it becomes apparent that the uncorrected scale runs from a minimum of −24 to a maximum of only +12, and that no fewer than 20 of the 33 arguments failed to reach positive figures.[10]

This tendency to skepticism may be interpreted in various ways. It may be dismissed as bias, attributed to chance, or welcomed as evidence of the leaden-footed caution that is proper to good scholarship. But I myself would conclude—with a mixture of judicial detachment and English understatement—that, 10 years after the appearance of Contini's incomparable editions of the *Fiore*, his championship of the attribution or attributability of the poem to Dante Alighieri has not won universal assent. I think it important that scholars who work on the problem in the coming decades should recognize this fact and allow it to influence them in their selection of a battlefield and their choice of weapons. So let me gaze into the crystal ball for a moment and speculate as to how the results of this poll might affect the course of future research.

Zygmunt Barański is inclined to think that the findings make it absolutely clear that no amount of circumstantial evidence will ever settle the issue once and for all, and that we should therefore resolve to limit ourselves to the study of the poem on its own terms as one of the most neglected monuments of late thirteenth-century literary culture in Tuscany. In my view, however, it is unlikely that colleagues will be deterred from further speculation as to the authorship, so my own hope is that those who travel down this road may find a rudimentary map and at least three useful signposts.

First, and least important, all scholars ought to take note that the *onus probandi* still lies with those who believe that Dante was the author, and they should write up their findings and argue their case accordingly. Second, the results will help to pinpoint the differing amounts of resistance that will have to be overcome with regard to each distinct line of argument; they should help to prevent the breaking-down of open doors or the building of houses on sandy ground.[11] Third, and most important, a close study of the questionnaire—together with its supporting documents, the raw results, and my attempt to put these in an acceptable rank-order—may help to suggest where new research is required, how to refine existing approaches, and how better to interpret the existing evidence.

It is extremely unlikely that I myself will have the time or inclination to initiate further research on this topic in my declining years, but I would like to round off this report by signaling my willingness to advise or to collaborate with any younger scholar who is sympathetic to the following propositions:

1. The authorship of the *Fiore* must not be studied in a vacuum but must be firmly located within the field of attribution-studies.
2. Further research should be conducted using a much wider range of variables or proven discriminators, over a much wider range of relevant material, with a much closer attention to cross-checks and a militantly Popperian resolve to see how far the experimental evidence can be falsified.
3. Such research will adopt well-tried statistical criteria and make use of the most advanced computer technology.
4. Such research will be under the direction of literary scholars who are thoroughly conversant with the languages and culture of late medieval Italy and France.

After which, it only remains to say: "Go, litel boke."

NOTES

1. With regard to the conduct of the ballot, it is worth stressing that the ballot papers were completed anonymously and handed personally to one of the three scrutineers (David Gibbons, Catherine Keen, and Paolo Zanna). There were no spoiled papers or even spoiled questions, and the participants evidently took their duties seriously. (There were just 2 papers that made a somewhat generous use of the A and D options, but since they tended in opposite directions and canceled each other out, they have been allowed to stand as the legitimate expression of rather forceful and clear-cut views.) Neither the scrutineers nor myself submitted a return.

2. The raw figures were as follows: A, 91; B, 242; C, 299; D, 124; X, 36 (for a total of 792, or 24 × 33). The unrounded figures for the distribution out of 24 were as follows: A, 2.7; B, 7.32; C, 9.12; D, 3.72; X, 1.08 (total = 23.94).

3. These coincided more or less exactly with the weakest arguments listed in tables 2 and 4. Most of them were perhaps fairly obvious, but it is easy to pontificate with the wisdom of hindsight, and anyone who has completed the

questionnaire after serious reflection on the issues and the evidence will have found some personal surprises in the results set out in table 1.

4. The lowest index-figure was anomalous because of a uniquely high number (50%) of "not pertinent" votes. The other 32 responses lie on a scale beginning at 40, with only 28 gradations that are relatively evenly distributed (the sequence continues 41, 43, 44, 46, 48, 49, and so forth).

5. See Patrick Boyde, *Dante's Style in His Lyric Poetry* (Cambridge: Cambridge University Press, 1971), 209–36.

6. In rank-order they run from 11 to 16. The division between the groups is made at this point on the scale because there is a 3-point gap on both indexes (it is not entirely irrelevant to record that this is often how British academics determine the exact place to draw the line between lower-seconds and thirds in our final examinations).

7. The case of number 10 is unique. As explained in note 4, its index-number on Index II is relatively high, at rank-order 16, whereas it is very low on Index I, at rank-order 2. This is because 50% of the participants thought that the argument was not pertinent.

8. Personally, I find myself on the horns of a dilemma here. The *later* the date, the less likely the attribution to Dante seems for a variety of linguistic and stylistic reasons, and also because of the themes that are included or avoided. The *earlier* the date, the less likely the attribution seems because it is *prima facie* less probable that a 20-year-old Dante could have picked up such a knowledge of French, or acquired the mastery of the sonnet as a narrative unit, or become so cynical and worldly wise.

9. Here it seems worthwhile to record my subjective impression, gained from formal and informal discussions during the three days of the conference, that there was no serious doubt in anyone's mind that the *Fiore* was composed during the later 1280s or very early 1290s.

10. On the other scale (Index I), the dividing line between the negative and the positive evaluations is probably to be located at number 8, where the results in columns A–D were 1, 10, 10, 1. This gives an index-figure of 55 with a rank-order of 15. In other words, there are 18 arguments on the positive side of the scale in Index I, and 14 on the negative. But this scale is a little skewed by the different impact of the "not pertinent" votes, most notably in the case of number 20, where the 12 votes in column X have the effect of making this the weakest argument of all, whereas in Index II its rank-order is 16. Another aspect of the collective diffidence may be seen in the following figures, which might be used to adjust the weighting of the items in the first and second parts of the questionnaire, because they show that participants were obviously more inclined to use the C and D columns in numbers 1–25, and notably more ready to use the A and B columns in numbers 26–33.

	A	B	C	D	X	Total
Items 1–25	48	174	241	102	35	600
Items 26–33	43	68	58	22	1	192
All items	91	242	299	124	36	792 (= 24 x 33)
Items 1–25	8%	29%	40%	17%	6%	100%
Items 26–33	22.4%	35.4%	30.2%	11.5%	0.5%	100%
All items	11.5%	30.5%	38%	15.5%	4.5%	100%

11. There will be no point in demonstrating the importance of the internal signature or, at the other extreme, in pretending that it can simply be dismissed. It patently is a strong argument. Conversely, the presumed palinodia in Dante's presentation of the *candida rosa* does not need to be mocked or bullied out of court. Taken in isolation, it must be considered intrinsically weak or not persuasive. It might be used like a flying buttress to support the edifice from outside, but it cannot serve as a foundation.

Final Debate

Patrick Boyde: Le schedine valide erano 24. Io ritengo che nelle cose umane, *in opinabilibus*, perché si faccia sentire in modo inequivoco la *voluntas populi* ci vuole una maggioranza di due terzi—quindi ci vorranno 16 voti perché un risultato sia significativo. Mi spiego. Se la distribuzione non è in qualche modo anomala e ci sono 16 A + B e solo 8 C + D, quella distribuzione starebbe ad indicare che per la maggioranza dei votanti quel tale argomento è molto forte, molto convincente, per cui andrebbe eliminato dalla nostra discussione, appunto perché non è controverso. Se invece ci fossero solo 8 A + B e 16 C + D, l'argomento andrebbe ugualmente escluso in quanto la maggioranza lo considera molto debole. Applicando questo semplice criterio "psefologico" sembrerebbe possibile escludere quindici delle trentatré domande, come cose di cui non ci occuperemo più. Evidentemente ci sono casi difficili, casi limitrofi. Per esempio nel caso della cosiddetta *internal signature*, come vedete, ci sono 6 A e 9 B, cioè 15 a favore e perciò 9 contro. Ma per correttezza non l'ho voluto escludere. Per costituire una maggioranza decisiva, "normativa", ci vogliono due terzi, esattamente come per cambiare la costituzione.

Notate inoltre che ho segnalato con un asterisco le domande 10, 13,

17, 24, 26, 30 e 33, dove la distribuzione mi sembra veramente strana, dove, cioè, la distribuzione indicherebbe che non siamo assolutamente d'accordo sui criteri, o sulla relativa forza di persuasione, o sulla "quality of the evidence" come l'ho chiamato. Queste per l'appunto sono le domande più interessanti.

Nel dibattito finale proporrei di seguire la seguente strategia: all'inizio, darò la parola—darò il microfono in mano—a coloro i quali ci hanno onorato con la loro presenza ma non hanno portato una relazione, con l'invito a parlare per due o tre minuti su qualsiasi aspetto del problema dell'attribuzione, senza limitarsi al mio *aide-mémoire*, senza rispondere a chi li avrà preceduti, senza un filo preciso, così, perché i nostri futuri lettori tengano conto di un elemento importante o di una determinata posizione. Grande libertà quindi nella prima parte. Ad un certo punto, però, dopo una mezz'oretta, cercherò, come moderatore, di prendere le redini in mano, di focalizzare, di concentrare l'attenzione sui punti veramente controversi, vale a dire sulle sei domande contraddistinte con l'asterisco. Chi vuol cominciare? Prego, Anna.

Anna Chiavacci Leonardi: Veramente non volevo parlare a questo dibattito, perché non mi sentivo sufficientemente preparata, non avendo fatto uno studio specifico sul *Fiore*. Tuttavia, con il titolo che posso avere di una diuturna consuetudine con il testo dantesco, ormai da quasi mezzo secolo, e avendo raccolto le varie tendenze, i vari giudizi, letto e riletto, ecco devo prima dire una cosa, diciamo pregiudiziale: che veramente questo questionario non mi sembra sufficiente ad abbracciare la complessità di questo argomento. Queste singole "cose" in cui è stato, diciamo così, frazionato, con grande acume tra l'altro, non abbracciano di fatto il problema, se non mi sbaglio, perché ci sono una serie di argomenti di carattere così complesso, che non si potevano in nessun modo esaurire con una domanda affidata ai famosi quattro quadratini.

Intanto vorrei fare una parte che qui andava fatta—l'*advocatus*, diciamo così, della parte avversa. Magari per essere poi confutato, ma insomma questo discorso va fatto, in quanto è quello che sta poi alla base di tutto questo problema, del congresso a cui siamo venuti. La questione infatti non è pacifica. Se fosse pacifica non saremmo qui a discutere.

E qual è il punto che ci sta di fronte? Secondo me c'è una cosa notevole. Chi legge questo testo—3.000 versi, che non sono un piccolo scherzo—chi lo legge (che naturalmente conosca Dante e che abbia una certa consuetudine con Dante), la sua prima impressione, come tutti sanno, è che non sia dantesco. Questo testo non appare dantesco—nel suo insieme naturalmente. Poi si possono fare tutte le ricerche particolari, piccole o grandi che siano; ma nel suo insieme non sembra dantesco. (Io parlo dal punto di vista personale, però non sono sola, come si sa. Lo stesso Contini dice che i quattro editori del testo dopo il Castets non a caso non si sono più sentiti in grado di attribuirlo a Dante, quasi, lui scrive, che il contatto con il testo, il diuturno contatto con il testo, li abbia portati a questa conclusione.)

Chi, infatti, legge e rilegge questo testo ha questa prima impressione: ogni autore, come un musicista, si riconosce dal suo andamento. Ecco, la prima cosa è che l'andamento dei 3.000 versi (salvo, sì certo 20, 30 versi) non è quello dantesco—il suo *ductus*, chiamiamolo così, sia ritmico, metrico, sintattico, lo stesso uso lessicale sempre raro, sempre nuovo, mai banale, che è di Dante fin dal primissimo Dante, l'aggettivo che non è mai comune. La ripetitività continua di questo testo, l'andamento se posso chiamarlo "binario", quel modo di andare avanti sempre a coppia, che è proprio del *Fiore*, non è del Dante che conosciamo. Quella continua zeppa del linguaggio . . . e molte cose si potrebbero dire su questo aspetto stilistico, ma ora non ho il tempo di fare tutti gli esempi.

Ma non c'è solo l'aspetto stilistico—comprendendo sotto stile tutto questo aspetto formale—c'è anche un grosso fatto contenutistico. Qui naturalmente ci sono varie cose. Una è quella che è stata sottolineata, mi sembra con molto acutezza, dal collega Pertile: quella carica di amarezza, di cinismo, di misoginia che pesa violentemente, specie nel discorso della Vecchia, che sembra francamente oltrepassare il limite di una parodia, dell'ironia. C'è un sentimento che, primo, non è giovanile, secondo, non è dantesco, per lo meno del Dante che noi più o meno conosciamo come vero Dante.

E oltre a questo c'è la totale mancanza della riflessione: tutto quello che è meditazione, tutto quello che è riflessione, tutto quel che è ragionamento, è tagliato. Benissimo, bisognava pur tagliare, bisognava ricostruire narrativamente. D'accordo, questo è vero. Ma il Dante anche narratore non si dimentica mai di ragionare. Il suo modo è sempre quello di ragionare, di meditare. Ecco, qui c'è l'altro elemento per me importante: dalla *Vita nuova* alla *Commedia* Dante scrive sempre rimeditando su ciò che scrive. Insomma la *Vita nuova* commenta se stessa, il *Convivio* commenta le canzoni, il *De vulgari* dà la giustificazione retorica alle grandi canzoni, la *Commedia* è un continuo autocommento.

Non solo, ma c'è anche la misura del Dante scrittore. Noi dobbiamo sempre tener presente che questo testo di circa 3.000 versi è più lungo di tutte le *Rime* che noi conosciamo di Dante, che sono state scritte diciamo in vent'anni di tempo. C'è quindi un Dante anche parco nella scrittura; e ogni scrittura è accompagnata dalla meditazione. Tutto questo non esiste nel *Fiore*. E ci sono molte cose per cui uno dice: questo non è il Dante che noi conosciamo.

Naturalmente ci sono poi tutte le ragioni positive, i famosi argomenti, dei quali privilegerei senz'altro, come Contini stesso, quelli interni, che hanno certamente il loro peso; per cui si resta sempre un poco sulla soglia. Però, intanto, il numero. Su 3.000 versi, voglio dire, questi argomenti saranno trenta. Poi andrebbero controllati uno per uno, perché ci sono tante cose che lì per lì sembrano . . . ma poi si va a vedere il testo della *Rose* e a volte c'è un rapporto certamente diretto tra *Rose* e *Commedia*, che non necessita l'intermezzo del *Fiore*.

Ci sono altre cose che possono avere più importanza naturalmente. Molto importante secondo me è stato l'intervento di De Robertis. Tuttavia, anche qui, questi discorsi sono sempre fatti nella direzione *Fiore*-*Commedia*, *Fiore*-Dante, cioè sempre tra questi due poli. Ma esiste certamente anche un linguaggio duecentesco, una specie di koiné, per cui la lingua si atteggia certe volte in certi modi, in certe flessioni, in certi andamenti, influenzati in gran parte anche dal francese, ma in buona parte anche dalla Bibbia, dalla Vulgata, che offre tante cose come *Et ecce* "ed ecco", anche il "venire e dire". C'è anche questa possibilità da tenere presente.

Tuttavia, certo il discorso non è che sia chiuso. Però secondo me l'approccio che forse è stato un po' trascurato è di vedere come introdurre questo grosso lavoro nell'itinerario dantesco, che, dalla *Vita nuova* al *Paradiso*, ha una sua coerenza. Ecco, qui va visto che significato ha, dentro questo itinerario. Lo possiamo sistemare? È un progetto culturale? Qui è stata aperta appunto la strada del progetto culturale di ironia, di passaggio dai significati cortesi in modo da poter aprire la strada al nuovo stile (a parte che già Guinizzelli, già il primo Cavalcanti, passano senza bisogno di quest'enorme sussidio).

Ma questo sussidio richiede tempo, chiede spesa di tempo. Io però vedo anche convinti assertori del *Fiore* dantesco dire: "be' è stato fatto in fretta, è stato scritto così, quasi per divertimento, d'estate, oppure la sera". Già il pro-dantista arriva a questo punto. Però qui la discussione mi sembra che vada fatta. O è un progetto serio ed impegnato, e allora non riconosciamo il Dante serio secondo quelle linee che avevo indicato prima. O è una cosa fatta per scherzo, non diciamo per scherzo, ma fatta la sera, passandola fra amici, e allora, però, come facciamo? Questo non è il modo di Dante, che non fa mai le cose per divertimento.

Un'ultima cosa la posso dire? Sono due cose, ma sono la stessa. Una è la famosa "sperimentalità"—lo scudo sotto cui si può riparare praticamente tutto. Secondo me Dante non è uno sperimentatore. Io per Contini ho una venerazione assoluta, intendiamoci, mi ha insegnato tantissimo. Tuttavia qui forse . . . Dante sperimenta solo a un fine, mai per sperimentare. È sempre finalizzatore, non sperimentatore. L'altra ultima cosa che volevo dire, è che il Contini alla fine del suo lavoro, con tutte le convinzioni sue, ha scritto sul frontespizio: "attribuibile". Quindi c'è un limite che lui stesso non si è sentito di varcare: al di qua di questo limite, io sto con il Contini.

Boyde: Però diceva che questo "attribuibile" aveva il valore di "tribuendus" come in "Carthago delenda est".

Domenico De Robertis: Per continuare a tenere il ghiaccio rotto, perché vedo che c'è un po' di esitazione . . . Io con tutti questi numeri me la giro poco, perché non sono un bravo interprete di queste cose; non è che fossi poco bravo in matematica, ma questo è un tipo di matematica che non conosco. Noto solo una cosa: i numeri 23 e 24, che sono "Ladies-in-waiting" e "Queens", sono fra i quesiti in cui gli estremi sono estremamente ridotti; ma il blocco centrale, che è costituito dalla plausibilità o da un'approssimativa plausibilità, è piuttosto solido.

Vorrei aggiungere due cose brevissime. Una l'ha tirata in causa l'amica Anna Chiavacci: la questione del "divertimento". Io l'ho detto, ma non vorrei che venisse interpretato come appunto un *vindemiale negotium,* come era stato detto del discussissimo dialogo della lingua di Machiavelli (per il quale credo di aver portato la prova che non può essere di Machiavelli, ma nessuno la vuole intendere; ed è una prova di carattere cronologico. Non c'è niente da fare: Machiavelli non poteva aver letto la Giuntina delle rime antiche perché egli era premorto). Si tratta di questo: "divertimento" sono quelle cose che si fanno per il gusto di farle, con un gusto anche dissacratorio, che implica anche il progetto, l'idea di fare qualcosa di diverso, di nuovo, di guardare lontano.

Non credo che con questo si possa parlare di vera e propria progettualità. Caso mai, il problema può riguardare il modo in cui ha lavorato l'autore del *Fiore* sulla *Rose*, come ha selezionato. Ma quello che ha detto la signora Huot—che ci sono una serie di contrassegni, perfino degli indici della *Rose*—mi colpisce molto. Si può selezionare. Quindi il divertimento, e forse la rapidità. Perché nell'età di Dante o di Cavalcanti—e non so se una stagione di quel genere si sia mai riprodotta in una sola città, in un solo luogo, in tutta l'Italia, per tutta la storia della letteratura italiana—perché (mettiamo pure che non sia Dante) non ci può essere uno capace in breve tempo di affrontare questa impresa? Si trattava di tradurrre, e qualche volta di "tirare via", anche. È un lavoro che si poteva fare anche rapidissimamente. Se no, come hanno fatto i buoni poeti che hanno scritto decine di migliaia di versi, dal Boiardo, all'Ariosto, al Marino? Pensiamo che abbiano avuto una giornata di otto ore perpetua? Questo per quanto riguarda il cosiddetto "divertimento" e la possibilità invece di una straordinaria rapidità—che naturalmente in Dante non si è più riprodotta in quel modo. Ma io mi immagino che il poeta della *Commedia* abbia avuto parecchie cose da fare in sedici anni—anche guadagnarsi il pane, anche piegare la testa tante volte, e correre e fuggire anche, magari anche innamorarsi: anche lì non avrà lavorato come un impiegato. Non immagino Dante poeta di varianti che rilavora alla Petrarca—e questo era Contini stesso che lo diceva.

L'altra cosa riguarda l'attribuibilità o meno. Ci troviamo sempre di fronte a questo: "non ci sento Dante". D'accordo. Ma se *Il trionfo della Libertà* e i *Sermoni* di Manzoni—che noi conosciamo come tali, perché esistono gli autografi—fossero senza attribuzione? Cosa c'è di paragonabile col Manzoni degli *Inni sacri*, delle *Tragedie*, de *I promessi sposi*? Non c'è niente di paragonabile. Era un libertino Manzoni, e lo è stato fino alla conversione; e fu una conversione proprio perché era un libertino. Perché Dante non poteva essere un libertino?

Peter Armour: I would like to add a few brief points, even though they have in a sense been made, or at least mentioned, by John Barnes in his paper. I am quite interested in the fact that nobody has seen the two arguments relating to the "making of amends" as being important. Nobody has given an A for either of them, while it strikes me that those arguments would be very important, if we knew that both works were by Dante. But of course, that's what we're trying to prove . . . Anyway, that's not really my main point. Being very skeptical and wondering about this work—which is terribly interesting and needs studying in its context—I just wanted to review very briefly a few basic facts. I have probably mentioned them before, but I'd like to come back to them again.

We know that Brunetto Latini was exiled in France for some six or seven years. He came back because of Charles of Anjou's expedition into Italy. Now, Jean de Meun pays tribute to Charles of Anjou as king of Sicily, and this is an important element for dating the *Rose*. Brunetto, either in exile or when he came back to Italy, wrote the *Tesoretto*, which is in *settenari baciati* and shows what we could call *allegorismo francese*, with Natura, the Dio d'Amore, and so on: it is not exactly the same, of course, but there is that kind of technique. Then we have the *Detto*, in *settenari baciati*, which, if you like, connects up the *Rose* with Brunetto Latini. There is also a connection with Guittone d'Arezzo, with the *corona* of sonnets that Lino Leonardi talked about. These relationships offer us another way into the *Fiore*, a way of looking at it independently of the attribution (and it is a great "comic" poem, even if you think it is not by Dante). Still following this line, we also have to recognize the influence of the *stile comico*; I personally have this sense of Cecco Angiolieri, or somebody who knew Cecco, or somebody who was *in concorrenza* with Cecco. My feeling is partly based on Peirone's identification [*Tra Dante e "Il Fiore"* (Genova: Tilgher, 1982], which I am not qualified to judge, of some southern Tuscan forms, possibly Sienese.

So, I am happy to put the *Fiore* into the period, shall we say, from 1280 to, at the latest, 1305 (because by that time, we have to reckon with the influence of Dante, of Cavalcanti, of the great language reformers of Italian poetry). What I would like to do is to study the *Fiore* as a very interesting cultural phenomenon within this period, prescinding from the paternity, but bringing Brunetto back into the picture.

David Robey: Io ho fatto quello che non si doveva fare, e cioè ho fatto il calcolo dei totali. Posso rivelarlo? Indica che tendiamo verso lo scetticismo. Perché, se si fa il totale delle colonne A e B delle domande 1–24, più le colonne C e D delle domande 26–33—che sarebbero gli argomenti "pro-Dante"—il totale arriva al solo 41% di tutti i voti. Il totale delle altre colonne perciò arriva al 59%. Quindi tendiamo verso lo scetticismo. Questa è l'unica conclusione che se ne può trarre.

Boyde: Grazie, David, di questa tua immediata interpretazione dei dati complessi. A questo punto, prima di "guidare" la discussione, vorrei

chiedere se ci sono ancora delle reazioni personali, delle *nuances* da
tener presenti, degli aspetti trascurati. Stiamo registrando il dibattito
con la precisa intenzione di darlo alla stampa, ed è importante che l'intera gamma delle reazioni sia *recorded for posterity.*

Guglielmo Gorni: Solo dietro tua sollecitazione cercherò di fissare alcuni
piccoli caposaldi nella maniera più breve possibile. Il primo, la rapidità di esecuzione. Non mi preoccuperei troppo di questo, perché è un
parametro artigianale totalmente diverso da quello nostro e particolarmente post-romantico. In sostanza, a mio avviso, non farebbe difficoltà,
se di Dante si tratta (e comunque certo è un autore medievale, qualunque sia il caso), trovare uno spazio cronologico adeguato per questa *performance.*

L'altro è il problema "per ammenda", cui ha accennato Armour.
Anch'io ero colpito dalla negatività di reazione nei confronti degli argomenti "per ammenda", soprattutto quello della rima di "Cristo" con
se stesso. Ma questo è comprensibile, perché il quarto caso di rima di
"Cristo" con se stesso è nella tenzone con Forese. Accettare quell'argomento significherebbe veramente vedere l'opera di Dante, compreso il
Fiore, proprio come un tutt'uno, come veramente una specie di Ricciardi
integrale. Questo è impossibile da immaginare.

Invece è interessante andare al quarto punto, ecco, "claro nomine
carus". Ho visto che la reazione in questo caso non è stata favorevole,
e mi sembra giusto che sia così, perché non ho dubbi su questo. Quando
io lessi questa specie di nota postuma di Contini (che l'ha aggiunta in
nota alla sua edizione, come un'ultima novità, all'ultimo minuto prima
di chiudere il libro), la mia reazione è stata dire: ma perché non ha pensato alla *Vita nuova?* Va bene che sono "*insanos* amores", ma per un
umanista, ogni amore è insano, compreso quello di Beatrice, questo è
ovvio.

Boyde: E "vix cognitus ulli"?

Gorni: "Vix cognitus ulli", perché la *Vita nuova* a quella data non è ancora edita. C'è nel 1527, nella Giuntina, la lista delle Canzoni e dei
Sonetti. Ma prima di quella data la *Vita nuova* è un testo che circola
manoscritto. Quindi nel 1530 è giusto che la reazione è "vix cognitus
ulli", e che sia la *Vita nuova.*

Poi mi ha intessato la forte presa di posizione di John Barnes, vera-

mente al limite del ripudio, proprio perché è giusto che fosse così. Io
ho imparato a scuola nei primi rudimenti di filosofia che la filosofia inglese è una filosofia empirica. Hume è il grande padrone del pensiero
britannico. Ebbene, è giusto che vicino a Newton, nella patria di Hume,
ci sia una reazione . . . Si è parlato di DNA qui, e questo esempio non
ricorre nei contributi italiani. Perché? Forse questo piccolo aneddoto
consente di fare un passo in avanti, vedere come lavorava Contini.

In sostanza è stato detto che Contini svaluta le prove storiche, le
prove esterne, per privilegiare le prove interne stilistiche. È vero. Prima
del 1965 non esiste nella critica italiana un'attribuzione su base stilistica. È un apporto longhiano nel pensiero di Contini, è un apporto
della storia dell'arte. Del 1960 sono i *Poeti del Duecento*, dove compare
l'Amico di Dante, che è un calco dell'Amico di Sandro, che è poi
Filippo Lippi, eccetera. C'è in Contini la volontà di aprire un nuovo
orizzonte, che è quello della memorabilità, degli indizi, quello di un
parametro morelliano o invece longhiano, appunto, puramente stilistico. In questo senso va preso—come una specie di stagione. Non oso
dire di moda, ma certo di un'apertura di un diverso segno.

Ultima cosa: dove mettere il *Fiore* se non è di Dante? Ieri De Robertis
ha parlato di "tracce"; non ha parlato di "prove". Ma anche questo discorso di De Robertis porta acqua al mulino, che poi è quello a cui
anch'io ieri mi sono dichiarato affezionato. Ma, diciamo, vedere di
"usare" il *Fiore*, cercare di metterlo in rispondenza con altri testi—si
vede che la maggiore rispondenza, c'è poco da dire, è con Dante. È con
Dante che gli echi si moltiplicano, è con Dante che funziona la ricet-
tività.

Cormac Ó Cuilleanáin: Penso che Dante per la sua promiscuità linguistica sia aperto ai *paternity suits*. È un po' come Mick Jagger, uno che
ne ha fatte tante e diverse, cui si potrebbe attribuire quasi qualsiasi forma
di lingua. Devo dire che la mia prima reazione è stata quella di rifiutare
la paternità dantesca, pur tenendo conto della straordinaria ricchezza
della *evidence* a favore della attribuzione. Questo dubbio mi rimane. Per
continuare la metafora della caccia, Dante è *venison*, mentre il *Fiore* è
hamburger.

Mi ha colpito molto il quadro tracciato da Sylvia Huot della *Rose*
come un testo canonico importante ma aperto alla reinterpretazione,
un testo che si prestava ad una diffusione larghissima, ma con grande
libertà di adattamento. In questa prospettiva la versione italiana diventa

quasi prevedibile. E ho pensato a un libro che si chiama *Contemporary Translation Theories*, dove ho letto di una "Poly-system theory", che potrebbe gettare un po' di luce sulla faccenda. Questa teoria, che è stata sviluppata in Olanda e in Israele, prende in considerazione le varie situazioni che possono esistere tra letterature diverse e rileva che, quando c'è una letteratura nuova, diciamo "debole", che si trova accanto ad una letteratura vigorosa o "forte", la traduzione può servire non come un fatto marginale, ma come uno dei progetti più importanti, più creativi, della letteratura meno forte. Quindi, per dare un esempio, uno che decide di dare una versione italiana di un classico francese, probabilmente molto conosciuto e già accessibile a tanti italofoni, è un po' come il traduttore catalano, che vuole che esca la versione catalana di un nuovo best-seller prima della versione spagnola. C'è una relazione, un po' *defensive*, un po' a disagio fra la cultura "piccola" e quella "grande". E credo che anche la questione della parodia—dell'attingere a fonti già esistenti della letteratura nuova—sia da mettere in relazione a questo "Poly-system".

Rimane però un'inquietudine: come può decidere un operatore culturale che quello che ci vuole per la giovane letteratura italiana sia un ciclo di 232 sonetti sulla *Rose*? Sembra un'impresa così strana. E ancora: avendo creato un testo di questo tipo, come si fa a perderlo? Come è possibile che ne rimanga un solo manoscritto, e che questo sparisca per tanti secoli, un manoscritto poi che dimostri in alcuni punti delle lacune, per esempio quei righi bianchi, che suggeriscono altre versioni intermedie e ti dia l'impressione di un primo abbozzo anziché un prodotto finito? Quindi, devo dire che alla fine di questo convegno interessantissimo sono ancora più confuso. E spero di avere comunicato questo senso di confusione nel mio intervento.

Lino Pertile: Io vorrei dire una cosa molto breve: ci sono due dati su cui mi pare che siamo tutti d'accordo, cioè da una parte la rapidità dell'esecuzione di cui ha parlato Guglielmo Gorni poco fa, e di cui ha parlato anche il professor De Robertis. È perfettamente possibile fare questa cosa in fretta.

Ora la rapidità di esecuzione va stranamente d'accordo con l'esistenza di tasselli prefabbricati, cioè di roba pronta che si compra nei magazzini. Tasselli prefabbricati, che io vedo, con rispetto, in molti dei tratti che i colleghi qui e altrove hanno ricordato come possibilmente danteschi. Se noi prendiamo per esempio pezzi in cui compaiono "venni e dissi" o "guardai e vidi"—secondo me quelli sono tasselli prefabbri-

cati, che consentono la fabbricazione veloce rapidissima di questa corona, ma che non dichiarano la paternità della corona. Io non trovo
queste prove veramente cogenti. Anche se fossero cento, non le trovo
cogenti, perché non trovo in nessuna di esse qualcosa di distintamente
dantesco. La rapidità dell'esecuzione si coniuga benissimo con il prefabbricato, con l'esistenza di una koiné che viene usata da tutti i sonet-
tieri—chiamiamoli così—che lavorano in questo ambiente. E quindi
non dichiara l'esistenza di un'identità, non è una firma interna. Ecco,
volevo solo dire questo.

De Robertis: Mi fu rimproverato da Contini di non aver preso posizione
sull'attribuibilità a Dante. Devo dire che la faccenda mi interessa poco.
Io mi sento molto al di sopra delle parti. Se si arriva ad una soluzione—
cioè, che c'è un personaggio nella letteratura italiana che scrive il *Fiore*
più o meno negli anni danteschi, poco dopo, eventualmente—mi torna
benissimo.

Sta di fatto—e mi sembra fondamentale—che Dante conosce questo
personaggio, quest'opera, perché le tracce, nei suoi testi, ce ne sono in
straordinaria abbondanza. E non si tratta di elementi prefabbricati, perché non c'è nulla di prefabbricato in quegli elementi che sono stati citati—in particolare da Contini, ma anche da me—come caratteristici.
Non esistono prima del *Fiore*. Del resto è anche comprensibile. Non
esiste una letteratura narrativa, e i sonetti non sono addetti a questo.
"Venne e disse" è già grazia se se ne trova uno o due. Non parliamo di
"guardai e vidi" perché questo è caratteristicamente dantesco—è la sua
norma di rappresentazione. Ora, ripeto: può essere anche di un altro.
A me non importa affatto. Però queste non son cose prefabbricate. La
fabbrica che ha costituito tutta una serie di elementi a disposizione,
dopo di Dante, il fornitore vero di quei prefabbricati, di quei prodotti
semi-lavorati che servono poi per costruire, è il *Fiore*.

Pertile: Voglio ringraziare il professor De Robertis per aver chiarito
questo punto. Se lei mi dice che questa è roba nuova, che questa è la
fabbrica, io la prendo in parola. Grazie.

John Took: The considerations I want to mention are not decisive for
an attribution, but then which of the reasons set out on the questionnaire is decisive? I simply want to say that the *Fiore* seems to me to be
a work of tremendous intellectual tension. There is a dialectic. A problem is proposed that is not decisive for an attribution to Dante, but is

really quite remarkable. Even in the first five sonnets—these remarkable first five sonnets—we have the setting-up of a problem, the setting-up of an antagonism.

We have the God of Love saying, "Never mind Matthew, Mark, Luke and John, never mind the new commandments, this is my commandment to you: it is not a question of loving thy neighbor as thyself, it is loving me, and I will set you right." There is an antithesis between two ways of loving that is very sharply defined there, right at the beginning. Then Reason appears with a very short intervention to explain the notion of love—certainly not in an ascetic way—as a renunciation of carnal love, but also as a way of intellectual becoming, a way of intellectual self-sufficiency, a way of intellectual fruition. Amico comes on and, in a rather remarkable speech, concealing the deceitfulness of his approach, deals with friendship as mercantilism, as trading, as seeing what can be got out of it. The tension is maintained all the way through, because next we have Falsembiante who, uniquely in the *Fiore,* comments on his own deceitfulness—so there is a slight kind of self-commentary going on here. Then La Vecchia appears to reinforce the whole mercantile conception of love, of love as trade, of love as bleeding the lover dry of every penny—yes, the image is there. And last, there is the finale, which takes a splendid delight in the burlesque dénouement of the *Rose.*

So, what I'm saying is this: it does seem to me that we are dealing with a work that cannot be reduced simply to a *divertissement,* to a *divertimento.* Or, if it is a *divertimento,* it is an extraordinarily sophisticated one, one that proposes and explores a question of love. Of course, this is not a basis for attributing the *Fiore* to Dante, but it does raise a set of problems, it does define an order of concern, it does raise a dialectic, which then seems to flow (I would make an ideal chronology of this) into the *problematica* of the *Vita nuova* with its redefinition of love as a kind of spiritual transcendence, as a moving beyond the current orders of consciousness into a new consciousness of Beatrice as blessedness. And this in turn does seem to flow on further into Dante's work as it goes along. It is worth stressing, then, that in addition to all the linguistic and stylistic arguments, which are of course fundamental, we have here a work of a remarkable dialectical sophistication.

Boyde: Could I raise a point that arises from what you have just said and from what you wrote in your *lectura?* It seems to me that the elements or qualities that you find, in what Contini calls a "Robertsonian" reading, are there in the *Rose,* and that the author of the *Fiore* is in fact following his original; he is making cuts, but he is still respecting what he finds in his text. And to me this makes it seem less likely that he is Dante, this person who merely follows and takes over from his source, rather than transforming the material as he takes it up and works it through.

Took: It is a radical transformation going on in respect of the *Rose,* isn't it? Because the biologism—the sense of love as self-perpetuation, as the way of eternity, as self-eternalization—all this disappears from the *Fiore.* What we have is a pure question of love, which is restructured in a fundamental way. So, in answer to your question, I would say that we have a creative, and a re-creative, redefining intellect at work in the *Fiore* in relation to the *Rose.*

Zygmunt Barański: I would like to say two things that are really quite separate. One of them is to reiterate the importance of the argument that has just been raised: the ideological content of the work has not been adequately dealt with by scholars of the *Fiore.* The other point was simply to say something about what I personally believe about the *Fiore.*

Nei miei due contributi sul *Fiore,* mi astengo deliberatamente dall'esprimere opinioni precise sull'autore della "corona". Per me, un po' come per De Robertis, la questione della paternità dantesca non è importante. Come ho cercato di dire varie volte—ma pare che i colleghi non mi vogliano stare a sentire—quello che mi interessa è il testo, non l'attribuzione. Se io avessi organizzato questo convegno da solo—ma sarebbe stato un convegno noioso senza lo stimolo della collaborazione di Pat—io, la questione dell'attribuzione, l'avrei buttata dalla finestra. A me interessano il testo e il contesto culturale in cui questo è apparso, perché a me sembra un testo unico; e agli inizi di una tradizione i testi unici diventano particolarmente importanti. Speriamo ora che non si dica più che Barański vuole attribuire il *Fiore* a Dante.

Cormac Ó Cuilleanáin ha menzionato che questo testo è "sparito", ed è vero—però solo fino ad un certo punto. Il fatto che un testo sia sparito completamente o che sia sopravvissuto in un singolo esemplare manoscritto, non significa che non sia un testo importante o che non abbia esercitato un influsso. D'altronde, echi del *Fiore* ci sono. Ce ne

sono in Dante. È probabile che si trovino in Francesco da Barberino—
l'articolo di Fratta è molto interessante da questo punto di vista ["La
lingua del *Fiore* (e del *Detto d'Amore*) e le opere di Francesco da Barberino", *Misure critiche* 14 (1984): 45–62]. E forse si possono reperire
perfino nel Pucci (anche se questa proposta mi convince meno per una
serie di ragioni in cui non voglio entrare). Quindi il *Fiore* circolava.

Adesso, però, vorrei tornare all'altro punto. A me pare che una delle
questioni che noi, come filologi e come studiosi del medioevo, dobbiamo
prendere in considerazione mentre leggiamo il *Fiore*, è questa: se veramente fosse possibile, alla fine del tredicesimo secolo, o agli inizi del
quattordicesimo secolo, leggere un testo unicamente come un divertimento. Uno degli acquisiti fondamentali del libro di Sylvia Huot [*The
"Romance of the Rose" and Its Medieval Readers* (Cambridge: Cambridge
University Press, 1993)] è che qualsiasi fosse l'approccio nel modo di
rileggere, di riscrivere, di rivedere, di *translatare* la *Rose*, in tutti i casi
ci fu sempre l'elemento etico, l'elemento morale. Una lettura morale
anche degli episodi più spinti restava fondamentale.

Io questo non lo vedo da un punto di vista "robertsoniano"; lo vedo
dal punto di vista delle pratiche di lettura medievali. Trovatemi esempi
dove la *delectatio* è l'*unico* fine della lettura. *Delectatio* e *utilitas* sono
sempre legate insieme. Ricordatevi dove la letteratura è collocata nel
sistema filosofico d'allora. Ed è interessante, come ha sottolineato poco
fa John Took, che, nel *Fiore*, ci siano dei sistemi di valori etici diversi
in opposizione. Darò un solo esempio. Falsembiante spiega in maniera
ortodossa come arrivare alla salvezza. Però egli aggiunge che non ha nessuna intenzione di seguire un tale sentiero. Opta per un altro modo di
vita che descrive con entusiasmo. In altre parole, l'autore del *Fiore* propone diversi modelli di vita; l'opera incarna una tensione etica. Da
questa prospettiva, ci sarebbe molto da dire sulla figura di Ragione; e
chi volesse attribuire il *Fiore* a Dante, dovrebbe studiare l'incontro tra
Ragione e Amante mettendolo a confronto, per esempio, con l'episodio
di Virgilio di fronte alle mura di Dite.

Boyde: Altri interventi? O siamo troppo stanchi? Nessuno? Allora vorrei concludere il nostro dibattito e il nostro convegno col citare due passi
da Alessandro Manzoni. Comincio con un brano dalla prefazione a *Il
Conte di Carmagnola*: "Oltrediché, ogni componimento presenta a chi
voglia esaminarlo gli elementi necessari a regolarne un giudizio; e a mio
avviso sono questi: quale sia l'intento dell'autore; se questo intento sia

ragionevole; se l'autore l'abbia conseguito". Basta sostituire "convegno"
a "componimento" e mettere "autore" al plurale per fare il punto. Così:
il nostro "intento" era quello di rileggere il *Fiore* a dieci anni di distanza
della pubblicazione della *editio maior* del poema e di esaminare in modo
particolare gli argomenti avanzati da Gianfranco Contini a sostegno
della attribuzione dell'opera a Dante. Credo di poter affermare alla fine
dei nostri lavori che questo "intento" era "ragionevole" e che l'abbiamo
"conseguito". Abbiamo studiato da vicino il manoscritto, il testo e il
contesto del poema; abbiamo parlato della "balance of probability" per
quel che riguarda la presunta "paternità" dantesca. E anche se non abbiamo risolto il mistero e scoperto "Who done it?" or "who did not do
it?" ci siamo espressi in modo sereno sul peso o sul valore probativo dei
singoli argomenti. Abbiamo "portato avanti"—nel senso originale del-
l'espressione—abbiamo portato avanti il discorso sul *Fiore*. Al termine
di queste tre giornate cantabrigiensi sono assolutamente convinto che
il volume degli Atti verrà considerato una pietra miliare negli studi su
. . . diciamo, per prudenza, sull'ultimo Duecento.

Ma vi avevo promesso un altro brano di Manzoni, un passo che ho
scoperto quarant'anni fa nella mia grammatica della lingua italiana
(quella di Grandgent e Wilkins, revised edition, 1915, dove compariva
come "An exercise in pronunciation") perché nella rappresentazione
delle reazioni contraddittorie di un giudice Manzoni coglie a perfezione
lo stato d'animo di molti di noi e di molti dei nostri futuri lettori:

> Un mio amico raccontava una scena curiosa alla quale era stato presente
> in casa di un giudice di pace in Milano, molti anni fa. Lo aveva trovato tra
> due litiganti, uno dei quali perorava caldamente la sua causa; e quando costui
> ebbe finito, il giudice gli disse: "Avete ragione".
>
> "Ma, signor giudice", disse subito l'altro, "lei mi deve sentire anche me,
> prima di decidere". "È troppo giusto", rispose il giudice, "dite pur su, che
> v'ascolto attentamente". Allora quello si mise con tanto più impegno a far
> valere la sua causa, e ci riuscì così bene che il giudice gli disse: "Avete ragione
> anche voi".
>
> C'era lì accanto un suo bambino di sette o otto anni, il quale, giocando
> pian piano con non so qual balocco, non aveva lasciato di stare anche at-
> tento alla discussione, e a quel punto, alzando un visino stupefatto, esclamò:
> "Ma babbo, non può essere che abbiano ragione tutt' e due".
>
> "Hai ragione anche tu", disse il giudice.

Citations to the *Fiore* and to Dante's Works

Compiled by Ilaria Cortesi Marchesi

General Index

Compiled by Ilaria Cortesi Marchesi